广西大学本科教材倍增计划资助出版

商业银行
业务与经营

申韬 ◎ 主编
刘骞文　张亚南 ◎ 副主编

Management of Commercial Bank

经济管理出版社

图书在版编目（CIP）数据

商业银行业务与经营 / 申韬主编；刘骞文，张亚南副主编. -- 北京：经济管理出版社，2024. -- ISBN 978-7-5096-9985-0

Ⅰ. F830.33

中国国家版本馆 CIP 数据核字第 2024UA4539 号

组稿编辑：曹　靖
责任编辑：杜　菲
责任印制：张莉琼
责任校对：蔡晓臻

出版发行：经济管理出版社
　　　　　（北京市海淀区北蜂窝 8 号中雅大厦 A 座 11 层　100038）
网　　址：www.E-mp.com.cn
电　　话：(010) 51915602
印　　刷：北京晨旭印刷厂
经　　销：新华书店
开　　本：787mm×1092mm/16
印　　张：26.5
字　　数：535 千字
版　　次：2024 年 11 月第 1 版　2024 年 11 月第 1 次印刷
书　　号：ISBN 978-7-5096-9985-0
定　　价：78.00 元

· 版权所有　翻印必究 ·

凡购本社图书，如有印装错误，由本社发行部负责调换。
联系地址：北京市海淀区北蜂窝 8 号中雅大厦 11 层
电话：(010) 68022974　邮编：100038

前　言

2023年中央金融工作会议指出，金融是国民经济的血脉，是国家核心竞争力的重要组成部分。作为我国金融体系的主体，商业银行对国家经济发展具有重要意义和深远影响。随着世界百年未有之大变局加速演进，全球经济、金融环境发生了深刻变化，金融科技迭代的加剧和金融业数字化转型步伐的加快，使得商业银行业务与经营处于前所未有的蜕变期，对金融人才的职业素养、创新能力及国际视野提出了更高层次的要求。如何顺应高质量发展新要求，落实国家重大经济战略部署，更好地发挥银行业服务实体经济的重要作用，成为银行管理者们在实践层面需要深入探讨的重要课题。而如何通过系统性学习，帮助学生夯实理论知识、强化创新思维和拓展国际视野，培养更多的优秀金融人才是高校教育工作者的责任担当和使命所在。

现代商业银行经过三百余年发展，基本概念、业务类型、内部控制制度、管理理论体系和方法、外部监管机制等已获得明确共识。现有已出版的同类教材内容全面、详细、与业界实践结合，但是随着银行业务与经营日益综合化和国际化，部分教材的不足之处逐步显露：一是部分内容和数据相对滞后，无法及时反映银行业务与经营现状、银行业改革、创新和监管政策演变、宏观经济形势和发展前景，也未能提供及时、持续跟进现状和变化的可供选择的具体路径。二是部分教材编写倾向于传统方式的理论性、经验类知识阐述，与业界实践操作的结合度有限，与专业领域的前沿和热点问题关联度有限，更无法站在系统性、整体性、协同性视角，有机链接各章节之间的主要内容。三是学生的主体地位凸显有限，教材编写未能适时适度提供实现自主学习的方式和渠道，充分激发和调动学习自主性和积极性，实现以学生为中心、以学生成长为中心，辅助"鱼与渔"兼授的课程教学目标。

在现有同类教材基础上，既博采众长，又独具一格，充分体现时代发展特点和行业变革创新，增强学生持续学习兴趣，成为本教材编写工作的重中之重。本教材系统、深入地阐述了商业银行业务与经营的相关概念、业务类型、操作流程、管理理论和方法，内容不仅有广度、有深度、有厚度，而且有高度、有精度，主要编写特点如下：

一是精细夯基垒台，厚实《商业银行业务与经营》课程知识体系根基。本教材从商业银行的起源与发展入手，追溯金融机构的本质和职能，详细阐述银行业务、管理理论、风险管理方式和内控机制的过程中，通过"拓展案例""拓展知识""拓展阅读"等编写设计，有机融入思政元素、业界和学界前沿动态、改革创新举措与成效、问题等内容，为学习者搭建一个完整性、系统性的课程知识体系，潜移默化地培养职业素养，对国内外经济形势、行业发展、政策变化等的持续关注力、敏锐洞察力和科学研判力。如第一章导论的"拓展阅读"中所展示的国家金融监督管理总局文章，列举了不同大型银行践行"政治性、人民性与专业性"取得的最新成效，谱写"金融为民"新篇章，帮助学生充分把握银行业未来发展基调，为后续学习提供有力、有效的理论支撑和实践指导。

二是精准有的放矢，用心设计"趣（生活）—学（案例）—思（理论）—行（实践）"学习路径。本教材摒弃传统编写方式，秉承"生活导入，案例同行，理论跟进，知行合一"的编写理念，各章节开篇从生活常识出发，融入商业银行真实案例，由浅入深、循序渐进地引入，实现基本概念、业务类型、业务流程、经营管理策略、方法与业界实践操作的有机、深度融合，提升学习者的知识应用能力和创新思辨能力。如第二章商业银行资本管理，开篇由2008年第十五届国际银行监督官大会上，巴塞尔银行监管委员会前主席努特·韦林克的讲话，"面对市场经营模式所发生的深刻变化，监管当局应着力加强对银行抵御风险能力的监管，确保银行业资本坚实、流动性充足"，引出美国次贷危机爆发的前因后果，阐述商业银行资本管理的重要性，继而以电影《百万英镑》为启发，思考"钱"与"资本"的重要区别，将抽象、深奥、复杂的专业理论知识转变为具体化、形象化、简单化，且易于理解、思考和运用。

三是精心选材备料，满足学生多样化、个性化的学习需求。在系统阐述基本概念和核心内容时，适时穿插丰富的资料、数据、图表、期刊文献等，素材选取来源于银行业的重点任务、风险案例、热点事件、重要监管文件等，零距离、强时效、权威性地贴近业界实践。此外，经过编写组反复讨论、征求意见和慎重斟酌后，设计了短视频、演讲、话剧、配音、PPT、实地调研、角色扮演和研究报告等形式丰富、学生喜闻乐见的各章课后任务，能够充分激发和调动学习主动性、课堂参与度和团队协作精神。

本教材适用于高等院校经济管理类专业本科生使用，在旧知与新识之间，前修课程和后序课程之间，过去、现在与未来之间架起一座桥梁，多维度地诠释历史性、时代性、思想性兼具的银行业务与经营理论与实践知识，以所述的基础性知识追根溯源，充分昭示历史，深度剖析当下，洞察热点和前沿，关注培养学习者更为宽阔的理论视野和思维阈限、更具深度的逻辑分析能力、更为积极理性地展望行业发展前景。在此特别致谢编写组成员赵耀博（第一、第八章）、唐冕（第二、第十章）、李小依（第三章）、李佳洋（第四章）、黄艳香（第五章）、彭江（第六章）、罗金丽（第七章）、牟丽君（第九章）对本教材慎终如始的艰辛付出。教材编写过程中参考和引用了大量的国内外同类教材、期刊文献、各大商业银行官网、监管部门官网的资料数据，在此向相关作者一并表示深深的谢意。

金融强国建设是走好中国特色金融发展之路的重要支撑，更是推进中国式现代化的重要助力。我国银行业已进入全面深化改革和扩大开放的新时代，科技赋能银行业的迭代过程加快，未来银行业发展之路将更为日新月异。由于编者能力和水平有限，难免存在疏漏、缺憾之处，恳请各位学习者予以批评指正，再版时予以修订和充实。

作为金融专业人才培养的高等院校，必须锚定建设金融强国目标，悉心锻造高素质、复合型的金融专业人才队伍，以教育强国之力为扎实推动金融高质量发展提供智力支撑和人才储备。《礼记·学记》云："学然后知不足，教然后知困。知不足，然后能自反也；知困，然后能自强也。"希望这本蕴含着25年教学心得之作能令学习者有所思、所悟、所得，为金融强国蓝图变为现实略尽微薄之力。

编写组
2024年8月

目 录

第一章 导论 ... 1

引导案例 美第奇银行的崛起 ... 1

第一节 本国货币可以购买外国商品吗?
——商业银行的起源与发展 ... 2

第二节 从"手摸猪肉沾满油"中述说
——商业银行性质及职能 ... 10

第三节 三角形具有稳定性
——商业银行经营原则 ... 15

第四节 "淮南淮北橘不同"
——商业银行制度与分类 ... 19

第五节 蚂蚁王国的管理
——商业银行组织结构及管理 ... 24

第二章 商业银行资本管理 ... 42

引导案例 次贷危机 ... 42

第一节 从《百万英镑》中思考"钱"与"资本"
——资本概念与构成 ... 43

第二节 预防银行业的杠杆风险
——资本充足率评估与《巴塞尔协议Ⅰ-Ⅲ》 ... 51

第三节 增加资本总量? 还是降低风险权重?
——资本管理与对策:分子对策和分母对策 ... 64

第三章 商业银行负债管理 ... 77

引导案例 硅谷银行破产 ... 77

第一节 "拳头收回来再打出去更有力"
　　——商业银行负债业务概述 ………………………………… 79
第二节 "五根手指各有不同"
　　——商业银行存款的种类和构成 …………………………… 85
第三节 爱存款的中国人
　　——商业银行存款管理 ……………………………………… 90
第四节 银行资金不足如何自救？
　　——商业银行非存款负债的管理 …………………………… 94
第五节 打通货币政策传导"任督二脉"
　　——利率市场化 ……………………………………………… 102

第四章 现金资产管理 ……………………………………………… 111

引导案例 2013年我国的流动资金不足情况 …………………… 111
第一节 交易？预防？投机？
　　——持有现金资产动因 ……………………………………… 112
第二节 英国北岩银行"挤兑"
　　——流动性的供给与需求 …………………………………… 116
第三节 如何预测流动性需要量？
　　——资金头寸的计算与预测 ………………………………… 122
第四节 如何确定现金资产在总资产中的占比？
　　——现金资产管理 …………………………………………… 128
第五节 商业银行流动性风险管理办法 …………………………… 143

第五章 商业银行贷款管理 ………………………………………… 153

引导案例 包商银行破产 ………………………………………… 153
第一节 调动未来的钱逆流穿越用于当下
　　——贷款业务概述 …………………………………………… 154
第二节 银行收益的主动脉
　　——贷款定价 ………………………………………………… 161
第三节 "家有余粮心不慌"
　　——贷款损失准备金 ………………………………………… 169
第四节 筑牢风险管控"堤坝"
　　——商业银行贷款信用分析 ………………………………… 172

第五节　深入分析多类型贷款特点
　　　　——常见贷款业务管理 ………………………………………… 187

第六章　表外业务 ……………………………………………………… 203

　　引导案例　从"一夜暴富"到"一夜暴负"
　　　　——中国银行"原油宝"事件 ………………………………… 203
　　第一节　从资产负债表说起
　　　　——商业银行表外业务概述 …………………………………… 204
　　第二节　庞大的家族
　　　　——商业银行表外业务的种类 ………………………………… 210
　　第三节　巴林银行倒闭事件
　　　　——商业银行表外业务风险和管理 …………………………… 241

第七章　国际业务 ……………………………………………………… 252

　　引导案例　中国银行支持厦工机械出口机械设备的国际贸易融资 ……… 252
　　第一节　中国工商银行跨境双向人民币资金池业务
　　　　——国际结算与现金管理 ……………………………………… 254
　　第二节　"人为低估"与汇率操纵
　　　　——外汇交易业务 ……………………………………………… 264
　　第三节　中国银行再融资助力发电企业"走出去"
　　　　——国际信贷业务 ……………………………………………… 272
　　第四节　中国银行在巴西设立中资银行分支机构
　　　　——商业银行跨国经营 ………………………………………… 279

第八章　商业银行风险管理和内部控制 …………………………… 289

　　引导案例　光大银行屡次被罚，内控及管理问题或是业绩
　　　　　　　失速主因 ………………………………………………… 289
　　第一节　防微杜渐
　　　　——商业银行风险管理 ………………………………………… 290
　　第二节　步步为营
　　　　——商业银行风险管理流程 …………………………………… 311
　　第三节　"打铁还需自身硬"
　　　　——商业银行内部控制 ………………………………………… 320

第九章 商业银行资产负债管理 ········ 331

引导案例 釜底抽薪
——"同业之王"兴业银行的转型之路 ········ 331

第一节 资产负债管理理论及其应用 ········ 332

第二节 提前预测，规避不确定性的静态管理
——利率敏感性缺口管理 ········ 347

第三节 调整期限，考虑时间价值的动态管理
——衡量与管理持续期缺口 ········ 351

第四节 从套期保值中思考
——应用金融衍生工具管理利率风险 ········ 356

第五节 商业银行资产负债监管 ········ 364

第十章 电子银行与互联网金融业务 ········ 372

引导案例 中国工商银行：从电子化浪潮到信息化飞跃，
驶向数字化未来 ········ 372

第一节 足不出户的享受
——电子银行业务概述 ········ 373

第二节 将传统业务连接智能终端
——主要的电子银行业务 ········ 381

第三节 银行电信诈骗层出不穷
——电子银行业务的风险管理 ········ 394

第四节 银联推出"云闪付"
——互联网金融创新下的电子银行业务 ········ 401

参考文献 ········ 412

第一章 导论

引导案例 美第奇银行的崛起

上海高级金融学院副院长、金融学教授朱宁在纪录片《货币》中提到,"把信用体系带到人类社会是银行的最大作用之一,信用体制的推出,是银行对于整个人类经济体系发展做出的最大贡献"。几百年来,银行永远占据着一座城市最好最高大的建筑,无论外在形式如何改变,却都具有共同的本质——经营的不是普通的商品,而是货币。追溯银行发展历程,中世纪欧洲的美第奇银行熠熠生辉,对当时经济、社会和文化都产生着巨大影响。

文艺复兴时期,佛罗伦萨作为资本主义萌芽之地,不仅是意大利半岛最富饶的城市,也是欧洲经济、文化和艺术中心,无数贵族、商人和艺术家被这座城市吸引。若将欧洲中世纪的贵族比作夜空中璀璨的繁星,那么美第奇家族无疑是其中最为明亮的一颗。美第奇银行创始人乔万尼·美第奇,最初是一位在街头从事货币兑换的商人。由于当时的货币体系尚未统一,市场上同时流通着多种铸币,而佛罗伦萨与周边城市的贸易往来极为频繁,使得货币兑换业务成为利润丰厚的行业。乔万尼凭借着精明和才智,通过该业务迅速积累了丰厚的原始资本。

1397年,乔万尼在佛罗伦萨开设了美第奇家族的第一家银行,标志着正式进入金融领域。作为美第奇银行的创始人,乔万尼非常注重宗教事务投资,积极与教皇及其势力集团建立紧密关系,不仅为家族的财富积累、人脉拓展提供了强大支持,还为家族在政治领域地位的提升奠定了坚实基础。1429年乔万尼去世后,长子科西莫·美第奇接管了美第奇银行及家族事业。科西莫拥有卓越的银行家才能,将银行业务拓展至整个欧洲大陆,甚至延伸至北非和土耳其。除银行业务外,美第奇家族还积极涉猎其他领域，大量购置农场作为不动产，建立丝绸加工厂，并利用商行进行香料、杏仁、食糖等紧俏物资的对外贸易。当商品交易有利可图时，商行从银行提取存款用于购买商品；当商品价值受损时，商行则利用存款弥补损失。不仅如此，商业所赚取的利润还会被存回银行，用于进一步的放贷业务。这种银行业与商业二合一的运营模式，使得美第奇银行在15世纪迅速崛起，成为欧洲最强大的银行之一。

第一节　本国货币可以购买外国商品吗？
——商业银行的起源与发展

随着互联网技术的飞速发展，跨境网购已变得极为普遍，人们只需轻点屏幕即可轻松地购买世界各地的商品。然而，如此便捷的购物体验背后，隐藏着复杂的货币兑换过程。商业银行收到本国货币后，需按照一定汇率兑换成外国货币，再将相应金额汇入客户指定账户中，以确保购买交易的顺利完成。若缺乏此类专业性货币兑换机构，本国货币将无法成功购买外国商品。

一、商业银行的起源和早期发展

银行从货币兑换中演变而来，最早起源于意大利，英文"Bank"取自意大利语"Banca"或"Banco"，原意为储存金钱的橱柜，后泛指专门经营存贷款和汇兑结算业务的金融机构。

中世纪时期，威尼斯凭借得天独厚的地理位置成为世界贸易中心，各国商人云集于此，不同国家货币也跟随着商人历经长途跋涉，从四面八方源源不断地汇聚于这个繁华港口。随着商品交易愈发频繁，货币兑换需求也不断增长，货币兑换商应运而生。货币兑换商是最早以货币作为经营产品的商人。通过货币兑换，兑换商们成为银行业的开山鼻祖，货币兑换随之成为银行最初的业务形态。活跃的兑换行业极大地推动了商业经济发展，而商业经济的繁荣又反过来促进货币的需求，二者相辅相成、互补互益，为银行业形成创造了有利条件。

随着商业经济蓬勃发展，市场上货币流通量日益增多。为了避免长途携带大量金属货币产生的不便与危险，各地商人急需寻求贮藏财富的安全方式。一部分商人尝试将货币存放在国王的铸币厂和金库中，期盼在国王权威的加持之下，货币能够完好保存。然而，事实却并非如此。尽管国王代表着至高无上的权威，但当需要挪用资金时，任何人都无法阻止。在此背景下，货币兑换商开始崭露头角,他们凭借商业经济繁荣,逐渐发展成为从业人员数量众多的合伙组织和行会,具备极强的抵御资金存放风险的能力;同时由于他们本身也是商人,重视"以诚待人",更容易获得信任,越来越多的富商选择将钱币存放于此。货币兑换商随之积累了大量长期稳定的货币资金,并提供高利贷服务以获取高额利息收入。然而,在巨大的利益驱动下,行业竞争日益激烈,货币兑换商不得不采取降低或免收保管费方式吸引客户。随着时间的推移,货币兑换商开始主动给予委托保管货币的客户一定好处,标志着货币保管业务逐渐演化为存款业务。此外,货币兑换商还从日常经营经验中汲取教训,摒弃了此前的全额准备金制度,转而实行部分准备金制度。他们将吸收存款中的一部分用于满足客户提现需求,剩余部分则用于发放贷款以获取利息收益。这一转变使得货币兑换商逐渐发展成为集存贷款、汇兑支付和结算业务于一体的早期金融机构,逐步催生出当时的威尼斯银行。

此后,银行这一金融机构从意大利逐渐扩展至欧洲其他国家。具体而言,1609年,荷兰建立阿姆斯特丹银行;1619年,德国汉堡银行成立;1635年,鹿特丹银行创建。这些银行在创立初期主要服务于商人,为其提供存款和转账结算服务,并在此基础上进行贷款业务。然而,值得注意的是,当时贷款主要流向政府部门,这与资本主义工商企业的融资需求并不完全契合。为了更好地满足资本主义工商企业发展和银行资金融通的实际需求,在政府支持下,1694年英国以股份制形式创建了英格兰银行,标志着符合资本主义生产方式要求的现代商业银行诞生。

相较于西方资本主义商业银行,我国银行业起步较晚。1897年才创办了第一家近代商业银行——中国通商银行。截至2023年12月末,中国银行业金融机构达4490家。其中,开发性金融机构1家、政策性银行2家、国有大型商业银行6家、股份制商业银行12家、城市商业银行125家、民营银行19家、外资银行47家、农村商业银行1609家、农村信用社499家、村镇银行1636家(见图1-1)。2023年英国《银行家》杂志排名中,中国工商银行、中国建设银行、中国农业银行和中国银行居榜单前四位。

二、现代商业银行的演变

(一)商业银行产生途径

商业银行通过以下两条主要途径产生:

1. 旧式高利贷银行逐渐适应新的经济条件,转变成为资本主义银行

在银行业发展早期阶段,旧式高利贷银行是主要的金融机构形式。然而,随着资本主义生产关系的逐步确立,为追求更大利润,资本家们可能会因为贷款利

图 1-1 我国部分各类型商业银行

资料来源：国家金融监督管理总局（http://www.cbirc.gov.cn/）。

率过高而减少贷款需求，此时，高利贷银行需要作出决策：要么放弃贷款业务，要么适应新的经济环境。不少高利贷银行选择后者，开始降低贷款利率，并向工商企业提供流动资金贷款，转变成为商业银行。这种方式成为早期商业银行产生的主要途径。

2. 新兴资产阶级按照资本主义原则组织的股份制银行

大多数商业银行按照这一方式建立而成，其中最具代表性的是 1694 年在政府支持下成立的英格兰银行。作为历史上第一家资本主义股份制商业银行，英格兰银行自创立之初就以较低利率为企业提供贷款服务，此后凭借所募集的高达 120 万英镑的庞大股份资本迅速崛起，动摇了信用领域高利贷银行的垄断地位。英格兰银行的出现，不仅宣告了高利贷性质的银行业在社会信用领域垄断地位的结束，也标志着资本主义现代银行制度开始形成，同时还标志着商业银行的诞生。英格兰银行的组建模式迅速被其他欧洲国家效仿，使商业银行得以在全球范围内普及。然而，各国对商业银行的称谓却不尽相同，如英国的存款银行、清算银行，美国的国民银行，日本的城市银行、地方银行等。

(二) 商业银行演变

历史遵循相互依存的路径,银行业的历史亦然。从 12 世纪的意大利银行业到 16 世纪的荷兰股票证券和票据市场,再到 17 世纪以后的英法银行体系和美国 20 世纪的"金融立国",以银行为中心,近代欧美金融市场逐步形成分散和制衡相结合的银行货币信用体系,这一过程中现代商业银行业经历了三段分分合合的发展历程。

第一阶段:现代商业银行和投资银行混业经营(20 世纪 30 年代以前)。这一时期西方经济繁荣发展,资本市场日趋兴盛,为商业银行和投资银行的混业经营提供了广阔的发展空间。商业银行频繁介入投资银行业务,二者之间的界限逐渐模糊。同时,各国政府缺乏对证券业有效的法律法规监管,这一切都为 1929~1933 年的经济危机埋下伏笔。

第二阶段:现代商业银行与投资银行分业经营(20 世纪 30~70 年代)。这一阶段以美国为例,通过《格拉斯—斯蒂格尔法案》严格禁止商业银行从事投资银行业务,实行商业银行与投资银行分业管理,人为地割裂货币市场与资本市场。以美国为代表的西方国家,半个世纪以来一直都采用商业银行分业经营管理模式。

第三阶段:现代商业银行开始与投资银行混业经营(20 世纪 80 年代以来)。在这一阶段,金融自由化、技术工具革新、金融衍生工具创新和政府的金融管制演变共同推动了西方商业银行从分业管制走向混业经营投行化的发展道路。其中,英国和日本分别于 1986 年和 1998 年进行了"大爆炸"式金融改革,打破了传统的分业管理框架,推行全能银行体制形成。美国于 1999 年发布《金融现代化法案》,取消了统治美国银行体制长达 66 年的《格拉斯—斯蒂格尔法案》。

(三) 商业银行发展模式

尽管各国商业银行产生的外部条件不同,名称也不同,但主要遵循着以下两种发展模式。

1. 英国式融通短期资金模式

商业银行业务模式主要以提供短期商业性贷款为主。在工业革命初期,企业的生产设施相对简单,长期资金需求在总资产中所占比例较小,通常通过资本市场进行筹集,向商业银行申请贷款的需求较小。企业对商业银行的贷款需求主要为商品流转过程中的临时性资金需求。而在早期发展过程中,商业银行资金来源主要是流动性较高的活期存款。为了保证经营安全,信用创造能力有限的商业银行并不愿意提供长期贷款。因此,企业与商业银行的供求方式共同决定了英国式商业银行以提供短期商业性贷款为主的发展模式。该业务经营模式的优点在于能够较好地保持商业银行的流动性和清偿力,确保经营安全性;缺点在于商业银行业务发展受到较大限制,能够提供的服务相对单一。

2. 德国式综合银行模式

除提供长短期商业性贷款外，商业银行还涉足证券等投资银行领域，开展为公司包销证券、参与决策与发展业务，提供合并与兼并所需要的财务支持和财务咨询等服务。德国式综合银行模式的形成源于特殊的历史发展历程。1870年前后，在普鲁士统一德国和工业革命的催化下，企业的长期资金需求日益增加，以全能银行为载体的金融混业发展模式应运而生。与其他资本主义国家相比，德国资本主义制度建立时间较晚，资本市场相对落后，企业所需要的长期资金无法从资本市场得到满足。因此，德国企业不仅需要商业银行提供短期流动资金贷款，而且需要商业银行提供长期固定资产贷款，甚至主动要求商业银行参股。为了巩固客户关系，德国商业银行采取积极的策略，迅速扩大规模，主动参与企业经营决策，与其保持密切联系。这一紧密的合作模式促使德国最早出现由银行资本与工业资本融合而成的金融资本，同时产生了金融寡头。德国式综合银行模式的优点在于商业银行能够全方位地开展金融业务，充分发挥调节国民经济活动的作用；缺点在于可能会增加商业银行经营风险，对经营管理能力和水平提出了更高的要求。

三、中国银行业发展历程

中国银行业历史源远流长，起源早于欧洲，然而受制于2000余年封建社会的桎梏，发展受到严重阻碍。早在春秋战国时期，我国货币经济就已相当发达，信用放款非常普遍，许多商人通过放款积累财富。北宋时期出现了世界上最早的纸币——交子。明朝末期，又相继出现近代银行机构——钱庄和票号。鸦片战争后，中国沦为半殖民地半封建社会，资本主义银行开始涌入中国。1845年，英国在广州设立丽如银行，后改称为东方银行。1897年，中国第一家民族资本银行——中国通商银行在上海成立。1905年，清政府设立了官商合办的户部银行，该银行具有国家银行的性质，可以铸造货币、发行货币和代理国库。后来，户部银行改称为大清银行，1912年又改称为中国银行。此后，国民党政府为了控制中国金融业，于1928年成立了中央银行，随后又控制中国银行、交通银行、中国农民银行，设立邮政储金汇业局、中央信托局和中央合作金库，逐渐形成以"四行、二局、一库"为核心的旧中国官僚买办金融体系。1949年以前的银行业发展历程如表1-1所示。

表1-1 1949年以前的银行业发展历程

银行名称	成立时间	当时享有的权力或地位
丽如银行	1845年	英国于广州设立的外资银行
中国通商银行	1897年	中国第一家民族资本银行
户部银行	1905年	发行货币，经理外汇收支

续表

银行名称	成立时间	当时享有的权力或地位
交通银行	1908年	发展实业的特许银行
中国银行	1912年	户部银行改名成立
中央银行	1928年	经营国库、发行兑换券、铸发国币、经募公债
邮政储金汇业局	1930年	吸收储蓄、汇兑资金
中国农民银行	1935年	发行货币
中央信托局	1935年	买办军火
中央合作金库	1946年	发展合作事业

资料来源：根据公开资料整理。

在长期发展历程中，国有商业银行为促进国民经济发展、支持经济体制改革和维护社会稳定做出了重要贡献，在金融资源配置中发挥着至关重要的作用。经过几十年的起伏发展，中国银行业已从初期弱小、不健全的状态迅速崛起为世界上较为强大、初具现代化特征的银行体系，为中国经济持续稳定发展提供了强大的金融支持和动力保障。纵观1949年以后中国银行业发展历程，大致分为改革开放前和改革开放后两个阶段（见表1-2）。

表1-2 1949年以后的中国银行业发展历程

改革开放前		改革开放后	
1949~1956年	银行业促进国民经济恢复时期	1978~1993年	专业化转型时期
1956~1965年	银行业推动全面建设社会主义时期	1994~2003年	商业化转型时期
1966~1976年	"文化大革命"时期	2004~2016年	市场化转型时期
1976~1978年	银行系统恢复时期	2017年以来	高质量发展新时期

资料来源：根据公开资料整理。

（一）改革开放前中国银行业发展历程

第一阶段：银行业促进国民经济恢复时期（1949~1956年）。1949年9月，《中央人民政府组织法》明确将中国人民银行纳入政务院（中华人民共和国国务院的前身）的直属单位，确立了作为国家银行的法定地位。在成立之初，中国人民银行就致力于构建全国统一的金融市场，以促进国民经济恢复。1953~1956年的"一五"计划时期，银行业推行信用集中原则，中国人民银行编制的综合信贷计划被纳入国家经济计划。1956年，公私合营银行被纳入中国人民银行体系，逐渐形成了"大一统"的银行体制。

第二阶段：银行业推动全面建设社会主义时期（1956~1965年）。1958~

1962年的"二五"计划时期，经历了"大跃进"和三年严重自然灾害，经济受到巨大冲击。在此背景下，银行业务制度和原则遭到破坏，信贷投放失控，货币发行量过多。为了防止态势进一步恶化，1963~1965年，中央决定实行"调整、巩固、充实、提高"方针，全面整顿国民经济。经过整顿，国民经济基本恢复正常，金融工作也步入正轨。

第三阶段："文化大革命"时期（1966~1976年）。银行制度被废除、作用被削弱、货币被批判、商业性金融机构被撤销，银行业绝大多数业务活动无法正常开展。中国人民银行并入财政部。

第四阶段：银行系统恢复时期（1976年10月~1978年12月）。在党和政府的领导下，银行业开始全面整顿规章制度和各项金融工作，严格贯彻执行国家批准的信贷计划，取得显著成效，有力促进了国民经济发展。1977年12月，国务院召开了全国银行工作会议，会议决定恢复银行的独立组织系统，并强调要充分发挥银行在经济发展中的积极作用。

(二) 改革开放后中国银行业发展历程

1978年12月，中共十一届三中全会做出把工作重心转移到社会主义现代化建设和实行改革开放的战略决策。银行业从"大一统"格局起步，先后经历专业化、商业化、市场化等重大转型变革，逐步形成以人民银行为核心，以国有商业银行为主体，多种类型银行业金融机构公平竞争、协调发展的新体系。

第一阶段：专业化转型时期（1978~1993年）。为适应经济体制改革要求，银行业开始从机构体制上打破"大一统"格局，探索专业银行企业化发展路径。1979年2月，国务院决定恢复中国农业银行。同年3月，专营外汇业务的中国银行从中国人民银行分设出来。1983年，国务院决定由中国人民银行专门行使中央银行职能，负责领导和管理全国金融事业。同年，已开展基建和拨改贷业务的中国人民建设银行脱离财政部，正式归入中国人民银行管理的金融体系。1984年1月，中国工商银行组建完成，专门从事信贷和储蓄业务。至此，我国中央银行体制初步建立，由工商、农业、中国、建设组成的国家专业银行体系开始形成。

第二阶段：商业化转型时期（1994~2003年）。这一阶段银行业的改革主要集中在四个方面：一是加强监督管理体系建设，确立强有力的中央银行宏观调控体系，成立中国银监会，强化金融监管；二是分离政策性金融与商业性金融，形成以国有银行为主体、政策性金融机构和多元金融机构并存的金融组织体系；三是增加竞争性供给，提高商业化机构占比，建立起统一开放、有序竞争、严格管理的金融市场体系；四是加强法制建设，颁布《中国人民银行法》《商业银行法》等，为商业银行自主经营、自担风险、自负盈亏提供法律保障。

第三阶段：市场化转型时期（2004~2016年）。2004年，国务院启动国有银行股份制改革，旨在推动建立现代金融企业制度。此次改革采用了更为彻底的市场化方式，具体措施包括：国家注资、财务重组，彻底消化历史包袱；按照《公司法》和《商业银行法》的要求，进行国有银行股份制改革；引入境内外合格机构投资者，通过引进资金与先进的管理经验和技术，实现国有银行"引智"与"引制"结合，进一步提升治理水平和内控能力；在境内外资本市场发行上市，接受市场监督。

第四阶段：高质量发展新时期（2017年以来）。在新时代背景下，随着中国经济从高速增长转向高质量发展阶段，金融业面临新的挑战和要求。为增强服务实体经济能力、提高直接融资比重、健全监管体系并守住不发生系统性金融风险底线，我国金融领域推出一系列新的改革开放措施，如有效防范金融风险、调整完善金融监管框架、规范资产管理业务机制、实行银行业全方位和高水平对外开放、深化金融供给侧结构性改革等。2023年3月，中共中央、国务院印发《党和国家机构改革方案》，决定在中国银行保险监督管理委员会基础上组建国家金融监督管理总局，不再保留中国银行保险监督管理委员会。同年5月18日，国家金融监督管理总局揭牌①。

截至2024年3月末，国家金融监督管理总局发布数据显示，我国银行业金融机构总资产4220602亿元。其中，大型商业银行总资产1788523亿元，占银行业金融机构比例42.3%；股份制商业银行总资产704711亿元，占比16.7%；城市商业银行总资产570440亿元，占比13.5%；农村金融机构总资产567827亿元，占比13.5%；其他类金融机构总资产589100亿元，占比14.0%（见图1-2）。中国银行业已经形成行业齐全、层次分明、功能互补、协调发展的现代银行体系。

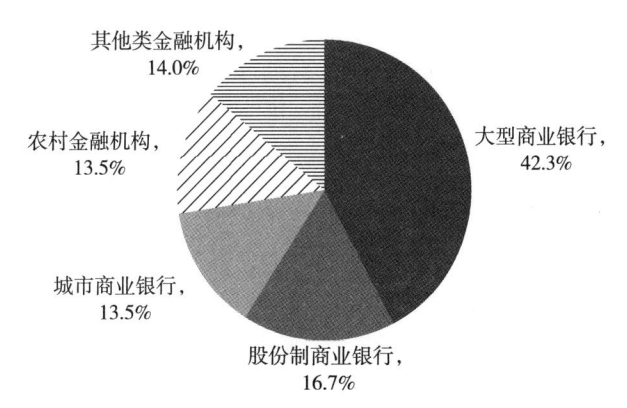

图1-2 截至2024年3月末中国银行业金融机构总资产占比

---

① 资料来源：求是网，（http://www.qstheory.cn/yaowen/2023-03/16/c_1129437444.htm）。

【拓展阅读】

请参考阅读洪葭管的《中国金融史》（第二版）中的"从清末金融风潮看中国货币信用制度的半殖民地半封建性"部分。

第二节 从"手摸猪肉沾满油"中述说
——商业银行性质及职能

购买猪肉时，随着我们不断地挑选，猪油会在手上留下痕迹。即使最终不购买任何肉品，这一油渍也是在挑选过程中不可避免的附着物。同样地，商业银行在不断接触和处理各种金融资产的过程中，也会"沾染"到利润。这种利润的附着就像"手沾油"一样，来源于商业银行具体业务运营过程中的获利机会。无论是否卖出金融产品，利润都会随着日常业务运营而产生，为商业银行带来收益。

一、商业银行性质

商业银行是市场经济的必然产物，随着市场经济和社会化大生产的发展而形成，成为全球最重要的资金集散机构，对经济活动的影响力居于各国各类银行与非银行金融机构之首。

作为以盈利最大化为目标的特殊金融组织，商业银行为客户提供多样化的金融服务，其业务范围十分广泛，通过不断进行创新以适应时代发展所需。随着互联网和数字货币等新服务传送方式的普及，新型的贷款和存款方式层出不穷，如银信合作、银保合作、银证合作、年金等业务。现代银行所提供的服务范围之广、服务传送渠道之多，给客户带来了无尽便利。商业银行就像现代社会的金融超级市场，呈现集银行业、信托业、保险、证券业于一体的多元化发展趋势。

根据《中华人民共和国商业银行法》第一章第二条规定，商业银行是指依照本法和《中华人民共和国公司法》设立的吸收公众存款、发放贷款、办理结算等业务的企业法人。

（一）商业银行具有一般工商企业的特征

商业银行作为独立的法人实体，与一般工商企业一样，拥有业务经营所需的自由资本、独立的财产、名称、组织机构和场所，依法经营、照章纳税、自负盈亏。商业银行的经营目标是追求利润最大化，获取最大利润既是其经营与发展的基本前提，也是其发展的内在动力。

（二）商业银行是一种特殊的企业

商业银行作为金融领域的重要组成部分，具备一般企业特征，但又有独特之处，是一种特殊企业。与一般工商企业相比，商业银行经营对象并非具有使用价值的商品，而是特殊商品——货币。商业银行的这种特殊性表现在以下四个方面：

一是商业银行经营内容特殊，以金融资产和金融负债为经营对象；

二是商业银行与一般工商企业关系特殊，二者属于一种相互依存关系；

三是商业银行对社会影响特殊，商业银行经营情况好坏可能影响整个社会稳定；

四是国家对商业银行管理特殊，国家设立专门监管机构履行监管职能。

（三）商业银行是一种特殊的金融企业

相较于中央银行，商业银行业务范围更为广泛。不仅面向工商企业、公众、政府等各类客户，而且与其他金融机构（如政策性银行、保险公司、证券公司、信托公司等）合作，为客户提供全面的金融服务。在现代金融体系中，商业银行被视为"万能银行"或"金融百货公司"，所提供的金融服务全面且覆盖范围广泛，远远超过其他特种金融机构。

中国商业银行的法律性质被明确定义为特许成立的企业法人。根据《中华人民共和国商业银行法》第二章第十一条规定，商业银行的设立需经国家特许批准，并由中国人民银行负责发放银行经营许可证。特许审批过程主要涉及以下步骤：申请人先提出申请，随后中国人民银行予以审查。审查分为形式审查和实质审查两个阶段：形式审查主要核实各种申请文件、资料是否齐全，是否符合法律规定；实质审查则要判断申请人是否符合各项经营商业银行业务的具体条件。审查通过后，申请人需将正式申请表和其他法律要求的文件、资料提交给中国人民银行，经特许批准后，方可颁发经营许可证。值得注意的是，特许批准的权力完全属于国家，即使符合成立商业银行的各项条件，也并不意味着一定能获得经营许可证。

二、商业银行职能

商业银行在现代经济活动中所发挥的职能主要有信用中介、支付中介、金融服务、信用创造、调节经济和风险管理六项职能。

（一）信用中介

信用中介是商业银行最基本的职能。通过负债业务，商业银行能够有效地聚集社会的闲散货币资金,再通过资产业务,将这些资金投向具有资金需求的部门。在此过程中,商业银行充当闲置资金者和资金短缺者之间的中介人,实现资金相互融通。在发挥信用中介职能时,商业银行主要扮演货币资本贷出者和介入者的角色,旨在实现货币资本融通,调节资本盈余与短缺之间的矛盾。值得注意的是,这一过程改变的并非货币资本所有权,而是货币资本使用权。通过信用中介职能,商业银行为整个经济体系提供了必要的资金支持和服务,促进了资本有效配置和经济持续发展。

信用中介是商业银行最基本的职能。商业银行发挥这一职能具有以下作用:

1. 闲散货币转化为资本

通过开展活期存款和储蓄存款等业务,商业银行有效地聚集了原本分散的资金,并将其投入到生产和流通部门。这不仅扩大了社会资本的规模,而且促进了生产和流通的繁荣发展,为实体经济提供了强有力的资金支持。

2. 充分利用闲置资本

在保持社会资本总量不变的前提下,商业银行通过各种存款形式,将再生产过程中暂时闲置的货币资本转化为生产资本、商品资本等职能资本,提高资本使用效率,促进社会资本增值能力。

3. 续短为长,满足长期资本需要

由于商业银行存款和借款种类多样化,短期资金来源可以在期限上相衔接,形成数额巨大的长期稳定余额,满足社会对长期借贷资本的需求。

(二) 支付中介

支付中介是指商业银行通过活期存款账户,为客户提供各种货币结算、货币收付、货币兑换和转移资金等服务。支付中介属于商业银行的传统职能,其出现早于信用中介职能,但随着信用中介职能的形成,支付中介职能需要以信用中介功能为存在前提。

商业银行在发挥支付中介职能过程中,主要具有以下两个作用:

1. 获取稳定的低成本资本来源

客户必须先在商业银行开立活期存款账户,存入一定数量资金后,才能享受支付中介服务,获得转账结算等服务便利。如此,商业银行便能集中大量低息甚至免息资金,降低资金成本,确保业务有效运营。

2. 节约社会流通费用并增加生产资本投入

通过广泛提供非现金转账结算和支票收付服务,商业银行能够加快资金周转,大幅度地减少现金的使用量和流通量,降低社会流通性费用,如现金保管费、铸造印刷费、运转费等,从而能够使更多资金投入生产领域,促进社会再生产扩大。

(三) 金融服务

金融服务是指商业银行利用其在国民经济活动中的特殊地位，以及在提供信用中介和支付中介业务过程中所获取的大量信息，综合运用计算机网络等技术手段和工具，为客户提供多元化服务。这些服务涵盖财务咨询、代理融通、信托、租赁、计算机服务、代客理财以及金融衍生品交易服务等诸多方面。

作为各行各业中率先大规模应用计算机和信息技术的部门之一，商业银行与信息技术产业紧密结合，助推了信息技术发展，为社会进入信息经济时代创造了有利条件。随着人工智能、区块链和大数据等前沿技术的不断突破，商业银行能够提供更为便捷、高效和安全的金融服务，金融服务职能受到的重视程度日益增强。

(四) 信用创造

信用创造是指商业银行利用吸收活期存款的有利条件，通过发放贷款或从事投资业务创造更多存款，扩大社会货币供给量的行为。这些存款虽然不是现金货币，但作为存款货币，在一定条件下也能发挥流通职能和支付职能。

信用创造职能是商业银行信用中介职能的延伸，对社会信贷规模、货币供应具有重大影响，因此商业银行成为货币管理当局的监管重点。为了有效控制信用创造，中国人民银行推出一系列货币政策工具，如通过设定存款准备金率，限制信用扩张的能力；通过调整再贴现率，影响市场利率水平，进而改变商业银行的再贷款成本，最终影响贷款规模和信用创造活动。当然，影响商业银行信用创造的因素很多，如公众的流动性偏好、市场利率预期等。因此，在分析商业银行信用创造职能时，需要综合考虑多种因素，才能全面把握对金融体系和经济的实质性影响。

商业银行发挥信用创造职能过程中所产生的作用主要在于：通过创造流通工具和支付手段，既可以减少现金使用，节约流通费用，又能满足社会经济发展对流通和支付手段的需要。

(五) 调节经济

调节经济是指商业银行通过信用中介活动，调剂社会各部门之间的资金余缺，同时在央行货币政策和其他国家宏观政策的影响下，助力实现经济结构优化、投资与消费比例平衡，引导资金流向，完善产业结构调整，发挥消费对生产的积极引导作用。此外，商业银行还可以通过在国际金融市场上的融资活动，协助调节本国的国际收支状况。

(六) 风险管理

风险管理是指商业银行通过借入高风险资金和发行低风险间接证券，承担着管理信用风险与市场风险的责任。通过有效的风险管理，商业银行实现了金融市场风险套利，进而成为利润的重要来源之一。

三、商业银行对经济发展的贡献

商业银行承载着多样化职能，对整个社会经济活动的影响显著，在整个金融体系乃至国民经济中占据特殊且重要地位。

（一）整个国民经济活动的中枢

商业银行主要业务包括吸收工商企业存款、发放贷款，并为各类客户（如工商企业、家庭和个人以及政府等多个市场主体）提供多种金融服务，与这些主体建立密切的资金借贷关系。在提供服务的过程中，商业银行通过办理各种形式的结算业务，为社会经济活动实现以及绝大部分货币周转提供支持。随着业务不断开展，商业银行逐渐成为整个国民经济活动的中枢，不仅连接着各个经济主体，而且还发挥着资金调配、信息传递和风险管理等多重职能。正是基于上述核心职能，商业银行在金融体系中扮演着不可或缺的角色，为经济稳定和持续发展提供了重要保障。

（二）影响着全社会的货币供给

商业银行是各种金融机构中唯一接受活期存款的金融机构。通过为工商企业、家庭、个人和政府开设活期存款账户，商业银行既大量吸收活期存款，又提供转账结算服务，同时还通过贷款、投资业务和支票转账结算服务创造派生存款。实际上，商业银行正是通过这种派生存款的创造与消减来影响社会货币供给，进而调节社会货币供给规模。

（三）全社会经济活动的信息中心

通过日常业务活动，商业银行与各行业、部门、企业以及家庭和个人建立紧密联系，并在此基础上，为相关机构、企业和个人提供投资咨询与财务咨询服务。因此，商业银行在社会经济活动中扮演着信息中心角色，为引导社会经济发展、调整产业结构、产品结构以及国民经济中其他重要比例关系，为实现经济稳定和持续发展做出重要贡献。

（四）国家实施宏观经济政策的重要媒介和支柱

在市场经济背景下，由于信息不对称和未来不确定性等因素，不同时期的政府需要针对经济发展状况制定不同的财政政策、货币政策和产业政策等宏观经济政策，以实现一国宏观经济调控。这些宏观经济政策实施与商业银行具有密切联系。当政府需要利用财政信用调节经济时，通常会发行一部分政策性债券，这些债券大部分由商业银行负责认购。当政府实施产业政策调整经济结构时，商业银行需要配合政府的产业政策，调整贷款投向，以支持政府实现产业政策目标。通常情况下，一国中央银行代表政府制定和执行货币政策，以实现调节信贷规模和社会货币供给量的宏观经济调控目标。例如，当中国人民银行实行紧缩性货币政策、提高法定存款准备金率或在公开市场上卖出有价证券时，我国商业银行就应当增加准备金或在公开市场买进有价证券，积极配合中央银行操作，协同发力实现货币政策目标。

第三节　三角形具有稳定性
——商业银行经营原则

三角形具有稳定性，源于独特的几何特性使得受力时能够保持原有形状和结构。商业银行经营原则与之类似，安全性、流动性和盈利性三个原则就像支撑三角形的三条边一样，能够确保银行的稳定运营。安全性是基础，商业银行必须确保客户存款和资金安全，以防止出现金融风险和不可预测情况。流动性是运营中至关重要的一环，商业银行需要巧妙地平衡资产和负债关系，以最小化流动性风险。盈利性是经营目标，商业银行需要通过有效的投资和贷款业务获得盈利，以支付成本、提供服务并回报股东。三个原则相辅相成，缺一不可，共同构成商业银行稳定运营的基石。

一、安全性

安全性目标是指商业银行在经营过程中应采取一系列措施，最大限度地减少各种不确定因素的影响，确保其稳健经营和可持续发展，涵盖负债和资产两个方面。其中，负债安全包括资本安全、存款安全和借入资金安全等；资产安全则包括现金资产安全、贷款资产安全和证券资产安全等。资产和负债相互关联、相互制约，因此，商业银行必须从资产和负债两个方面加强业务经营与管理。

由于经营特殊性，商业银行必须坚持安全性目标。首先，商业银行自有资本相对较少，财务杠杆率较高，风险承受能力相对较弱。其次，商业银行以货币为经营对象，对居民的利息支出和到期还本具有硬性约束。再次，在现代信用经济条件下，商业银行是参与货币创造过程中一个非常重要的媒介部门，安全性经营不仅关乎自身发展，而且影响着整个宏观经济的正常运转。最后，商业银行经营面临着信用风险、市场风险、汇率风险、操作风险、利率风险、流动性风险、国家风险（政府风险）、法律和合规性风险、战略风险等各种风险，因此，保证安全性经营就必须有效控制风险。为了保持商业银行的经营安全性，应该做到以下几点：

(一) 合理安排资产规模和结构，提高资产质量

商业银行必须科学地安排资产结构，控制存贷比和不良资产占比，控制银行风险系数。在业务经营过程中，商业银行应合理安排存款与贷款比例，以及不同期限、不同风险的资产（贷款）比例；还应保持一定比例的有价证券等流动性较强的资产（如政府债券）和一定比例的现金资产，不断优化资产结构并增强商业银行应对流动性风险的能力。此外，商业银行应严控不良资产规模，尽最大努力提高资产质量。在发放贷款前，进行细致的信用调查和全面的评估；在确定发放贷款后，审慎决定贷款的规模、期限与利率水平；在贷款使用过程中，密切追踪与监督贷款客户，及时了解经营状况，通过定期贷后管理，及时发现潜在风险因素，并采取有效的预防和控制措施，确保信贷资产质量稳定，降低不良贷款率。

(二) 提高自有资本的比重

商业银行主要通过吸收存款和借款方式筹集资金，这种负债经营模式面临着较大风险，需要保持一定量的自有资本作为抵御和防范风险的保障。自有资本在全部负债中的比重高低是评估商业银行实力的重要依据，同时也是商业银行信用和赢得客户信任的基础。信用是商业银行经营中的最关键因素，如果一家商业银行具备较高的信用，获得了各经济主体的充分信任，即使面临暂时性的资金周转困难，也不会因丧失信任而发生挤兑现象。因此，对于任何一家商业银行而言，都应根据实际情况，不断补充自有资本。

(三) 有效防范风险，稳健合法经营

商业银行应在自觉遵守国家各项法律法规的基础上，一方面，加强对宏观经济形势、市场利率水平以及证券市场状况等的分析和预测；另一方面，正确选择借款人并严格遵守操作规程，建立科学、严谨的责任制度，通过持续强化内部管理，不断提升社会形象，有效防范金融犯罪，降低各类风险发生。

二、流动性

流动性是指商业银行能够随时应对客户提现和满足客户合理资金需求的能力，包括资产的流动性和负债的流动性两个方面。资产的流动性是指银行资产在不遭受价值损失的前提下，迅速变现的能力，既包括速动资产规模大小，又包括当速动资产不足时，其他资产在不发生损失情况下迅速转变为速动资产的能力。负债的流动性是指商业银行通过市场迅速、低价地寻求资金集中，维持银行清偿能力。

商业银行保持足够流动性主要有两种方法：一是资产变现；二是通过负债途径，以扩股增资、吸收存款或借款等方式筹措资金。从资产构成角度而言，流动性最高的资产主要包括库存现金、在中央银行的超额准备金存款以及在其他银行的活期存款。这些资产均具有极高的流动性，能够随时用于履行支付义务，因而常被业内称为"第一准备金"。相比之下，流动性稍弱的资产主要包括对其他银行或金融机构的短期贷款、银行所持有的国库券和其他短期债券等。这些资产虽然流动性稍逊一筹，但仍然可以在需要时迅速变现或转换为现金，因而通常被称为"第二准备金"。流动性较差的资产主要有中长期贷款和长期债券等，这些资产收益率较高，但流动性相对较低，需要持有期间进行合理管理和规划，以实现资产的流动性和收益性平衡。

为了满足银行流动性需求，各家商业银行都必须保持一定比例的高流动性资产，以便随时用于清偿债务或满足客户提取存款需求。此外，商业银行还将国库券、其他短期债券作为保持银行支付能力的一种常用方法。在确保不增加过多成本的前提下，商业银行可以通过多种途径有效增强流动性，如直接向中央银行借款、通过中央银行再贴现、发行可转让存单、向其他银行借款以及利用回购协议等，这些措施有助于提高商业银行的流动性管理水平，降低流动性风险。

三、盈利性

盈利性是商业银行经营活动的最终目标，这一目标要求商业银行的经营管理者尽可能地追求利润最大化。利润最大化既是商业银行实现充实资本、增强实力、巩固信用、提高竞争能力的基础，也是股东利益所在，成为银行开拓进取、积极发展业务、提高服务质量的内在动力，这是由商业银行性质所决定的。

商业银行盈利来自银行业务收入与银行业务支出之差，即商业银行的盈利=银行业务收入-银行业务支出。商业银行业务收入包括：①贷款利息收入；②投资收入（股息、红利债息以及出卖有价证券的价格净差额）；③劳务收入（指各种手续费、佣金等）。商业银行业务支出包括：①支付存款利息；②支付借入资金利息；③贷款与投资的损失（如贷款的坏账、投资有价证券的资本损失等）；④工资、办公费、设备维修费、税金等（见图1-3）。

商业银行实现盈利的主要途径如下：

（一）尽量减少现金资产，扩大盈利性资产比重

虽然现金资产具有极强的流动性，但盈利性相对较差，难以为银行创造显著利润。而长期贷款和长期投资则恰恰相反，其流动性较差，盈利性较强，是商业银行利润的主要来源。为了保障银行的流动性，维护清偿能力并实现经营安全，

商业银行盈利 = 银行业务收入（① 贷款利息收入 ② 投资收入 ③ 劳务收入）- 银行业务支出（① 支付存款利息 ② 支付借入资金利息 ③ 贷款与投资的损失 ④ 工资、办公费、设备维修费、税金）

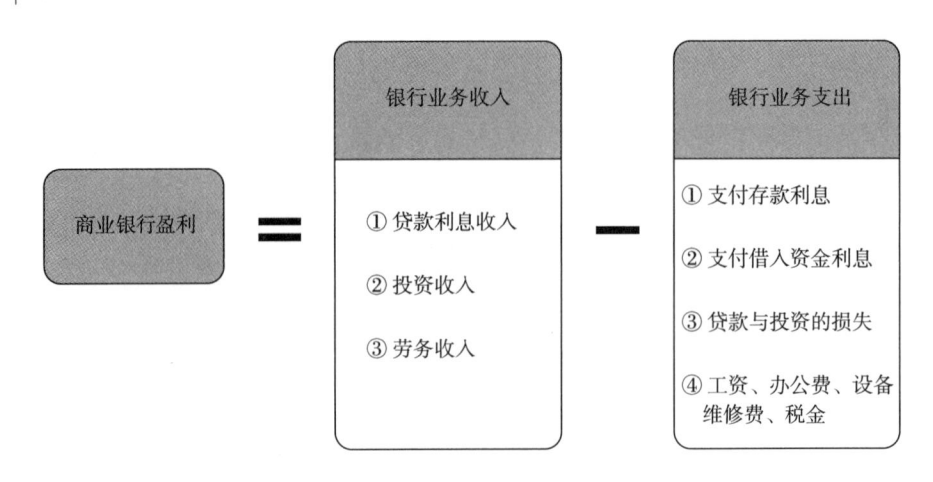

图1-3 商业银行盈利构成

商业银行必须保持一定规模的现金资产。然而，现金资产规模不应过大，否则会影响银行的盈利水平。因此，在配置资产过程中，商业银行应将非盈利性现金资产压缩至最低水平，同时扩大盈利性资产比重，在保障银行流动性的前提下实现利润最大化。

（二）以尽可能低的成本，取得更多资金

对于商业银行，充足的资金来源是商业银行扩大贷款和投资规模、增加盈利性资产的基础。然而，吸收资金存在成本，任何一家商业银行都不能忽视资金成本而盲目高息揽存，这不仅不利于其他银行经营，而且导致自身资金成本上升、业务支出增加，最终降低盈利水平。因此，在吸收资金来源时，商业银行必须仔细核算和评估成本，确保资金来源成本低于资金运用的净收入，实现盈利最大化。现代商业银行都非常注重通过为客户提供良好服务的方式来吸引更多廉价资金。大部分商业银行活期存款利息率相对较低，美国甚至规定活期存款不予支付利息，这种不付息或低息的活期存款在以现金或支票的形式存入商业银行时，商业银行便获取了大量廉价资金。如果一家商业银行能为客户提供更优质的服务，那么该银行的原始存款将会显著增加，贷款和投资业务也会不断扩增，进而催生出更多的派生存款，从而降低资金成本，提高盈利能力。

（三）减少贷款和投资损失

贷款和投资损失不仅会侵蚀银行利润，而且会对银行经营稳健性产生威胁。因此，贷款和投资损失数量通常被视为衡量银行经营状况的重要标准。为确保经营的安全性并实现盈利最大化目标，商业银行特别注重贷款和投资项目的预测管理工作。而贷后检查也是重要工作之一，通过定期地密切关注债务人的经营状况，商业银行能够及时发现潜在风险，降低坏账损失的可能性，确保按时、足额收回本金和利息，从而增加利润收入。

（四）优化核算体系

优化内部经济核算体系，持续提升银行各级员工的工作效能，控制并适时降低管理成本支出。

（五）健全监管机制

严格操作规程，健全监管机制，减少事故和差错，防止内部人员出现违法、犯罪活动等造成银行重大损失。

四、商业银行经营原则之间的关系

由于商业银行的特殊性，在商业银行的日常经营中必须始终贯彻"三性"原则——安全性、流动性和盈利性。"三性"原则并非孤立存在，而是相互依存，相互作用。实现安全性、流动性和盈利性三大目标，既是商业银行经营管理的核心要求，也是商业银行实现自身微观效益与宏观经济效益相结合、相一致的重要体现。商业银行经营安全性良好，有利于一国宏观经济稳定发展。同时，商业银行盈利水平高，有利于提高社会经济效益，为再生产和扩大再生产积累更多资金，扩大产业资本规模，增加有效供给。

然而，在追求这些经营目标的过程中，商业银行通常会出现目标之间产生冲突与矛盾的现象。例如，为了实现安全性目标，商业银行倾向于增加现金资产并减少风险较高但盈利性也较强的资产，而追求盈利性目标则要求银行降低现金资产比例，增加高盈利资产配置。面对这一矛盾，多数银行家认为，在全面预测和权衡资金来源、资产规模以及各种资产风险、收益、流动性的基础上，商业银行应将安全性置于首位，在确保安全的前提下，再寻求盈利最大化。为有效解决安全性与盈利性之间的矛盾并实现二者统一，商业银行应从资产端和负债端共同加强管理，提高经营流动性。从长期来看，商业银行应该多措并举地予以妥善处理：一是积极组织资金来源，审慎安排资产结构，注意保持适当比例的现金资产；二是加强长期贷款和投资业务的预测研究，保证收益并减少风险损失；三是树立和维护良好信誉，建立牢固的信用基础，争取获得客户和社会的高度信任。

第四节 "淮南淮北橘不同"
——商业银行制度与分类

"橘生淮南则为橘，生于淮北则为枳"，内涵是橘树生长在淮河以南的地方就是橘树，而在淮河以北的地方就是枳树。"南橘北枳"揭示了环境对事物性质的影响。在商业银行业务与经营中，同样需要考虑实际情况和环境变化的影响。相同的业务和经营管理制度在不同的情境下可能会产生截然不同的效果，因此在商业银行业务与经营管理过程中需要灵活应对，因时制宜、因地制宜，即需要根据具体情况制定相应的策略和管理方法，以确保业务经营的效率和稳定性。

一、商业银行制度建立的基础原则

（一）有利于银行业竞争

竞争在市场经济体系中发挥着至关重要的作用，是推动各行各业不断自我革新与提升的核心动力。作为特殊的金融企业，各家商业银行无论规模大小，所供给的产品和服务均为具有同质性的货币与信用。基于经济学原理，同质性越强的行业，越需要通过竞争方式激发活力。适度竞争不仅有助于银行业提升服务质量、提高经营效率，而且能有效地减少经营成本，加速资金周转，推动社会经济健康发展。因此，从国家层面引导各家银行遵循市场经济的优胜劣汰规律、倡导并保护银行业竞争至关重要。

（二）有利于保护银行体系的安全

保障安全和保护竞争看似相互矛盾，但实际上两者相辅相成。合理的、有序的银行竞争能够提高经营效率，增强银行抵御风险的能力。然而，过度竞争可能导致部分银行不计成本地吸收高息存款或盲目从事高风险投资，提升经营成本、增加坏账，甚至出现资不抵债的局面，严重时可能导致银行破产或倒闭。商业银行业务具有广泛的社会性和外部性，一家银行的倒闭会引发社会各方连锁反应，引发"多米诺骨牌效应"，甚至可能触发金融危机，最终影响一国经济发展。因此，在构建本国的商业银行制度时，几乎所有国家都将保护银行体系安全作为必须考虑的重要原则。

（三）有利于保持商业银行适当的规模

根据规模经济理论，在市场经济体系中，各个企业都存在一个最合理规模。在此规模下，企业成本最低，利润最优。一旦超出或小于这一规模，就可能导致成本上升或利润下降。作为一种特殊的企业，商业银行同样受制于规模经济。当商业银行规模处于合理水平时，单位资金的管理费用和其他成本会降至最低，服务质量也更容易达到最优，从而提升银行经营效率。反之，银行规模过小，就可能导致单位资金的管理费用和其他成本上升，服务质量下降，资金使用效率低下，进而削弱银行竞争力。

当经济波动时，中小规模银行通常最为脆弱。由于业务与地方经济紧密相关，小规模银行倒闭会对地方经济产生更为重大的影响力；而地方经济一旦陷入困境，又会直接影响其他银行的贷款安全,从而影响其他银行的正常经营。因此,许多国家的政府采取措施,鼓励合并规模过小的银行,形成规模合理的银行结构。大型银行在业务多样化和资金实力方面具有优势,分支机构众多,信用风险相对较低,倒闭风险较小。然而,20世纪90年代以前,一些国家对银行合并实施限制措施,目的是防止银行规模过大而妨碍行业自由竞争格局,如1933年美国国会通过了《格拉斯—斯蒂格尔法案》,禁止商业银行、投资银行跨界经营,以及建立反垄断执法体系,对达到一定标准的合并案件进行审查,并将可能实质性减损竞争的合并交易提起上诉。银行业发展水平较高的美国讨论有关银行机构的法令时,主要考虑三个基本要求:①在确保金融机构安全性和稳健性的前提下,构建并维持一个充满竞争力的银行体系;②避免金融与经济资源过度集中,防止银行体系走向垄断格局,倡导银行业内公平竞争;③区分商业银行业务和其他非银行业务,保证银行资金的流动性与安全性。

以上三个基本要求充分体现并强调了保护竞争、保障安全和保持适度规模等重要原则。然而,进入20世纪90年代后,随着经济全球化、金融自由化和金融全球化趋势的发展,各国在保护竞争、保障安全两大原则上已达成共识,但对于保持适度规模原则依然存在不同看法,在具体实践中采取不同策略。

二、商业银行分类

商业银行具体分类如图1-4所示。

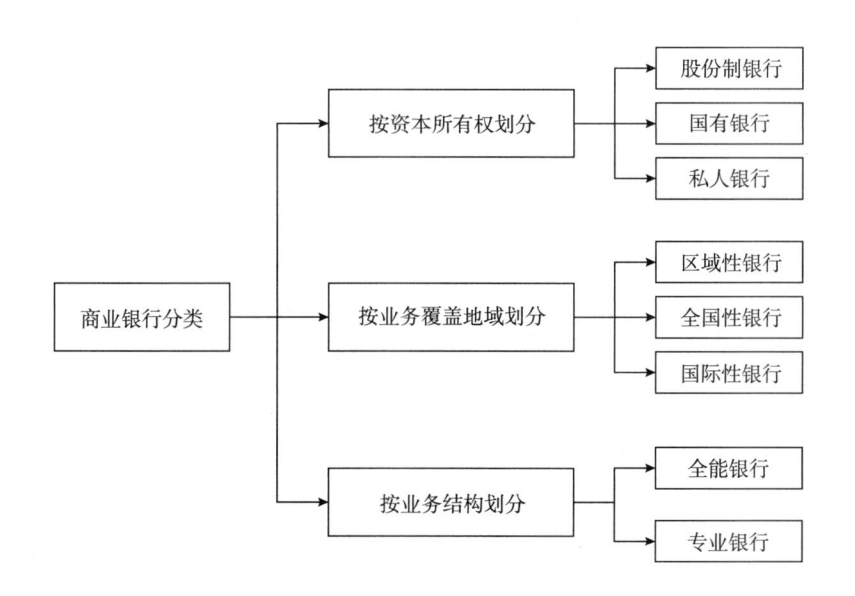

图1-4 商业银行具体分类

（一）按资本所有权划分

1. 股份制银行

股份制银行是根据国家相关公司法律法规，正式注册并获得法人实体地位的金融机构，显著特点是将全部资本均等划分为若干股份，向社会公开招募。购买股份的投资者成为银行股东，有权按照所持有的股票获得股息或红利。股份制银行已成为最为普遍且广泛采用的商业银行组织形式。

2. 国有银行

国有银行是指资本归国家所有的商业银行，如中国的建设银行、工商银行，法国的巴黎国民银行、里昂信贷银行等。

3. 私人银行

私人银行主要分为独资银行和合伙银行两种形式。独资银行由个人单独出资，出资人亲自或雇佣他人进行经营。出资人拥有银行财产和盈利的全部支配权，并对债务承担无限清偿责任。合伙银行是由两人或两人以上订立合伙契约、共同出资、合伙经营的商业银行。银行资产归所有合伙人共同所有，盈利则根据各合伙人的出资多少或契约中规定的分配方式进行分配。同样地，合伙人对银行债务也承担着无限清偿责任。

（二）按业务覆盖地域划分

以业务覆盖地域为划分标准时，商业银行可划分为区域性银行、全国性银行和国际性银行。区域性银行是以所在区域为基本市场的商业银行。全国性银行的业务覆盖全国各地，在各地设立众多的分支机构。国际性银行通常是指设在国际金融中心的大银行，如花旗银行、汇丰银行、德意志银行、巴克莱银行等，其业务覆盖全球，海外业务占比相当高，如德意志银行的海外业务占比高达40%。

（三）按业务结构划分

1. 全能银行

全能银行也称综合银行，此类商业银行不仅经营银行业务，而且广泛涉足证券、保险、金融衍生业务以及其他新兴金融领域。部分全能银行甚至持有非金融企业股权。广义的全能银行涵盖商业银行、投资银行、保险公司、非金融企业股东等金融机构。而通常意义上的全能银行，主要指能够提供全方位金融服务的商业银行，不涉及非金融业务。由于全能银行业务范围广泛，利润丰厚，能够为客户提供多种金融服务，越来越多的专业银行开始向全能银行转型，成为全球商业银行发展的主流趋势。在全世界范围内，德国是全能银行制的典型代表国，德意志银行、德累斯顿银行等大型商业银行都是享誉世界的全能银行典范。

2. 专业银行

专业银行也称分离银行，是按照银行法或有关金融管理制度规定，专门经营一种或有限的几种银行业务的金融机构。除接受委托代理等特殊情况外，一般不得经营规定以外的银行业务、非银行业务和非金融业务。由于设立标志不同，专业银行具有不同的名称，如按服务对象设立时，有农业银行、工业银行、进出口银行、储蓄银行等；按贷款用途或贷款方式设立时，则有投资银行、不动产抵押银行、贴现银行、外汇银行等。

我国历史上的传统银行体制就是专业银行的典型代表。例如，1986年颁布的《银行管理暂行条例》规定："国家根据国民经济发展的需要，设立若干专业银行。各专业银行按照规定的业务范围，分别经营本、外币的存款、贷款、结算以及个人储蓄存款等业务。"按照银行的专业分工，中国工商银行负责办理工商信贷和城镇储蓄业务，中国农业银行负责农村金融业务，中国银行负责外汇清算、外汇存贷款业务，中国建设银行则负责固定资本投资业务。自1978年改革开放以来，随着经济体制改革的深入和市场经济的快速发展，各专业银行的原有业务分工格局逐渐被打破，业务交叉面不断扩大。

【拓展案例】

德国：多种全能银行

最具德意志特色的全能银行形成于德意志帝国加速工业化时期，但从其代表性银行的发展历程来看，全能银行在德国的出现既非"命中注定"，亦非完全"政策决定"。以德意志银行为例，其初衷是发展成为像伦敦商人银行那样的机构，为德国对外贸易融资和跨境支付提供服务，让德意志金融走向国际。为此该银行很快在中国上海和日本横滨等地设立分行。但是1873年国际金融危机迫使德意志银行收缩其海外业务，将重点转回国内市场。

1875~1885年德意志银行调整战略方针，在国内各大城市开设分行，吸引存款，与储蓄银行展开竞争，并决定进入证券承销领域，为国内大企业的证券发行提供服务和支持。19世纪90年代后，德意志银行、德累斯顿银行和商业银行这三家柏林大银行已具备全能银行的基本特征，即不仅在全国各地从事多样化的金融业务，而且与许多非金融企业结成了长期伙伴关系。全能银行模式面临的最大挑战是应对流动性风险（姑且不论信用风险），而作为德国当时中央银行的帝国银行的贴现政策解决了此问题，使德意志银行不必惧怕任何流动性风险。但是德意志帝国银行的流动性支持政策（贴现政策）并非全能银行模式在德国发展的充分必要条件。其一，德意志帝国银行的自由贴现政策并不仅提供给德意志银行这样的大银行，也面向其他金融机构乃至为德国所有企业提供贴现服务。20世纪初，德意志帝国银行在全德的支行数目多达4000家，其票据贴现业务的客户合计超过

60000万户，其中仅有2000余家为银行。德意志帝国银行接受的贴现客户包括大量小企业，接受的贴现票据面额有时低至100马克。德意志帝国银行认为，给予小企业票据贴现支持是在执行"经由信贷提供的社会政策"。其二，德意志帝国银行是德意志帝国1873年后金本位制的执行者，而且至1914年成功地维护了该制度的运行，因而其贴现政策在总量上处于金本位制所要求的限度之内。以此而论，以德意志银行为代表的全能银行理论上并不能无限依靠德意志帝国银行的流动性支持，否则很有可能拖垮德意志帝国的金本位制。换言之，德意志银行等全能银行还必须找到支持自身流动性的另外来源。对柏林大银行来说，存款资金的新来源是大企业客户存款。在德国加速工业化时期，大企业迅猛发展，大企业存款也就成了德国大银行的重要资金来源。

在德国，还有几个因素对全能银行的发展发挥了重要作用：一是银行直接参与证券交易所的制度安排；二是股票价格相对稳定；三是企业和金融机构在公司治理结构上的特殊性。银行是交易所会员，这种制度使银行在公司证券发行上拥有重要话语权，在一定程度上增加了上市企业对银行的依赖性。1870~1914年德国银行持有的公司股票数量和股票市值不多，相对轻微的股价波动有利于持股模式的可持续性，德国政府对证券交易征收高额印花税，抑制了股票交易需求，客观上也降低了股价的波动性。当然，此政策的直接目的是遏制投机，并非为了持股模式的可持续性。在银行与企业之间形成稳定的长期合作关系不仅有可能带来流动性问题，还可能产生信用风险、利益冲突和排斥竞争等严重问题。这些问题得不到解决或缓解，不仅全能银行模式不可持续，而且经济发展也会受到影响。在德国经济和金融体系中，信用风险问题部分地由交叉兼职董事制度来解决，即银行与重要企业客户相互派驻兼职董事。德国公司皆设立双层构架，每个公司（包括合股银行）皆有管理董事会（执行董事会）和监理董事会（监事会），来自外部企业的兼职董事通常入驻监事会而不是执董会，监事的主要职责是风险管控而不是日常经营。在这样的公司治理结构中，一方面可降低全能银行（持股银行）伙伴企业的信用风险，另一方面能减少银企双方的利益冲突。

资料来源：贺力平. 政策决定还是市场选择？——基于历史角度的比较金融体制考察［J］. 社会科学战线，2022（4）：54-70.

第五节　蚂蚁王国的管理
——商业银行组织结构及管理

蚂蚁是历史悠久的昆虫，起源于1.4亿年以前的白垩纪时代，是陆地上最兴盛的社会性昆虫类群。在蚂蚁的社会生态中，蚂蚁不能单独生存，而是作为蚁群的一部分，承担特定职责，与其他蚂蚁紧密合作，共同维持蚁巢的正常运转。

在一个蚁群中，蚁后是整个家族的核心，负责繁衍后代，雄蚁只为蚁后服务，专与蚁后交配。工蚁是蚁群的主要成员，承担觅食、育幼、筑巢和防御等除生殖之外的所有工作。正是由于蚁群内部明确的分工与合作，蚂蚁王国展现出巨大的生命力。商业银行的组织结构及管理与蚂蚁王国类似，如在总分行制中，总行如同蚁后，是整个银行体系的核心；分行则如同雄蚁，将自身资源奉献给总行；工蚁就像勤勤恳恳的支行，负责处理各种事务。将蚂蚁王国的分工与合作理念引入商业银行中，可以使我们更生动、形象地理解商业银行组织结构。

一、商业银行组织形式

商业银行各种组织形式及优劣势如表1-3所示。

表1-3 商业银行各种组织形式

组织形式	优势	劣势
单一银行制	①限制银行业垄断，有利于自由竞争 ②有利于银行与当地政府的协调，促进本地区的经济发展 ③自主性强、独立性大，可以及时改变经营策略 ④管理层级少，有利于中央银行管理与控制	①规模较小，经营成本大，难以提高经营效率，不易获得规模效益 ②无分支机构，业务和金融创新都会受到一定限制 ③业务较为集中，容易受经济波动的影响
总分行制	①经营规模较大 ②分支机构多、分布广、业务分散，易于吸收存款，能够在整个系统中调剂和使用资金 ③放款分散、风险分散，可以降低贷款的平均风险，提高银行安全性 ④内部高度分工，能提高效率、降低成本，有利于金融当局的监督	①容易导致大银行吞并小银行，加速形成垄断 ②规模过大，机构和层次众多，管理效率低
银行控股公司制	①规避监管当局限制 ②银行资本规模大，抵御风险和竞争能力强 ③为附属银行提供多种服务，提升附属银行的业务发展和管理水平	容易引起权力过度集中，一定程度上影响银行经营活力
连锁银行制	弥补单一银行制不足，规避设立分支机构的各种限制	容易受个人或集团控制，不易获取银行所需资本
代理行制	解决分支机构不足问题，为客户提供更好的支票及结算服务	成本较高且不透明

(一) 单一银行制

单一银行制又称独家银行制，特点是银行业务完全由独立的商业银行经营，不设立或不允许设立分支机构（见图1-5）。这种银行制度起源可以追溯至美国，是美国最古老的银行形式之一。在法律层面上，单一银行制的法律基础主要源于1927年的《麦克法登法案》和1970年的《道格拉斯修正法案》。作为一个各州独立性较强的联邦制国家，美国历史上经济发展并不均衡。为了适应不同地区经济的均衡发展需求，尤其是满足中小企业发展需求，同时也为防止金融权力过度集中，美国联邦政府或各州法律规定银行业务由各自独立的商业银行经营，限制或禁止跨州或跨地区设立分支机构。

图1-5 单一银行制度的组织结构

单一银行制的优势在于：①限制银行业垄断，有利于形成自由竞争格局；②有利于银行与当地政府协调，促进本地区的经济发展，集中全力为所在地区服务；③各银行在经营决策上自主性强、独立性大，能够根据市场环境变化及时改变经营策略；④管理层级少，有利于中央银行管理与控制。

单一银行制也存在一定弊端：①银行规模较小，经营成本大，经营效率难以提高，不易取得规模效益；②商业银行不设立分支机构，与现代经济横向发展和商品交换范围不断扩大存在矛盾，在当今电子计算机等高新技术大量应用的背景下，银行业务和金融创新必然会受到一定限制；③商业银行业务大多集中于某地区或某行业，业务较为集中，容易受到经济波动的影响，不利于降低整体经营风险。

村镇银行作为中小银行的重要组成部分，是我国单一银行制的一次伟大实践。国有商业银行退出农村金融市场后，村镇银行的大力推广成为解决农村地区银行业金融机构网点覆盖率偏低、金融供给不足和竞争不充分等问题的有效途径。它能够为经济落后地区和弱势群体提供更充足的金融服务。与传统的总分行制银行相比，我国大力发展的单一银行制度具有以下优点：

一是降低银行业管理理念中大城市中心主义倾向。制度设计初衷在于以本土农村资本为核心，专注深耕农村金融市场，全心全意服务"三农"。这种资本结构的核心投资方向和主要收益来源应当聚焦农村地域、农户经济活动以及中小型农业企业。推行单一银行制旨在从根本上纠正传统银行体系中普遍存在的大城市中心区域经营倾向。

二是促进建立自由竞争的金融市场环境，提升农村金融服务的整体品质。在总分行体制下，金融机构通常拥有过多的金融权力，容易导致垄断，妨碍竞争。所谓金融权力，是指金融企业影响、引导、控制金融竞争对手的能力。村镇银行的蓬勃发展为农村金融市场注入了多元化竞争元素。与传统总分行制银行相比，单一银行制的村镇银行凭借本土资本属性，为被大型银行拒绝的中小企业和农户提供金融服务，增加了农村金融供给。村镇银行的服务策略不仅提高了自身服务质量，而且激发了其他市场参与者持续优化金融服务，共同推动农村整体金融服务水平提升。

三是形成服务"三农"的信息优势和成本优势。在广大农村地区，农民通常难以提供合规的抵押物或可信的资信记录，而村镇银行员工大多来自当地或已融入当地社会，能够通过了解借款人的工作能力、经验和信誉等"软信息"判断其信用状况。此外，村镇银行还可以利用与借款人的血缘亲情、长期合作中建立的友谊，以及左邻右舍和同辈的舆论压力、借贷双方其他交易关系等"软信息"确保借款安全。由于"软信息"收集成本较低甚至为零，这些信息可以作为抵押品的替代品，成为甄别借款人信用、确保贷款偿还的关键因素。合理运用"软信息"策略，有助于缓解信贷发放过程中由信息不对称所引发的道德风险与逆向选择问题，使村镇银行能够精简决策流程，实现信贷业务运营的灵活化、高效化运作，进而有效削减运营成本。

（二）总分行制

总分行制是国际上最为常见的银行体制，由一家总行和若干分支行组成，形成一个以总行为核心的庞大银行网络。总行通常设于各大中心城市，所有分支机构统一由总行领导和指挥。这种银行制度的起源可追溯至英国的股份制银行。根据总行的职能差异，总分行制进一步分为总行制和总管理处制。在总行制银行中，总行不仅负责管理控制各分支行，而且直接对外营业。而总管理处制下的总行仅负责控制各分支行处，不直接对外营业，总行所在地会另设对外营业的分支行或营业部。实行总分行制的商业银行利用分布在不同地区的国内外分支行的优势，为客户提供快捷、便利的银行服务，并集聚形成巨额的社会资金。

总分行制的优势在于：①经营规模较大，易采用现代化管理设备，能够为客户提供全面、优质的金融服务；②分支机构多、分布广、业务分散，易于吸收存款，能够在整个系统中调剂和使用资金，实现资金合理配置；③由于贷款分散、风险分散，可以降低贷款的平均风险，提高银行经营的安全性；④实行内部高度分工，能提高效率、降低成本，便于金融当局实施监督。

总分行制也存在一定缺陷：①容易导致大银行兼并或收购小银行，加速形成垄断。②由于银行规模过大，导致内部机构和层次众多，管理上存在一定困难。

我国商业银行正是采取总分行制的组织结构。

【拓展案例】

中国农业银行境内外分支机构网络

截至2023年末,中国农业银行境内分支机构共计22843个,包括总行本部、总行营业部、4个总行专营机构、4个研修院、37个一级分行、409个二级分行、3316个一级支行、19025个基层营业机构以及46个其他机构,拥有16家主要控股子公司,其中境内11家,境外5家。境外分支机构包括13家境外分行和4家境外代表处,形成了覆盖五大洲的跨时区、多币种、24小时全球金融服务网络;与200多家外资银行互开本外币账户,战略合作伙伴覆盖全球主要金融市场。

资料来源:中国农业银行官网(https://www.abchina.com/cn/)。

(三)银行控股公司制

银行控股公司制又称集团制,是指由一家集团公司通过收购或控制若干独立银行的方式所形成的组织结构。从法律角度来看,这些被控股的银行属于独立实体,但在业务和经营决策方面都受到集团公司控制。这种组织结构在美国尤为流行,起源可追溯至1933~1975年美国对银行跨州经营实施严格控制的时代。银行持股公司制使得银行能够更便捷地从资本市场筹集资金,通过关联交易获得税收好处,同时规避政府对跨州经营银行业务的限制。

银行控股公司主要有非银行性控股公司和银行性控股公司两类。在非银行性控股公司中,大型企业通过掌控某家银行的主要股权获得控制权,而银行性控股公司则是由一家大银行自行设立控股公司架构,纳入若干规模较小的银行,形成从属关系。

银行控股公司制的优势在于:①规避金融监管当局对商业银行在业务范围和经营区域等方面的限制;②扩大银行资本规模,增强其抵御风险和竞争的能力;③可以为附属银行提供多种服务,包括投资建议、资金支持、数据处理、保险以及经营管理方法等,提升附属银行的业务发展和管理水平。因此,银行控股公司成为一种广受欢迎的变相分支行形式。

然而,这一制度也存在一些缺点,如金融权力过度集中,可能会影响银行的经营活力。

中国银行控股公司制也被称为集团银行制,由集团成立控股公司,再通过控股公司收购或控制若干家独立银行。在法律上,这些银行实体保持独立,但业务和经营策略均受控于控股公司。中国平安集团、招商局集团、光大集团和中信集团等都属于此类型。

（四）连锁银行制

连锁银行制是一种独特的商业银行组织形式，核心在于股权集中控制。在这一体系下，个人或集团通过收购多家独立银行的股票，获得这些银行的经营权和所有权。尽管这些银行在法律上保持独立，并未形成股权公司结构，但实际上所有权和业务决策权却高度集中于某个人或集团。连锁银行制与银行控股公司制在功能上具有相似之处，二者均弥补了单一银行制在业务规模和地域覆盖方面的不足，同时规避了设立分支机构的法律限制。连锁银行制的特点在于若干家银行互相持有股票，以互相成为对方股东的方式结成紧密的连锁关系。这些成员多为形式上保持独立的小银行，通常围绕一家主要银行聚集，以主要银行的业务模式为标准，形成集团内部的各类联合。

与控股公司制一样，连锁银行制的优势在于弥补单一银行制不足，规避设立分支机构的限制。然而，与控股公司制相比，连锁银行制下的银行更容易受个人或集团控制，且获取银行所需资本难度偏大。

（五）代理行制

代理行制度又称往来银行制度，是指银行之间通过签订代理协议，委托对方银行代为办理指定业务的制度。被委托银行称为委托行的代理行，双方之间形成代理关系。一般而言，银行之间既相互竞争，又相互协作，不同商业银行之间通常建立代理行关系，以更好地服务各自客户，增进双方联系。

代理行制的优势在于能够解决分支机构设立不足的问题，为客户提供更优质的支票及结算服务。然而，这种制度的成本较高，且存在不透明的问题。

二、商业银行组织机构

由于政策差异，不同国家的商业银行组织机构呈现出千差万别的情况。即使在同一个国家，由于经营规模和条件差异，各家商业银行管理层级也会有所差异。但总体而言，商业银行组织结构是指单个银行内部各部门之间相互联系、相互作用的管理体系。以股份制形式为例，商业银行组织结构分为决策机构、监督机构和执行机构三个基本层次。

（一）决策机构

决策机构是商业银行核心领导层，包括股东大会、董事会以及董事会下设的各委员会。股东大会是商业银行的最高权力机构，每年定期召开股东大会和股东例会。股东们有权听取和审议银行所有业务报告，有权表决银行的经营方针、管理决策和各种重大议案，并且选举董事会。

董事会是由股东大会选举产生的由董事组成的决策机构，负责代表股东执行股东大会的建议和决定。董事会职责包括制定银行目标、确定银行的经营目标、经营决策和经营模式，选举高级管理人员，建立各种委员会或附属机构以贯彻董事会决议，监督业务经营活动，通过稽核委员会检查银行业务，为银行拓展业务等。

为了更好地协调银行各部门之间的关系并促进信息交流，董事会通常设立常设委员会，职责是充当各部门之间的桥梁，促进信息交流，定期或经常性地召开会议处理特定问题，协调各部门之间关系，确保各项业务顺利进行。

（二）监督机构

监督机构指的是董事会下设的监事会，主要职责是严格监督决策机构和执行机构，确保银行经营行为合法合规、符合内部规章制度和道德准则要求。与董事会下设的稽核机构相比，监事会检查权威性更大。除检查银行业务经营和内部管理，监事会还需检查董事会制定的经营方针和重大决定、规定、制度的执行情况，对所发现问题具有督促限期改正之权。

总稽核职责在于核对银行的日常账务项目，核查银行会计、信贷及其他业务是否符合相关法规、董事会的方针和程序，主要目的是防止篡改账目、挪用公款和浪费，确保资金安全。作为董事会代表，总稽核定期向董事会汇报工作，并提供可行性意见和建议。

（三）执行机构

执行机构由行长（或总经理）领导，包括行长领导下的各委员会、各业务职能部门和分支机构，是商业银行日常运营的执行者，负责落实决策机构的战略决策和业务目标。作为商业银行的行政主管，行长是银行内部的行政首脑，其职责是执行董事会决定，组织和管理银行的各项业务经营活动。业务职能部门是执行机构的重要组成部分。在行长（或总经理）的领导下，职能部门负责银行业务的具体操作，与客户进行沟通，提供专业化金融服务。分支机构是商业银行体系业务经营的基层单位。分支行行长负责管辖分支具体业务运营。各商业银行分支机构按照不同地区、不同时期的业务需要还设立职能部门和业务部门，以更好地完成经营指标和任务。

【拓展案例】

中国工商银行的组织结构

图1-6为中国工商银行的组织结构，该行2006年10月上市后，建立了由股东大会、董事会、监事会和高级管理层组成的现代公司治理架构，形成了权力机构、决策机构、监督机构和管理层之间决策科学、执行有力、监督有效的运行机

制。董事会和监事会及高级管理层均设立专门委员会,股东大会、董事会、监事会和高级管理层的职责权限划分明确。该行董事会下设战略委员会、审计委员会、风险管理委员会、提名委员会、薪酬委员会和关联交易控制委员会六个专门委员会。监事会下设监督委员会,其主要职责为拟订本行财务活动的检查、监督方案;拟订董事、行长和其他高级管理人员的离任审计方案;拟订本行经营决策、风险管理、内部控制等的审计方案;监事会授权的其他事宜。

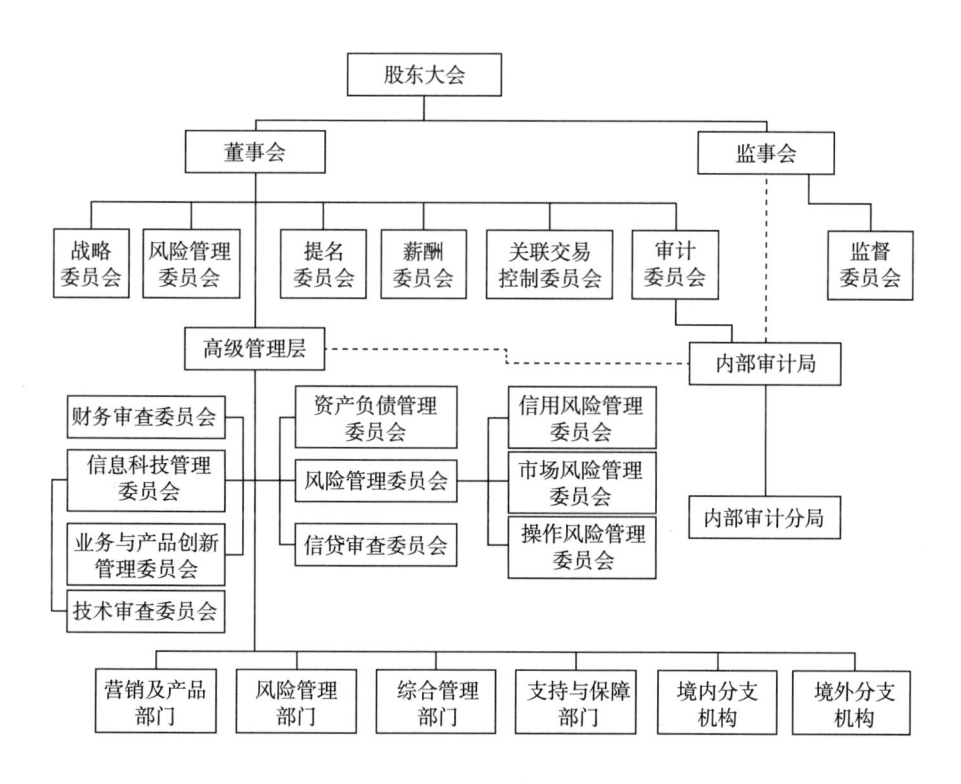

图 1-6 中国工商银行的组织结构

资料来源:中国工商银行官网(https://www.icbc.com.cn/)。

三、商业银行管理系统

商业银行的管理系统由以下五个方面组成:一是全面管理。由董事长、行长(或总经理)负责。主要内容包括确立银行目标、计划和经营业务预测,制定政策,指导、控制和评价分支机构以及银行内部管理、业务和职能部门的工作。二是财务管理。通常由负责财务工作的副总经理(副行长)担当,主要职责包括资本金管理、成本管理、现金管理、财务预算制定、审计与财务控制,以及税收和风险管理等。三是人事管理。由人事部门负责,主要内容包括招募雇员、培训职工、评审工作和工资、处理劳资关系等。四是经营管理。由总经理(行长)负责,根据银行既定的计划和目标，组织银行业务，分析经营过程，确保经营活动的安全性。五是市场营销管理。由总经理（行长）、副总经理（副行长）及有关业务、职能部门负责人共同参与，主要内容包括分析消费者行为和市场情况、制定市场营销战略、开展广告宣传和促销活动、维护公共关系，以及制定服务价格、开发产品和服务项目等。

以上五项管理内容分别由各部门分工负责，同时，各部门之间也需要相互协作，共同努力实现银行的既定目标。

四、我国商业银行体系

自新中国成立以来，我国商业银行经历着翻天覆地的变革。在改革开放初期，我国的商业银行属于专业银行，但随着市场经济制度逐步确立，专业银行向商业银行转变成为迫切需求。同时，为更好地服务地区经济，一些中小型商业银行开始改组或成立。经过多年发展，我国商业银行体系已经较为完善，各类商业银行在业务上既相互竞争又相互补充，呈现充满生机和繁荣发展态势。目前，我国商业银行体系由大型商业银行、全国性股份制商业银行、城市商业银行、农村中小金融机构、民营银行和外资银行等构成。

根据国家金融监督管理总局统计数据，我国银行业资产和负债规模稳步增长。2024年3月末，我国银行业金融机构本外币资产422.06万亿元，同比增长8.2%。其中，大型商业银行本外币资产178.85万亿元，占比42.6%，资产总额同比增长11.4%；股份制商业银行本外币资产70.47万亿元，占比16.7%，资产总额同比增长4.0%。银行业金融机构本外币负债387.22万亿元，同比增长8.2%。其中，大型商业银行本外币负债164.87万亿元，占比42.6%，负债总额同比增长12.7%；股份制商业银行本外币负债64.51万亿元，占比16.7%，负债总额同比增长3.7%。[①]

（一）大型商业银行

大型商业银行又称国有大型商业银行或六大国有控股银行，具体包括下列六家银行。

1. 中国工商银行股份有限公司

1983年9月，国务院决定让中国人民银行专门行使中央银行职能，另组建中国工商银行来承接原来由中国人民银行承担的工商信贷和储蓄业务。1984年1月1日，中国工商银行正式成立，标志着我国专业银行体系的最终确立。随后，中国工商银行经过从专业银行到国有独资商业银行，再到股份制改造的转变。2006年

---

① 资料来源：国家金融监督管理总局（http://www.cbirc.gov.cn/）。

10月,在上海证券交易所和香港联合交易所同日挂牌上市。2024年第一季度季报显示,截至2024年3月31日,中国工商银行总资产476000.27亿元,总负债437234.12亿元,客户贷款及垫款总额273701.60亿元,客户存款350350.80亿元。核心一级资本充足率13.78%,一级资本充足率15.18%,资本充足率19.21%,均满足监管要求①。

2. 中国农业银行股份有限公司

中国农业银行最初成立于1951年,1979年2月恢复成立后,成为在农村经济领域占主导地位的国有专业银行。1994年4月,中国农业发展银行从中国农业银行分设成立,承担粮棉油收购资金供应与管理等政策性业务,与中国农业银行业务分离。随后,1996年农村信用社与中国农业银行脱离行政隶属关系,中国农业银行开始向国有独资商业银行转型。1997年,中国农业银行基本完成了作为国家专业银行"一身三任"的历史使命,开始进入向国有商业银行转变的新时期。2009年1月15日,中国农业银行完成了股份制改造,2010年7月15日和16日分别在上海证券交易所和香港联合交易所挂牌上市。截至2024年3月31日,中国农业银行总资产421572.79亿元,总负债391580.56亿元,发放贷款和垫款总额238636.00亿元,吸收存款310605.09亿元。核心一级资本充足率11.37%,一级资本充足率11.37%,资本充足率18.40%,均满足监管要求②。

3. 中国银行股份有限公司

中国银行的前身是中国第一家国家银行——户部银行,1905年8月成立于北京。1908年2月,户部银行更名为大清银行,开始行使中央银行职能。1912~1928年,中国银行成为南京临时政府和北洋政府的中央银行。1928年10月26日,国民政府公布了《中国银行条例》,明确中国银行经国民政府特许为国际汇兑银行,并特许经营外汇业务。1994年,中国银行由外汇外贸专业银行向国有商业银行转型,逐渐失去外汇业务领域的垄断地位。2004年8月26日,中国银行整体改制为股份有限公司,2006年6月和7月分别在香港联合交易所和上海证券交易所挂牌上市。2018年,中国银行再次入选全球系统重要性银行,成为新兴市场经济体中唯一连续8年入选的金融机构。截至2024年3月31日,中国银行总资产421572.79亿元,总负债391580.56亿元,发放贷款和垫款总额238636.00亿元,吸收存款310605.09亿元。核心一级资本充足率11.37%,一级资本充足率13.77%,资本充足率18.40%,均满足监管要求③。

---

① 资料来源:中国工商银行官网(https://www.icbc.com.cn/)。
② 资料来源:中国农业银行官网(https://www.abchina.com/cn/)。
③ 资料来源:中国银行官网(https://www.boc.cn/)。

4. 中国建设银行股份有限公司

中国建设银行成立于 1954 年 10 月 1 日，前身是中国人民建设银行。1994 年，中国建设银行将长期承担的代理财政职能和政策性贷款职能分别移交财政部和新成立的国家开发银行，开始按照商业银行要求进行经营管理体制全面改革。2004 年 9 月，中国建设银行完成股份制改造，2005 年 10 月和 2007 年 9 月分别在香港联合交易所和上海证券交易所挂牌上市。截至 2024 年 3 月 31 日，中国建设银行总资产 397300 亿元，总负债 364700 亿元，发放贷款和垫款总额 250300 亿元，吸收存款 293700 亿元。核心一级资本充足率 14.11%，一级资本充足率 15.04%，资本充足率 19.34%，均满足监管要求①。

5. 交通银行股份有限公司

交通银行始建于 1908 年（清光绪三十四年），1987 年 4 月 1 日，交通银行重新组建，成为中国第一家全国性的国有股份制商业银行，总行设于上海。2005 年 6 月，交通银行在香港联合交易所挂牌上市，成为中国境内首家赴境外发行上市的商业银行。2007 年 5 月，交通银行在上海证券交易所挂牌上市。截至 2024 年 3 月 31 日，交通银行资产总额 142380.05 亿元，较上年末增长 1.26%；负债总额 131122.73 亿元，较上年末增长 1.17%；客户存款余额 86799.01 亿元，较上年末增长 1.50%，资本充足率 16.09%，一级资本充足率 12.40%，核心一级资本充足率 10.44%，均满足监管要求。按一级资本排名，交通银行居全球银行第 9 位②。

6. 中国邮政储蓄银行股份有限公司

2007 年 3 月 6 日，在改革邮政储蓄管理体制基础上，中国邮政储蓄银行股份有限公司组建成为商业银行。该行承继国家邮政局、中国邮政集团公司经营的邮政金融业务，以及由此形成的资产和负债，继续从事原经营范围和业务许可文件批准、核准的业务。2012 年 1 月，中国邮政储蓄银行整体改制为股份有限公司。中国邮政储蓄银行股份有限公司坚持服务"三农"、服务中小企业、服务城乡居民的大型零售商业银行定位，发挥邮政网络优势，强化内部控制，合规稳健经营，为广大城乡居民及企业提供优质金融服务，实现股东价值最大化，支持国民经济发展和社会进步。2015 年，中国邮政储蓄银行引入 10 家境内外战略投资者，进一步提升了综合实力。2016 年 9 月，中国邮政储蓄银行在香港联合交易所挂牌上市；2019 年 12 月，在上海证券交易所挂牌上市，圆满完成"股改—引战—A、H 两地上市"三步走改革目标。截至 2024 年 3 月 31 日，中国邮政储蓄银行资产总额 163319.49 亿元，负债总额 153232.48 亿元，客户贷款及垫款总额 85220.74 亿元，

---

① 资料来源：中国建设银行官网（http://www.ccb.com/cn/home/indexv3.html）。
② 资料来源：交通银行官网（https://www.bankcomm.com/BankCommSite/default.shtml）。

核心一级资本充足率9.41%，较上年末下降0.12个百分点；一级资本充足率11.76%，较上年末上升0.15个百分点；资本充足率14.33%，较上年末上升0.10个百分点，均满足监管要求[①]。

(二) 全国性股份制商业银行

自20世纪90年代起，我国陆续诞生了多家全国性股份制商业银行，包括中信银行、光大银行、华夏银行、广东发展银行、平安银行、招商银行、上海浦东发展银行、兴业银行、民生银行、恒丰银行、浙商银行、渤海银行12家。这些股份制商业银行采用股份制形式的现代企业组织架构，遵循商业银行经营原则，逐步建立起高效决策和灵活经营的机制，实现科学管理和市场化运营模式。当前，股份制商业银行已经成为我国商业银行体系中一支富有活力的生力军，成为银行业乃至国民经济发展不可缺少的重要组成部分。

【拓展案例】

招商银行

招商银行于1987年成立于中国改革开放的最前沿——深圳蛇口，是中国境内第一家完全由企业法人持股的股份制商业银行，也是国家从体制外推动银行业改革的第一家试点银行。成立37年来，招商银行已成为沪港两地挂牌上市，拥有商业银行、金融租赁、基金管理、人寿保险、境外投行、消费金融、理财子公司等金融牌照的银行集团。截至2023年末，在中国境内设有143家分行（包含自贸区分行等）和1781家支行，覆盖130多个城市，境外拥有6家分行和2家代表处，集团员工总数逾11万人。2023年，招商银行在《财富》世界500强中排名第179位，在英国《银行家》杂志全球银行1000强中排名第11位，连续五年荣获《欧洲货币》"中国最佳银行"奖并创造该奖项首次"五连冠"。招商银行高度重视践行ESG理念，2023年明晟MSCI评级保持A级。

成立以来，招商银行一直谨记创办初期"为中国贡献一家真正的商业银行"的使命，始终坚持市场导向、客户至上、科技驱动、专家治行，以自身转型发展推动社会经济持续进步：率先推出全国通存通兑的"一卡通"，引领行业走出存折时代；率先实施AUM（管理客户总资产）考核替代存款考核，引导社会财富从存款转向多元理财配置；率先探索投商行一体化服务模式，满足客户综合化差异化需求。

2023年，招商银行在巩固零售银行、轻型银行战略成效的基础上，提出了价

---

① 资料来源：中国邮政储蓄银行官网（https://www.psbc.com/cn/）。

值银行战略，为客户、员工、股东、合作伙伴和社会创造综合价值，实现"质量、效益、规模"动态均衡发展。截至2023年末，招商银行总资产11.03万亿元，排名国内银行业第七，营业收入3391亿元，排名国内银行业第六，归属本行股东的净利润1466亿元，排名国内银行业第五。平均总资产收益率（ROAA）为1.39%，平均净资产收益率（ROAE）为16.22%，均排名境内大中型上市银行第一。招商银行坚持差异化发展策略，在保持零售金融底盘和战略主体地位的基础上，推进零售金融、公司金融、投行与金融市场、财富管理与资产管理四大板块均衡协同发展。零售金融板块体系化优势进一步凸显。截至2023年末，服务零售客户数1.97亿，管理客户总资产（AUM）133200亿元。位居信用卡交易规模行业第一。招商银行和掌上生活两大App月活用户达1.17亿人次。公司金融板块特色化优势不断强化。截至2023年末，服务公司客户282万户，客户融资总额（FPA）突破55000亿元。加快打造科技、绿色、普惠、智造等特色金融，相关领域贷款快速增长。投行与金融市场板块领先优势持续巩固。并购贷款、债券承销、债券交易、票据业务等细分领域位居市场前列。财富管理与资产管理板块能力不断提升。零售财富产品持仓客户数超过5000万，私人银行客户数突破14万。代销理财规模、公募基金保有规模保持行业第一。资产管理业务总规模合计达4.48万亿元。资产托管规模排名行业第一。同时，数字招行建设加快推进。围绕线上化、数据化、智能化、平台化、生态化，全面推动金融基础设施与能力体系、渠道与产品、管理与决策的数字化重塑，在国内大中型银行中率先实现全面上云，加强人工智能技术研发和全方位应用探索，加快从"线上招行"迈向"智慧招行"。

面向未来，招商银行将与时代同频、与中国式现代化同向，保持战略定力，锚定价值创造，信守长期主义，立足差异化特色化，强调均衡协同，坚持严格管理和守正创新双轮驱动，打造高质量发展新模式，在实现价值银行战略目标、打造世界一流商业银行的高质量发展之路上，为中国特色金融发展探索招行样本，在金融强国建设中贡献招行力量。

资料来源：中国招商银行官网（www.cmbchina.com）。

（三）城市商业银行

作为中国银行业的重要组成部分和特殊群体，城市商业银行起源于20世纪80年代设立的城市信用社。90年代中期，各地以城市信用社为基础，组建城市合作银行，随后更名为城市商业银行。城市商业银行是中国特殊历史条件下的产物，也是中央金融主管部门整顿城市信用社、化解地方金融风险的重要举措。城市商业银行始终坚持服务本地的宗旨，围绕服务地方经济、城镇化、小微企业、城乡居民进行战略和业务模式转型，成为城市基础普惠金融服务的主要提供者，为地方经济繁荣和金融服务普及做出积极贡献。截至2023年12月末，全国共有城市商业银行124家①。

【拓展案例】

桂林银行

桂林银行成立于1997年，是一家具有独立法人资格的国有控股银行，经过多年发展，已经成为广西资产规模最大、经营特色鲜明、核心竞争力突出、品牌形象良好、团队精干高效的单一地方法人金融机构。截至2024年3月31日，桂林银行已在广西12个地级市设立分支机构，分支行172家（其中县域支行86家）、社区/小微支行671家（其中乡镇社区/小微支行500家）、农村普惠金融综合服务点近7000家。在广西已设机构的地区，金融服务覆盖100%的县域、66%的乡镇和57%的行政村。

桂林银行以"金融成就美好生活"为使命，以"成为服务乡村振兴的标杆银行"为愿景，立足桂林、深耕八桂，致力于服务城乡居民、服务中小企业、服务地方经济，为推动地方经济社会发展提供优质金融服务和坚实金融保障，特别是在服务乡村振兴方面先行先试，逐步探索形成新型服务渠道体系、县域产业支撑体系、金融科技体系、农村信用体系、乡村治理支持体系、新农人成长体系"服务乡村振兴六大体系"，有力打造独具特色的金融服务乡村振兴"桂林银行模式"，在全国银行业实现四个"率先"：2020年1月，率先提出做"服务乡村振兴的银行"，将服务乡村振兴作为全行战略的重中之重；率先提出构建城乡融合、独特于同业的服务乡村振兴"市—县—乡—村"四级服务网络；率先提出打造集金融、政务、便民等服务于一体的"三农"综合服务平台；2020年9月，率先在全行自上而下全面构建服务乡村振兴组织架构和工作机制。

作为广西首家资产规模突破5000亿元的城市商业银行，桂林银行市场地位、品牌价值持续彰显，位列"2023年全球银行1000强"第276名、"2023中国服务业企业500强"第257名、"2023年中国银行业100强"第51名、"2023广西企业100强"第25名、"2023广西服务业企业50强"第10名，主体信用评级获评"AAA"级，荣获"全国五一劳动奖状"等重大荣誉。

资料来源：桂林银行官网（www.guilinbank.com.cn）。

---

① 资料来源：国家金融监督管理总局（http://www.cbirc.gov.cn/）。

（四）农村中小金融机构

我国农村中小金融机构主要包括农村信用社、农村商业银行、农村合作银行和村镇银行。

农村信用社原为农民入股、社员民主管理、主要为社员提供金融服务的合作金融组织。然而，受到农村经济制度、农村经济发展水平以及历史发展路径的影响，农村信用社逐渐偏离了合作制的本质。2003年国务院发布的《深化农村信用社改革试点方案》，明确了本轮农村信用社改革的目标是按照"明晰产权关系、强化约束机制、增强服务功能国家适当扶持、地方政府负责"的总体要求，加快产权制度和管理体制改革，把农村信用社逐步办成由农民、农村工商户和各类经济组织入股，为农民、农业和农村经济发展服务的社区性地方金融机构。农村中小金融机构对不同地区实行不同的股权制度和组织形式。在股权制度上，可以选择实行股份制、股份合作制、合作制等多种形式。在组织形式上，可以成立农村商业银行、农村合作银行、县（市）农村信用合作联社等。

2007年1月，我国放宽农村银行业金融机构准入政策，颁布了《村镇银行管理暂行规定》，允许金融机构在农村设立村镇银行。村镇银行是指依据有关法律规定，由境内外金融机构、境内非金融机构企业法人、境内自然人出资，主要在农村地区设立的，为当地农民、农业、农村经济发展提供金融服务的银行业金融机构。截至2023年12月末，我国共有农村商业银行1607家、农村信用社499家、村镇银行1636家[①]。

（五）民营银行

2013年6月，国务院发布的《关于金融支持经济结构调整和转型升级的指导意见》明确提出，"尝试由民间资本发起设立自担风险的民营银行、金融租赁公司和消费金融公司等金融机构"。2014年中国银监会启动民营银行试点工作。经过多年发展，截至2023年12月底，共有19家民营银行获批筹建并全部顺利开业[②]。这19家民营银行分别是深圳前海微众银行、上海华瑞银行、温州民商银行、天津金城银行、浙江网商银行、重庆富民银行、四川新网银行、湖南三湘银行、福建华通银行、武汉众邦银行、山东威海蓝海银行、北京中关村银行、江苏苏宁银行、吉林亿联银行、梅州客商银行、辽宁振兴银行、安徽新安银行、江西裕民银行、无锡锡商银行。作为金融市场的重要组成部分，民营银行特殊的产权结构和经营形式使其具有机制活、效率高、专业性强等一系列优点，成为中国国有银行体制的重要补充。

[①][②] 资料来源：国家金融监督管理总局（http://www.cbirc.gov.cn/）。

【拓展案例】

全国首个民营银行正式营业 首单业务为信用贷款

新华社温州3月26日电（记者张和平、胡作华）26日，全国首个民营银行——温州民商银行正式营业。开业当天第一笔业务是向一家小微企业提供无须抵押的信用贷款30万元。

获得这笔信用贷款的是温州江达电气有限公司。温州民商银行根据经营定位，经过市场调查，物色了一批产品好、效益高、信誉佳但抵押物不足的中小微企业，作为今后长期合作的"同盟军"，列之为无须抵押、质押的信用贷款户，江达电气就是其中之一。

温州民商银行是2014年7月25日全国首批获准筹建的3家民营银行之一，注册资本20亿元，股东13家，全部是温州本土发展起来的民营企业。正泰公司和华峰氨纶公司为主要发起人，分别持股29%和20%。其余11家股东中的奥康鞋业、森马服装、力天房开、富通科技4家均持股9.9%。浙江电器开关公司持股3.2%、温州宏丰电工公司持股2.5%、其他发起人组合持股5.7%。

温州银监局称，政府设置"入行"的门槛很高，现有参股的企业实力、品牌、信用等综合指标均经银监部门与政府严格考察筛选"敲定"。正泰、华峰、奥康、森马等制造业实体是温州乃至全国民营企业的佼佼者，有很好的声誉，总资产均在百亿元以上；其他参股企业有多家是上市公司。

2014年3月20日，浙江银监局批复温州民商银行开业，发放了金融许可证。温州民商银行的业务范围是吸收人民币存款、发放人民币贷款、办理国内结算、票据承兑、贴现、发行金融债券等10多项正规银行一般应有尽有的业务。业务接受银监部门的管理、指导。

经浙江银监局核准，正泰集团公司董事长南存辉出任民商银行董事长，这是我国民营企业主首次出任民营银行的董事长。中国工商银行浙江省分行原副行长、温州分行原行长侯念东出任行长。开业当天，温州民商银行与温州市高新技术园区签订了战略合作协议，授信10亿元用于高新技术园区孵化园、创业园以及小微企业的创业和创新。

资料来源：中央政府门户网站（www.gov.cn）。

（六）外资银行

根据2006年11月颁布的《外资银行管理条例》，外资银行是指依照中华人民共和国相关法律法规，经批准在中华人民共和国境内设立的下列机构：由外国银行单独出资或与外国金融机构共同出资设立的外商独资银行；由外国金融机构与中国的公司、企业共同出资设立的中外合资银行；外国银行分行；外国银行代表处。其中，外商独资银行、中外合资银行和外国银行分行被统称为外资银行营业性机构。按照《外资银行管理条例》，外商独资银行和中外合资银行经中国银监会批准，可以经营部分或全部外汇业务和人民币业务；经中国人民银行批准，可以经营结汇、售汇业务。而外国银行分行则按照中国银监会批准的业务范围，可以经营部分或全部外汇业务，以及除中国境内公民以外的客户的人民币业务。截至2023年12月末，外资银行在华共设立41家外资法人银行、116家外国及港澳台银行分行和132家代表处，营业性机构总数量已有888家，总资产达38600亿元。境外保险机构在境内已经设立67家营业性机构和70家代表处，外资保险公司总资产达24000亿元，在境内保险行业市场份额达到10%[1]。外资银行入驻不仅有助于中国本土银行更快更好地与国际金融市场的各种规范和标准接轨，而且也为中资银行拓展海外业务创造了十分有利的条件。

▣【拓展阅读】

阅读《学术研究》2022年第11期中的"存款保险介入与村镇银行的监管路径优化"以及国家金融业监管总局公众号2023年12月1日发布的"大型银行坚持人民至上　更好服务人民金融需求"一文。

本章小结

（1）商业银行是依照《商业银行法》《公司法》设立，以追求利润最大化为目标，以金融资产和负债为对象，吸收公众存款、发放贷款、办理结算等业务的金融企业。

（2）现代商业银行雏形是资本主义商业银行，是资本主义生产方式的产物，主要通过两条路径产生：一是旧的高利贷性质的私人银行逐步转型成为现代商业银行，如西欧由金匠转化而来的旧式银行；二是资本主义时期以股份公司形式构建现代商业银行，如英格兰银行。自从英格兰银行成立后，欧洲各大资本主义国家都先后成立了资本主义商业银行。

（3）在现代经济活动中，商业银行发挥着信用中介、支付中介、金融服务、信用创造、调节经济和风险管理等职能，并通过这些职能，在国民经济活动中发挥重要作用。商业银行业务活动对全社会货币供给产生重要影响，成为国家实施宏观经济政策的重要基础之一。

---

[1] 资料来源：国家金融监督管理总局（http：//www.cbirc.gov.cn/）。

（4）商业银行经营目标归纳起来是安全性与流动性下的效益最大化，即"三性"原则——安全性、流动性、盈利性。

（5）不同的商业银行具有不同的组织形式，以满足不同社会主体的要求。一般分为单一银行制、总分行制、银行控股公司制、连锁银行制和代理行制。大多数商业银行都是按《公司法》组建，组织结构一般分决策、执行和监督三类机构。

重要概念

商业银行　信用中介　支付中介　流动性　商业银行制度　股份制银行　总分行制

复习思考题

1. 什么是商业银行？商业银行的职能是什么？
2. 商业银行的经营原则是什么？
3. 选择一家商业银行，运用所学的专业知识分析该行的组织结构。
4. 阐述商业银行制度建立的原则。

□□■【课后任务】

采用短视频方式，全方位展示你所熟悉的一家商业银行。

□□■【拓展知识】

请观看中央电视台纪录片《货币》第四集——银行历程。

第二章 商业银行资本管理

引导案例 次贷危机

"面对市场经营模式所发生的深刻变化,监管当局应着力加强对银行抵御风险能力的监管,确保银行业资本坚实、流动性充足。"

——努特·韦林克[①]

2001年美国先后经历了互联网泡沫破裂和"9·11"恐怖袭击事件,为了避免经济萧条,美国政府开始推行"居者有其屋"的政策,美联储先后进行13次降息,希望扩大消费刺激经济,鼓励居民买房。在这一过程中,即使是没有固定收入的群体,也能够获得住房抵押贷款,也就是次级贷款。由于买房者增加,美国房市空前繁荣,房价不断上涨,此时银行并不担心借款人的还款能力,因为即使借款人违约,银行也可以将房子收回卖出。同时,为了分散风险,获取更多收益,贷款银行把这些贷款集合在一起,形成一种新的证券打包卖出,这就是债务抵押债券,也是资产证券化的一种形式。这些证券化资产的承销商大多是一些投资银行,它们把这些资产推销给海内外合格的机构和个人。

2004年后,为了抑制通货膨胀和经济过热,美联储又先后进行17次加息,将联邦基金利率由1%上调至5.25%。加息使房价持续下降,增加了贷款者的还款压力,违约事件不断增加,致使银行资金链断裂,无法偿还靠债务抵押债券所筹集的资金,进而导致债券价值大幅下降,曾经卖出这些债券产品的金融机构都蒙受了巨额损失,其中包括一些大的投资银行,如雷曼兄弟、美林证券、贝尔斯登等,雷曼兄弟甚至陷入破产的境地。同时,美国当时最大的储蓄银行——华盛顿互惠

---

① 努特·韦林克,曾任巴塞尔银行监管委员会主席,前荷兰中央银行行长。这句话引自他在2008年第十五届国际银行监督官大会上的讲话。

银行也在此次危机中倒闭。次贷危机爆发后，美联储立即向银行体系注资580亿美元，截至2008年12月底，美国政府共为30家银行紧急注资1600亿美元，以缓解其流动性危机。同时还推出宽松的财政政策和货币政策，新建金融审慎管理局、商业行为监管局等机构，以加强对金融行业的监管。此外，由于次贷危机暴露出当时银行资本监管制度的明显缺陷，巴塞尔委员会开始对国际监管框架进行一系列根本性改革，包括对银行资本充足率提出了更高要求、设定资本留存缓冲比例、引入杠杆化监管指标等。

次贷危机既暴露出商业银行资本监管的不足，也凸显了商业银行资本管理在维护金融稳定中的重要地位。回顾此次危机，部分商业银行在流动性过剩的压力下，摒弃审慎经营的原则，不断降低贷款门槛，随意向信用等级差的购房者提供购房信贷；同时为追求更高利润，大幅增持信用评级差的债务抵押债券，过度投资次贷市场，这些决策致使银行积累大量不良资产，资本结构严重失衡，不仅使银行自身面临巨大的亏损和破产风险，更是给金融危机的爆发埋下了深深的隐患。因此，深入学习并全面理解资本的概念、构成以及管理策略，对商业银行稳健经营和长远发展具有深刻意义。

第一节　从《百万英镑》中思考"钱"与"资本"
——资本概念与构成

钱与资本有何差别？在电影《百万英镑》中，主角亨利·亚当斯原本是一个身无分文的流浪汉，然而他的命运却因为一张意外获得的百万英镑支票而发生了翻天覆地的转变。在这张巨额支票的影响下，餐厅、服装店和酒店等场所纷纷将亨利视为一位潜在富豪，为其提供无偿服务。亨利不仅一路免费吃住，还顺利进入了上层社会，成为众多精英人士交际圈里的座上宾。数日后，一位金矿商人看中了亨利的名气，想请他以百万富翁的名号为其股票代言。当人们得知这只股票由亨利代言时，金矿股价迅速上涨，亨利也从中赚取了100万英镑，由假富豪变成了真富豪。

在日常生活中，通过支付金钱来换取商品或服务再正常不过，然而，可以从这个故事中思考：钱，除了用作支付媒介，似乎还能转化为一种力量巨大的"资本"。对于亨利而言，那张百万英镑不仅是简单的金钱，还是他进入上流社会、获得权力、赚取更多财富的"钥匙"。这正是"钱"与"资本"的核心差异，当把钱作为资本进行投资时，它便具备了增值能力，能够带来更多财富。作为以盈利为主要目标的金融企业，商业银行资本是生存和可持续发展的基石，没有充足的资本，银行就无法正常运营，更无法创造更大的价值。下面让我们一起深入探索资本的奥秘，了解其在金融世界的重要作用。

一、商业银行资本概念及功能

（一）商业银行资本概念

任何以盈利为目的的企业，在申请开业时，都必须投入一定量的初始资本，它是企业从事生产经营活动、进行投资、获取利润的基础。商业银行作为金融企业也不例外，任何一家商业银行要进行业务活动，都必须首先拥有一定量的资本。一般而言，商业银行资本是指商业银行自身拥有的，或是能永久支配、使用的资金，包括在申请开业时所载明、界定银行经营规模的资金，以及在业务经营过程中通过各种方式不断补充的资金，又被称为资本金或自有资金。

商业银行资本与一般的企业资本有所不同。首先，在性质方面，商业银行资本具有双重性质。一般的企业资本是指资产总值减去负债总值后的净值，即所有者权益或产权资本；而商业银行的资本既包括产权资本，还包括一定比例的非产权资本，即通常所说的债务资本。考虑到商业银行资本的双重性，通常产权资本称为一级资本或核心资本，债务资本称为二级资本或附属资本。其次，在数量方面，商业银行资本在银行资产中所占的比重远低于企业资本占总资产的比重。作为特殊的金融企业，商业银行资本占全部资产比例一般为10%~20%，属于高负债经营状态；而一般企业自有资金通常保持在30%左右。最后，在与固定资产的关联性方面，一般企业固定资产既可以通过企业资本金形成，也可以通过各种借入资金形成，与资本金关联不大；而商业银行固定资产通常高度依赖于自有资金。

按照不同的分析目的，资本通常分为三类：一是会计报表上的账面资本；二是监管当局更关注的监管资本；三是股东从投资收益和风险承担角度更为看重的经济资本（见表2-1）。

1. 账面资本（Book Capital）

账面资本又称可用资本，会计学称为 GAAP（Generally Accepted Accounting Principles）资本，是商业银行资产负债表中资产项与负债项之差，即会计意义上的所有者权益。上市银行的账面资本主要包括实收资本、普通股、优先股和附属银行债等。由于商业银行账面资本是银行账面登记的价值记录，因此随着时间推移，利率变动、贷款拖欠或证券违约等情况都会导致银行资产与负债的价值偏离原有账面价值，但是目前大多数商业银行仍将账面价值作为计量银行资本金的基础。

2. 监管资本（Regulatory Capital）

监管资本指金融监管当局规定的商业银行必须持有的最低资本量，因此又称为最低资本（Minimum Capital）。大多数国家和地区的银行业监管当局都根据《巴塞尔协议Ⅲ》的资本监管标准执行。《巴塞尔协议Ⅰ》将商业银行监管资本分为核心资本和附属资本两大类。以监管资本为基础计算的资本充足率，是监管当局限制商业银行过度承担风险，保障金融市场稳定运行的重要工具。

3. 经济资本（Economic Capital）

经济资本指在给定的风险容忍程度和期限下，商业银行根据内部风险管理需要，运用内部评级等模型和方法计算获得，用于弥补所有风险带来的银行非预期损失所需要的资本。经济资本并非真正的银行资本，它是衡量商业银行真正所需资本的一个风险尺度，反映着商业银行自身具有的风险特征。

表 2-1 三类资本的组成来源与相关性质

资本 项目	账面资本	监管资本	经济资本
取值来源	资产负债表负债、权益项	资产负债表负债、权益项	资产负债表资产项
计量依据	会计处理原则	监管当局规定	内部评级、资产组合管理等先进模型和方法
基本功能	优化结构、降低成本	资本监管、信息披露	资本覆盖、管理风险
存在状态	实际存在	实际存在	管理上的概念
代表性指标	资本收益率	资本充足率	风险调整后的资本收益率

资料来源：根据公开资料整理。

（二）商业银行资本功能

1. 开展银行业务经营的基础

作为特殊的金融企业，商业银行开展和从事经营活动必须具备一定的物质条件。首先，在获准开业之前，商业银行无法依靠外来资金购置经营所需要的固定资产，如银行的土地租金成本、办公楼的建设成本以及设备的租用、安装成本等。其次，监管部门审批商业银行是否具备开业资格的标准之一就是看银行是否拥有充足资本，各国银行管理当局一般规定银行开业所必需的资本最低限额。因此，任何银行开业之前都必须提供一定数量的资本金，这些资本金不仅是银行注册的前提要求，而且是银行组织营业以及吸收存款之前开展业务经营的基础。

2. 促进银行业务发展的保证

随着商业银行业务范围不断扩大，开业时所购置设备的承受能力已经很难满足进一步发展需要，追加资本金可以确保商业银行增加办公设备、增设分行，与市场需求扩大保持同步发展。此外，商业银行拥有足够资本可以增强自身竞争力，使银行更加自由地进行业务拓展和创新，一方面，商业银行可以利用资本进行技术开发，招聘复合型人才，创新更多满足客户需求的金融产品和服务；另一方面，商业银行追加资本投入进行升级转型，能够加强风险管理能力，提高业务经营效率，更好地适应时代需要。资本金对商业银行经营规模扩张、新计划实施以及业务进一步发展具有重要意义。

3. 承担银行经营风险的保障

作为金融企业，商业银行的传统存贷款业务必然存在信用风险、操作风险等不可预期风险。而随着金融市场日益完善，商业银行业务范围已经涉及金融资产投资、融资等多个领域，在这些多样化业务中，银行也将面对金融资产随市场波动而产生的市场风险等外部风险。这些风险可能会导致一定损失，而这些损失很难通过提前计提相应准备金、参加保险或金融衍生工具操作等完全消除。此时，资本可以及时吸收经营过程的亏损，维持业务正常运行，给管理者一定时间妥善解决现存问题，为避免破产提供缓冲时间。因此，商业银行资本又被称为当面对风险时，保护债权人免遭损失的"缓冲器"，成为抵御银行各种经营风险的最后一道防线。

4. 树立公众信心的前提

对于高负债经营的银行业，商业银行资本能够提供存款人和债权人可靠信号，对树立市场信心，维护银行稳定经营具有重要意义。一方面，商业银行拥有资本数额越大，表明具备更强的风险承受能力，不容易发生挤兑和支付困难，社会公众办理存款或其他业务时更安全和可靠。另一方面，充足资本能够在通货紧缩时期满足市场的信贷需求，对客户而言，意味着即使经济不景气，依然能够从银行获得所需的贷款支持，确保业务连续性和稳定性。次贷危机期间，美国政府向银行体系注入大量政府股权资本，向市场传递积极信号，得以重塑金融系统的公信力，由此可见，商业银行资本量的多少对于树立公众信心具有关键作用。

5. 监管部门进行业务管理的依据

作为以利润最大化为最终目标的企业，商业银行在追逐利润过程中，不可避免存在通过增加营业风险谋求更多营业利润的现象，若这种经营模式不加以管理和约束，可能会将风险扩大至整个国民经济乃至全球金融体系，因此各国金融监管当局通常严格规定商业银行风险资产比率。为了避免信用风险、市场风险等其他风险，巴塞尔委员会要求商业银行必须保持一定的资本充足率，即商业银行资本总额必须与风险资产保持一定比率，商业银行风险敞口越大，用于吸收亏损的资本金必须相应扩大。作为一种衡量商业银行经营安全性高低的指标，资本充足率能够为监管部门进行业务管理提供依据，保证商业银行实现可持续发展。

【拓展案例】

日本樱花银行要求紧急增资以提高信用级别

1990年4月，日本三井银行和原太阳神户银行合并，于1992年更名为樱花银行。截至1998年3月底，樱花银行在日本国内拥有493家营业网点，居日本之首。

20世纪90年代，由于"泡沫经济"破灭，日本经济持续下行，市场的不景气导致樱花银行资产中的不良债权占比越来越大。为此，樱花银行将大规模处理不良债权作为当时的主攻问题。截至1998年3月底，樱花银行累计处理不良债权1.2万亿日元，动用准备金2500亿日元，并接受政府公共资金援助1000亿日元。然而，樱花银行大幅度增加对不良债权的处理造成了国际信用评级降低。当时，美国穆迪公司对樱花银行的长期存款评级是Baa，即当前尚无问题，但今后在利息支付等方面存在着不确定性。同时，樱花银行在金融市场上的股价表现持续走低，1998年3月底，其股票价格为440日元/股，到7月底降至334日元/股，而在8月28日的全球股市动荡中，更是跌至218日元/股。市场上甚至传出樱花银行股票已经成为海外投机家争相炒作的对象，樱花银行面临前所未有的信用危机。

为了避免出现股价下跌、评级下降、股价再跌的恶性循环局面，樱花银行只能选择大规模增资，提高资本充足率，以改善财务状况，提高信用评级，增强抵御风险的能力。因此，1998年8月31日，樱花银行正式宣布向丰田汽车和三井集团提出3000亿日元左右的紧急增资要求。

资料来源：姜旭朝，于殿江等. 商业银行经营管理案例评析［M］. 济南：山东大学出版社，2000.

二、商业银行资本构成

商业银行资本通常具有两个来源渠道：一是外源资本（External Capital），指商业银行创立时所筹措的资本，以及在经营过程中通过各种外部筹集方式所获得的资本；二是内源资本（Internal Capital），指商业银行通过经营活动产生的收益积累而形成的资本。无论来源渠道如何，资本都是投资者为了维持商业银行的正常经营及获取利润所投入的资金，具体包括股本、盈余、债务资本和储备金等。

（一）股本：普通股和优先股

股份制商业银行的股本是在核定的股本总额范围内，通过发行股票或股东出资所取得，一般分为普通股和优先股，属于商业银行外源资本。

1. 普通股（Common Stock）

普通股是指在银行的经营管理和盈利分配上拥有普通权利的股份，是银行股东持有的股权证书，是商业银行资本的主体和基础。商业银行通过发行普通股的方式，能够广泛吸收社会资金以增加自身资本。发行普通股筹集资本具有以下优点：第一，普通股没有固定的股息负担，支付多少股息以及是否支付视银行盈利状况而定；第二，普通股没有固定到期日，银行采取该方式筹集资金相对比较稳定；第三，普通股可以为债权人提供较大的损失保障，增强银行信誉；第四，普通股收益一般高于优先股和附属债券，通货膨胀时不容易产生贬值现象，更受投资者欢迎。

尽管普通股是商业银行资本最主要的组成部分，但从银行角度来看，采用该方式筹集资本具有一定的局限性：首先，银行新股东和老股东同时享有未发行新股前的累计盈余，对于老股东而言，实际上稀释了原有每股收益，可能会面临股东增发股利的压力。其次，由于普通股有权参与银行决策，银行增发普通股必定会削弱原有股东控制权和投票权，影响老股东权益。最后，普通股发行手续较复杂，各项费用较高，发行成本一般高于其他筹资方式。

因此，银行决定是否要通过发行普通股筹集资本时，通常基于以下几方面因素的考虑：一是其他外源资本可得性；二是筹集未来所需外源资本的灵活程度；三是根据银行未来发展规划，比较分析不同筹集形式的外源资本所产生的财务效应或经济影响。

2. 优先股（Preferred Stock）

优先股是商业银行发行的给予投资者在收益分配、剩余财产分配等方面优先权力的股票，这种权力在商业银行存款人和其他债权人之后，普通股持有人之前。优先股具有以下几个特点：第一，具有普通股和债券的双重特性：一方面，与普通股相似，银行没有到期偿还本金的义务；另一方面，与债券相似，优先股股东享有相对固定的股息。第二，相较于普通股，优先股的发行成本更低。第三，股东一般没有银行经营事项的表决权，不会削弱原有股东控制权。第四，可以灵活提高银行财务杠杆系数，在正效应情况下，银行普通股收益率会增加。此外，对于非累积优先股，商业银行不需要支付累计未分配部分的优先股股息。

然而，商业银行采用优先股筹资也存在相对不利之处：第一，股息一般高于债券利息，且无法作为费用在税前列支；第二，当发行规模超过一定限度时，普通股占比会降低，导致银行信誉水平降低。由此可见，优先股无法成为商业银行最主要的资本来源。

（二）盈余：资本盈余和留存收益

盈余是商业银行资本的重要组成部分，包括由外源资本渠道形成的资本盈余，以及由内源资本渠道形成的留存盈余。

1. 资本盈余（Capital Surplus）

资本盈余又称为资本公积，构成相对比较复杂，包括超缴资本、银行资本增值部分和银行接受捐赠所增加的资本等。其中投资者的超缴资本是主要组成部分，投资者所投入的股本大小等于股票面值乘以发行在外的股数，而股票发行价与股票面值关系可以分为溢价、折价和平价。在实际业务操作中，通常采用溢价或平价的形式发行，如果采用溢价发行，则银行通过发行股票所获得的筹资额必定大于按面值确定的金额，超过部分就是超缴资本。

资本盈余可以用于调节银行资本金，当银行决定增加注册资本时，可以通过将资本盈余划转股本完全实现或部分实现；当银行未能实现盈利或者盈利偏少时，银行可以将资本盈余转增为资本金，用于股息发放。

2. 留存收益（Retained Earning）

留存收益是指商业银行税后利润中扣除优先股股息、普通股股息之后的余额，是银行普通股股东权益的重要组成部分。商业银行进行年终结算时，一般不会把所有利润作为投资收益分发给股东，而是留一部分资金用于扩大经营、增强流动性、偿还债务等，这部分资金就是留存收益。我国商业银行的留存收益主要包括盈余公积、未分配利润等，数额多少取决于银行盈利性大小、股息政策及税率等。通常情况下，盈利性越高，股息支付率越低，所得税率越低，留存收益越大。作为一种内源筹资渠道，与发行新股相比，留存收益成本较低，并且不会稀释股本。

留存收益与资本盈余相似，均可用于转增资本金，影响股息政策。同时，留存收益具有资本盈余所不具备的功能，可以利用留存收益不断收购或采取对外投资方式壮大自身规模，提高行业竞争力，因此，作为商业银行提高资本充足率的重要渠道，以及外部投资和业务拓展的强有力支持，留存收益大小对银行的成长潜力和发展前景具有深远影响。

（三）债务资本：资本票据和债券

债务资本是指商业银行通过发行资本性债券筹集的资金，是商业银行重要的资本构成之一。自2004年开始，我国各大商业银行开始尝试发放次级债券补充资本金，中国银监会将其列入附属资本，主要用于增强银行资本实力，防止银行出现挤兑危机，保护存款人的利益。债务资本求偿权一般列于各类存款所有者之后，且其加权平均到期期限较长，因此债务资本也称为后期偿付债券。债务资本种类丰富，主要有资本票据和债券两种形式。

1. 资本票据（Capital Notes）

银行资本票据是指商业银行为弥补资本不足而发行的债务凭证，一般有固定的利息率和规定期限，期限一般在 7~15 年不等，可以在金融市场上出售，也可以向银行客户推销。

2. 债券（Bonds）

银行债券是商业银行向投资者发行，承诺按一定利率支付利息，并按约定条件偿还本金的债权债务凭证，形式多样，一般包括可转换后期偿付债券（Convertible Subordinated Securities）、浮动利率后期偿付债券（Variable-rate Subordinated Securities）、选择性利率后期偿付债券（Option-rate Subordinated Securities）等。发行债务资本筹资能够给银行带来诸多好处：第一，债券利息在税前支付，税盾效应可以降低筹资成本。第二，债务资本不会影响原有股东控制权。第三，当银行经营状况较好时，债务资本可以为股东带来财务杠杆效应，提高股东收益。

但是债务资本也存在一定局限性：一是债务资本具有法定到期清偿义务，银行必须支付利息和偿还本金，增加银行财务风险，如果银行陷入困境，无法按期偿还债务，还可能进一步引发法律风险，导致信誉损失；二是债务资本使用的限制条件较多，如贷款用途限制、贷款额度限制、贷款期限限制等。

债券、普通股和优先股的属性对比如表 2-2 所示。

表 2-2　债券、普通股和优先股的属性对比

	债券	普通股	优先股
资本属性	债务资本	权益资本	混合资本
清偿顺序	先于普通股和优先股	次于优先股和债券	先于普通股，次于债券
股东权利	不具备股东权利	具有表决权	一般没有表决权
融资期限	有期限	无期限	无期限
股息或利息支付是否固定	定期还本付息	股息分红不定期、不固定	定期支付股息
是否偿还本金	需要偿还	不需偿还	不需偿还
股息或利息来源	利息来自税前利润	股息来自税后利润	一般来自税后利润

资料来源：根据公开资料整理。

（四）其他来源：储备金

储备金（Reserve）是商业银行为了应付未来回购、赎回资本债务或防止意外损失而建立的基金，包括贷款与证券损失准备金和偿债基金等。储备金是银行资本构成的重要部分，首先，在应对银行资产损失时，储备金能够提供一定补偿；其次，银行逐年累计提留储备金的做法不会干扰当年股息分配；最后，使用储

金补偿损失时，不会对银行当年收益产生直接影响。然而，储备金在银行中所占比重会受到银行收益规模、股利政策以及金融管理部门等多重制约，因此银行无法大量地持有该类资本。对于上市银行而言，提留储备金会影响当年利润分配，在一定程度上容易造成股票价格波动。

第二节　预防银行业的杠杆风险
——资本充足率评估与《巴塞尔协议Ⅰ-Ⅲ》

杠杆原理起源于物理力学，"给我一个支点，我能撬起整个地球"是提出者阿基米德的名言，这句话深刻阐释了杠杆的放大效应，如果能合理地使用杠杆，就能够提高效率，实现事半功倍的效果。除物理领域外，杠杆原理在金融领域同样发挥着举足轻重的作用。在商业银行经营管理和投资决策中，银行倾向于通过借入资金扩大资本基础，通过运营大规模债权资产，追求更高投资回报，这就是银行业的"杠杆原理"，该活动所涉及的资金多方流转，因此也成为银行经营风险的根源之一。

为了减少杠杆原理给商业银行带来的各种风险，各银行必须正确评估内部杠杆并做出预防措施。资本充足率可以很好地反映银行资本与风险资产比率，因此，正确评估资本充足率、加强资本充足率管理，不仅能够有效抑制风险资产的不合理膨胀、保护存款人和债权人的合法利益，而且能够有效维护银行系统稳定和其他金融机构的安全发展。

一、资本充足率的内涵

资本充足率是金融监管当局要求银行在一定资产规模下，所必须持有的资本数量。构建该指标的目的在于，确保银行在一定程度上具备以自有资本承担风险损失的能力，保证银行的稳健经营和正常盈利水平。资本充足率具有数量充足和结构合理两个层面的内涵。

（一）资本数量充足性

资本数量充足性是指商业银行资本数量必须超过金融管理当局所规定的能够保障正常营业并足以维持充分信誉的最低限度。商业银行在经营管理的实践过程中，资本数量充足性主要包括以下三方面内容：一是防御正常经营风险而持有的最低贷款损失准备；二是保证大额未保险存款人确信获得安全保护而必须拥有的最低资本量；三是支持银行业务扩张所需要的最低资本量。随着竞争日益激烈，商业银行的盈利性和安全性容易出现失衡，如为追求利润最大化，银行非理性地增加所持风险资产、盲目发展表外业务等，导致银行风险资产偏多，加大银行经营风险。此时，拥有充足资本不仅能够确保银行在面临潜在损失时有足够的缓冲能力，保持业务持续性，而且能够提升银行信誉和投资者信心。因此，保持充足资本对商业银行稳健经营具有非常重要的意义。

同时，商业银行资本数量充足性还蕴含着资本适度含义，即银行必须拥有足够资本，但不需要一味地持有过多资本。首先，商业银行持有资本越多，用于支付普通股股息、优先股股息或债券利息的费用越大，特别是权益资本成本无法省税，商业银行资本成本就越高，加重了经营负担，降低了银行盈利性。其次，持有资本过多，说明银行经营管理水平较差，缺乏存款等筹资渠道，或失去较多投资机会，使得银行机会成本增加。因此，对于商业银行而言，资本数量充足性要考虑资本适度，而非越多越好。

（二）资本结构合理性

资本结构合理性是指商业银行各种资本在资本总额中所占比重，应当符合银行总体经营目标，以尽可能地降低经营成本和经营风险，增强经营管理能力和进一步筹资的灵活性。尽管金融监管机构已经对商业银行各类资本比率予以规定，但银行仍然能够根据内部经营情况和自身发展需要，灵活调整资本构成。例如，为了吸引投资者和增强融资灵活性，中小银行通常倾向于以发行普通股方式增加资本；而大银行更愿意扩大资本性债券投入，降低资本使用成本。合理的资本结构不仅能够降低经营成本和业务风险，而且能够使银行在多变的市场环境中迅速适应，持续稳定地推进业务拓展和战略实施，对银行未来发展具有至关重要的影响。

资本结构合理性的一个重要内容是核心资本与附属资本的构成比例要合理。由于核心资本是商业银行真正意义上的自有资本，在资本总额中所占比重很大程度上反映着银行对金融风险的耐受程度。但这两类资本比率会受到银行经营情况的影响，如当银行的贷款需求不足而存款供给相对充分时，银行应以增加附属资本为主；反之，应考虑以增加核心资本为主。

二、资本充足率的测定

（一）测定指标

各国金融管理当局一般设置商业银行资本充足率测定指标，随时衡量银行抵御风险能力。资本充足率具有不同口径，最常见的有资本与存款比率、资本与总资产比率、资本与风险资产比率等。

1. 资本与存款比率

资本与存款比率出现于20世纪初，是最早推出的检验商业银行资本量是否充足且适度的标准,其内涵是将银行资本与存款相联系,在存款增加时,资本量也要相应增加,两者保持一个适当比例。当时人们认为银行破产的主要原因在于无法应对存款人提现,于是立法规定银行资本必须达到存款总额的10%以上,以防止商业银行由于资本不足而发生流动性危机,保证存款人权益。然而,该指标具有一定局限性,实际上银行流动性风险主要源于贷款和投资的变现能力不足,而非存款本身,因此不能将银行风险与存款数量视为正比关系。即使银行资本量符合该比率要求,也有可能由于资产结构不合理、资产质量差等问题而出现意外损失。该评估标准无法真正反映银行资产经营质量好坏和资本抵御风险能力大小,此后人们逐渐改用资本与总资产比率测定资本充足率。

2. 资本与总资产比率

资本与总资产比率将商业银行全部资产考虑在内,简洁明了、便于计算,能够在一定程度上反映银行抵御资产意外损失的能力,被世界各国监管部门广泛采纳。第二次世界大战期间,美国联邦储备系统要求商业银行资本与总资产比率达到7%。但是,该指标未能充分反映银行资产结构,尽管风险来自资产业务,但各种资产业务风险程度却并不相同,运用同样的资本与总资产比率最低限度要求不同类型银行,显然是不科学的。例如,有些银行采取比较保守的经营策略,资产大部分是现金、短期证券等,这些资产几乎不存在损失风险;而另一些银行可能采取更为激进的经营方式,资产大部分属于长期投资、长期贷款等,则存在较大风险。但该评估标准无法反映上述差异,更无法有效控制银行风险,不具有普遍适用性。

3. 资本与风险资产比率

为了弥补资本与总资产比率的不足,商业银行家与金融管理当局设计出资本与风险资产比率,用于衡量银行资本充足率。一般认为,该比率应达到15%。指标中的风险资产是指不包括第一级、第二级准备金在内的资产,如中长期贷款、长期债券、股票投资等,只有这些资产才需要考虑风险保障程度,而构成第一级、第二级准备金的库存现金、短期国债等无风险资产,本身没有风险或仅需承担很小风险,不必运用资本给予保障。资本与风险资产比率比上述两个评估指标更多地体现出资本"抵御资产意外损失"的功能,更具有科学性。但是,资本与风险资产比率仍然过于简单化,未能细分风险资产的各个组成部分,忽视了风险资产也具有不同程度的差异性,实际上,不同风险资产对资本充足率的要求并不一致。因此,如果能够对不同资产分类规定不同的资本要求比率,则会更为科学、合理。

(二)测定方法

随着监管当局的监管经验不断丰富、管理水平和统计手段不断进步,商业银行资本充足率测定方法由单一比率测定发展为综合计量体系，日趋科学化、合理化，如分类比率法、综合分析法等。

1. 分类比率法

1952 年，美国纽约联邦储备银行设计出一个按照资产风险程度分类计算的比率，首先按照银行资产风险程度不同，将全部资产细分为无风险资产、最小风险资产、普通风险资产、较高风险资产、有问题资产、亏损资产和固定资产六类，然后对以上六类资产分别赋予 0、5、12、20、50、100 个百分点的风险权重。在该分类基础上，利用加权平均法将各类资产总额分别乘以各类资产风险权重，并予以加总，获得银行所需最低资本量。这一评估标准又称为纽约公式，具体内容如表 2-3 所示。

表 2-3 分类比率法的风险权重　　　　　　　　单位：%

类型	内容	风险权数
无风险资产	库存现金、同业存款、5 年内到期的政府短期债券等	0
最小风险资产	5 年以上的长期政府债券、政府担保债券、政府机构债券、优质的商业票据、安全性较强且有较高信用担保的贷款等	5
普通风险资产	除政府债券以外的各种政府投资和政府贷款等	12
较高风险资产	财务状况很差、信誉较低、担保不足的资产	20
有问题资产	逾期未还的、大概率无法收回的各种贷款或其他资产	50
亏损资产和固定资产	亏损、房屋设备等	100

资料来源：根据公开资料整理。

2. 综合分析法

20 世纪 70 年代，美国出现了综合分析法，该方法将银行全部业务活动作为分析对象，在综合考虑各种影响银行经营状况因素的基础上，选取 8 个指标作为重点分析对象：银行经营管理质量、资产流动性、收益及留存收益历史情况、银行股东特点和资信、支付费用负担、存款结构潜在变化、营业活动效率、竞争环境下银行满足本地区目前和未来金融需求能力。综合分析法相对更全面、更合理、更科学，但缺少可操作性，在实际运用过程中，由于缺乏定量测量方式，这些指标具有一定的主观性，在一定程度上影响着结论的准确性。

三、《巴塞尔协议》出台及其发展

(一)《巴塞尔协议Ⅰ》出台背景与主要内容

1. 出台背景

20 世纪 70 年代，国际大型商业银行呈现出业务全球化、金融操作与金融工具持续创新、积极参与投机活动三个特点，给商业银行带来了更大的经营风险。首先，业务全球化使得商业银行越来越脱离国内的银行管制，同时国际银行监管体系又相对比较薄弱，资本监管无法获得有效保证。其次，金融操作与金融工具持续创新使得商业银行所经营资产超过银行资本几十倍，风险杠杆日益增大。最后，参与国际金融投机活动虽然能使一些银行从中获利，但同时也使一些银行遭受巨大损失，使各国存款人的利益受到严重威胁。1974年德国的赫尔斯塔银行（Herstatt Bank）和美国富兰克林国民银行（Franklin National Bank）相继倒闭，不仅导致许多国家的客户亏损巨大，而且给全球银行业带来极大的负面影响。商业银行风险成为人们关注的热点问题。

1974年9月，在国际清算银行的发起和主持下，十国集团①及瑞士、卢森堡共同成立了"国际清算银行关于银行管理和监督行动常设委员会"，由各国银行监管当局的代表组成，即巴塞尔委员会（Basel Committee）。1975年2月，委员会召开首次会议，成立了常设监督机构，每年定期召集3~4次会议。1988年7月，巴塞尔委员会发布了《关于统一国际资本衡量和资本标准的协议》（International Convergence of Capital Measurement and Capital Standards），该协议又称为1988年《巴塞尔协议》或《巴塞尔协议Ⅰ》。

2. 主要内容

《巴塞尔协议Ⅰ》主要包括划分资本、规定风险资产权重、资本充足率计算和标准、过渡期和实施安排四个部分。

（1）划分资本。《巴塞尔协议》将商业银行资本划分为核心资本和附属资本两大类，具体构成如图2-1所示。

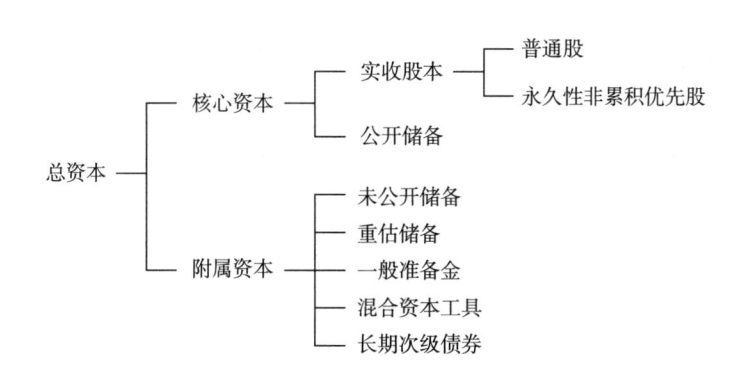

图2-1 《巴塞尔协议Ⅰ》规定的资本构成

资料来源：巴塞尔委员会官网（https：//www.bis.org/bcbs/）。

---

① 十国集团包括美国、英国、德国、法国、日本、比利时、意大利、荷兰、加拿大、瑞典。

1）核心资本（Core Capital）。商业银行资本中最重要的部分称为核心资本，又称为一级资本，一般由实收股本和公开储备构成，价值相对比较稳定，组成部分在各国银行基本相同，并且在各银行公开发表账目中都清晰记录，成为判断银行资本充足率的基础，对银行的盈利能力和竞争力影响较大。

实收股本包括普通股和永久性非累积优先股。公开储备（Declared Reserves）是指以留存盈余或其他盈余（如资本盈余、保留利润、公积金、普通准备金和法定准备金的增值等）形式，反映在资产负债表中的储备部分。

2）附属资本（Supplementary Capital）。又称为二级资本，主要包括以下五项内容：

①未公开储备（Hidden Reserves）。指不在银行资产负债表上公开表明的储备，但会反映在银行损益表上并且为银行监管当局所接受，可以被用于应付未来不可预见的损失。

②重估储备（Revaluation Reserves）。指经国家有关部门批准，银行对固定资产进行价值重估时，固定资产公允价值与账面价值的正差额部分，资产重估能够充分反映真实市值。资产重估必须由官方认可的专门评估机构审慎估价，且计入附属资本部分不超过重估储备的70%。

③一般准备金（General Provision）。指银行为应付意外损失而从收益中提取出来的资金，由于可以被用于弥补未来不确定的任何损失，符合资本的基本特征，因此被列入附属资本中。但是对于价值明显下降的特定资产或对已经确定损失所设立的准备金，由于不能用于防范未确定损失，不能被列入附属资本。

④混合资本工具（Hybrid Debt-Capital Instruments）。指带有一定股本性质兼具一定债务性质的资本工具，这类资本可以在不必清偿的情况下承担银行损失、维持银行正常经营，列入附属资本。

⑤长期次级债券（Subordinated Term Debt）。又称为长期附属债券，是指原始期限最少5年的次级债务。经原中国银监会认可，商业银行发行的普通的、无担保的、不以银行资产为抵押或质押的长期次级债务工具可列入附属资本。由于期限固定，且通常不用于分担继续从事交易的银行损失，必须对这类资本在总资本中所占比例予以严格规定。

（2）规定风险资产权重。风险资产权重的规定分为表内资产权重和表外资产权重两部分。

1）表内资产权重。《巴塞尔协议Ⅰ》将表内资产风险权重分为五个等级，具体内容如表2-4所示。

表 2-4 《巴塞尔协议Ⅰ》关于表内资产的风险权重　　　　　单位：%

表内资产内容	风险权重
现金、国家政府或央行的债权等	0
本国公共部门担保的贷款等	10
经济合作与发展组织成员国注册的银行债权等	20
以完全用于居住的房产做抵押的贷款或个人零售贷款等	50
对私人机构的债权等	100

资料来源：巴塞尔委员会官网（https://www.bis.org/bcbs/）。

表内风险资产的计算公式如下：

$$\text{表内风险资产} = \sum(\text{表内资产额} \times \text{风险权重}) \quad (2-1)$$

2）表外资产权重。随着商业银行表外业务的迅速发展，资产风险随之增大，银行资本监管要求应该包含并体现这类活动可能产生的损失，《巴塞尔协议Ⅰ》建议先采用信用转换系数，将表外业务额转化为表内业务额，再根据表内同等性质项目进行风险加权。

《巴塞尔协议Ⅰ》中表外资产转换系数分为四个等级，具体内容如表 2-5 所示。

表 2-5 《巴塞尔协议Ⅰ》关于表外资产的信用转换系数　　　　　单位：%

表外资产内容	信用转换系数
初始期限 1 年内或可随时取消的承诺等	0
与贸易相关的项目或短期有自行清偿能力的项目等	20
与贸易相关的偶然项目；票据发行融通和循环报销便利；其他初始期限超过一年的承诺等	50
直接信用替代工具；销售和回购协议；有追索权的资产销售；远期资产购买；代表承诺一定损失的证券等	100

资料来源：巴塞尔委员会官网（https://www.bis.org/bcbs/）。

表外风险资产的计算公式如下：

$$\text{表外风险资产} = \sum(\text{表外资产} \times \text{信用转化系数} \times \text{表内相同性质资产的风险权重}) \quad (2-2)$$

（3）资本充足率的计算和标准。《巴塞尔协议Ⅰ》明确表内资产风险权重和表外资产信用转换系数后，就能评估任何一家商业银行的资本充足率。《巴塞尔协议Ⅰ》规定的计算公式如下：

$$一级资本比率 = \frac{核心资本}{风险加权资产总额} \times 100\% \qquad (2-3)$$

$$二级资本比率 = \frac{附属资本}{风险加权资产总额} \times 100\% \qquad (2-4)$$

$$总资本充足率 = \frac{核心资本+附属资本}{风险加权资产总额} \times 100\%$$

$$= 一级资本比率 + 二级资本比率 \qquad (2-5)$$

《巴塞尔协议Ⅰ》规定，从事国际业务银行一级资本充足率不得低于4%，总资本充足率不得低于8%，其中核心资本至少须占总资本的50%。附属资本中普通贷款准备金不能高于风险资产的1.25%，次级长期债务不得超过一级资本的50%。

（4）过渡期和实施安排。协议规定，从《巴塞尔协议Ⅰ》正式出台至1992年底，各成员国的国际银行都应达到协议所规定的资本充足率标准。另外，再设置一个过渡期，即在1990年底之前，协议签约各国所有初具规模的银行都应按照统一标准计算资本充足率，并将总资本充足率至少提高至7.25%。

3. 意义与不足

《巴塞尔协议Ⅰ》首次提出明确、统一的国际银行监管标准，突出对银行风险资产的关注和动态监管理念，将资本充足率作为银行监管的核心内容，强调银行应维持充足的资本水平，在国际银行监管历史上具有里程碑式的意义。然而，随着技术不断进步和金融市场创新发展，银行业务越来越多样化和复杂化，在《巴塞尔协议Ⅰ》实施过程中不足之处逐渐显露：一是仅涉及信用风险，对日益增加的操作风险以及经济周期波动等引发的市场风险并未涉及；二是未考虑不同银行风险管理水平的差异，风险管理水平较高的银行，计算获得的资本需求量可能会大于经济资本数量，而风险管理水平一般的银行，计算获得的资本需求量可能仍不足以抵御银行面临的各种风险，因此如果采用相同模型和方法估计银行风险并据此确定资本要求，显然是有失公允的。

（二）《巴塞尔协议Ⅱ》的出台背景与主要内容

1. 出台背景

1997年，亚洲金融危机爆发，东南亚各国金融体系遭受严重挑战。由于经济全球化步伐加快，金融危机迅速向俄罗斯、日本和美国等国家蔓延，全球金融体系遭受一定冲击，陷入新的恐慌，各国金融监管当局和国际银行业迫切需要重新修订现行国际金融监管标准。在此背景下，1999年后巴塞尔委员会开始筹备新协议草案，在多年征询意见和反复修改的基础上，于2003年底完成了《巴塞尔协议Ⅱ》的正式文本，2004年6月正式签署，2006年底在成员国内部开始实施。

2. 主要内容

《巴塞尔协议Ⅱ》延续了以资本充足率为核心的监管思路，提出衡量资本充足率的新思路和新方法——实行以最低资本要求、监管当局监督检查、市场约束三大支柱为特点的监管框架（见图2-2）。

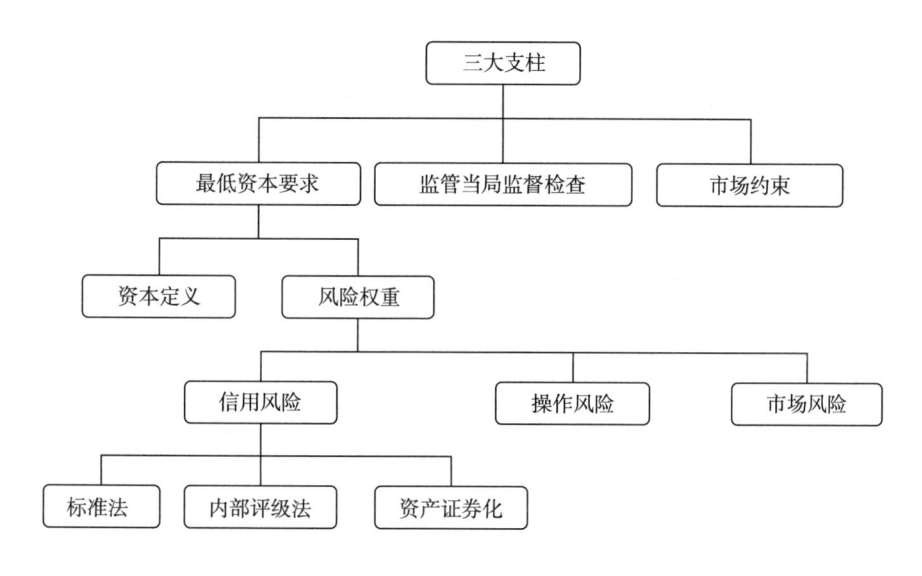

图2-2 《巴塞尔协议Ⅱ》的三大支柱

资料来源：根据公开资料整理。

（1）第一支柱：最低资本要求。主要包括三部分内容：一是界定监管资本；二是计算风险加权资产；三是总资产对风险加权资产的最小比率。《巴塞尔协议Ⅱ》保留了原协议中的资本划分标准以及最低资本充足率8%的要求，但是风险加权资产计算更加全面：在原来只考虑信用风险的基础上，新协议拓展了风险范畴，进一步考虑了市场风险和操作风险。其中，在信用风险方面中引入内部评级法，提升了风险计量的敏感性，并且将资产证券化和交易对手信用风险纳入信用风险计量框架。在市场风险方面，由于金融衍生产品不断推陈出新，债券、外汇等非传统银行业务逐渐兴起，市场风险显著扩大，需要纳入资本风险范畴。在操作风险方面，现代商业银行的业务覆盖面越来越广，各业务环节所属操作技术越来越复杂，操作风险不断上升，操作风险也应纳入资本风险范畴。在此基础上，风险加权总资产等于由信用风险计算出来的风险加权资产，再加上根据市场风险、操作风险计算出来的风险加权资产之和。

（2）第二支柱：监管当局监督检查。主要包括巴塞尔委员会制定的针对银行风险监督检查的主要原则、风险管理指引、监督透明度及问责制度，以及如何处理银行账户中利率风险、操作风险、信用风险、如何加强跨境交流与合作以及资产证券化等方面的指引。监督检查目的在于强化监管过程，保证商业银行具有足够资本应对业务经营所有风险，鼓励银行开发并运用更好的风险管理技术，实施风险监测和管理。

其中，银行风险监督检查主要包括四个原则：一是银行应当建立一个能有效评估符合自身具体风险特征的资本充足问题的程序；二是银行监管者应该审查银行内部的资本充足评估程序；三是银行应该持有高于最低资本要求的资本，以防范第一支柱下未能完全覆盖的风险；四是银行监管者应当及时干预资本充足情况不佳的银行，避免银行陷入风险，如果该银行资本得不到保护或恢复，则需迅速采取相应补救措施。

（3）第三支柱：市场约束。这是对第一支柱和第二支柱有效实施的保障。市场约束的核心是信息披露，因此巴塞尔委员会希望通过建立健全银行业信息披露制度，缓解投资者和被投资机构之间的信息不对称，以达到规范市场纪律的目的。新协议在适用范围、资本构成、风险敞口的评估和管理程序以及资本充足率四个方面提出了定性和定量的信息披露要求。此外，新协议还将披露信息分为核心信息披露和附加信息披露，巴塞尔委员会建议，复杂的国际活跃银行要全面公开披露核心信息和附加信息。关于披露频率，对于一般银行而言，要求每半年信息披露一次；对于市场上活跃的大型银行，要求每季度信息披露一次；对于市场风险，则需要在每次重大事件发生后披露信息。此外，委员会鼓励商业银行充分利用电子技术发展提供的机会，进行多渠道的信息披露。

3. 意义与不足

《巴塞尔协议Ⅱ》是对原有协议的创新和补充，是国际银行监管理念的又一次飞跃。首先，新协议从单一的资本充足率监管，转向以资本充足率监管为核心，以维护公众对银行信心为主要目标的监管。三大支柱的确立完善了资本监管框架，提高了资本监管效率，体现了监管思想逐渐由被动性监管向自主性监管转变。其次，新协议能更全面地反映银行所面临的风险类别，提供了更准确的监管视角。最后，新协议引入更复杂的风险评估方法，如内部评级法，即银行使用内部评级体系计算法定资本要求，在一定程度上激励各银行提高自身风险管理水平，以确保在多变的金融环境中能更有效地评估、监控和管理潜在风险。

然而，2007年爆发的次贷危机中，由于监管部门未能及时发现并化解风险，银行业和实体经济都遭受沉重打击。金融危机对以资本监管为核心的《巴塞尔协议Ⅱ》提出了严峻挑战：一是没有充分关注系统性风险，金融风险预判和估计不足；二是金融创新产品监管不足，尤其是金融衍生品市场监管缺失，未能有效控制所带来的高杠杆率风险；三是具有显著的顺周期性资本要求，经济环境欠佳时要求银行保持较高资本金,进一步恶化信用循环;四是银行风险权重取决于信用评级高低,然而信用评级并不完全可靠。

(三)《巴塞尔协议Ⅲ》的出台背景与主要内容

1. 出台背景

2008年,以美国次贷危机为导火索,金融危机在全球范围内爆发,高度关联的金融市场迅速将风险传播至全球金融体系,使金融危机在恶性循环中被不断放大,全球金融体系一度被推向崩溃的边缘。此次金融危机暴露出资本监管制度的明显缺陷,巴塞尔委员会开始对国际监管框架进行一系列的根本性改革。2010年12月,巴塞尔委员会发布了《巴塞尔协议Ⅲ》,并要求各成员国经济体两年内完成相应监管法规的制定和修订工作。2013年1月1日,开始实施新监管标准。2019年1月1日之前,要求全面达标。

2. 主要内容

(1)强化资本充足率监管标准。《巴塞尔协议Ⅲ》全面强化了资本充足率监管的三个要素。

1)提升资本工具损失吸收能力。主要包括三个方面:一是恢复普通股(含留存收益)在资本监管中的主导地位;二是对普通股、其他一级资本工具、二级资本工具建立严格的标准,以提高各类资本工具的损失吸收能力;三是引入严格、统一的普通股资本扣减项目,确保普通股资本质量。

2)增强风险加权资产计量的审慎性。主要包括完善和强化信用风险标准法的核心地位,降低对内部评级法的依赖,平衡风险计量的敏感性、简单性和可比性。

3)提高资本充足率监管标准。《巴塞尔协议Ⅲ》中规定核心一级资本充足率最低要求为4.5%,一级资本充足率最低要求为6%,总资本充足率最低要求为8%。为了缓解银行体系顺周期效应,提出两个超额资本要求:一是建立资本防护缓冲资金,要求总额不得低于银行风险资产的2.5%。二是建立逆周期资本要求,在经济过热时,对银行业实施最高2.5%的逆周期资本要求;在经济低迷时,则可以降低或取消该资本要求。《巴塞尔协议》的监管目标变化如表2-6所示。

表2-6 《巴塞尔协议》的监管目标变化

协议	监管目标
《巴塞尔协议Ⅰ》	银行核心资本充足率不得低于4%,总资本充足率不得低于8%
《巴塞尔协议Ⅱ》	在原来只考虑信用风险加权资产的基础上,加入市场风险加权资产、操作风险加权资产

续表

协议	监管目标
《巴塞尔协议Ⅲ》	核心一级资本充足率的最低要求为4.5%，一级资本充足率最低要求为6%，总资本充足率最低要求仍为8%。另外，要求各商业银行设立资本防护缓冲资金，总额不低于银行风险加权资产的2.5%，各国可根据情况要求银行提取最高2.5%的逆周期缓冲资本

资料来源：巴塞尔委员会官网（https://www.bis.org/bcbs/）。

（2）引入杠杆率监管标准。《巴塞尔协议Ⅲ》引入杠杆率监管指标，定义为一级资本与总风险暴露比率，计算公式如下：

$$杠杆率 = \frac{一级资本净额}{调整后的表内外资产余额} \qquad (2-6)$$

杠杆率与具体风险资产无关，仅作为资本充足率的补充指标，控制商业银行资产规模的过度扩张，并纳入第一支柱框架。2010年7月巴塞尔委员会文件将一级资本最低杠杆率定为3%。

（3）建立流动性风险量化监管标准。《巴塞尔协议Ⅲ》将流动性监管提升到与资本监管同等重要的地位，提出了两个流动性量化监管指标——流动性覆盖比率（Liquidity Coverage Ratio，LCR）和净稳定资金比率（Net Stable Funding Ratio，NSFR）。流动性覆盖比率用于衡量短期（30天内）特定压力情景下，单个银行的流动性情况；净稳定资金比率用于度量中长期内银行可供使用的稳定资金来源能否支持资产业务发展。在正常情况下，两个流动性监管指标都不得低于100%。

（4）过渡期和实施安排。《巴塞尔协议Ⅲ》规定，全球各商业银行5年内要将一级资本充足率的下限从4%上调至6%，过渡期限为2013年升至4.5%、2014年升至5.5%、2015年达到6%。同时，将普通股占总资本比重的下限从2%上调至4.5%，过渡期限为2013年升至3.5%、2014年升至4%、2015年升至4.5%。截至2019年1月1日，全球各商业银行要将缓冲资本提高至2.5%。

3. 意义与评价

《巴塞尔协议Ⅲ》大幅度提高银行资本监管要求，调整不合理的风险权重，突出强调流动性风险监管，关注金融体系与实体经济之间的内在关联，提出逆周期指标以减少顺周期性对实体经济的冲击，是近几十年来针对银行监管领域的最大规模的改革，它能够推动全球各商业银行提高风险抵御能力，对全球金融体系稳定产生十分积极的影响。

4. 对我国商业银行资本监管的影响

《巴塞尔协议Ⅲ》所秉持的监管理念，与我国传统商业文化中"将本求利"

的行事准则高度契合，其实质都是重视资本金约束，巴塞尔银行监管委员会以此为基石，逐步推动形成银行业今天的监管规则体系。而在巴塞尔协议的影响下，我国也建立起以资本标准、政府监管、市场约束为"三大支柱"的微观审慎监管体系，并广泛应用一系列微观审慎监管的工具，如拨备制度等，这对于推动我国银行业监管向更加科学化、精细化的方向迈进具有重要意义。

【拓展知识】

表2-7 我国《商业银行资本管理办法》的主要资本监管指标

指标	要求
核心一级资本充足率	≥5%
一级资本充足率	≥6%
资本充足率	≥8%
储备资本	达到风险加权资产2.5%，由核心一级资本满足
逆周期资本	由中国人民银行会同国家金融监督管理总局另行规定
杠杆率	≥4%

资料来源：国家金融监督管理总局（https://www.cbirc.gov.cn/cn/view/pages/index/index.html）。

【拓展阅读】

仔细阅读以下主题为"商业银行资本监管与风险控制"的期刊论文，并认真思考有关问题。

[1] 文央漾，吴莹，孙思唯. 商业银行操作风险动因与传递机制研究 [J]. 金融监管研究，2024（2）：59-76.

[2] 国家金融监督管理总局资本监管研究课题组. 商业银行资本监管改革研究——兼评资本新规实施挑战与应对 [J]. 金融监管研究，2023（11）：1-23.

[3] 王守海，李淑慧，徐晓彤. 资产证券化会计准则修订对银行风险承担的影响研究 [J]. 会计研究，2022（11）：38-52.

[4] 熊启跃，张文婧. 巴塞尔Ⅲ资本监管影响机制研究——基于国际大型银行资本充足率变动的视角 [J]. 国际金融研究，2021（2）：43-54.

[5] 巴曙松，尚航飞. 部门逆周期资本监管框架及对中国的启示 [J]. 财经理论与实践，2020，41（3）：2-8.

[6] 苏帆，于寄语，熊劼. 更高资本充足率要求能够有效防范金融风险吗？——基于双重差分法的再检验 [J]. 国际金融研究，2019（9）：76-86.

思考与讨论

1. 《巴塞尔协议Ⅲ》资本监管框架对我国商业银行风险管理有何启示？
2. 我国《商业银行资本管理办法》在实施过程中面临着哪些挑战？应如何应对？
3. 商业银行制定更高的资本充足率要求就能有效防范金融风险吗？

第三节 增加资本总量？还是降低风险权重？
——资本管理与对策：分子对策和分母对策

试想，如果你是一名商业银行管理者，当银行面临资本充足性压力时，你会采取什么方法提高资本充足率呢？我们都知道，要想增加一个分子式的大小，可以通过增大分子或减小分母两种方式予以实现。根据《巴塞尔协议Ⅰ》资本充足率的测算公式，增大分子意味着增加资本总量，减小分母意味着降低风险资产比重，两者都可以达到提高资本充足率的目的，那么应该如何选择呢？世界上没有完美的最优决策，在不同的经营环境和成长目标下，只有对两种方式进行学习和分析，才能更科学、合理地回答上述问题。

一、影响商业银行资本需要量的因素

商业银行资本管理对稳健经营具有重要意义，资本管理首先要明确自身所需要的资本量，然后根据所确定的资本需要量，补充资本或增加投资。一般而言，商业银行资本需要量受经济发展周期、相关法律规定、资产负债结构、银行竞争地位与信誉、银行业务规模和范围五个因素的影响。

（一）经济发展周期

商业银行所处的经济发展周期不同，所需要的资本量也存在差异。在经济发展的繁荣时期，经济形势良好，市场活跃，银行资金充沛且周转顺畅，一般不会发生挤兑现象，此时银行承担风险较小，债务人破产可能性较低，银行持有资本量可以低于其他时期。反之，在经济衰退或萧条时期，由于承担信用风险较大，银行必须持有足够资本以应对发生损失的可能。此外，对于区域性商业银行或主要业务相对集中的银行，确定资本需要量时不仅要考虑整个国家经济发展情况，而且要考虑所处地区或业务领域经济发展趋势。

（二）相关法律规定

除《巴塞尔协议Ⅰ》规定的最低资本需要量外，各国金融监管当局通常根据

本国具体情况，以法律形式对商业银行资本做出规定，如最低注册资本、资本资产比率、自有资本和负债比率等。根据我国《公司法》和《商业银行法》等法律规定，我国设立全国性商业银行的最低注册资本为 10 亿元，城市商业银行最低注册资本为 1 亿元，农村商业银行最低注册资本为 5000 万元。此外，商业银行设立分支机构也需要按法律规定划拨运营资金，一级分行运营资金为 1 亿元，同城支行为 1000 万元，异地支行为 5000 万元，累计划拨运营资金不得超过总行资本总额的 60%。

（三）资产负债结构

商业银行资产负债结构也是影响资本需要量的重要因素之一。一方面，银行所持有的资产质量越高，则发生亏损的可能性越小，此时银行就可以持有相对较少的资本量；反之，银行所持有的资产质量越低，资产发生亏损的可能性越大，银行就要持有更多资本量以抵御风险。另一方面，在银行负债结构中，当流动性较强的活期存款等占比较大时，银行必须保持较多资本量；反之，当流动性较弱的定期存款等占比较大时，资本量持有量则可以相对减少。

（四）银行竞争地位与信誉

商业银行资本量与信誉高低息息相关，银行拥有资本数量越多，抵御风险能力越强，公众对银行就更有信心。同时，银行在行业中的竞争地位和信誉也会反过来影响银行的资本需要量。在竞争中占据有利地位的银行，通常在同业、公众、监管部门中具有较好的信誉，则这些银行获取资金相对容易，银行可持有较少的资本金；反之，在竞争中处于劣势地位的银行，通常很难树立良好的公众信心和社会信誉，因此融资过程较为困难，需要持有更多资本。

（五）银行业务规模和范围

商业银行业务规模和范围对资本需要量也具有一定影响，根据《巴塞尔协议 I》规定，银行资本与资产之间必须要达到规定的资本充足率标准。一般而言，商业银行业务规模越大，业务范围越广，所需要的固定资产和员工投入越大，从而要求银行持有更多的资本金数量；反之，商业银行业务规模越小，业务范围越局限，开展经营管理所需要的人力、物力相对较小，银行持有较少的资本金数量亦能够正常开展经营活动。

二、商业银行资本管理对策

（一）分子对策

分子对策是作用于资本充足率计算公式中的分子——商业银行资本量，即尽量增加商业银行资本总量，改善和优化资本结构，保持银行发展所需以及监管当局所要求的资本金。银行业分子对策分为内源资本策略和外源资本策略，具体采用何种策略,需要结合银行发展目标和经营现状来分析优势和劣势。

1. 内源资本策略

(1) 内源资本策略,主要指商业银行通过增加留存收益方式从银行内部获取资本的策略。内源性融资是商业银行充实资本金最便捷、成本最低的方式,一方面,银行采用内源资本策略筹资,只需要将税后净利润转入留存盈余账户,而不必依赖公开市场,它能够规避发行股票或债务资本的费用,降低筹资总成本。另一方面,内源资本筹资不会存在稀释股东所有权和减少未来每股收益现象。因此,对于大多数银行尤其是非上市银行和中小银行,内源资本策略是为获取资本金支持银行持续发展的首要选择。

然而,银行要采用内源资本策略支持资产增长,在很大程度上会受限于商业银行经营所面临的具体情况,如监管部门规定的适度资本金数额、银行盈利水平以及股利分配政策等。首先,当监管部门所规定的资本比率上升时,银行可能会放慢资产增长速度与之相适应,反之,当规定的资本比率下降时,银行就可能加快资产增长速度,因为拥有更多资本金支持。其次,商业银行盈利水平越高,则可提取的未分配收益越多,可筹集的内源资本数量就越多,资产增长速度就越快。最后,股利分配政策的主要内容是制定银行股利与银行净收入的合理比例,使股利分配能够随着银行净收入增加而相应增长。一般而言,股利分配比例越低,银行可留存资本金就越多,资产增长速度就越快。但是,在日益成熟的资本市场上,股利政策具有黏性,减少股利分配有可能会造成股价下跌,导致银行实际资本价值受损,因此银行应尽量控制股利分配比例的波动区间。综上,考虑采用内源资本策略筹资时,商业银行必须正视限制条件以及在使用过程中应考虑的诸多因素。

关于上述银行利用内源资本策略支持资产增长的三个限制性因素,引入美国经济学家戴维·贝勒的资产持续增长模型予以进一步解释。

银行资产的持续增长率表示如下:

$$SG_1 = \frac{TA_1 - TA_0}{TA_0} = \frac{\Delta TA}{TA_0} \tag{2-7}$$

式中,SG_1 为银行资产持续增长率,ΔTA 为银行资产增加额,TA_1 为本期银行资产额,TA_0 为前期银行资产额。由于在既定的资本充足率要求下,银行资产增长率与资本增长率成正比,因此有:

$$SG_1 = \frac{\Delta TA}{TA_0} = \frac{\Delta EC}{EC_0} \tag{2-8}$$

式中,ΔEC 为银行资本的增加额,EC_0 为前期银行资本额。如果银行新增资本全部来自银行内部未分配利润,则有 $EC_1 = EC_0 +$ 本期新增股本额,而:

本期新增股本额＝本期净收益×（1-分红率）
            ＝资产收益率×总资产×（1-分红率）
            ＝ROA×TA$_1$×（1-DR）

式中，ROA 为资产收益率，DR 为分红率，因此：

$$EC_1 = EC_0 + ROA \times TA_1 \times (1-DR) \tag{2-9}$$

将式（2-9）代入式（2-7）并整理得到：

$$SG_1 = \frac{ROA(1-DR)}{\left(\dfrac{EC_1}{TA_1}\right) - ROA(1-DR)} \tag{2-10}$$

由式（2-10）可知，银行资产持续增长率与前文所分析的三个因素有关：一是银行资本与资产比率，即银行资本的杠杆乘数；二是银行资产收益率；三是银行股利在净收入中的比例，即股利分配政策。

（2）我国商业银行的内源资本策略主要有留存收益转增资本和提高准备金比例。

1）留存收益转增资本。从银行盈利中留存积累，通过法定程序转增资本金，这种方式要求商业银行必须拥有较高的盈利水平。根据中国银保监会统计，如图 2-3 所示，我国商业银行近十年的总资产收益率总体呈下降趋势[①]，2023 年我国四大商业银行的平均总资产回报率分别为中国工商银行 0.87%、中国建设银行 0.91%、中国银行 0.80%、中国农业银行 0.73%[②]。不难看出，我国五大国有控股型商业银行的总体盈利能力有待提高，要在短期内通过留存收益转增资本，并发挥作用是非常有限的。因此，国有控股型商业银行的资本金仍主要依靠外源资本策略筹集，内部筹资能力存在很大的提升空间，未来应当持续加强自身经营管理。

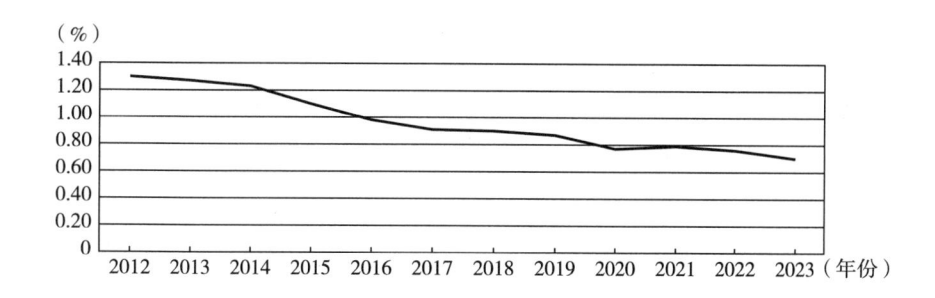

图 2-3　2012~2023 年我国商业银行的资产收益率

资料来源：国家金融监督管理总局（https://www.cbirc.gov.cn/cn/view/pages/index/index.html）。

[①] 资料来源：国家金融监督管理总局（https://www.cbirc.gov.cn/cn/view/pages/index/index.html）。
[②] 资料来源：中国工商银行、中国建设银行、中国银行、中国农业银行官网。

2）提高准备金比例。准备金分为普通准备金和特殊准备金，根据《巴塞尔协议Ⅰ》规定，只有普通准备金才能计入附属资本，因此，提高普通准备金比例能够提高资本充足率。根据2002年中国人民银行发布的《银行贷款损失准备计提指引》，我国商业银行普通准备金按照贷款余额的1%提取，并按《巴塞尔协议》有关原则纳入银行附属资本，即计入普通准备金不能超过银行加权风险资产的1.25%，超过部分不再计入[①]。我国商业银行可以在规定范围之内，通过提高准备金比例方式提高资本充足率。

2. 外源资本策略

（1）外源资本策略，是指商业银行通过外部筹集方式获得资本，主要包括发行普通股、发行优先股、发行债务资本等。外源资本策略多样，资金来源广泛，使用灵活方便，能够满足商业银行各种资金需求，提高金融市场上资金的使用效率。然而，商业银行究竟选择哪一种外源资本，应该要慎重考虑银行资本成本、投资需求分析、追加资本的灵活性、不同形式资本的融资效果等因素（见表2-8）。

表2-8 商业银行外源资本策略的利弊分析

方式	优点	缺点
发行普通股	①没有固定的股息负担 ②没有固定的到期日，无需偿还本金，使用更为稳定 ③为债权人提供损失保障，增强银行信誉 ④收益较高，更受投资者欢迎	①稀释每股收益 ②削弱原有股东控制权和投票权 ③发行手续复杂，发行成本较高
发行优先股	①无需偿还本金，资金来源稳定 ②股息相对固定 ③发行成本较普通股更低 ④不会削弱原有股东控制权 ⑤提高银行财务杠杆系数，正效应情况下普通股收益率增加	①股息较债务资本更高，且不能税前支付 ②发行规模超过一定限度时，会降低银行核心资本比重，降低银行信誉水平
发行债务资本	①发行成本相较股票更低 ②利息在税前支付，资本成本较低 ③不会削弱原有股东控制权 ④带来财务杠杆效应，当银行经营状况好时，提高股东收益	①具有法定清偿义务，要支付利息并偿还本金，增加银行财务风险 ②债务资本限制条件较多

资料来源：根据公开资料整理。

---

① 资料来源：中国人民银行官网（http://www.pbc.gov.cn/）。

值得注意的是，对于外源资本选择，商业银行与金融管理当局所持意见并不同。从金融监管当局角度来看，普通股是最优外部资本来源，不仅能够增强银行资本的核心部分，降低经营风险，而且具有永久性质。但这对于商业银行则具有一定局限性：一方面，发行普通股会稀释股东权益与每股净收益；另一方面，普通股发行成本一般高于其他外源资本形式，因此更倾向于采用增加附属资本方式，如发行资本票据、债券等。增加附属资本不仅可以提高银行资本总量，而且能够带来杠杆效应，产生税盾效应，减少银行经营成本。但是，为了保证商业银行经营安全性，金融管理当局通常会限制银行的附属资本持有量，如《巴塞尔协议Ⅰ》规定，银行附属资本不能超过总资本的50%，次级长期债务不能超过核心资本的50%等[1]。

总体而言，当核心资本不足时，银行可以考虑采取两种方式：一是发行新股，但需考虑资金可得性、未来进一步筹资的灵活性以及可能造成的金融后果；二是发行非累积优先股或将资本盈余部分以股票股息形式发给股东等；而对于核心资本已经占全部资本50%以上的银行，主要通过增加发行债券等方式获取附属资本，使银行总资本获得最大程度增加。

（2）我国商业银行的外源资本策略主要有以下三种：一是国家注资和降低税率；二是通过上市融资筹集资本金；三是通过发行中长期债券，增加商业银行附属资本。

1）国家注资和降低税率。中国工商银行、中国农业银行、中国银行、中国建设银行、中国交通银行、中国邮政储蓄银行属于国家直接管控的大型银行，其国有控股型性质决定了财政注资是筹集和补充资本金的主要渠道之一。例如，1998年，我国财政部定向发行2700亿元特别国债，全部用于补充当时四大行（中国工商银行、中国建设银行、中国银行、中国农业银行）的资本金；2007年，为了丰富外汇储备投资渠道，财政部发行1.55万亿元特别国债，其中1.35万亿元对国有银行定向发行，2000亿元对市场公开发行。除了国家直接注资外，政府还可以间接注资，即降低营业税收。我国加入世界贸易组织后，为降低金融业税收负担，于2001年开始逐步将银行营业税率从8%降到5%，实际上为银行注入相当可观的资本金。随后，为了适应经济发展需要，对国有银行实行注资改制，助其上市。迄今为止，国家对以上几家大型商业银行依然拥有绝对控股地位。

2）上市融资筹集资本金。随着我国金融市场不断发展完善，上市融资已经成为我国商业银行筹集资本金的重要途径。截至2023年，我国共有58家上市商业

---

[1] 资料来源：巴塞尔委员会官网（https://www.bis.org/bcbs/）。

银行，总资产规模超过 293 万亿元，同比增长 11.14%①。从长远角度来看，上市融资能够促进我国商业银行迅速建立与国际惯例相适应的现代企业制度，加强经营管理，有助于防范和化解经营过程中面临的风险，有利于实现可持续发展。

3）发行中长期债券。除上市融资外，发行中长期债券也是我国商业银行筹集资本的重要途径，不仅能够充实附属资本，提升资本充足率，而且能增强抗风险能力，支持银行业务持续发展。统计数据显示，2023 年我国商业银行共发行次级债券 124 只，其中二级资本债 86 只，合计发行规模为 8395.9 亿元；永续债 37 只，合计发行规模为 2722 亿元②。目前，我国次级债券发行主体仍是国有大型商业银行和股份制商业银行，而城市商业银行和农村商业银行则更多依赖专项债。

（二）分母对策

所谓分母对策，就是作用于资本充足率计算公式中的分母——商业银行风险加权资产的策略，即优化资产结构，尽量降低风险权数高的资产在总资产中所占比重，同时加强表外业务管理，尽可能选择转换系数较小以及相应风险权数较小的表外资产。因此，分母对策的重点是压缩银行资产规模、调整银行资产结构、提高资本充足率。

1. 压缩银行资产规模

在既定的资本充足率要求下，商业银行资产规模越大，对资本的要求也就越高。对于一些资本不足的商业银行而言，通过出售一部分高风险资产或不良资产等，减少银行资产规模，能够提高银行资本充足率。与工商企业不同，商业银行资产构成具有"两高一少"的特点，即现金存量较高、金融债权（贷款和证券投资）比例极高、房产等被固化的资本相对较少。因此，压缩银行资产规模的程度和所压缩资产的种类应该充分考虑银行资产管理的要求。

（1）商业银行持有一定比例的现金资产，目的在于保持流动性和清偿力。一般而言，商业银行现金存量受以下四个方面约束：一是要满足客户提取存款进行日常交易的需要；二是要满足金融监管当局对法定准备金的规定；三是要满足与中央银行或其他往来行支票清算对现金的要求；四是要满足向代理行支付代理费以换取服务所需要的现金。银行现金存量的大小反映了流动性强弱，流动性强弱与安全性保持一致，因此，银行现金存量的大小应该以满足流动性要求为目标，但与资本管理关系不大，因为现金资产属于无风险资产。

（2）银行金融债权主要包括证券投资和各类贷款，是银行收入来源的主体，在银行资产中所占比例极高。由于银行持有的证券主要是具有高流动性和低风险

---

① 资料来源：中国银行业协会（https://www.china-cba.net/）。
② 资料来源：Wind 数据库。

的金融证券，这部分资产不仅可以满足流动性要求，而且可以获取高利息收入以满足盈利性需要，因此不能随意地压缩这部分资产，而应进行有效的投资组合管理，达到降低风险，提高流动性和盈利性的目的。此外，银行贷款是银行资产业务主要部分，也是银行资产管理中最重要的内容。银行的贷款规模和质量通常会受到宏观经济环境和信用环境变化的影响，当宏观经济不景气时，银行可以通过缩小贷款规模的方式降低经营风险。

（3）房产等被固化的资本在银行资产中所占的份额较少，降低固化资本的规模相对困难和复杂。因此，在实际操作中，银行通常主要采用压缩金融债权规模的方式来实现提高资本充足率的目的。

【拓展案例】

北部湾银行的凤凰涅槃之变

为了顺应国家实施广西北部湾经济区开放开发战略，2008年广西北部湾银行在南宁市商业银行的基础上改制设立。成立伊始，其各项业务便以惊人速度发展。但在2013年中国银行业"钱荒"爆发之际，该行高速发展背后的风险陆续暴露：不良资产、案件频发、业务下滑、流动性紧张等。北部湾银行被列为全国重点监控的五家高风险机构之一，面临着生死存亡的关键时刻。

2013年9月，新领导班子临危受命，全面分析外部环境及自身条件，改革创新、变速换挡，力求将经营拉回正轨。万丈高楼始于基石，只有足够的资本支撑才是业务发展和核销呆坏账的保障。因此如何稳定现有股东，实现增资扩股成为北部湾银行当时面临的首要难题。为此，该行开始积极与各利益相关方沟通，邀请部分股东代表通过实地调研、翻看账簿等方式了解真实的、大有前景的北部湾银行，逐步打消股东顾虑。同时将战略重点重新回归"立足广西、立足中小、立足社区"，深耕细作本地市场，加大对区内重点企业、重点产业项目、小微企业、"三农"和民生等领域的支持力度。

功夫不负有心人，北部湾银行在努力争取下获得了一系列投资。2014年6月，中国银监会及广西银监分局批复同意由广西投资集团下属两家子公司对北部湾银行进行全额认购。2015年，巨人投资集团等股东再次进行二次认购。2018年9月，北部湾银行开展第五次增资扩股，成功吸引31家企业入股，协议认购超33亿股，总额达预期的113.37%，净资产突破170亿元。直到2021年，北部湾银行已经完成了六次增资扩股，其注册资本由20亿元增至80亿元。2023年12月28日，北部湾银行总股本已增至100亿元。截至2023年11月，北部湾银行资本充足率为13.31%，较年初上升了0.9个百分点，核心一级资本充足率为8.98%，较年初上升了 0.75 个百分点①。

在中国银行业协会发布的 2023 年度商业银行稳健发展能力"陀螺"体系评价中，北部湾银行综合排名跻身城商行 20 强，较 2022 年排名提升 9 位，服务实体经济及转型发展方面的综合竞争力显著提升。就这样，通过几度增资扩股，北部湾银行不仅提高了资本充足率和抗风险能力，而且持续优化了股权结构，提高了信用评级、增强了自身实力，最终实现涅槃之变。

资料来源：根据公开资料整理。

【拓展案例】

盛京银行：出售 1760 亿元资产，资本压力能否缓解？

2023 年 9 月 27 日，盛京银行在港股发布公告称，与辽宁资产管理有限公司（以下简称辽宁资产）签订资产出售协议，出售资产规模为 1837 亿元，交易对价为 1760 亿元，交易方式为辽宁资产向公司定向发行专项票据。

盛京银行之所以要出售这么大规模的资产，主要原因是恒大金融危机对它造成了很大的影响。恒大集团是盛京银行的前第一大股东，也是盛京银行的第二大债务人，恒大危机不仅破坏了盛京银行的资金链，还导致银行市值下降。从盛京银行年报来看，该行资本充足率由 2019 年的 14.54% 下降至 2022 年的 11.52%，一级资本充足率及核心一级资本充足率则分别降至 9.86%，同时，不良贷款率由 2020 年的 1.75% 上升至 2022 年的 3.26%，翻了将近一番②。巨额不良资产若不化解，恐怕会对盛京银行带来更大的困难。

从盛京银行发布的公告中可以看出，该行此次出售的资产大多是由若干资产组成的不良资产包，出售的主要目的是剥离潜在问题资产。盛京银行表示，本次资产出售事项可改善其资产质量及进一步优化资产结构，预计资本充足率有所提高并能降低不良贷款率，有效提高抗风险能力，从而进一步促进其可持续高质量发展。

资料来源：第一财经官网（https://www.yicai.com/）。

2. 调整银行资产结构

在总资产规模不变或是增加的情况下，商业银行可以通过调整资产结构，降

---

① 资料来源：广西北部湾银行官网（https://www.bankofbbg.com/）。
② 资料来源：盛京银行官网（https://www.shengjingbank.com.cn/）。

低资产的风险权重，达到提高资本充足率的目的。对于商业银行内部，实现资产结构调整的最主要对象是证券投资和贷款资产。

如前所述，证券投资在银行资产管理中具有十分重要的地位，一方面可以满足银行流动性和盈利性的要求，另一方面可以为贷款规模提供调整空间。随着金融监管要求的日益严格，我国越来越重视银行的投资监管，由于金融资本市场不断完善，银行能够投资的证券种类也越来越丰富，不仅包括货币市场、资本市场证券，而且包括金融创新衍生而来的投资证券。因此，银行可以通过投资不同种类、不同期限的证券，构建不同的投资组合，降低投资风险，降低风险资产所占权重，提高资产充足率，实现流动性与盈利性均衡。

目前，我国商业银行的资产结构仍然以信贷资产为主，证券投资比重相对较低，例如2023年中国工商银行贷款总额占总资产比率为58.4%，债券投资占总资产比率为25.4%；中国建设银行2023年贷款总额占总资产比率为61.8%，债券投资占总资产比率为25.2%[①]。然而，银行所持有的贷款资产变现能力较差，同时风险相对更高。因此，从贷款管理角度而言，银行可以通过减少高风险贷款、相应增加低风险贷款的方式，重新构建贷款组合，减少风险资产总量。

随着贷款领域整体风险水平的提升，银行在调整其资产结构时，开始将证券投资与贷款业务有机结合。例如，商业银行正在探索不良贷款证券化，即将不良贷款转化为可交易的证券，从而有效转移潜在风险，增强银行体系的稳健性。同时，对于那些由于贷款规模减小而剩余的资金，商业银行倾向于将其投向流动性较高、具有风险缓释作用的资产，如国债、中央银行票据以及高信用评级的银行债券等，以进一步优化其资产结构。

【拓展知识】

表2-9 我国商业银行资本管理制度发展

年份	文件	主要内容
1994	《关于对商业银行实行资产负债比例管理的通知》	提出了包括资本充足率在内的9项监管指标
1995	《商业银行法》	首次规定了我国银行资本充足率的最低标准：核心资本充足率不得低于4%，总资本充足率不得低于8%
2004	《商业银行资本充足率管理办法》	以《巴塞尔协议Ⅰ》为基础，同时考虑《巴塞尔协议Ⅱ》的第二和第三支柱要求，初步构建了相对完整的资本监管框架，缩小我国资本监管与国际标准的差距

---

① 资料来源：中国工商银行2023年年报、中国建设银行2023年年报。

续表

年份	文件	主要内容
2012	《商业银行资本管理办法（试行）》	①明确了资本监管标准，提出了最低资本充足率要求和第二支柱资本要求；②扩大了资本覆盖风险的范围，除之前覆盖的信用风险和市场风险，还提出对操作风险的资本要求；③强调了信息披露的完整性、及时性，以便更好地发挥市场约束的作用
2023	《商业银行资本管理办法》	①构建差异化资本监管体系，使资本监管与银行规模和业务复杂程度相匹配，降低中小银行合规成本；②全面修订风险加权资产计量规则，包括信用风险权重法和内部评级法、市场风险标准法和内部模型法以及操作风险标准法；③要求银行制定有效的政策、流程、制度和措施，及时、充分地掌握客户风险变化，确保风险权重的适用性和审慎性；④强化监督检查，优化压力测试，深化第二支柱应用，进一步提升监管有效性

资料来源：根据公开资料整理。

【拓展阅读】

仔细阅读以下主题为"商业银行资本管理策略及其补充工具"的期刊论文，并认真思考有关问题。

[1] 邓凯骅，李梦祎. 商业银行资本充足率扩充途径与机制研究 [J]. 国际金融研究，2022（12）：57-69.

[2] 魏琪，朱浩，庞雨薇. 国内系统重要性银行核心一级资本缺口测算与补充策略 [J]. 西部论坛，2022，32（1）：111-124.

[3] 李禾，袁杨. 地方政府专项债定向补充中小银行资本机制、问题与对策探析 [J]. 金融理论与实践，2022（5）：48-60.

[4] 张剑波，汪洋. 资本补充压力会加剧中小银行的风险承担吗——基于城市商业银行的经验证据 [J]. 当代财经，2021（6）：51-63.

[5] 孙红进，李征. 我国商业银行资本充足率的影响因素研究 [J]. 经济体制改革，2020（1）：164-169.

思考与讨论

1. 商业银行可以通过哪些途径提高资本充足率？
2. 我国中小商业银行资本补充面临哪些挑战？如何缓解其资本补充压力？

本章小结

（1）商业银行资本是指商业银行自身拥有的或是能永久支配、使用的资金，包括在申请开业时所载明、界定银行经营规模的资金，以及在业务经营过程中通过各种方式不断补充的资金，又称为资本金或自有资金。按照不同的分析目的，通常将资本分为账面资本、监管资本、经济资本三类。

（2）商业银行资本具有以下功能：一是开展银行业务经营的基础；二是促进银行业务发展的保证；三是承担银行经营风险的保障；四是树立公众信心的前提；五是监管部门进行业务管理的依据。

（3）商业银行资本金构成一般包括股本、盈余、债务资本和储备金等。

（4）资本充足是指金融监管当局要求银行在一定的资产规模下，所必须持有的资本数量，构建该指标的目的在于，使银行在一定程度上具备以自有资本承受损失的能力，保证银行稳健经营和正常盈利水平。该指标具有数量和结构两个层面的含义，资本数量充足性是指商业银行资本数量必须超过金融管理当局所规定的能够保障正常营业，并足以维持充分信誉的最低限度，同时还包括资本适度的含义。资本结构合理性是指商业银行各种资本在资本总额中所占比重，应当符合银行总体经营目标，降低银行经营成本和经营风险，增强银行经营管理能力和进一步筹资的灵活性。

（5）资本充足率有不同的口径，主要比率包括资本与存款比率、资本与总资产比率、资本与风险资产比率等，随着监管当局的监管经验不断丰富、管理水平和统计手段不断进步，资本充足率的测定方法也由过去简单的单一比率测定发展为现在日益复杂的综合计量体系，如分类比率法、综合分析法等。

（6）《巴塞尔协议》是目前国际上普遍使用的商业银行资本监管标准。协议将银行资本划分为核心资本和附属资本两大类，并规定了资本充足率的计算公式，其中，分子是资本总额，分母是风险加权资产总额。

（7）商业银行资本需要量一般会受经济发展周期、相关法律规定、资产负债结构、银行竞争地位与信誉、银行业务规模和范围五个因素的影响。

（8）分子对策和分母对策是商业银行实现资本管理的两种途径。分子对策是指尽量增加商业银行资本总量，改善和优化资本结构，保持发展所需以及监管当局所要求的资本金。当前，分子对策分为内源资本策略和外源资本策略。分母对策是指优化资产结构，尽量降低风险权数高的资产在总资产中所占的比重，同时加强表外业务管理，尽可能选择转换系数较小以及相应风险权数较小的表外资产，重点在于压缩银行资产规模，调整银行资产结构。

重要概念

资本　监管资本　资本充足率　核心资本　附属资本　风险加权资产　分母对策　分子对策

复习思考题

1. 资本对商业银行的经营有哪些作用？
2. 讨论商业银行资本的不同组成部分及其优缺点。
3. 不同时期的《巴塞尔协议》如何规定商业银行的资本充足率？
4. 《巴塞尔协议Ⅱ》的三大支柱是什么？
5. 商业银行分子对策与分母对策的管理重点分别是什么？

【课后任务】

1. 采用 5 分钟演讲的方式，向大家阐述你所认知的商业银行资本管理。
2. 分析你感兴趣的一家商业银行的资本充足率变化、原因，及其不同阶段该行的资本管理对策。

【拓展阅读】

请参考阅读 2023 年 11 月 1 日国家金融监督管理总局令第 4 号《商业银行资本管理办法》。

第三章　商业银行负债管理

引导案例　硅谷银行破产

2023年3月，美国硅谷银行——资产管理规模逾2000亿美元的金融机构，因遭遇巨额财务亏损、经历剧烈的客户挤兑现象及融资救援的失败，宣告破产，舆论为之沸腾。3月9日，硅谷银行公开承认其正面临极其严峻的流动性挑战，此消息立即引发市场恐慌，储户们争先恐后前往银行提现，导致挤兑潮愈演愈烈，进一步收紧银行的资金链。仅仅一天之后，硅谷银行不得不宣告停业，其后续事务由政府监管机构接管处理，曾经的金融巨擘黯然落幕。

一时间，美国硅谷神话的孵化者——硅谷银行因严重亏损、遭受挤兑和资不抵债而轰然倒塌的消息成为当月的热门话题。那么，作为一家能在2008年金融危机风暴中安然渡过的商业银行，为何却在相对和平的年份反而爆雷呢？具体原因可能要从其负债业务管理上寻找答案。

首先，负债业务稳定性差，风险抵御能力低。硅谷银行专注于服务高科技创投公司（见图3-1），客户集中度高，且主要为公司类活期存款，银行的经营状况与这些企业的发展密切相关，导致了负债的行业集中度与风险集中度高，受行业影响巨大，负债结构整体处于不稳定状态。即便之前英格兰银行就"集中度风险"问题提出过警告，但硅谷银行仍未解决该问题，直至爆雷。

其次，风险策略失败，资产负债期限错配问题突出。在硅谷银行的资产结构中，债券投资的比重相当高，截至2022年末，该行的总资产为2118亿美元，其中债券投资金额为1201亿美元，资产占比高达57%[①]。在降息周期内，硅谷银行

[①] 资料来源：【一线传真】硅谷银行事件带来的金融启示［EB/OL］. 中国金融新闻网，（2023-08-04）［2023-11-23］. https：//www.financialnews.com.cn/zgjrj/202308/t20230804_276373.html.

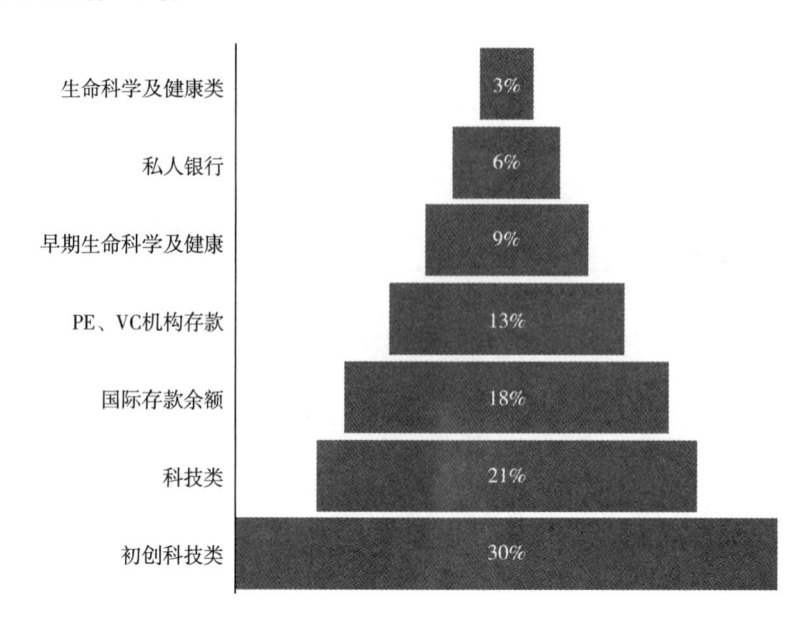

```
生命科学及健康类          3%
私人银行                 6%
早期生命科学及健康         9%
PE、VC机构存款           13%
国际存款余额             18%
科技类                  21%
初创科技类               30%
```

图 3-1　2022 年末美国硅谷银行存款客户结构

资料来源：根据公开资料整理。

购买了大规模的持有至到期债券。由于债券的价格与利率呈反向变动关系，当美联储开始提高利率时，硅谷银行持有的债券价值不可避免地下降。结果便是在风险管理存在疏漏的情况下，无法迅速调整策略或采取补救措施，最终积累了大量亏损。

最后，风险管理失当，忽视银行经营的基本原则。硅谷银行盲目追求高收益的投资，忽视期限错配可能带来的流动性风险和利率风险，风险敞口长时间越积越大，即便有外部监管的及时提醒仍没有调整纠正，或采取对冲措施降低风险，内部的风险计量与管控也未能遵循审慎原则，整个风险管理部门难辞其咎。此外，激进的发展策略反映了硅谷银行将盈利性置于首位，忽视了银行经营的安全性、流动性与盈利性三者协调统一的原则。

□□■【拓展阅读】

请网上搜索观看网站视频"硅谷银行破产"相关内容视频。

第一节 "拳头收回来再打出去更有力"
——商业银行负债业务概述

拳头收回是为了蓄力,在商业银行业务与经营过程中,类似表现为负债业务。个人或企业闲散的资金存放至商业银行里,汇聚成了巨额的资金量,此时银行便拥有了能力以此为资本,向需要融资的客户提供金融服务,作为债权人的银行还将享受利息收入。这样看来,以上整个业务过程正体现出这句哲理名言,那具体这项业务的含义是什么样的呢?

一、商业银行负债业务的定义和作用

(一) 定义

商业银行负债是指商业银行在交易中承担的但尚未偿还的且能以货币作为计量单位的债务,代表商业银行履行偿还义务时即使会失去经济利益,但仍需要对其债务人做出保证的经济义务,是商业银行发展一切其他业务的资金来源。负债规模决定着资产规模。负债分为被动式负债和主动式负债,被动式负债是银行被动地接受个人或者机构的存款,主动式负债则是商业银行主动在金融市场上通过一定的利率吸引客户资金的行为,主要包括同业负债、发行金融债券等。

商业银行负债具有三个基本特点:①必须是现实发生的经济行为,已经结算的或将来可能发生的行为不属于该范畴;②债务必须能够以货币确定,不能用货币单位衡量的业务不属于银行负债;③负债在双方确定偿付完成才算结束,债务人尝试以债抵债等行为只能是造成原有负债延期。从广义角度来看,银行负债涵盖了除股东权益(即银行股本)外的所有资金来源,包括长期债务在内的二级资本组成部分,如次级债、可转换债券等。而狭义的银行负债则主要是指银行日常运营中所形成的各类非资本性债务,包括但不限于客户存款、同业拆借、向中央银行借款以及所发行的各种短期和中期票据等。这些负债是银行日常业务的重要组成部分,对于满足银行的流动性需求和开展信贷活动发挥着关键作用。本章以狭义负债为研究对象。

(二) 作用

1. 主要资金筹集渠道

商业银行作为资金借贷的中介,首先需要尽可能广泛地收拢资金,将资金汇集起来,形成资金池,其次为资金贷方办理借贷手续并将所收集资金合理、有效

地投放出去，因此商业银行开展资产业务要以负债业务经营为前提条件。根据国际清算银行的巴塞尔银行业条例和监督委员会的常设委员会——巴塞尔委员会于2013年1月发布的《巴塞尔协议Ⅲ》规定，银行必须满足核心一级资本充足率不低于3.5%，一级资本充足率不低于4.5%，总资本充足率不低于8%，因此银行绝大部分的资金源于负债业务。银行的负债规模对其资产规模具有直接的限制作用。银行负债结构，包括期限结构、利率结构、币种结构等决定着资产的运用方向和结构特征。银行依靠信用将资金的需求方和供应方连接起来，以信用为支撑，商业银行还可开展中间业务，因此，负债业务所积累的资金可为银行开拓和发展中间业务创造积极有利的条件。

2. 确保即时可用资金的方式

大多数情况下，商业银行获取资金后一般不能从事生产性的经营活动，而是通过设定贷款利率向个人或企业贷放，因此银行的盈利收益在很大程度上取决于其通过负债业务聚集起来的资金。同时，银行盈利收益的高低还受负债成本高低影响，一方面，在金融市场上资产价格水平一定的情况下，负债成本越高则银行获利越少，负债成本越低则银行获利越高；另一方面，当银行向个人或企业贷款时，考虑到大多数个人和企业的现实情况以及市场上银行之间的激烈竞争，贷款利率无法做到无上限，因此银行也只能获取放贷资金的部分收益。基于多方面因素综合考虑，银行只能尽可能地扩大负债规模，保持资金的充足流动性，在借贷之间维持平衡，才能避免出现资不抵债的状况。

3. 社会经济发展的主要驱动力

商业银行通过开展负债业务，有效地吸纳社会闲置资金，无论是个人储蓄、企业存款还是其他形式的资金，都被汇聚成一股强大的资金流。这一过程在不增加社会总资金量的前提下，实现了资金的重新分配和高效利用，实质上起到了放大社会生产资金总量的作用。根据中国人民银行统计，2024年第一季度末，我国银行业机构负债为394.49万亿元，约占整个金融业机构负债的86%[①]，已成为国家建设的主要资金来源。2024年第一季度末，我国本外币存款余额为301.41万亿元，其中，中国银行的客户存款达24.1万亿元[②]，中国工商银行的客户存款超34万亿[③]，仅仅两大国家控股型商业银行的存款余额就能约占全部存款的1/5。从侧面可知，经由银行渠道累积的资金可以流向各行各业，推动着整个经济社会的向前发展。

---

① 资料来源：中国人民银行官网（www.pbc.gov.cn）。
② 资料来源：中国银行官网（www.bankofchina.com）。
③ 资料来源：中国工商银行官网（www.icbc.com.cn）。

4. 银行与社会群体的沟通桥梁

无论个人、社会组织、事业单位、民营企业还是外资企业，我国境内生产性活动，大部分时候需要将资金存入银行，银行账面反映资金流入和流出的状况，反映个人与个人、个人与组织、组织与组织之间的资金往来情况。资金往来关系揭示着彼此之间或深或浅的社会关系，通过银行负债业务透析着深层次社会关系，且基于银行在国民经济生活中的特殊定位，负债业务成为国家金融监督与管理机构关注的重点。

二、负债业务与资产业务的关系和平衡

商业银行经营活动的过程和结果充分体现在财务报表中，财务报表是银行财务状况和经营成果的汇总，集中概括地反映了商业银行资金运营和财务收支的情况，为银行自身掌握和控制经营活动、进行正确决策提供了全面而可靠的数据资料，为股东、债权人、存款人、投资者和证券机构提供信息，并且为国家宏观调控部门和监管部门进行宏观调控和行业监管提供依据。

资产负债表作为最常用的财务报告之一，清晰地展现了商业银行在某一特定时间点上的财务健康状况。不同于反映一段时间内经营活动的流量报表，资产负债表专注于呈现银行在月末、季末、半年末或年末，所拥有的资产、承担的负债以及股东权益的实际存量情况。通过资产负债表可以洞察银行在报表编制日的实际资产规模及详细构成，同时也能揭示银行资金的来源途径及结构特性。通过对连续多个会计期间的资产负债表进行对比分析，可追踪银行财务状况的变化轨迹，了解不同时间段内的资金流入流出情况，以及资产、负债和股东权益的动态变化。这种纵向的深度剖析有助于回顾银行过去一段时间的经营成果，评估财务稳定性、盈利能力和风险管理水平。更重要的是，基于历史数据的趋势分析，能为预测银行未来的财务表现和潜在风险提供有力依据，帮助投资者、分析师和监管机构做出更加明智的决策，同时也为银行自身的战略规划和风险管理提供参考。

商业银行资产负债表的编制原理与一般企业基本相同，根据"资产=负债+所有者权益"这一平衡公式，按设定的分类标准和顺序，将报表日银行的资产、负债、权益的各具体项目以适当排列编制而成。但是，商业银行经营活动与一般的工商企业存在明显差别，开办的业务种类上具有自身特点，因此资产负债表项目的设置和分类并不完全相同，报表反映的内容具有自身独特之处。在市场化程度高的环境中，银行的内部管控会呈现科学性和可量化性特征，资产负债管理部门会根据银行全年存款计划增长规模、贷款计划增长规模等计划测算出剩余资金规模，并在满足法定存款准备金要求和日常业务超额备付金需要（不考虑同业存款

因素）的基础上，计算出理论上可用于投资的部分资金，并根据资金变化情况进行动态调节。

三、商业银行负债管理的目标和原则

（一）目标

作为经济活动参与者，商业银行的核心运营目标是最大化经济效益。同时，商业银行也深刻认识到平衡经济效益与社会效益的重要性，通常会致力于构建一种独特的组织文化及共有的价值体系，旨在激发员工潜能，提升团队凝聚力，更加高效地服务于这一双重目标。从某种程度上看，它也可视为商业银行需达到经济、社会与个人发展三大目标的和谐统一。因此，盲目追求经济目标而忽略社会和企业员工的个人目标，实际上对实现经济目标无益，应当通过科学、合法、有效的综合策略来达到三者的和谐共生。

我国大多数银行属于股份制银行，股份制商业银行追求股东权益最大化，追求股东权益的最大化本质上涉及对利润的不懈追求。然而，当以股票市场价值作为评估标准时，仅实现高额利润并不能全面确保股东权益最大化。除盈利能力外，企业声誉、风险管理能力、增长潜力、行业地位及市场信心等多维度因素，共同作用于提升股东价值。在当代银行业务中，所有权与经营权分离已成为一种常态，委托—代理问题越发凸显，即管理者追求个人利益最大化的行为未必与股东追求企业价值最大化的意愿保持同步，双方之间的利益分歧不容忽视。为了调和矛盾，确保双方目标一致，商业银行必须构建一套健全且高效的公司治理体系，通过明确的职责划分、激励约束机制及透明的决策流程，有效引导管理者行为，与股东的长期利益保持和谐统一。

（二）原则

商业银行在追求业务目标的过程中，必须坚守三大基本原则——盈利性、安全性和流动性。换言之，银行需要灵活应对市场环境的动态变化，巧妙平衡各类资产与负债的配置，以期达到一个最理想的平衡点，确保资金顺畅流动、风险可控以及收益最大化，实现三大基本原则的有效整合。

1. 盈利性原则

银行的核心经营宗旨在于经济效益最大化，意味着获取利润、确保盈利是经营过程的重心所在。盈利不仅是银行持续发展的基石，而且直接关系到资本积累的加强、经营效能的提升以及竞争力的增强，为银行拓展更广阔的业务领域与提升服务品质提供坚实的支撑。银行的盈利水平实质上是经营收入与成本控制互动的结果。鉴于银行业务范围广泛，各业务板块收入与成本结构差异较大，且通过复杂的内部关联机制相互作用、相互影响。因此，银行在追求盈利最大化的同时，

还需精细管理各条业务线，优化资源配置，促进业务之间的协同效应，以实现全行层面的经济利益与战略目标的和谐统一。

表3-1以招商银行为例，简单地揭示了商业银行的利润来源，包括利息收入服务、净手续费及佣金收入和其他收入。银行的支出主要是业务及管理费、税金及附加以及其他业务支出费用。为了提高经济效益，商业银行必须开源节流。在传统存贷业务竞争日益激烈的情况下，现代商业银行更注重开拓非利息收入渠道，需要银行适时进行业务结构调整，注重培育自身核心竞争力。在提高业务收入的同时，银行还需要考虑降低成本和费用，减少浪费，实现集约经营。收入和成本需要以一个综合角度组合安排，要求银行根据实际情况合理配置资源，寻找最优的盈利组合。

表3-1 2023年和2024年招商银行（A）股第一季度合并利润表

单位：百万元

项目	2024年1~3月	2023年1~3月
营业收入		
利息收入	94135	93344
利息支出	(42135)	(37935)
净利息收入	52000	55409
手续费及佣金收入	22296	27317
手续费及佣金支出	(2092)	(2238)
净手续费及佣金收入	20204	25079
公允价值变动损益	423	(93)
投资收益	9503	6571
汇兑净收益	1064	781
其他业务收入	3223	2889
其他净收入小计	14213	10148
营业收入合计	86417	90636
营业支出		
税金及附加	(782)	(793)
业务及管理费	(24502)	(25003)
信用减值损失	(14267)	(16421)
其他业务成本	(1681)	(1527)
营业支出合计	(41232)	(43744)
营业利润	45185	46892
加：营业外收入	15	18

续表

项目	2024年1~3月	2023年1~3月
减：营业外支出	(12)	(29)
利润总额	45188	46881
减：所得税费用	(6746)	(7655)
净利润	38442	39226
每股收益		
基本及稀释每股收益	1.51	1.54
其他综合收益的税后净额		
以后将重分类进损益的项目：		
分类为以公允价值计量且其变动计入其他综合收益的金融资产：公允价值净变动	2867	(1473)
分类为以公允价值计量且其变动计入其他综合收益的金融资产：信用损失准备净变动	(403)	(1626)
现金流量套期损益的有效部分	(12)	(36)
按照权益法核算的在被投资单位其他综合收益中所享有的份额	636	466
外币财务报表折算差额	822	(935)
以后不能重分类进损益的项目：		
指定为以公允价值计量且其变动计入其他综合收益的权益工具投资公允价值变动	650	277
本期其他综合收益的税后净额	4560	(3327)
本期综合收益合计	43002	35899

注：( ) 表示负值。

资料来源：招商银行官网（www.cmbchina.com）。

2. 安全性原则

维持生存状态是商业银行持续发展的首要前提，因此，在日常运营中，商业银行必须严谨地管理和分散各类风险，确保资产的稳健与安全。商业银行经营过程中遭遇的风险错综复杂，根据风险起源和潜在影响力，分为系统性风险与非系统性风险。鉴于商业银行的特殊性质，业务随经济及金融体系演进而日益复杂多变，银行所面临的不确定性日益显著上升，毋庸置疑，这对商业银行风险管理提出更大挑战。全球金融一体化逐渐加强，商业银行所面临的风险更加复杂，传播速度更快，一家银行经营困难会迅速波及本地区银行，甚至国外商业银行，引起整个银行体系出现较大波动，形成系统性风险。而非系统性风险则指发生于个别银行特有事件所造成的风险，这类事件是非预期的、随机发生的，只影响一个或少数银行，不会对银行体系产生太大影响。

鉴于商业银行经营的特殊属性，相较于庞大的负债体量，银行的资本基础相对较小，加之资产负债结构中常见的短借长贷操作，使得期限错配可能导致流动性风险骤增。若公众信任度下滑，银行极有可能遭遇存款挤兑危机。因此，在日常业务与经营管理中，银行必须审慎调整资产与负债配置规模及结构，采取有效风控措施，强化经营安全的基石。

3. 流动性原则

在银行业务与经营运作中，至关重要的是确保随时能够响应客户的资金流动性需求，这不仅涵盖即时处理存款提取的请求，而且包括迅速批准符合条件的贷款申请。现代银行业实践表明，资产流动性与负债流动性在商业银行运营管理和战略规划中扮演着至关重要的角色。若缺乏即时应对存款提取能力，可能会导致银行信誉骤降，触发挤兑风潮，而无法迅速满足贷款需求，则可能损害银行声誉，流失高质量客户群，减弱市场竞争力。反之，若银行为过度保障流动性而持有过多储备，又会压缩盈利空间，降低资本效率，反向制约流动性的供给能力。因此，银行必须精细把握流动性管理尺度，寻找资产配置与流动性保障之间的最优平衡点，确保金融服务的质量与效率。

第二节 "五根手指各有不同"
——商业银行存款的种类和构成

当收紧拳头时，手指是拢在一起往回汇聚的，那五根手指也恰似商业银行存款的五种类型，具体包括活期存款、定期存款、储蓄存款、外汇存款与特种存款，银行吸收的存款规模不同，犹如手指长短不一，但汇聚起来的力量却是庞大而惊人的！

一、活期存款

活期存款属于一种灵活的金融服务产品，允许本银行开户的客户，无论个人、企业、事业单位还是金融机构，无需提前通知银行，即可在银行营业时间内凭借银行卡、存折及预设的密码，通过柜台服务或自助设备（如 ATM 机）随时进行现金存取。这种存款形式因实时性和便利性，成为资金流动性管理的重要工具。活期存款的典型代表包括支票存款账户，允许客户通过签发支票方式进行支付，以及使用本票和信用证等金融工具进行交易，因此有时也被统称为支票存款，不仅满足客户日常交易需求,充当货币支付和流通媒介,而且由于高流动性而具备较强的衍生能力,即银行可以通过将这部分资金放贷,创造更多存款,从而放大货币供应量,促进经济发展。值得注意的是,活期存款的派生能力是现代银行体系运行的基础之一,通过银行信贷活动,将原始存款转化为更多贷款,进而生成新的存款,这一过程在银行系统内部循环往复,有效增加了市场货币总量,支撑了经济活动的活跃度。然而,这也要求银行必须保持适当的准备金比率,确保随时满足客户提现需求,维护金融稳定。因此,商业银行十分重视将活期存款作为经营管理重点。

对于存款金额,国内多数商业银行规定人民币活期存款1元起存,外币活期存款起存金额不低于20元人民币的等值外汇。活期存款资金主要来自个人收入结余、企业日常开支和其他闲置资金,储蓄过程比较灵活方便、存取频繁,以借记卡或活期存折形式较多,可通过银行自助设备和营业网点办理。由于存取不定和存取频繁等特点,活期储蓄利率也较低。目前,我国国家控股型商业银行和股份制商业银行人民币个人活期存款的基准利率为0.20%,整存整取年利率则是各银行在基准利率的基础上,根据银行实际发展战略进行略微调整(见表3-2)。

表3-2 我国国有商业银行和股份制商业银行人民币个人活期存款和整存整取利率表

银行名称	活期存款利率（年利率%）	整存整取利率（年利率%）					
		三个月	六个月	一年	两年	三年	五年
中国银行	0.15	1.05	1.25	1.35	1.45	1.75	1.80
中国工商银行	0.15	1.05	1.25	1.35	1.45	1.75	1.80
中国建设银行	0.15	1.05	1.25	1.35	1.45	1.75	1.80
交通银行	0.15	1.05	1.25	1.35	1.45	1.75	1.80
中国农业银行	0.15	1.05	1.25	1.35	1.45	1.75	1.80
邮政储蓄银行	0.15	1.05	1.26	1.38	1.45	1.75	1.80
中信银行	0.15	1.10	1.35	1.55	1.60	1.80	1.85
光大银行	0.15	1.10	1.35	1.55	1.60	1.80	1.85
招商银行	0.15	1.10	1.25	1.35	1.45	1.75	1.80
浦发银行	0.15	1.10	1.35	1.55	1.60	1.80	1.85
民生银行	0.15	1.10	1.35	1.35	1.60	1.80	1.85
华夏银行	0.15	1.10	1.35	1.55	1.60	1.80	1.85
平安银行	0.15	1.10	1.35	1.55	1.60	1.80	1.85
兴业银行	0.15	1.10	1.35	1.55	1.60	1.80	1.85

续表

银行名称	活期存款利率（年利率%）	整存整取利率（年利率%）					
		三个月	六个月	一年	两年	三年	五年
广发银行	0.15	1.10	1.35	1.55	1.60	1.80	1.85
渤海银行	0.15	1.13	1.39	1.55	1.70	2.10	2.10
浙商银行	0.15	1.10	1.35	1.55	1.70	2.05	2.10
恒丰银行	0.15	1.10	1.35	1.55	1.70	2.10	2.10

资料来源：各大银行官网；时间截至 2024 年 7 月 31 日。

活期存款办理过程简便快速，其操作步骤包括：①开立账户。若客户办理活期存款账户，则需携带有效的身份证明文件，前往银行营业网点进行办理。②存款服务。客户持有银行发行的任何银行卡或存折，均能便捷地在营业网点完成存款操作。此外，即便未携带实体卡或存折，只要能提供准确的本人或他人账户号码，大多数银行亦支持无介质存款服务，具体实施细节需参照各银行的特定指南。值得注意的是，银行按照借记卡功能不同，将借记卡分为一类银行卡和二类银行卡。一类卡为全功能账户，在存入活期存款时通常是无限额的，用户可以自由存入任意金额，不受单日或年度存款额度限制。此外，银行对 ATM、电子银行交易设有单独限额，但这与账户活期存款额度无关。二类卡对于活期存款则有一定存入限额，每日转入资金（包括存入现金）累计限额为 1 万元人民币，年累计限额为 20 万元人民币。

二、定期存款

定期存款是指存款客户在存款后的一个规定日期才能提取款项或必须在准备提款前若干天通知银行的一种存款，期限通常为 3 个月、6 个月、1 年、2 年、3 年、5 年甚至更长的期限。定期存款期限越长，利率越高。这种存款形式主要为存单形式和存折形式，计息方式也有规定，到期支取按存单或存折开户日存款利率计付利息，逾期支取时，逾期部分按支取日活期存款利率计息。提前支取按当日活期存款利率计算利息，办理业务时还需遵循以下规定：①提前支取时，柜员需要求储户出示存款人身份证明或具有同等法律效力的证件并进行审核；②委托他人代取时，除审核身份证明、背书外，还需验证代取人的证件；③办理存本取息的提前支取时，要将储户已支取的定期利息从本息中一次性扣除。

定期存款的特点为：一是固定的存款期限与较高的稳定性，鉴于较高的稳定性质，这类存款持有的法定准备金比率一般低于活期存款，因此银行不需要保留太多的现金来应对突发的大量提款请求，可以将更多资金投入收益率更高的资产中。二是存取流程较为简单，管理相对标准化和自动化，为寻求稳定收益和低风险投资的客户提供便利选择。三是对于存款人而言，安全性较高，收益率也不错，远高于活期存款。以两年期存款利率为例（见表3-2），截至2024年7月31日，各银行整存整取利率显著高于活期存款的利率水平，最低为1.45%，最高为1.70%。

三、储蓄存款

储蓄存款是银行为个人储户提供的一种基础性金融服务，核心特征是银行向储户发放存折作为存取款的官方凭证。储户若需使用资金，只能选择直接提取现金，或将资金转账至其名下的活期存款账户中，这一特性也使得储蓄存款常被称为存折储蓄。根据存取款的灵活性，储蓄存款大致可以分为活期和定期两类。其中，活期储蓄存款赋予储户较高的资金流动性，理论上储户在任何时候都可以无条件地支取存款，但是，与支票账户相比，活期储蓄存款的取款凭证（即存折）不具备流通性和可转让性，意味着它不能作为支付工具直接用于商品或服务购买，也不支持透支行为，即储户无法在账户余额不足情况下提取超出余额的资金。此外，定期储蓄存款还设定一定的存款期限，储户存款时需同意将资金锁定一定时间，如3个月、6个月、1年等，以换取高于活期存款的利息回报。在存款期内，未经银行同意，储户不能随意提取资金，否则可能面临利息损失或罚息。这种存款形式更适合那些短期内不需要使用大额资金，愿意牺牲部分流动性换取更高收益的储户。储蓄存款客户通常限于个人和非营利组织。

四、外汇存款

外汇存款是指外国货币在我国银行的存款，该业务是为商业银行筹集外汇资金、扩大外汇资金来源开展的业务，属于国际业务的主要业务之一。根据外汇资金的不同来源，外汇存款业务可分为对公外汇存款和个人外汇存款。对公外汇存款是指在我国境内的机关、团体、企业（包括外国驻华机构及外商投资企业）及在境外的中外企业、团体等单位存放在商业银行里的各项外汇存款（含理财）。个人外汇存款是指在我国境内的居民（包括中国居民及在华的外国人、海外华侨、港澳台同胞等）以及我国派驻国外和港澳台地区从事学习、工作、进修、科研、讲学人员及其他个人（如居住在国外和港澳台地区的外国人、华侨及港澳台同胞）以可兑换货币（外汇及外钞）存入商业银行的各类外汇存款（含理财）。

以中国工商银行对公外汇存款账户为例，阐述分析外汇存款的对象、存款种类及计息与结息方式。

1. 对公外汇存款的对象

境内依法设立的机构、驻华机构和境外机构。

2. 对公外汇存款的存款种类

①小额外币存款，期限可选择活期、7天通知、1个月、3个月、6个月、1年或2年。利率按银行业协会的规定执行；②大额外币存款，各货币的最低起存门槛设定为美元300万（含）、英镑200万（含）、欧元340万（含）、日元3亿（含）、港元2300万（含）、加拿大元440万（含）、瑞士法郎530万（含）。存期灵活，可选为期1个月、3个月、6个月、1年、2年，或依据双方特别协商的其他时长。大额外币存款的基准利率和最高利率以国际金融市场同业拆借利率（LIBOR）为基准，并结合银行同业协会指导及市场利率动态进行适时调整，以确保竞争力与市场接轨。

3. 对公外汇存款的计息与结息方式

活期外币单位存款采取每季度结息一次方式，具体结息日期定于每季度末月的20日。定期外币存款则采取"利随本清"原则，存款到期时一并结算利息，在此期间，若面对利率调整，将不实行分段计息，即整个存期内利率保持不变。

针对大额定期外币存款，若客户在到期日前申请全额或部分提前取出，需先获得银行批准。其中，若选择全额提前支取，所适用利率将按照支取当天银行业协会公告的活期存款利率执行；而部分提前支取的情况，则仅对提前支取部分按照支取日的活期存款利率计算利息；剩余未提前支取的资金，若余额仍满足大额外币存款的最低起存标准，将继续按照原定期限和利率计息；若余额不足起存标准，则按照最初的定期期限、存款日银行业协会发布的利率计算剩余资金利息。

五、特种存款

特种存款是中央银行直接控制银行的方式之一，是指中央银行按商业银行和其他金融机构信贷资金的运营情况，根据银根松紧和资金调度需要，以特定方式向这些金融机构集中一定数量资金。特种存款是调整信贷资金结构和信贷规模的重要措施。国家特种存款的数量和期限由中国人民银行确定，资金使用由中国人民银行统一调度，各银行对中国人民银行下达的特种存款任务必须按时、足额地完成。

特种存款业务具有以下主要特点：①非常规性。中国人民银行一般只在特殊情况下为了达到特殊目的开办，如为调整信用规模和结构，中国人民银行为支持国家重点建设或其他特殊资金需要，从金融机构存款中集中一部分资金。②特定性。一般很少面向所有金融机构，不像存款准备金是面向所有吸收存款的金融机构。③期限较短。一般期限为1年。④数量和利率完全由中国人民银行确定，具有一定的强制性，特定金融机构只能按规定的数量或比率及时、足额地完成存款任务。

第三节 爱存款的中国人
——商业银行存款管理

中国人爱存钱这个观点基本是全球认可的，中国的储蓄率一直位居世界第一。有人说这是中国人自古以来的传统美德，有人说是中国人投资理念欠缺，有人说手里有钱，结婚、买房、养老才有底气，存的不是钱而是一份保障，也有人说是中国金融市场尚待完善，投资损失概率偏高。无论何种原因，我国商业银行确实集聚了大量资金。但既然都是存钱，为何人们还会仔细对比各家银行，考虑把钱放在哪儿好呢？人们考虑的原因在哪儿呢？

一、存款的吸收和储备

存款人在社会生产过程的生产、分配、交换、消费等环节中，将暂时闲置的货币资金存入商业银行，形成银行存款，它是存款人可以随时或按约定时间提取款项的一种信用业务。存款是商业银行负债业务中最重要的业务，也是商业银行运营资金的主要来源。商业银行的存款来源渠道很多，主要源于企事业单位、其他经济组织、个体工商户或社会自然人等，从商业银行经营角度来看，主要有以下几种：

（一）工商企业暂时闲置的货币资金

工商企业暂时闲置的货币资金主要包括：①企业在资本运营过程中由于收支发生的时间差而暂时存放在商业银行的资金；②企业的固定资产折旧提成，即在尚未更新固定资产以前而存放在商业银行的资金；③企业为了扩大生产而追加的资本金，在未达到预定数额和实施项目之前存在商业银行的资金。此外，还有某些专用基金、应付工资、应交税金、未分配利润和结算中的现金等，也属于此类存款的资金来源。

（二）社会其他闲置资金

除在生产与流通环节中自然产生的暂时闲置资金，金融体系中还存在着多种来源的游离资金或闲置资本，这些资金尚未找到明确的投资或消费途径，暂时停留在金融系统中。这类资金主要包括零散小额资金、待投资资金、保障基金的积累、保险公司的未赔付保险金和居民个人生活中的闲置资金等。

(三) 商业银行的派生存款

派生存款是指银行发放贷款派生出来的存款。银行在吸收各种存款后,需提取部分存款准备金,剩余资金便可以向客户提供贷款,由存款转为贷款。在贷款资金没有被以现金方式提走的前提下,无论该笔贷款是否从本行转账出去,本行或其他银行都将增加存款,增加的这部分存款即为派生存款。派生存款不是社会再生产过程中资金或货币的真实转移,但仍然会形成社会购买力增加,由此可知,过度的派生存款将可能引发不同程度的通货膨胀。

(四) 同业存款

同业存款是指其他银行存入本行的存款,如果是本行存放在其他金融机构的存款则称之为存放同业。由于不同银行具有不同的业务特点,同时受到人力、物力和财力的限制,任何一家银行不可能将所有业务开设至每一个地方,在尚未设立分支机构的地方就需要委托当地银行代为办理业务。因此,规模较大、业务繁多的商业银行便扮演着双重角色:一方面,作为其他银行的代理行,接受其他银行存放的同业存款;另一方面,作为被代理行,将一部分资金存放于其他代理行中。

二、存款利率的确定和调整

商业银行对各种存款都会支付不同利率。原则上讲,存款利率与存款期限有关,存款期限越长,利率越高。例如,由于客户随时可提取,活期存款减少了银行可留存资金的时间,降低了银行利用资金发放贷款获取盈利的概率,因此利率水平最低,而期限较长的定期存单,商业银行一般会提供较高利率。

存款利率还与商业银行的经营实力有关。在存款竞争中,由于大规模商业银行的相对综合经营成本低于小规模商业银行,同时存款的安全性也高,因此可以支付低于小规模商业银行的存款利率。

存款利率还取决于商业银行的经营目标。当商业银行实行扩张性经营战略时,为扩大存款市场份额,通常以高利率吸引客户,尤其是新成立的商业银行,争夺客户的办法之一就是利用较高的存款利率。毋庸置疑,商业银行在管理存款利率与满足存款需求之间,通常面临着一种内在的张力与权衡。一方面,存款被视为银行运营的生命线,是信贷业务和金融服务的基础。存款规模大小直接关联着银行的资金实力和市场地位,因此,在激烈的市场竞争中,各大商业银行将吸引和扩大存款规模视为首要任务。存款竞争的背后,实际上是银行之间为了获取更多的资金来源,以便于支持贷款发放、投资和其他金融活动,从而实现盈利和增长的目标。另一方面,存款成本尤其是利息支出,构成了商业银行运营成本的重要组成部分。在吸引存款的同时,银行也需要关注成本控制,以确保盈利能力和财务健康。当银行以较高的利率吸引存款时,虽然能迅速扩大存款规模,增强资金实力,但同样意味着银行需要承担更高的利息支出,增加了运营成本。存款成本过高,银行可能难以覆盖资金成本,以实现预期盈利目标,甚至可能会侵蚀银行的利润空间,影响长期发展和竞争力。因此,商业银行设定存款利率时,必须谨慎平衡存款规模与成本控制之间的关系。银行需要制定有吸引力的利率政策,以确保足够的存款流入,满足其信贷和投资需求。同时,银行也要审慎考虑利率水平,避免过度负担的成本压力,确保在竞争激烈的市场环境中实现可持续的盈利和健康发展。这种平衡的艺术考验着银行管理层的战略眼光和财务管理能力,是银行经营成功的关键因素之一。表3-3和表3-4详细展示了我国现行的金融机构人民币存款种类和基准利率、小额外币存款基准利率水平。

表3-3 我国金融机构人民币存款种类和基准利率表

项目	年利率(%)	项目	年利率(%)
一、活期存款	0.35	(三)定活两便	按一年以内定期整存整取同档次利率打六折执行
二、定期存款		三、协议存款	1.15
(一)整存整取		四、通知存款	
3个月	1.10	1天	0.80
6个月	1.30	7天	1.35
1年	1.50	五、个人住房公积金存款	
2年	2.10	当年缴存	0.35
3年	2.75	上年结转	1.10
(二)零存整取、整存零取、存本取息			
1年	1.10		
3年	1.30		

资料来源:中国人民银行官网(www.pbc.gov.cn);时间截至2024年7月31日。

表3-4 我国小额外币存款基准利率水平(年利率) 单位:%

项目	美元	欧元	日元	港元
活期	1.150	0.100	0.0001	1.000
7天通知	1.375	0.375	0.0005	1.250
1个月	2.250	0.750	0.0100	1.875
3个月	2.750	1.000	0.0100	2.375

续表

项目	美元	欧元	日元	港元
6个月	2.875	1.125	0.0100	2.500
1年	3.000	1.250	0.0100	2.625

资料来源：中国人民银行官网（www.pbc.gov.cn）；时间截至2024年7月31日。

三、存款产品的创新和推广

由于存款的主动权掌握在储户手中，对于商业银行而言，存款实际上属于一种被动负债，银行必须变被动负债为积极经营。世界经济迅猛发展、同业竞争不断加剧以及金融风险日益复杂，银行需要不断地开发新的金融产品，以求在急剧变化的市场环境中求得生存与发展。存款产品创新既需要满足市场经济，符合合法竞争的要求，同时最重要的是减少风险，吸收并稳定存款，减少资产流失。

（一）银行金融产品创新

我国银行金融产品创新的主要开发途径如下：一是创造出单一新产品，如各行推出的特色大额存单、特色整存整取产品等，如桂林银行曾推出"漓江储蓄"之如意宝、建设银行推出"旺财存款"和农业银行推出"银利多"等。二是推出配套新产品。配套新产品不仅包括产品本身，而且提供后续的产品配套服务，如面向18周岁以下客户，中国工商银行推出宝贝成长卡、北京银行推出小京卡等；面向预备养老，年满35周岁的试点城市居民，推出特定养老储蓄产品。

（二）银行金融产品推广

传统银行业务模式下，尤其是市场相对封闭、竞争不充分的历史阶段，商业银行通常依靠既有的客户基础和稳定的市场需求，无需过于主动地开拓新客户或创新产品。然而，互联网金融、移动支付、大数据风控等新兴技术和业务模式的兴起，极大地丰富了金融产品和服务的多样性，也加剧了银行业的竞争态势。营销推广和产品创新已成为商业银行生存和发展的关键要素。通过向市场推广新的存款产品，能够有效地激发顾客购买欲望，各大商业银行在推广产品过程中的常用举措如下：

1. 赠品营销

商业银行吸引和激励客户使用特定储蓄产品或服务的常见策略，赠品营销方式通常涉及向客户免费赠送实物礼品、优惠券、积分、有价证券或电子礼券等，以增加产品吸引力，促进销售或提升客户忠诚度。

2. 有奖销售

有奖销售策略通常在限定时间段内实施，对那些达到一定购买标准或购买指定产品的客户发放兑奖凭证,中奖客户将获得现金奖励、折扣、信用积分、实物礼品或其他形式奖励。

3. 专有权益

商业银行为吸引和保留高价值客户而采用的差异化服务策略,当客户存款金额达到银行设定的一定标准时,银行会向这些客户提供一系列独特的特权或便利,以彰显其尊贵身份,并增强客户对银行的忠诚度。这些专有权益通常包括但不限于费用减免、优先预约服务和定制化报告等。

4. 合作营销

商业银行与非金融企业合作,共同提供产品或服务的一种策略。通过与生产、流通或其他服务领域的公司建立合作关系,银行能够借助联盟伙伴的市场影响力、客户基础、品牌效应或专业技术,拓宽自身的产品线和服务范围,增强市场竞争力,从而吸引更多客户,保持并扩大市场份额。其通常包括产品捆绑、交叉推广和资源共享等方式。

此外,银行还可以通过发放宣传单、公众号发布宣传消息、开展赞助活动等形式进行宣传,推广新产品,树立银行良好的形象。同时,为了更好地服务于客户,商业银行必须充分调查分析存款产品的市场"销路",以便检验存款营销方案正确与否,再根据经营环境变化、自身规模及经营特点,针对客户的存款动机设计新的存款品种,或完善原有产品,并为下一个阶段的存款营销做好前期准备工作。当然,在存款产品的创新和完善中,既要周全考虑一国商业银行所处的政治经济环境,也要充分借鉴其他国家成功的经验和做法。

第四节　银行资金不足如何自救?
——商业银行非存款负债的管理

尽管人们常说,钱最多的地方就是银行,银行似乎应该永远不缺钱,银行也不可能缺钱的,但若银行真遇到需要资金周转时,银行能借到钱吗?向谁借呢?本节我们来了解当资金不足时,商业银行能获取资金的渠道——银行间借款、债券发行和资本补充、利用金融衍生工具。

一、银行间借款

商业银行短期内需要资金融通可以考虑在银行之间借款,即同业拆借。同业拆借是金融机构之间为了应对短期资金需求而进行的一种资金互换机制,它构成了商业银行获取短期流动性的关键途径。该过程一般在银行间市场的会员之间进行，通过专门的银行间资金交易平台实施。在业务运行中，银行通常面临资金临时盈余与短缺的波动，同业拆借市场恰如其分地衔接了两方面的需求，既帮助资金短缺银行迅速补给，也为资金盈余银行提供了有效运用闲置资金的通道。

一般而言，同业借款属于短期资金融通，期限短则一日，长则几日、几星期、几个月甚至一年。我国法律规定，银行间拆借期限最长不超过1年，拆出资金限于缴足准备金、留足5%的备付金、归还中国人民银行到期贷款之后的闲置资金，属于超额准备金的部分。拆入资金只能解决调度头寸过程中的临时资金困难，不能用于弥补信贷缺口、长期贷款与投资等。

同业拆借交易大多为信用借贷，通常无需抵押物介入，但当这类借贷转变为循环信贷形式或借贷期限延长时，为降低拆借风险，商业银行也会借助抵押贷款方式，从其他同行那里获得必要资金支持。在此过程中，用作抵押的资产大多源自客户的抵押品，涵盖动产与不动产等多种类型。银行需要将这些客户抵押资产进行再抵押操作，此环节不仅程序繁琐，且对操作的专业性和合规性要求极高。另外，银行亦可利用其持有的各类金融工具，如票据、债券、股票等，作为质押担保，向其他金融机构融资，这一方式相对简化且直接，有助于确保资金流动性的前提下，高效利用所持有的金融资产。表3-5为我国同业拆借交易的基本情况。

表3-5 我国同业拆借交易的基本情况

产品介绍	含义
产品定义	与全国银行间同业拆借中心联网的金融机构之间，通过同业中心的交易系统进行的无担保资金融通行为
交易方式	询价交易
交易期限	拆借期限最短为1天，最长为1年。交易中心按1天、7天、14天、21天、1个月、2个月、3个月、4个月、6个月、9个月、1年共11个品种计算和公布加权平均利率
交易时间	T+0交易：北京时间上午9：00-12：00，下午13：30-16：50 T+1交易：北京时间上午9：00-12：00，下午13：30-17：00 中国国内法定假日不开市
交易主体	政策性银行、中资商业银行、农村信用联社、外资银行等银行类金融机构，财务公司、保险公司、证券公司、金融租赁公司等非银行金融机构，以及境外人民币清算行等金融机构
清算办法	由成交双方根据成交通知单，按规定的日期全额办理资金清算，自担风险。清算速度为T+0或T+1

资料来源：中国外汇交易中心暨全国银行间同业拆借中心（https://www.shibor.org/chinese/）。

作为货币市场核心指标及金融市场代表性利率，同业拆借利率高效、敏锐且精确地映射出短期内货币市场乃至整个金融领域的资金供需状况，成为洞察利率动态走向的关键指示器。为了促进金融机构更高效地管理外汇资金，加速国内外汇市场的蓬勃发展，经国家外汇管理局的授权，自2002年6月1日起，中国外汇交易中心正式涉足外币拆借中介业务领域，助力提升市场运作效能。同年6月3日、18日和20日，交易中心相继在上海、深圳、北京等地，与众多中、外资金融机构共同完成了外币拆借中介服务协议的签订仪式，标志着一个统一化、规范化的国内外币同业拆借市场全面启动，进一步推动了市场一体化进程与深度发展。

二、债券发行和资本补充

20世纪70年代，伴随着西方国家金融创新发展，商业银行中长期借款业务开始兴起，主要形式是发行金融债券。发行中长期债券是商业银行以发行人身份，通过承担债券利息方式，直接向货币所有者举借债务的融资方式。这种融资方式的吸引力在于利率不受政府关于存款最高利率的限制，商业银行筹集的资金不必缴纳存款准备金和存款保险金。表3-6展现了2020~2023年中国交通银行的金融债券发行情况。

表3-6　2020~2023年中国交通银行的金融债券发行情况

债券简称	实际发行量（亿元）	票面利率（％）	债券期限（年）	债券发行日	到期兑付日
20交通银行01	500	3.18	3	2020.08.05	2023.08.07
20交通银行02	400	3.50	3	2020.11.11	2023.11.13
21交通银行小微债	400	3.40	3	2021.04.06	2024.04.08
22交通银行小微债01	300	2.75	3	2022.06.15	2025.06.17
22交通银行绿色金融债	200	2.42	3	2022.08.05	2025.08.09
22交行绿债02	100	2.96	3	2022.12.09	2025.12.13
22交通银行小微债02	300	2.98	3	2022.12.09	2025.12.13
23交通银行小微债01	300	2.80	3	2023.03.27	2026.03.29
23交行绿债01	300	2.77	3	2023.04.25	2026.04.27
23交行债01	380	2.59	3	2023.07.18	2026.07.20
23交行债02	300	2.70	3	2023.09.22	2026.09.26

资料来源：中国外汇交易中心暨全国银行间同业拆借中心（https://www.shibor.org/chinese/）。

（一）金融债券种类

按不同标准划分的金融债券类型如图3-2所示。

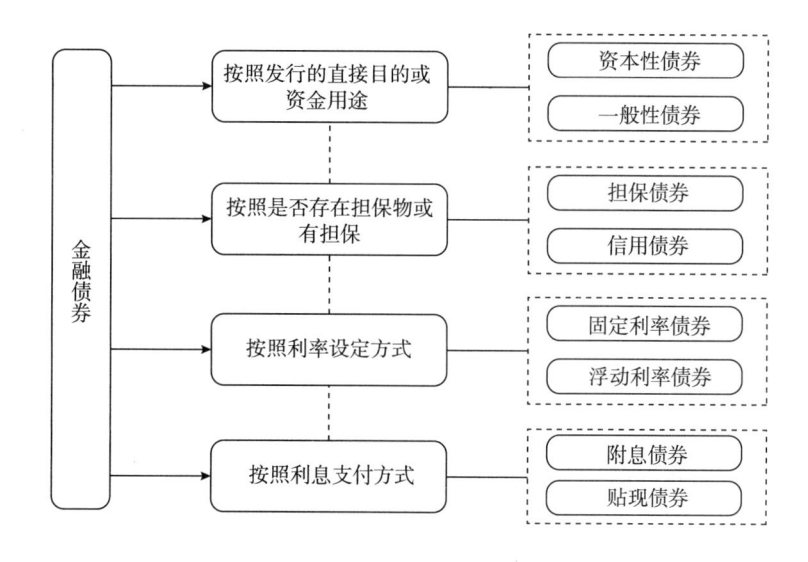

图 3-2　按不同标准划分的金融债券类型

1. 根据发行的直接目的或资金用途，分为资本性债券与一般性债券

资本性债券旨在增强银行资本实力，其地位居于银行存款负债与股本资本之间，享有高于普通股及优先股收益与资产分配权利，但次于银行的存款客户及其他债务持有人。根据《巴塞尔协议》的分类框架，资本性债券归类于附属资本范畴，核心构成包括资本债券和资本票据。相比之下，一般性债券则是银行为支持其长期贷款项目和投资活动而发行的债券品种，构成了银行金融债券发行的主要组成部分。此类债券直接服务于银行的中长期资金需求，是扩展信贷投放和投资组合的关键融资工具。

2. 根据是否存在担保物或有担保，分为担保债券与信用债券

担保债券指以发行人自身或第三方资产作为抵押，或由第三方提供担保所发行的债券。反之，信用债券发行则完全依赖于发行主体信誉，不附带任何形式的资产抵押或外部担保。鉴于多数银行机构具备高度的信誉度，在金融债券市场中，信用债券占据着主导地位，成为通行的融资工具。

3. 根据利率设定方式，分为固定利率债券与浮动利率债券

固定利率债券的特点在于，从发行日至到期日，债券利率水平维持恒定，不受市场利率波动的影响。反之，浮动利率债券的利息则会在债券有效期内根据事先约定的时间间隔，按某种选定利率进行调整。

4. 根据利息支付方式，分为附息债券和贴现债券

附息债券是债券存续期间，按照固定周期支付利息，债券上附带有息票，投资者可在指定时间凭息票领取利息，故又称为"剪息票"债券。而贴现债券或称为贴水债券，则采取低于债券面值的价格发售，投资者购买时支付金额与债券到

期时银行偿还金额之间的差额，实质上代表了投资该债券所获得利息收益，这种利息支付方式可视为利息预先支付的一种形式。

（二）债券发行的管理

1. 发行的申报与注册

商业银行必须按有关法律规定向主管机关申报核准或注册之后才能发行债券。发达国家对商业银行发行金融债券一般采用注册制，而发展中国家大多采用核准制。

2. 发行机构和信用评级

世界各国大多通过限制性法律条文，对可以发行金融债券的商业银行资格加以明确规定。为向投资者的投资决策提供依据，保证债券市场秩序稳定，大部分国家都会从盈利能力、资本充足率和资产质量等多方面对金融债券发行者的偿还能力进行评价，通常被称为债券信用评级。

3. 发行规模和使用范围

世界各国银行对金融债券发行数量都有一定规定，通常做法是规定发行总规模不能超过银行资本金与法定准备金之和的一定倍数。在此范围内，商业银行根据实际需要确定合理的发行规模。对所筹资金的使用范围，有的国家规定只能用于专项贷款或投资，有的国家则未有明确要求。

4. 发行价格和发行费用

金融债券发行价格主要有平价发行、溢价发行和折价发行三种。商业银行应综合金融债券的种类和当时的市场利率水平合理确定发行价格。除必须向持有人支付利息外，发行债券还要承担一定的发行费用，主要包括发行手续费、印制费、上市费、律师费、付息手续费、还本手续费和其他服务费等。

5. 发行期限和发行时机

商业银行必须依据项目的建设周期确定债券期限，同时也要结合市场利率变化趋势确定发行时机。当市场利率呈下降趋势时，应考虑缩短固定利率债券期限；当市场利率呈上升趋势时，应考虑延长固定利率债券期限。在发行时机确定上，商业银行应选择市场资金充裕、利率较低的时候发行债券，并做到资金的筹集与使用相互衔接，避免出现边发行边闲置的现象。

三、运用金融衍生产品

金融衍生产品是指从传统金融工具派生出来的金融工具，作为一种金融合约，价值取决于一种或多种基础资产或指数。金融合约的基本种类包括远期、期货、互换（掉期）和期权。由于许多金融衍生产品交易在资产负债表上没有相应科目，因而也被称为资产负债表外交易。目前，金融市场上针对机构和个人的外汇理财产品实质上都是商业银行利用金融衍生产品交易进行资产负债管理，以降低商业银行潜在的利率风险和汇率风险，并帮助客户提高预期收益率。随着我国金融市场进一步发展，金融衍生产品不断增多。金融衍生产品（包括外汇衍生产品）本身具有交易量大、投机性强、盈利性高和风险性大的特点，商业银行在获取高盈利的同时面临着高风险危机。因此，运用金融衍生产品需要严格按照金融衍生产品交易规则操作、加强管理，否则将带来难以估量的损失。

2006年9月8日，中国金融期货交易所在上海宣告成立，随即首发了沪深300指数期货合约。自此以后，我国金融衍生品市场规模急剧扩张，交易体系与规则也日益成熟和完善。2013年9月6日，国债期货产品在中国金融期货交易所登场，标志着国内期货市场迈出了新的一步。2014年12月5日，中国证监会为《股票期权交易试点管理办法（草案）》及《证券期货经营机构参与股票期权交易试点指引》公开征求意见，预示着股票期权交易即将步入试点阶段。2015年3月20日，继5年期国债期货成功推出后，10年期国债期货也加入交易行列，进一步丰富国债期货市场。同年1月，中国金融期货交易所又向前迈出一步，启动了欧元兑美元和澳元兑美元交叉汇率期货的仿真交易，探索外汇期货领域。2016年9月23日，中国银行间市场交易商协会发布一系列新规则，包括《银行间市场信用风险缓释工具试点业务规则》及其配套文件，不仅巩固了原有的两项信用风险缓释工具，而且新增了信用违约互换等两项创新产品，进一步完善了信用风险管理框架。

以国有控股型商业银行和股份制银行为例，中国银行与浦发银行年报中均报告了所持衍生金融工具主要类别和金额情况。由表3-7可知，中国银行的货币衍生工具名义金额占衍生金融工具交易总量比例最高，其经常进行货币远期、货币掉期及交叉货币利率互换、货币期权、货币期货交易，其中又以货币远期、货币掉期及交叉货币利率互换交易金额最大。而浦发银行（见表3-8）则是利率衍生工具名义金额占衍生金融工具总量比例最高者，其着重利用利率衍生工具规避市场上利率波动的风险，降低投融资成本。两家银行衍生工具使用产生差异的原因可能在于中国银行的全球化经营历史悠久，在世界多个国家和地区均设立分行，国际化和多元化发展水平在国内银行业中首屈一指。

表3-7 2018~2023年中国银行（A股）衍生金融工具交易情况

单位：百万元

类别\年份 名义金额	2023	2022	2021	2020	2019	2018
货币衍生工具	7640026	5581020	5577370	5797867	5519889	7033432

续表

类别 \ 年份 名义金额	2023	2022	2021	2020	2019	2018
利率衍生工具	4187471	3280249	3214169	2942279	2439056	1600529
权益衍生工具	1039	1591	397	838	3	17
商品衍生工具及其他	252496	109602	176667	287971	236677	170009
合计	12081032	8972462	8968603	9028955	8195625	8803987

资料来源：中国银行（A股）2018~2023年年报。

表3-8　2020~2023年浦发银行衍生金融工具交易情况

单位：百万元

类别 \ 年份 名义金额	2023	2022	2021	2020
利率衍生工具	4694725	3889642	4099578	5399464
汇率衍生工具	2213084	1882807	1578860	1973523
贵金属及其他衍生工具	666916	332377	209031	225042
合计	7574725	6104826	5887469	7598029

资料来源：浦发银行2020~2023年年报。

由于汇率和利率风险通常为影响公允价值变动的重要因素，因此，中国银行还利用交叉货币利率互换及利率互换对汇率和利率变动导致的公允价值变动进行套期保值，被套期保值项目主要有金融投资与应付债券（见表3-9）。在境外经营净投资套期上，中国银行利用外汇远期及掉期合约对部分境外经营进行净投资套期，净投资套期为3个月至1年。对于现金流量套期，中国银行对现金流量套期终止运用套期会计，如果被套期的未来现金流量预期仍发生，则累计现金流量套期储备的金额保留；如果被套期的未来现金流量预期不再发生，则累计现金流量套期储备的金额从其他综合收益中转出，计入当期损益。与中国银行相比，浦发银行指定为套期工具的衍生产品主要是利率互换和货币互换合同，缺乏境外经营净投资套期，这与其主营业务、经营范围等因素密切相关（见表3-10）。

表 3-9　2023 年中国银行公允价值套期情况

风险种类	被指定为公允价值套期工具的衍生产品	被套期项目
利率风险	利率互换	金融投资
		应付债券
外汇和利率风险	交叉货币利率互换	应付债券

资料来源：中国银行（A股）2023年年报。

表 3-10　2020~2023 年浦发银行衍生金融工具交易情况

单位：百万元

类别	年份	2023	2022	2021	2020
公允价值套期	利率互换	14375	12048	9251	24283
	货币互换	7447	—	361	693
现金流量套期	利率互换	422	627	1649	663
	货币互换	52760	20788	3554	389

资料来源：浦发银行2020~2023年年报。

【拓展阅读】

仔细阅读以下主题为"商业银行负债管理"的期刊，并认真思考有关问题。

[1] 杨文勇，杨旸，朱毅. 新形势下商业银行资产负债错配的应对策略 [J]. 新金融，2021（6）：36-40.

[2] 刘志洋. 网络结构下的中国银行间债务违约传染风险分析——同业负债关联与金融市场的双维数据视角 [J]. 当代经济科学，2020，42（3）：69-79.

[3] 罗琳. 新时期商业银行全表资产负债管理探究 [J]. 新金融，2019（4）：34-38.

[4] 郭传辉，胡丽君. 利率风险控制视角下的商业银行资产负债优化管理研究 [J]. 西安财经学院学报，2015，28（5）：29-34.

思考与讨论

1. 新形势下商业银行为何要进行负债管理？
2. 商业银行负债管理有哪些路径？

第五节 打通货币政策传导"任督二脉"
——利率市场化

人们在存取款过程中最关注的莫过于利率，付出多少成本、收获多少利润都与利率有关。利率的形成和调整主要由政府主导，政府运用行政手段限制存贷款利率上限，以低利率保证生产要素可以高效率地聚集在需要定向支持的部门和行业，因此其可供选择的余地有限。而一旦利率定价权部分或完全由市场资金供求决定后，资金供给者就拥有投资套利机会。信贷市场利率对货币政策响应十分迅速，贷款利率与政策紧密联系，商业银行能将资金投向国家急需建设的产业中，实现一举多得的效应。

一、利率市场化的发展历程和意义

利率市场化是指社会资金按照市场规律流动，金融市场参与者融资的利率水平由市场资金供求关系决定。利率市场化是一种资金价格的市场机制。

（一）发展历程

回顾历史，利率市场化大体可以划分为如表3-11的四个发展阶段：

表3-11 我国利率市场化的具体进程

阶段	时间	举措
银行间同业拆借利率和债券利率市场化	1996年6月	银行间同业拆借利率放开，标志着中国利率市场化改革起步
	1997年6月	银行间债券市场回购和现券交易利率放开
贷款利率、贴现利率市场化	1998年9月	政策性金融债（国开行）发行利率放开
	1999年10月	国债发行利率放开
	1998年3月	改革贴现利率形成机制，根据再贴现利率加点生成，最高不超过同档次贷款利率（含浮动），事实上放开了贴现和转贴现利率
	1998~2003年	先后扩大小企业贷款利率浮动上线（由10%到20%，1998年）；县以下金融机构贷款利率最高可上浮30%，中型企业贷款利率最高可上浮30%（1999年），简化贷款利率种类，取消大部分优惠贷款利率，完善个人住房贷款利率体系（2003年）；试点部分地区农信社贷款利率上浮不超过贷款基准利率的2倍（2003年）

续表

阶段	时间	举措
贷款利率、贴现利率市场化	2004年1月	商业银行、城市信用社贷款利率上限扩大到贷款基准利率的1.7倍，农信社贷款利率上限扩大到贷款基准利率的2倍，明确了贷款利率浮动区间不再根据企业所有制性质、规模大小分别制定
	2004年10月	大幅放宽了城乡信用社的贷款利率上限，允许提升至基准贷款利率的2.3倍，同时，取消了对其他金融机构贷款利率的上限限制及所有金融机构存款利率的下限约束，实施以"下限放开、关注上限"为核心原则的利率管理制度
	2006年8月	个人住房贷款利率下限为贷款基准利率的0.85倍
	2008年10月	个人住房贷款利率下限为贷款基准利率的0.7倍
	2012年6月	存款利率上限扩大到基准利率的1.1倍，贷款利率下限扩大到基准利率的0.8倍
	2012年7月	贷款利率下限扩大到基准利率的0.7倍
	2013年7月	取消贷款利率管制
存款利率市场化	2014年11月	存款利率上限扩大到基准利率的1.2倍
	2015年3~5月	存款利率上限扩大到基准利率的1.3~1.5倍
	2015年10月	全面放开存款利率上限，实现存款利率市场化
LPR机制执行	2013年10月	建立LPR（贷款市场报价利率）集中报价发布机制
	2019年10月	商业性个人住房贷款利率以最近一个月相应期限的贷款市场报价利率为定价基准加点形成
	2020年3月	金融机构应与存量浮动利率贷款客户就定价基准转换条款进行协商，把原合同约定的利率定价方式转换为以LPR为定价基准加点形成
	2020年8月	国家控股五大商业银行宣布在LPR基础上加点形成房贷利率

资料来源：根据公开资料整理。

第一阶段：初步建立利率市场。1996年中国人民银行正式启动利率市场化，银行间拆借利率首先推行市场化。

第二阶段：存贷款利率逐步自由化。中国人民银行通过一系列有序步骤，2015年彻底解除了存款利率上限的管制，标志着我国金融市场中存贷款利率的直接政府管控基本告终，迈入一个新的市场化阶段。

第三阶段：构建利率走廊机制。目的在于根据金融机构向央行融出资金的成本设定利率波动范围。为进一步深化存贷款利率市场化改革，自2013年起，我国确立了以常备借贷便利利率为上限、超额存款准备金利率为下限的走廊机制。尽管如此，在实践中，市场更多地将中国人民银行的逆回购操作利率作为核心参考指标，以有效引导市场利率变动区间。

第四阶段：创新LPR报价机制。2013年我国就设立了贷款基础利率的集中报价和发布系统（LPR）。直至2019年8月，中国人民银行进一步强化LPR作用，强制要求各商业银行在新发放贷款时，必须参考LPR进行定价，贷款利率需依据LPR加减点的方式确定。这一举措标志着LPR机制在我国全面生效，信贷市场利率市场化进程实现重要的突破性进展。LPR能更好地反映市场资金实际成本，促进贷款利率下行，支持实体经济发展。

（二）对我国商业银行业务经营的重要意义

1. 主动转变经营模式，兼取效益与质量

从外部环境来看，利率市场化为我国商业银行营造了一个公平竞争、充满活力的市场环境，商业银行需要主动适应利率浮动的变化，遵循市场发展规律，从自身业务经营角度出发，合法合理地获取收益。在这一过程中，商业银行会主动转变粗放式经营模式为集约化经营模式，以金融科技为支撑，开启金融创新步伐，加速电子银行业务与互联网金融融合，合理分流柜面业务和配置资源，实现效益与质量并举。为保持资金流动性，在更广泛的范围内吸纳更多的存款，商业银行还须摒弃"精英范"，主动贴近客户，与客户保持密切沟通，切实解决客户实际资金需求。与时俱进，关注和参与绿色金融、数字金融、碳金融等新兴领域，才能在激烈市场竞争环境中实现可持续发展。

2. 重视发展非传统业务，提高市场竞争力

利率市场化为商业银行非传统业务发展提供了机遇。银行能从理财、资产管理、衍生金融工具方面等"非传统业务"入手，丰富金融产品，扩大融资渠道，提高风险抵御能力。人民币国际化进程中，国内商业银行"走出去"步伐进一步加快，当面对国外金融机构丰富的资产、负债、币种和期限的金融产品时，国内商业银行需要经得起国内市场历练，具有统筹和研发不同币种、资产负债期限错配产品的能力，熟练运用并发挥金融工具的实力，达到规避风险并盈利的经营目标。高度重视复合型金融专业人才培养和银行间交流学习，汲取丰富经验管理经验，储备更多的国际化、专业化、高素质人才成为其中重要的一环。

3. 整合金融资源配置，强化经营优势

除商业银行外，证券、保险、基金等非银行类金融机构也成为利率市场化进程中的相关方和被影响者。"互联网+金融"时代，互联网金融处于浪潮之巅，与金融业密切相关。在如此自由化环境中，金融资源由一只"看不见的手"配置，从中获取更多资源的必定是更具实力、更有眼界的一方。国有控股型银行由于经

营规模较大和信用等级较高,能够以较低的成本获取资金,进而又以较低价格向客户提供贷款和金融服务,因此更受客户青睐。相比之下,其他类型商业银行处于相对弱势,必须注重实施差异化、特色化竞争。因此,从另一个角度来看,利率市场化能帮助商业银行在竞争中清晰定位发展方向,精准锁定客户群体,厚植业务优势,提升品牌认知度,充分吸收真正适合的金融资源,重新优化配置。

二、利率市场化对负债管理的影响

存款负债是商业银行最重要的负债项目。存款负债稳定性及波动性对商业银行的整体财务健康和运营稳定性具有至关重要的影响。存款,尤其是零售存款,构成了银行资金来源的主体,直接影响银行的信贷能力和流动性状况。存款的增减变化不仅反映市场信心和客户行为,还可能触发连锁反应,如大规模的存款撤回可能会导致银行流动性紧张,甚至引发挤兑风险,严重影响银行的正常运作和市场信誉。相比之下,资本金负债在商业银行的负债结构中通常占比较小,但重要性不容忽视。资本金,包括普通股、优先股和留存收益等,属于银行最核心的自有资金,代表着股东对银行的永久性投资。这部分资金的稳定性远超其他类型负债,由于不受市场利率波动影响,也不会因到期日而被迫偿还。资本金是银行抵御风险、吸收损失的最后一道防线。

(一)净息差持续收窄

利率市场化以后,利率水平完全由市场供求决定,当利率波动频繁时,商业银行会面临客户不同程度的选择权风险。当利率上升时,存款客户会提前支取定期存款,然后以较高的利率存入新的定期存款,反之,在利率下降时期,商业银行仍需对存款执行原来较高的利率。同时,在利率市场化趋势下,资本市场上存在更多的盈利机会,股票、债券和保险行业迅速发展,投资基金与保险基金数量日益增加,客户通过公众号、短视频等方式获取多样化信息,投资渠道也不再局限于银行,其他众多金融中介机构根据客户风险偏好量身提供丰富、便捷且专业的咨询与指导,仅需要线上转账便能轻松投资。发展至今,银行存款意愿呈现逐渐淡化的趋势。

在利率市场化下,存贷利差明显缩小,净息差持续收窄,自2015年我国基本取消金融市场存贷款利率的直接管制后,银行业竞争日趋加剧,几大国有银行的净息差开始收缩,其中,中国农业银行的下滑幅度最大,超过1个百分点。目前为止,交通银行是净息差最小的金融机构,仅为1.28%(见图3-3)。因此,银行希望能够突破困境,保证各项业务的顺利开展,就必须寻求一种稳定而可靠的方式来获取资金供给。

（％）

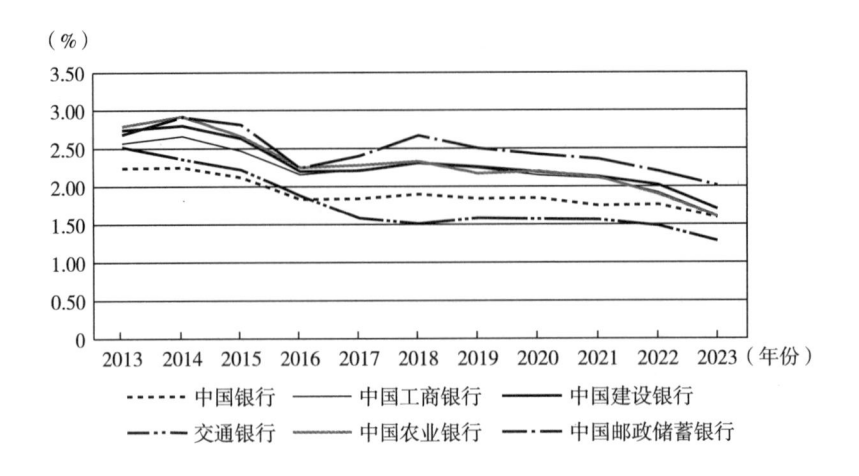

```
3.50
3.00
2.50
2.00
1.50
1.00
0.50
0
    2013 2014 2015 2016 2017 2018 2019 2020 2021 2022 2023（年份）
```

-------- 中国银行 ——— 中国工商银行 ——— 中国建设银行
———— 交通银行 ——— 中国农业银行 —·—· 中国邮政储蓄银行

图 3-3　2013~2023 年国有六大行净息差情况

资料来源：Wind 数据库。

（二）存款结构改变

在利率市场化条件下，银行存款利率波动幅度和范围都较大，资金分流运动将大幅度改变商业银行存款结构，定期存款活期化，长期存款短期化，信贷资金平均偿还期大大缩短，资金结构不稳定性增强，在利率管理方面，银行面临着不容忽视的期限错配问题。此外，银行会采取主动负债、主动投资策略，促使存款结构更为趋于多元化。

（三）多重风险系数增加

当利率水平波动时，若存在资产负债期限不匹配问题，银行负债端成本将会受到影响，可能引发经济价值变动。具体而言，假如银行依赖短期存款支持长期贷款项目，在利率上升情景下，虽然长期贷款利息收入保持不变，短期存款利息支出却随之上升，这种不对称性增加了银行蒙受经济损失的风险。一方面，利率变动可能诱使存款客户提前取出存款以寻求更高收益的投资机会，这不仅加剧了银行面临的利率风险，而且提升了流动性管理难度，加大了流动性风险。另一方面，部分资产或负债具有较强的利率敏感性，当利率变动影响这部分资产的收入或自身价值时，如何处理这部分资产成为银行需要特别关注的业务。利率市场化使商业银行获得自主定价权，即可以进行金融创新，通过利用利率衍生工具进行投资获取收益或规避风险，但由于利率层级和结构复杂化，商业银行仍将面临前所未有的利率风险。

（四）负债管理难度高

利率管制放开之后，首先，结合自身需求，商业银行应积极开展利率定价管理工作，主动参与金融衍生工具市场，利用金融衍生工具投资获利或满足客户需求,将增大银行资产负债管理的难度。其次,对于利率敏感型资产和利率敏感型负债,仅仅依靠人为地预测利率变动方向,既费时费力又无法保证时效性,已无法适应时代发展需要。再次,为追求利润最大化,银行必须主动加大负债比例,控制和及时调整总负债利率水平,成为商业银行面临的考验之一。最后,2015年8月,中国人民银行已将商业银行流动性指标——存贷比由法定监管指标转为监测指标,导致银行负债管理难度进一步增大。

三、利率市场化条件下商业银行的发展妙计

(一) 加强利率风险管控

1. 构建多样化资产组合,降低存贷款利差依赖

尽管商业银行注重资产收益性、流动性和安全性相结合,以及受金融监管机构限制等因素影响,商业银行通常只能选择投资风险系数低的证券,但通过注重资产配置和长线配置多样化的资产组合,跨策略、跨资产类别和跨地域减少和分散利率风险。此外,通过自主投资与委外投资并举方式,构建科学、先进的资产配置体系,针对性投资于不同类型资产,"把鸡蛋放在不同的篮子中",实现风险对冲。例如,我国人口老龄化的速度日趋迅速,老龄人口数量多,正形成一个新兴产业,商业银行围绕该产业系统性推出养老金融服务、养老金业务,为老年客户提供特色化资产配置服务,能够实现资产组合多元化,通过这一新的经济增长点以降低存贷款利差的依赖程度。

2. 注重重新定价风险与选择权风险

利率市场化一方面意味着商业银行对金融产品利率或收益率拥有更大的自主定价权,另一方面意味着客户具有更多的投资选择权。为争夺客户资源,许多银行开始发展新兴业务和下沉小微业务,加大抵押贷款利率优惠力度,进行价格战。因此,商业银行应当注重选择权风险,在即时成本与长远收益之间做好平衡。LPR改革后利率每月调整一次,银行的资产、负债和表外业务重新定价时间与到期日不匹配,时间差问题更为凸显。重新定价波动频繁导致产生重新定价风险,为降低该风险产生的不利影响,应当构建并完善智能化、数字化的产品定价系统,将资金成本、风险成本、运营成本、目标收益以及LPR利率变动等因素嵌入定价系统中,周全考虑缺口风险、基准风险和期权性风险,结合利率敏感性缺口、久期缺口等指标进行模拟分析,更好地控制利率风险,减少调控时间有限等原因人为地造成操作风险。

(二) 提高风险定价能力

1. 建立风险监测制度,寻找风险与收益的契合点

风险定价能力是商业银行核心竞争力的重要组成部分,是产品开发能力与市

场营销能力的综合体现。风险定价能力越强，银行适应市场发展变化的能力越强，环境变化对银行产生的负面作用就越小，银行竞争力就越强。在利率市场化环境中，商业银行应当考量不同的服务群体或地区对风险的敏感性与弹性，按不同的客户、产品和地区建立配套的价格发现机制，安排与之配套的业绩考核指标与制度，专人、专岗、专责负责数据的监测与分析工作。对提供收益功能的存款产品，风险定价能力通常由产品收益率反映，应综合考虑人力资源、租赁与管理等因素，严格控制成本。对提供融资功能的贷款产品，风险定价能力通常由产品利率决定，应估测发生预期损失和非预期损失的可能性，将可能发生的损失降至最低程度。当面临无法消除风险时，通过内部风险转移体系，实现风险转移或分散，尤其当面对期限错配金融产品时，更应注意利率变动是否会"雪上加霜"。要实现获取最高收益的目标，应预先通过监测体系研判潜在风险，在充满不确定性的市场中寻找一个风险与收益的契合点，确定双方都能接受的价格，才能实现风险可控与收益可观的双赢局面。

2. 运用大数据技术，提高定价的科学性

在大数据时代，数据成为各大银行竞相追逐的"利器"。与互联网企业相比，商业银行囿于管理结构和监管模式，难以在技术优势和软件使用上发挥更大作用，且多数互联网企业已发展成熟，数据收集与分析专业化程度高，开展互惠合作成为更有价值的选择。大数据解决的首要问题是有效缓解信息不对称问题，除传统数字和文字外，还有图片、音频和非结构化数据，银行持续整合、融合内部与外部、现在与未来、自身与旁支数据，能够构建一副基于客户风险、抵押品、信用状况与自身资产负债结构和成本相匹配的、真实的、精细化的用户画像体系。此外，商业银行技术人员还应注重结合新技术、业务要求与银行发展战略，预测未来可能出现的发展趋势，深度挖掘客户的潜在需求，以风险偏好和数据基础确定风险定价模型，提高产品和服务定价的效率与合理性。

（三）促进新兴业务发展

1. 注重金融产品创新，提高产品认可度

中间业务和表外业务是商业银行利率市场化背景下转型发展的重要推动力。绝大部分银行已开展理财咨询服务、信托和金融衍生品交易等中间业务或表外业务，利用专业优势为客户提供服务，既不占用银行资金、受利率波动影响小，又能形成资金沉淀、增加客户黏性。值得注意的是，银行必须积极探索产品定位，持续开发高附加值的品种，提供多样化、特色化的金融产品或服务，形成不可替代性，才能形成差异化竞争格局，从而获取收益，逐步改变依赖利差收入的传统盈利模式。同时，新产品或服务的推出通常需要树立新的形象，赋予独特的现实价值与情感认知，才能够提高产品认可度。例如，2021年12月，中国工商银行旗下理财子公司工银理财在市场上率先推出个人养老金理财产品——"颐享安泰"，该产品专门针对养老金客户的资金保值增值需求，吸引了大批养老金客户咨询和购买。

2. 注重人才培养，开展特色营销

实现新兴业务可持续发展，必须拟定专门的人才培养规划，提供岗位化、系统化的人才培养服务，重视复合型、高精尖、精通现代技术的金融人才培养。针对专业对口员工，注重跨学科、现代新技术的培养和学习，为后续岗位任职奠定技术基础；针对技术型员工，则应注重基础金融知识或高级技术课程学习，争取成为一个或多个领域的专家，持续提升个人业务能力和水平。例如，中间业务所涉及的专业知识含量高、领域复杂、学科众多，必须充分掌握多种数据分析工具，才能满足产品和服务的风险预测和定价需要。

新兴业务营销方式应由推动式转变为交互式，充分利用客户数据资源，及时推送新开发的、客户感兴趣的金融产品或服务，与客户保持顺畅交流，提升客户满意度与忠诚度，实现及时维护与管理后续客户关系。商业银行基层行应立足于所服务区域的现实环境，结合自身资源条件，选择灵活多样的营销手段，最大程度贴近客户，引导客户时刻关注并积极购买各类金融产品或服务。

本章小结

（1）商业银行负债业务是指商业银行在交易中承担的但尚未偿还的且能以货币作为计量单位的债务，代表着商业银行履行偿还义务时，即使会失去经济利益但仍需要对债务人做出保证的经济义务，是商业银行发展一切其他业务的资金来源。在实际经营活动中，商业银行应遵循"三性原则"——盈利性、安全性和流动性。具体而言，商业银行必须根据经营环境的变化，综合协调各种资产和负债的匹配，以最佳组合实现流动性、安全性与盈利性三者之间的协调与统一。

（2）商业银行存款主要源于活期存款、定期存款、储蓄存款、外汇存款和特种存款。其中，活期存款比较灵活方便，存取频繁，虽然经营成本较高，却是商业银行重要的资金来源，对商业银行具有十分重要的意义。定期存款利率高于活期存款，属于银行稳定的资金来源，由于定期存款期限较长，银行可将这部分资金用于中长期投资或贷款获取收益，而无流动性风险之忧。

（3）利率市场化对商业银行负债管理的影响有以下几个方面：①存贷利差明显缩小，净息差持续收窄，基本维持在1.5%~2.5%；②存款结构改变，定期存款活期化，长期存款短期化，期限错配问题突出；③利率风险、流动性风险等系数增加；④受金融衍生工具构成复杂、监测指标性质变更等因素影响，银行负债管理难度大。

重要概念

活期存款　定期存款　特种存款　同业存放　同业拆借　利率市场化

复习思考题

1. 商业银行负债业务的具体作用有哪些？
2. 简述商业银行存款的种类和构成。
3. 商业银行存款产品的推广应注意哪些方面？
4. 当商业银行出现资金不足现象时，应如何进行自救？
5. 我国推进利率市场化的几大阶段分别是什么？
6. 简述利率市场化对商业银行负债管理的积极影响和消极影响。

【课后任务】

以小话剧形式为同学们表演，如果你是一家商业银行行长或客户经理，如何实现银行存款量增加？

第四章 现金资产管理

引导案例 2013年我国的流动资金不足情况

2013年5月中旬至6月上旬，货币市场资金面①持续处于收紧状态。从6月中旬开始，我国银行理财产品预期年化收益开始出现反常式跳升，银行间隔夜拆借利率持续走高。6月17日，面对持续紧张的资金面，中国人民银行不仅没有如公众预期那样投放流动性，而且继续发行3个月期的中期银行票据，没有即将要做出任何政策方向转换的迹象。当天，10年期国债利率由3.4%突破至3.45%，市场的不安情绪持续蔓延。6月20日临近收盘，隔夜拆借利率创下高达30%的罕见交易记录，收于13.44%。7天回购利率也一度飙升至28%，10年期国债利率上升至3.7%②。一时间，风声鹤唳，货币市场的恐慌情绪迅速蔓延至整个金融市场，并进一步冲击实体经济。6月24日，银行股集体暴跌，带动A股市场大幅下挫，国内商品期货全线下跌，货币基金出现不同程度的流动性问题，多家商业银行暂停票据贴现业务，取消房贷优惠业务。

导致银行流动资金不足的原因主要体现在以下几个方面：一是6月正值金融机构面临核心的考核和信息披露时点，部分机构为应对这一时点，积极采用加速信贷投放和扩大同业合作等手段，流动性需求也因此显著增加。二是美联储官员正筹划提出QE3③，且美国经济复苏走强，美国对全球资本的吸引力迅速提升，包括中国在内的新兴市场国家资金大量外流。而5月我国出口出现大幅度下降，外汇占款骤减，进而引发货币供应总量下滑。三是金融机构普遍存在"短期长投，

---

① 指金融市场中资金供应和需求状况。
② 资料来源：https://zhuanlan.zhihu.com/p/364262991。
③ 量化宽松政策，2008~2012年，美国共推出三次量化宽松政策。

追求暴利"问题,在利益驱使下,大部分资金在金融同业间循环,或高价流入房地产、地方融资平台,期限错配等结构性问题也开始同步呈现,并且对中小微企业、三农等实体经济支持不足。决策层有意管控社会融资规模的过快扩张和金融机构间业务的期限错配风险,旨在打击资金"空转",引导金融服务实体经济。在银行间市场流动性紧张期间,中国人民银行一反常态,未采取任何措施释放流动性,坚持稳健货币政策,表明货币政策不宽松的态度,倒逼金融机构加强自身流动性管理,激活货币信贷存量支持实体经济发展。

2013年6月下旬,中国人民银行注入流动性,时点性资金需求回落。在严格的金融监管下,地方政府融资平台贷款、理财业务和信托产品等增速均有所减缓,金融机构流动性得到一定改善。整体来看,2013年流动资金不足的影响主要体现在房地产和股市。流动资金不足推高贷款利率,增加了企业融资成本,致使投融资需求下行,对实体经济产生不利影响,尤其是房地产行业。一方面,贷款利率上升,增加了房企的融资成本,房企的投资意愿下降;另一方面,个人住房贷款利率的上升,增加了购房者的成本,居民购房意愿下降。流动资金不足的传导效应面积扩大至资本市场,银行股暴跌,带动A股市场大幅下挫,无疑对股市造成了短期的冲击。

2013年6月的银行业流动资金不足导致当年的中国经济遭受严重"干旱"。这种情况无疑是一个标志性事件,意味着流动性充裕的日子已经结束,中国人民银行彻底改变了市场流动性永远宽松的预期,无疑对商业银行的流动性管理提出了更高要求。中国人民银行要求商业银行需高度重视市场流动性形势,加强对流动性影响因素的分析和预测。此外,还要求商业银行应对税收集中入库和法定准备金缴存等多种因素对流动性的影响,提前配置足够的资金,保持充足的备付率水平,以确保正常支付结算等,对现金资产管理也开始实行更趋严格的管理要求。

第一节 交易?预防?投机?
——持有现金资产动因

甲公司是一家拥有自主进出口权限的公司,以国内外销售贸易、批发零售贸易和进出口贸易为主。公司总部位于某省会城市,与国内外多家知名公司均建立了良好的合作关系,并且在全国各大中小城市都建有比较完善的销售网络。

2022年初，甲公司意识到外界环境因素可能会使公司的销售链中断，出于公司日后日常经营稳定性的考量，预留300万元现金，并持有500万元国债，以保证一定的流动性。年中，随着美联储加息等因素的影响，甲公司判断未来人民币有贬值的趋势，故购买价值200万元的远期合约，以提前锁定境外采购的原材料成本，实现套期保值。年末，甲公司从银行存款中取出1200万元，用于支付员工工资、住房公积金和医疗保险金等，偿还应付账款500万元，并缴纳企业所得税。

在以上内容中，甲公司采取措施分别体现了持有现金的哪些动因呢？由此，能否可以推导至商业银行持有现金资产的动因呢？

一、现金资产的构成和作用

一般意义上，现金资产是指商业银行所持有现金以及与现金等同随时可用于支付的资产，这是商业银行流动性需要的"第一道防线"，属于非盈利资产。现金资产是商业银行经营活动中不可或缺的一部分，主要功能是保证银行的支付能力，满足客户提现需求，保持流动性。但是，银行一般都尽可能地把持有现金资产降低至法律规定的最低标准，进而可以通过合理配置和运用现金资产，实现资产有效增值，获取更多盈利。因此，银行需根据自身资产负债状况、市场环境以及监管要求等因素，合理安排现金资产的规模和结构，实现流动性和盈利性的平衡。

（一）现金资产的构成

现金资产是指商业银行持有的库存现金，以及与现金等同的可随时用于支付的银行资产。商业银行现金资产主要包括库存现金、在中央银行存款、存放同业存款和在途资金四类。

1. 库存现金

库存现金是指商业银行金库中存放的现钞和硬币。银行库存现金的主要作用是满足客户提现和日常零星开支的需要。库存现金是商业银行最具有流动性的资产，任何一家营业性的银行机构，为了保证对客户的日常支付，都必须保存一定数量的现金。但由于保存库存现金需要耗费大量费用，且现金无法产生利息收入。因此，从经营角度而言，库存现金不宜保存太多，库存现金的经营原则就是保持适度规模。

2. 在中央银行存款

在中央银行存款是指商业银行存放在中央银行的资金，即存款准备金。在中央银行存款由法定存款准备金及超额存款准备金两部分构成。

（1）法定存款准备金是按照法定比率向中央银行缴存的存款准备金。规定缴存存款准备金的初衷是为了确保银行拥有充足的资金储备，以满足存款人的提存需求，避免由于资金流动性不足而产生清偿力危机，导致银行破产。如今，存款准备金已经转变为中央银行用于调节信用货币的一种政策手段，在正常情况下一般不得动用，并且缴存法定比率的准备金具有强制性。现阶段，我国中央银行对商业银行实施的也是法定存款准备金制度。

（2）超额存款准备金具有两种含义：广义的超额存款准备金是指商业银行吸收的存款中扣除法定存款准备金以后的余额，即商业银行可用资金；狭义的超额存款准备金是指在存款准备金账户中，超过法定存款准备金的那部分存款。通常所说的超额存款准备金，专指狭义超额存款准备金，主要用于支付清算、头寸调拨或作为资产运用的备用资金。超额存款准备金是商业银行的可用资金，因此，其数量多少直接影响着商业银行的信贷扩张能力。而中央银行的法定存款准备金率能够作为调节信用的手段，正是由于法定存款准备金率变化，会影响商业银行超额存款准备金多少。当法定存款准备金率提高时，商业银行向中央银行缴存的法定存款准备金增多，超额存款准备金就相应减少，信贷扩张能力下降；反之，存款准备金率下降，需缴存的法定存款准备金减少，超额存款准备金相应增多，信贷扩张能力就得以增强。

3. 存放同业存款

存放同业存款是指商业银行存放在代理行和相关银行的存款。在其他银行保持存款的目的是便于银行在同业之间开展代理业务和结算收付。由于存放同业存款属于活期存款的性质，可以随时支用，可以视同为现金资产。

各大商业银行资金需求和流动性状况不尽相同，存放同业存款可以很好地帮助商业银行之间调剂资金余缺，提高资金使用效率。同时，存放同业存款可以为商业银行提供额外利息收入，但是由于存放同业存款的流动性较高，利率通常较低，一般根据市场情况、银行间协议和业务往来约定等因素进行协商确定。

4. 在途资金

在途资金也称托收未达款，是指一家银行通过对方银行向外地付款单位或个人收取的票据。在途资金在收妥之前，属于一笔占有资金，又由于在途时间通常较短，收妥后即成为存放同业存款，因此视同为现金资产。

（二）现金资产的作用

1. 保持清偿力

商业银行是经营货币信用业务的企业，与其他企业一样，都是以盈利为目标。这就要求商业银行安排资产结构时，尽可能持有期限较长、收益较高的资产。但商业银行又属于一种风险性特别大的特殊企业，银行经营资金主要源于客户存款和各项借入资金。从存款负债来看，属于商业银行的被动负债，存与不存、存多存少、期限长短、何时提取等主动权都掌握在客户手中，作为银行只能够无条件地满足客户要求。如果银行无法满足客户要求，就有可能影响银行信誉，引发存款挤兑风潮，甚至使银行陷入清偿力危机而遭受破产命运。商业银行借入资金也必须按期还本付息，否则也会因此影响银行信誉，严重威胁银行的安全性。商业银行在追求盈利的过程中，必须保有一定数量可直接用于应付提现和清偿债务的资产，而现金资产正是为了满足银行流动性需要而安排的准备资产。因此，商业银行保有一定数量的现金资产对于保持经营过程中的债务清偿能力、防范支付风险具有十分重要的意义。

2. 保持流动性

商业银行在经营过程中面临复杂的经营环境，环境的变化，会使银行各种资产负债的特征产生变化。从安全性和盈利性的要求出发，商业银行应当不断地调整资产负债结构，保持应有的流动性。在保持银行经营过程的流动性方面，不仅需要银行资产负债结构的合理搭配，确保原有贷款和投资的高质量和易变现性，而且也需要银行持有一定数量的流动性准备资产，以便于银行能够及时抓住新的贷款和投资的机会，为增加盈利、吸引客户提供条件。

二、持有现金资产的动因

根据凯恩斯的货币需求理论，货币具有完全的流动性，而人们具有流动性偏好，所以人们总是偏好将一定量货币保持在手中，以应付日常的、临时的和投机需求，并进一步将货币持有动因分为交易动机、预防动机和投机动机。

交易动机是指个人或企业为了应付日常交易而愿意持有一部分货币的愿望。这是因货币的交易媒介职能而产生的一种需求。由于收入获得和支出发生之间总会存在一定的时间间隔，企业或个人固然可以把收入转换成货币以外的资产形式加以保存，但是为了支付方便，仍须持有一定量货币。预防动机是指个人或企业为了应付意外、临时或紧急需要的支出而持有货币的动机。凯恩斯认为，人们出于交易动机保有的货币是可以根据实际情况事先确定，但生活中常常会出现一些意想不到的、不确定的支出和购物机会，因此需要保持一定量货币。投机动机是指个人或企业根据对市场利率变化的预测，需要持有货币以满足从中获利的动机。由于利率变化造成证券价格变化，使得人们能够在货币与证券之间进行择机选择。

由以上三种持有现金的动因，也可以推导至商业银行持有现金资产的动因。

首先，出于交易动机的考虑，商业银行需要持有现金资产以满足客户提现、偿还债务和同业往来的需要。当前，人们通常不再持有大量现金，而是将现金存入商业银行，由商业银行代为保管。客户将现金存入银行后，不定期地支取一定现金，用于个人或企事业单位的日常支出和其他开销。为应对客户可能的提现需求，商业银行需要在营业网点存放一定数额的现金，供客户随时提现。此外，存款是银行的最大负债，保证客户提现需求是银行信用的充分体现，如果银行现金不足或不持有现金，就会造成客户恐慌，发生挤兑现象，致使银行遭遇信用危机，严重情况下导致破产。出于筹集资金需要，商业银行定期或不定期发行债券、向其他银行同业拆借等。这些业务就构成了银行负债的一部分，需要债务到期时偿还借款并支付利息。而银行之间同业拆借时间极短，资金额较大，要求银行拥有足够现金用于偿还债务。

其次，存款准备金可以视为商业银行出于预防性动机而持有的现金资产。商业银行根据央行规定的存款准备金率，在中央银行存入一定量现金，即存款准备金，是为了保证客户提取存款和资金清算需要而准备的资金。一旦银行面临流动性危机，可以提取存款准备金，以满足当前银行流动性的需要。

最后，投机动机可以理解为商业银行需要持有现金资产以满足盈利性需要。现阶段商业银行盈利方式是吸收存款后发放贷款，获取利息收入。银行需要及时评估提出资金需求的企业的信用状况和盈利能力，在保证资金尽可能安全的前提下，投放贷款以获取利润。在当前的市场经济条件下，市场信息瞬息万变，银行更需要在极短时间内了解市场形势，迅速做出正确的反应和行动，将资金及时实现贷放，以期获取未来的现金流。而这就要求银行必须持有一定数量现金，把握放贷机会后及时贷放款项，为银行增加获利空间。

第二节　英国北岩银行"挤兑"
——流动性的供给与需求

英国北岩银行（Northern Rock）位于英国北部，建立于1965年。1997年在伦敦交易所上市，向存户与借款者发行股票。2007年，历经十年苦心耕耘的英国北岩银行成为了英国五大抵押借贷机构之一。区别于大多数银行依靠储户存款为购房者提供抵押贷款的做法，北岩银行专注于英国的住房抵押贷款业务，主要依靠向其他银行借款，以及在金融市场上出售抵押贷款证券筹款。因此，北岩银行的主营业务模式为：借入同业资金，发放住房抵押贷款，然后抵押贷款证券化，继而借入同业资金，形成"贷款—证券化—贷款"的循环（见表4-1）。

表 4-1 英国北岩银行主要的融资途径

资产端	负债端
居民住房抵押贷款	居民存款
	同业拆借
流动性资产	住房抵押贷款证券
	住房抵押贷款担保债券

2007年，美国次贷危机席卷全球，美国与英国的房地产市场全面崩盘。面对房价大幅度下跌的情景，许多购房者决定停止偿还贷款，继而引发了住房贷款违约浪潮。而住房抵押贷款证券化所依赖的正是每月贷款人按时偿还的现金流，所以违约浪潮袭来直接影响了投资者信心。在这种情况下，投资者购买这类证券化产品的意愿明显降低。然而，祸不单行的是，由于连续加息和金融机构接连卷入次贷违约潮，同业拆借市场流动性几乎停滞，金融机构的风险偏好迅速下滑，不愿对外借钱。

在此背景下，处于风口浪尖的北岩银行迅速陷入窘境。住房抵押贷款证券化负债规模庞大且逐渐到期，而住房抵押贷款期限长，在每月还款资金有限的情况下还面临着大量违约，更具弹性的同业拆借资金也开始大幅撤退。两难的困境使得北岩银行在这场危机之下步履蹒跚，流动性危机问题一触即发。图4-1就是北岩银行资金期限错配情况。

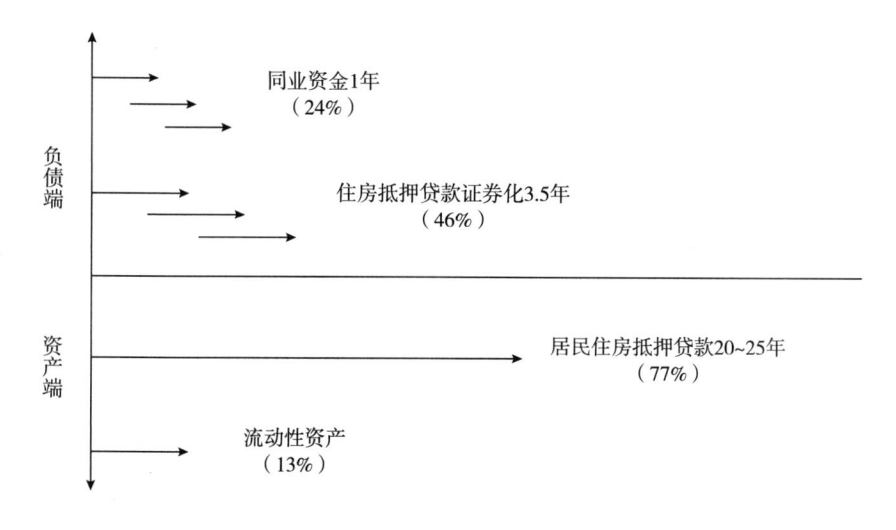

图 4-1 北岩银行资金期限错配情况

一、流动性供给的来源和渠道

为了满足流动性需求，商业银行必须从一些渠道获取流动性供给。现金资产作为商业银行流动性最强的资产，直接形成了银行流动性供给。流动性供给主要来自客户存款、客户偿还贷款、银行资产出售和货币市场借款等。

（一）客户存款

流动性供给最重要的来源是新增客户存款。银行新存款的增加通常与企业销售收入进账、个人薪金、津贴发放相联系。

（二）客户偿还贷款

商业银行流动性资金来源的另一个重要渠道是客户偿还贷款。银行发放贷款一般都有明确的偿还期限，属于一种定期的流动性供给。商业银行应随时监测借款客户资金运用，以保证借款客户按时偿还银行贷款，只有这样，银行才能合理安排可用资金头寸，确保流动性资金需求得以及时、足额获得满足。

（三）银行资产出售

银行可以通过出售贷款或证券方式，将现有资产变现以满足流动性需求。银行资产出售特别是可交易证券的出售，是银行证券投资组合中的一种安排，也是变现可用资金的补充。这些交易证券主要是指国库券、金融债券和企业债券等。随着二级市场和证券化的不断发展，银行通过出售资产获得流动性变得越来越容易。

（四）货币市场借款

短期流动性供给可能来自货币市场借款，如发行大额可转让存单、向中央银行借款、同业拆借等。银行从货币市场借款取决于商业银行规模以及货币市场交易份额，当流动性不足时，大规模商业银行通常向货币市场发行各种债务工具来筹措所需要的流动性资金。

从流动性供给来源可知，商业银行流动性供给同样受到各种外部因素的影响，如存户多少、存款种类、市场游资多寡、到期贷款收回难易、季节性变化以及社会政治经济情况等。

二、流动性需求的类别和影响因素

商业银行流动性需求是由客户提出，必须立即兑现的现金要求。商业银行流动性需求通常来自客户提取存款、商业银行安排借款客户的贷款、偿还非存款借款、银行服务中产生的营业费用和税收以及向股东派发现金红利等。

流动性需求受到宏观经济运行状况、金融形势、银行自身经营状况以及客户行为特征等诸多因素影响，波动主要表现为短期、长期、周期和临时的流动性需求：

（一）短期流动性需求

短期流动性需求是一种短期现金需求，季节性因素会引起存款变化和贷款需求变动。例如，处于农业地区开展业务经营活动的银行，贷款需求会随着播种时节而变化。春季贷款需求增加，夏季初开始下降。当秋季收获后，农户贷款需求进一步下降。如果银行客户相对比较单一，季节性流动性需求就表现得尤为明显。

（二）长期流动性需求

长期流动性需求是一种长期现金需求，这种需求主要由银行所服务社区或者产业经济发展所决定。如果银行主要服务于新开发地区或新兴产业，贷款需求通常较大（通常高于其存款），在较长一段时间内表现为净现金需求。相比之下，如果银行服务于较成熟、稳定发展的地区或产业，则贷款需求较少而存款需求较多，现金需求较小。

（三）周期流动性需求

周期流动性需求是一种长期现金需求，这种需求主要由于经济周期性波动引发。在经济繁荣时期，随着经济增长和消费者信心的增强，企业和个人的贷款需求增加，银行贷款业务将出现大幅扩张现象，而此时一般利率走高，证券价格较低，商业银行通过持有大量现金满足流动性需求。然而，在经济衰退时期，由于经济活动减缓，企业和个人的贷款需求下降，导致银行贷款业务萎缩，当利率水平下降时，银行能够以有利价格出售证券获取现金。

（四）临时流动性需求

临时流动性需求是一种临时的现金需求，该需求由难以预测的不寻常事件引发。例如，由信任危机引发的银行挤兑、贷款需求的不寻常增长，或一些资金来源的突然中断等。银行无法预测以上需求，只能通过储备足够准备金或临时向市场寻求流动性予以积极应对。

三、流动性管理的基本原则和方法

（一）流动性管理的基本原则

商业银行进行流动性管理时，不仅面临着复杂、多变的外部市场环境，而且自身的流动性资产与负债也处于不断变化之中，表4-2列举了商业银行流动性供给和流动性需求的主要项目。

表4-2 商业银行流动性供给和流动性需求的主要项目

流动性供给	流动性需求
吸收客户存款	客户提取存款

续表

流动性供给	流动性需求
同业存放、同业拆入、卖出回购	定期或到期支付存款利息
发行理财产品	偿还存款以外的债务本息
发行债券	支付业务及管理费
发行股票	支付手续费及佣金
证券变现	支付各项税费
收回客户贷款	分配现金股利
投资收益和投资收回	合理的客户贷款需求
利息收入、手续费及佣金收入	良好的投资机会

因此，针对特定时点上的流动性需求有多种可供选择方案，选择何种方案满足流动性需求更符合银行长远发展，同时也成为一个非常重要的问题。一般而言，流动性管理决策时商业银行应主要遵循以下原则：

1. 进取型原则

当出现流动性缺口时，银行管理者不是依靠收缩资产规模和出售资产，而是通过主动负债方式满足流动性需求，这称为进取型原则。根据进取型原则进行决策时，关键在于借入资金成本是否小于运用其所获得收益。采用进取型原则有利于银行业务扩张，降低银行经营成本，提高经济效益。但是，主动负债筹集资金受众多因素影响，在市场资金供给紧张时，筹资成本增加或难以筹集足够资金，具有一定的风险性。

2. 保守型原则

当出现流动性缺口时，银行管理层选择通过资产转换、出售等方式满足流动性需求，这称为保守型原则。在运用该原则进行流动性管理过程时，由于银行资金调整转换不受或少受市场资金供求关系影响，在面临不确定资金需求增加的情况下，可以进行内部资金调整，相对可靠地补充流动性，这种方法安全、可靠且风险较小。但是，运用这种管理原则，银行所需支付的成本相对较高。一般而言，规模较小、资金实力不雄厚的银行，当资金市场上面临的融资难度较大时，多倾向于采用该原则进行流动性管理。

3. 成本最低原则

流动性缺口满足应以筹资成本最低为原则。无论是选择主动负债方式，还是自身资产转换方式，流动性缺口满足都必然要付出一定的成本代价。成本最小化是银行基于未来流动性需求、市场资金供求状况以及利率走势来预测，设计多种筹资方案，通过对比分析不同方案，确定一个最佳方案。

（二）流动性管理方法

商业银行流动性管理就是要在各种各样的资产、负债以及创新的资金来源中进行选择，实现流动性需求和来源的协调管理。

1. 资产流动性管理方法

商业银行可以通过持有一定比率的、流动性较强的资产存储流动性。具体方法包括：①持有一定比例的现金资产，如现金、存放央行的超额准备金等；②持有一定数量的、可以随时在货币市场上变现的各种有价证券，尤其是各种短期有价证券，如政府债券、政府机构债券、地方政府债券以及短期商业票据等，满足日常的流动性需要。当出现流动性缺口时，可以将非现金资产迅速转化为现金资产以获取流动性资金。一般而言，现金、准现金、同业拆出、政府短期债券、商业票据、银行承兑汇票、资金回购以及其他到期期限与流动性需求相吻合的资产等均可视为流动性资产，属于短期内变现或使用的资产。由于流动性资产变现能力较强且风险较低，因而收益能力通常较差。但是在资产总量一定的前提下，流动性资产规模越大，意味着获取高盈利的资产规模就越小，因此，损失的利息收益实际上是持有流动性资产的机会成本。此外，出售金融资产须承担一定交易成本，特别是在市场价格下跌的情况下，银行还可能面临资本损失风险。因此，银行应预测未来的流动性，持有合理且适度的流动性资产。

2. 负债流动性管理方法

商业银行可以通过借入资金方式满足流动性需要。通过借入资金满足流动性需要属于风险最大，但同时也是盈利最高的一种流动性管理方式。借入资金渠道主要包括向中央银行再贴现、再贷款、同业拆入、证券回购、发行大额可转让定期存单、从国际金融市场借款，以及其他负债方式等。借入的流动性资金使银行能够保留较少的流动性资产，将资金更多地投向高盈利资产项目，从而提高盈利能力。同时，借入资金可以增强银行资产规模和结构的稳定性，不必通过不断转换资产形式满足流动性需求。但是在负债流动性管理过程中，受到借款便利程度和借款利率的制约，尤其是在货币市场利率多变、资金获取不稳定的情况下，能否及时、足额在货币市场借入资金满足流动性需求，取决于公众对银行的信心和银行自身的资金实力。因此，大型银行借入资金用于满足流动性的现象更为普遍，中小型银行借入资金时面临的约束条件会更多，可运用的借入资金数量较为有限，在运用借入资金来保持流动性时会受到一定程度限制。

3. 创新的流动性管理方法

随着金融创新飞速发展，不断涌现各类金融技术创新、金融工具创新和金融市场创新，能够最大可能地满足银行流动性盈利需求。一是金融技术创新。随着数理金融快速发展，许多风险计量模型相继问世。常见方法有缺口管理技术、久期技术、VAR法和多元回归法等，商业银行结合自身业务情况，不同风险采用具有可操作性的度量手段，才能确保分析结果的准确和科学。二是金融工具创新。金融工具是金融市场的交易客体，商业银行综合运用多种金融工具进行交易获得收益，抵冲流动性风险造成的亏损。因此，金融工具创新是金融市场发展的必然趋势。例如，可转让定期存款单、回购协议、资产证券化、互换远期商业票据融资等，这些创新型金融工具与传统流动性管理方式相辅相成，为银行提供了新的利润来源和风险控制手段。三是金融市场创新。大力发展金融市场创新一直以来都是经济发展的必要需求。构建以金融市场创新为基础的流动性风险管理机制，就是通过规范和创新金融市场，拓展业务渠道，整合业务资源等途径，在金融市场上综合且灵活地运用各类金融工具，最终实现规避流动性风险的目标。发展金融市场创新，既是推进商业银行流动性风险管理的发展形势所需，更是国际金融业发展的必然趋势。

第三节　如何预测流动性需要量？
——资金头寸的计算与预测

假设某银行根据国民经济发展的有关信息、市场环境变化等因素，估计未来一年中每个月的存贷款变化情况，以及以10%的存款准备金率计算的准备金变化情况（见表4-3）。在此基础上，如何预测该银行每个月的头寸（流动性）需要量呢？

表4-3　某银行资金头寸需要量预测　　　单位：百万元

月份	存款总额	存款的变化	所需准备金的变化	贷款总额	贷款的变化	头寸剩余（+）或不足（-）
12	593	—	—	351	—	—
1	587	-6.0	-0.6	356	5.0	-10.4
2	589	2.0	0.2	359	3.0	-1.2
3	586	-3.0	-0.3	356	-3.0	0.3
4	591	5.0	0.5	365	9.0	-4.5
5	606	15.0	1.5	357	-8.0	21.5
6	620	14.0	1.4	345	-12.0	24.6
7	615	-5.0	-0.5	330	-15.0	10.5

续表

月份	存款总额	存款的变化	所需准备金的变化	贷款总额	贷款的变化	头寸剩余（+）或不足（-）
8	616	1.0	0.1	341	11.0	-10.1
9	655	39.0	3.9	341	0.0	35.1
10	635	-20.0	-2.0	361	20.0	-38.0
11	638	3.0	0.3	375	14.0	-11.3
12	643	5.0	0.5	386	11.0	-6.5

一、资金头寸及其构成

商业银行资金头寸是指商业银行能够运用的资金，根据层次划分，分为基础头寸和可用头寸两类（见图 4-2）。

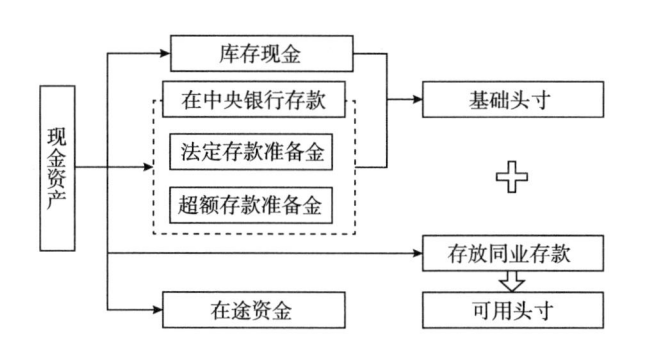

图 4-2 商业银行资金头寸的层次划分

（一）基础头寸

基础头寸是指商业银行的库存现金与在中央银行的超额准备金之和。基础头寸中，库存现金和超额准备金能够相互转化，商业银行从在中央银行的存款准备金账户中提取现金，就会增加库存现金，同时减少超额准备金；相反，商业银行将库存现金存入中央银行准备金账户，就会减少库存现金而增加超额准备金。但在经营管理过程中二者的运动状态又有所不同：库存现金是为客户提现保持的备付金，流通于银行与客户之间；而在中央银行的超额准备金是为有业务往来的金融机构保持的清算资金，流通于金融机构之间。

（二）可用头寸

可用头寸是指商业银行可以动用的全部资金，包括基础头寸和银行存放同业存款。法定存款准备金的减少和其他现金资产的增加，表明可用头寸增加；相反，法定存款准备金增加和其他现金资产的减少则意味着可用头寸减少。银行可用头寸实际上包括两个方面的内容：一是可用于应付客户提存和满足债权债务清偿需要的头寸，一般称之为支付准备金（备付金）；二是可贷头寸，是指商业银行可以用来发放贷款和进行新的投资的资金，是形成银行盈利资产的基础。从数量上来看，可贷头寸等于全部可用头寸减去规定限额的支付准备金之差，即银行总流动性需求=负债流动性需要量+贷款的流动性需要量。

二、资金头寸的预测

商业银行现金资产管理的核心任务是保证银行经营过程中的适度流动性，即银行一方面要保证现金资产能够满足正常的和非正常的现金支出需要，另一方面要追求利润的最大化。为此，需要银行管理者必须准确地计算和预测资金头寸，为流动性管理提供可靠依据。

预测银行资金头寸，实际上就是预测银行流动性需要量。流动性风险管理是银行每天都要进行的日常管理。银行的现金资产每日、每时都处于变动之中，一旦发生未预料的现金流入或流出变动，银行就应该立即采取防范措施，通过变现资产或筹措资金来防止出现清偿力危机。但是，银行不能总是处于被动地应付风险，而应该积极采取措施，对可能发生的流动性风险预先做好准备。而积极的流动性风险管理要求银行准确地预测未来一定时期内的资金头寸需要量或流动性需要量。

银行资金头寸或流动性准备的变化，归根结底取决于银行存贷款资金运动的变化。任何存款的支出和贷款的增加，都将减少头寸；反之，存款的增加和贷款的减少，则会增加银行的资金头寸（见表4-4）。

表4-4 商业银行的主要资金来源和资金运用

资金来源（增加头寸）	资金运用（减少头寸）
贷款利息和本金	新发放的贷款
变现债券及到期债券	购买债券
存款增加	存款减少
其他负债增加	其他负债减少
发行新股	收购股份

以中国工商银行为例，2021~2023年该行资产结构中客户贷款及垫款净额的占比最高，基本稳定在57%左右，其次是投资，占比在26%上下浮动。从负债结构来看，则无疑是客户存款占比最高，近三年稳定在82%以上（见表4-5和表

4-6）。由此可知，商业银行进行头寸预测，实质上是预测存贷款的变化趋势。

表4-5 2021~2023年中国工商银行的资产结构

项目	2021年12月31日 金额（百亿元）	占比（%）	2022年12月31日 金额（百亿元）	占比（%）	2023年12月31日 金额（百亿元）	占比（%）
客户贷款及垫款净额	20109200	57.2	22591676	57.0	25386933	56.8
投资	9257760	26.3	10533702	26.6	11849668	26.5
现金及存放中央银行款项	3098438	8.8	3427892	8.7	4042293	9.0
存放和拆放同业及其他金融机构款项	827150	2.4	1192532	3.0	1116717	2.5
买入返售款项	663496	1.9	864122	2.2	1224257	2.7
其他	1215339	3.4	1000222	2.5	1077211	2.5

资料来源：中国工商银行（A股）2021~2023年年报。

表4-6 2021~2023年中国工商银行的负债结构

项目	2021年12月31日 金额（百亿元）	占比（%）	2022年12月31日 金额（百亿元）	占比（%）	2023年12月31日 金额（百亿元）	占比（%）
客户存款	26441774	82.9	29870491	82.8	33521714	81.9
同业及其他金融机构存放和拆入款项	2921029	9.2	3187712	8.8	3369858	8.2
卖出回购款项	365943	1.1	574778	1.6	1018106	2.5
已发行债务证券	791375	2.5	905953	2.5	1369777	3.3
其他	1376004	4.3	1555793	4.3	1641576	4.1

资料来源：中国工商银行（A股）2021~2023年年报。

（一）存款趋势预测

根据变化规律，通常存款被划分为三类：一是一定会提取的存款，如到期不能自动转期的定期存款和金融债券。这类存款有契约在先，无需预测；二是可能会提取的存款，如定活两便存款、零存整取存款以及到期可以自动转存的存款等，这类存款存在提取的可能性；三是随时可能提取的存款，如活期存款。存款预测的对象主要是第二类和第三类，二者统称为易变性存款。

将各月存款变化的最低点连接起来，就形成了核心存款线（见图4-3）。核心存款线以上的曲线为易变性存款线。核心存款的稳定性较强，正常情况下没有流动性需求。银行存款的流动性需求通过易变性存款曲线充分反映，虽然这一曲线只是大致地反映存款变化趋势，但可以为存款周转金的需要量决策提供一个重要依据。

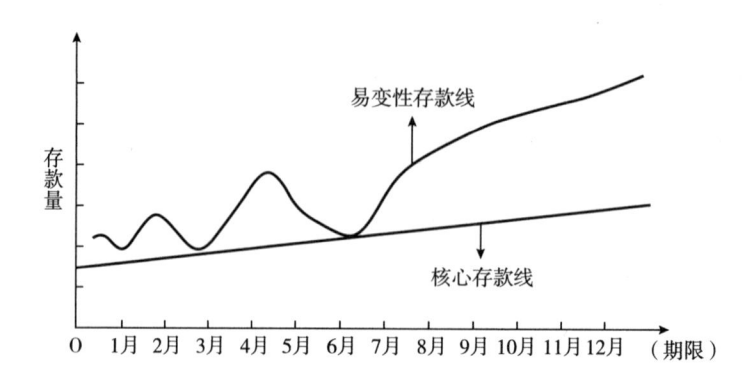

图 4-3 存款变化趋势

（二）贷款需求预测

理论上，贷款的主动权掌握在银行手中，银行只能在有头寸的情况下才能发放新贷款。但是现实中，情况并非如此。因为贷款能否到期返还，更多地取决于客户的还款能力和还款意愿，即使存在合同约束，贷款也不一定按期归还。此外，对于新的贷款需求，虽然银行有权拒绝，但在金融市场竞争日趋激烈的情况下，银行一般不会轻易拒绝任何一个具有合理资金需要的客户，对于银行而言，从某种程度来说贷款也是被动的。

贷款变化趋势线由各月贷款需求的最高点连接而成，表示商业银行贷款需要量的变化趋势（见图 4-4）。而波动线则位于趋势线以下，表示不同点上的贷款需求量变化的幅度和期限。在一定时期内低于上限的贷款数，是商业银行为满足季节性和周期性变化需要而应持有的可贷头寸。

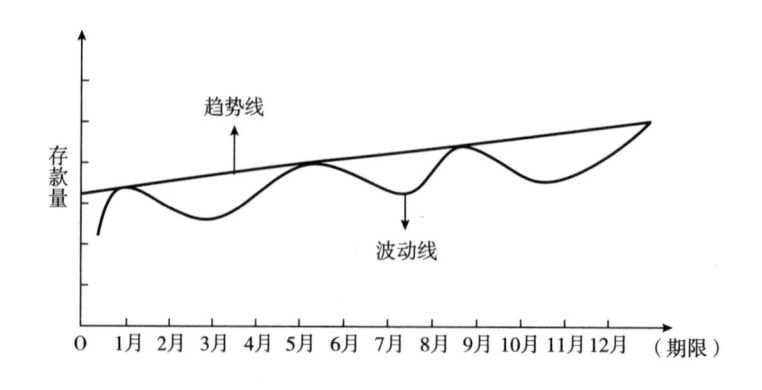

图 4-4 贷款变化趋势

（三）综合预测

除分别预测存款和贷款变化趋势外，商业银行还应当综合存款和贷款变化，进行综合预测。在一定时期，某一商业银行所需要资金头寸量，是贷款增量和存款增量之差，可用公式表示如下：

资金头寸需要量＝预计的贷款增量+应缴存款准备金增量-预计的存款增量

计算结果为正数，表明银行贷款规模呈上升趋势，需要补充资金头寸；若存款供给量不能相应增加，就需要其他渠道借款筹资。计算结果为负数，则情况恰好相反，表明银行还有剩余的资金头寸，可通过其他渠道将富余头寸转化为盈利性资产。

（四）中长期预测

进行中长期头寸预测时，除主要考虑存贷款变化趋势外，商业银行还应结合其他资金来源和运用的变化趋势，才能保证头寸预测更为全面和准确。预测公式如下：

时期资金头寸量＝时点的可获头寸+存款增量+各种应收债权+新增借入资金-贷款增量-法定准备金增量-各种应付债务+内部资金来源与运用差额

测算结果若为正数，表明预测期期末头寸剩余，在时点可贷头寸为正的情况下，可增加盈利性资产投放额度；若时点可贷头寸为零或负数，则表明预测期期末资金匮乏，即使时点可贷头寸为正，也不可过多安排期限较长的资金投放。

三、资金头寸的调度

商业银行头寸调度是指在正确预测资金头寸变化趋势的基础上，及时灵活的调节头寸余缺，以保证在资金短缺时，能以最低成本和最快速度调入所需的资金头寸；反之，在资金头寸多余时，能及时调出头寸，并保证调出资金的收入能高于筹资成本，以获取较高收益。

商业银行头寸调度的主要渠道有同业拆借、短期证券回购及商业票据交易、总行与分支行之间的资金调度、通过中央银行融通资金、出售中长期证券，以及出售贷款和固定资产等。在实际操作过程中，银行根据自身情况和市场环境选择最合适的方式进行头寸调度。

受商业银行业务特性和市场环境影响，头寸调度是银行经营管理的核心。首先，头寸调度是银行业务经营的基本手段。商业银行日常业务涉及大量资金的流入和流出，客户存款提取、贷款发放和其他金融交易都需要进行实时资金清算，这就要求具备高效且精准的头寸调度能力，以确保资金流动平衡，既满足客户需求，又维持自身流动性。其次，头寸调度是减少银行经营风险的重要方法。由于商业银行所处的市场环境复杂多变，要求需具备较高的市场敏感度和风险管理能力，深入分析市场趋势，制定头寸调度策略，降低市场风险，以提高盈利能力。因此商业银行需要深入分析市场趋势，制定头寸调度策略，尤其是随着大数据、人工智能等新兴技术不断应用于金融领域，更加精准预测客户需求和市场变化，不断优化头寸调度策略势在必行。

第四节　如何确定现金资产在总资产中的占比？
——现金资产管理

从表4-5可知，中国工商银行的现金及存放中央银行款项、存放和拆放同业及其他金融机构款项的金额及占比，长期处于资产结构中排名第三、第四的位置。2018~2023年，中国工商银行现金及存放中央银行款项的金额小幅提升，占比却呈现持续下降，从12.2%跌落至9.0%。存放和拆放同业及其他金融机构款项的金额总体保持相对稳定趋势，占比从3.5%略微下滑至2.5%。由此可见，中国工商银行现金资产在总资产中虽然占据较为重要的位置，但是占比持续下降。那么，商业银行现金资产需要量是根据哪些因素来予以确定呢？

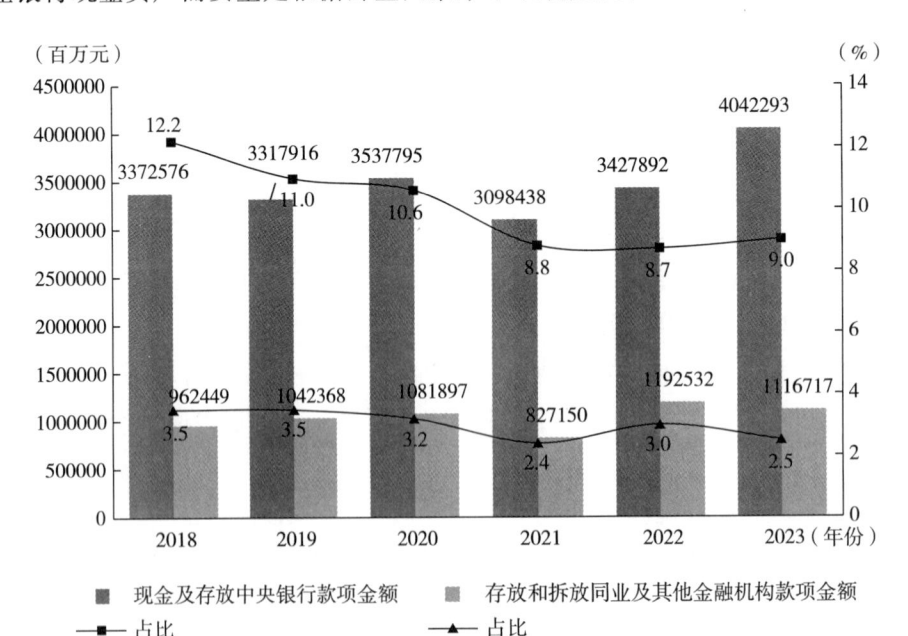

图 4-5　2018~2023年中国工商银行现金资产金额及其占比

资料来源：中国工商银行（A股）2018~2023年年报。

一、现金资产管理原则

在商业银行资产配置中,现金资产无疑是流动性最强的资产,持有一定数量现金资产的主要目的在于满足银行经营过程中的流动性需要。然而,现金资产基本上属于一种无盈利或微利资产,若银行过多持有现金资产,可能会错失其他具有更高盈利潜力的投资机会,导致盈利性下降。因此,商业银行持有现金资产需要付出机会成本。

银行现金资产管理的核心目标就是要在保证经营过程中流动性需要的前提下,将持有现金资产的机会成本降至最低。为实现这一目标,在现金资产管理的过程中,应遵循总量适度原则、适时调节原则和安全保障原则。通过合理配置现金资产,在稳定经营的同时实现盈利最大化、银行整体经营状况最优化的目标。

（一）总量适度原则

总量适度原则是商业银行现金资产管理中至关重要的原则,指银行现金资产总量必须保持在一个适当规模。这一适当规模是基于现金资产的功能和特点,确保满足银行经营过程中的流动性需求,同时使持有现金资产所付出的机会成本最小化现金资产数量。由于现金资产无利或微利的特性,现金资产保留过多就会增加机会成本,影响银行的盈利性,可能会对银行经营的安全性造成威胁;反之,现金资产保留过少,银行无法满足正常提现需要和合理资金需求,从而导致流动性风险和信誉、客户丧失。只有坚持现金资产适度规模,才能实现经营安全性和盈利性的相统一,促进银行经营总目标的实现。

（二）适时调节原则

适时调节原则是指银行应根据业务过程中的现金流量变化,及时地调节资金头寸,确保现金资产的规模适度。银行现金资产规模（存量）的变化,取决于一定时期内银行业务经营过程中的现金流量变化情况。当一定时期内现金流入大于现金支出时,现金资产存量就会上升;反之,则会下降。银行要保持适度的现金资产存量规模,就需要根据现金流量变化情况,及时将多余部分头寸充分运用出去,或筹措资金补足头寸。因此,适时调节资金头寸是实现现金资产规模适度的必要手段。

（三）安全保障原则

商业银行大部分现金资产是由在中央银行和同业的存款及库存现金构成。其中,库存现金是商业银行业务经营过程中必要的支付周转金,分布于各个营业网点,需进行保管、清算、运输等业务活动。现金资产特别是在库存现金管理中,银行必须健全安全保卫制度,严格业务操作规程,确保资金的安全无损。

二、库存现金的日常管理

银行库存现金集中反映了经营资产的流动性和盈利性状况。库存现金增加，通常意味着流动性增强，但会牺牲部分盈利性。为了保证在必要的流动性前提下追求更高盈利，银行需要合理压缩库存现金规模，维持最低水平。为此，商业银行必须深入分析、了解库存现金数量的各种影响因素。在此基础上，精准测算库存现金需要量，及时调整存量。同时，加强各项管理措施，确保库存现金安全。

（一）影响银行库存现金的因素

1. 现金收支规律

现金收支在数量上和时间上都具有一定的规律性。例如，对公出纳业务通常在上午有大量的现金支出，而下午则有大量的现金收入。此外，由于季节因素影响，某些季节银行的现金收入多而支出少，而在其他季节则支出多收入少。根据历年的现金收支记录，银行应仔细分析变化规律，为资金头寸的准确预测提供依据。

2. 营业网点多少

银行业务经营的每一个营业网点，都需要一定的铺底现金。随着营业网点的增加，库存现金需要量也会相应增多。一般而言，银行的营业网点数量与库存现金需要量成正比例关系。

3. 后勤保障条件

库存现金数量与后勤保障条件也具有密切关系。一般而言，在后勤保障条件优越的情况下，如拥有足够的运钞车和保安人员，通常无需在每个营业网点存放大量现金；反之，如果后勤保障条件有限，就需要在每个营业网点配置更多现金，导致现金占压费用增加。

4. 与中央银行发行库距离、交通条件及发行库的规定

一般而言，商业银行营业网点和中央银行发行库相距不远，或交通运输条件较好，就可以尽量压缩库存现金规模。同时，中央银行发行库营业时间、出入库时间规定也对商业银行库存现金规模产生重要影响。若中央银行发行库营业时间短，规定的出入库时间和次数有限，则商业银行库存现金需相应增加。

5. 商业银行内部管理

商业银行内部管理机制，如员工业绩考核标准是否包含库存现金指标、各专业岗位协作制度、出纳和储蓄柜组劳动组合等，都会在一定程度上影响着库存现金规模变化。

（二）银行库存现金规模的确定

在实际工作中，要确定一个十分合理的库存现金规模比较困难，但在理论上，

仍然可以进行一些定量分析，以便为实际操作提供理论依据或指导。

1. 库存现金需要量的匡算

银行库存现金是为了完成每天现金收支活动而需要持有的即期周转金。匡算库存现金需要量主要考虑两个因素：一是库存现金周转时间。银行库存现金的周转时间长短受多种因素影响，主要因素有营业网点分布状况和距离、交通运输工具先进程度和经办人员配置、进出库制度与营业时间衔接情况等。一般而言，城市银行网点分布比较分散，相互之间距离较远，交通运输条件也较差，导致库存现金周转时间较长。由于银行库存现金是分系统按层次供给，下级行现金由上级行供给，上级行库存现金周转时间包含着下级行库存现金周转时间。因此，与管理层级少的银行相比，管理层级多的银行库存现金周转时间更长。二是确定库存现金支出水平。银行业务活动既有现金支出，也有现金收入。理论上，二者都会影响现金库存，但测算库存现金需要量时，主要考虑应作为支付准备的现金需求，而不是所有的现金收支。因此，银行通常只关注现金支出水平对库存现金的影响，防止发生收不抵支情况。测算现金支出水平，一方面要考虑历史上同期的现金支出水平，另一方面要考虑一些季节性和临时性因素影响。在实际工作中，主要运用以下公式计算现金支出水平：

即期现金支出水平＝前期平均现金支出水平×保险系数×历史同期平均发展速度

其中：

$$前期平均现金支出水平＝\frac{前30天现金支出累计发生额}{30}$$

保险系数＝标准差×置信概率度[①]

$$标准差＝\sqrt{\sum\frac{（每天现金支出额－平均现金支出额）^2}{30}}$$

$$历史同期平均发展速度＝\sqrt[考察年数-1]{\frac{上年同月现金支出累计发生额}{最早年份同月现金支出累计发生额}}$$

式中：同月是指考察时点前半月和考察时点后半月相加。

例题4-1：已知某商业银行上季度的平均现金支出水平为1000万元，保险系数为1.05，历史同期平均发展速度为0.03。但本季度，该商业银行预期将面临以下情况：①有新的投资项目需要现金支出，预计增加200万元。②有一些未预期的客户退款，预计减少50万元。③保险系数将调整为1.1。④历史同期平均发展速度将调整为0.04。

[①] 置信概率度根据要求的数字准确度来确定，如果要求数字的准确性达到95%，则置信概率为0.95，《正态概率表》对应的t值为1.96，即置信概率度为1.96。

基于上述情况，计算本季度的即期现金支出水平。

即期现金支出水平＝（1000+200-50）×1.1×0.04＝50.6万元

即本季度的即期现金支出水平为50.6万元。

2. 最适送钞量的计算

为了合理控制库存现金规模，商业银行各营业网点需定期调度现金头寸，并及时运送现金。显然，运送现金会产生一定的费用，如果费用过高，超过因占压现金而产生的成本，则可能造成得不偿失情况。因此，银行需要权衡运送现金的成本与收益，以确定最合适的送钞量。在这个最适送钞量上，银行为占用库存现金和运送钞票所花费的费用之和应当是最小值，可以运用经济批量法进行测算，计算公式如下：

$$T = C \times \frac{Q}{2} + P \times \frac{A}{Q}$$

式中：T表示总成本；A表示一定时期内的现金收入（或支出）量，Q表示每次运钞数量，P表示每次运钞费用，C表示现金占有费率；$\frac{A}{Q}$表示运钞次数，$\frac{Q}{2}$表示平均库存现金量，$P \times \frac{A}{Q}$表示全年运钞总费用；$C \times \frac{Q}{2}$表示库存现金全年平均占用费。

根据以上公式，运用微分法来求经济批量的总成本T为极小值时的运钞数量Q，以及以Q为自变量，求T对Q的一阶倒数T′，则：

$$T' = \frac{dT}{dQ} = \frac{C}{2} - \frac{A \times P}{Q^2}$$

令 T′＝0，则：

$$\frac{C}{2} - \frac{A \times P}{Q^2} = 0$$

$$Q^2 = \frac{2A \times P}{C}$$

$$Q = \sqrt{2A \times \frac{P}{C}}$$

例题4-2：中国工商银行某市分行在距中心库30千米处设一个分理处，根据往年有关数据测算，年投放现金量为1825万元，平均每天投放5万元。每次运钞需支出燃料费、保安人员出差费约50元，资金占用费率为年利率的6.6%。计算要使运钞成本最小，每次的最佳运钞量为多少万元？

$$Q = \sqrt{\frac{2 \times 1825 \times 0.005}{6.6\%}} = 16.63 \text{ 万元}$$

即每次最佳运钞 16.63 万元，大约每 3 天多送一次。

$$T = \frac{CQ}{2} + \frac{AP}{Q} = \frac{6.6\% \times 16.63}{2} + \frac{1825 \times 0.005}{16.63} = 1.0975 \text{ 万元}$$

即此时运钞的总成本为 1.0975 万元。

3. 现金调拨临界点的确定

由于银行从提出现金调拨申请到实际收到现金需要一个或长或短的过程，特别是对于那些距离中心库较远的营业网点，必须提前安排调拨，不能等到库存现金用完后再申请。同时，为了应对一些临时性的大额现金支出，也需要持有一定的保险库存。因此，应当在什么时候、在多大的库存量时调拨现金，涉及一个现金调拨的临界点问题，一般运用以下公式计算这一临界点：

现金调拨临界点＝平均每天正常支出量×提前时间＋保险库存量

保险库存量＝（预计每天最大支出－平均每天正常支出）×提前时间

例题 4-3：在例题 4-2 中，该分理处的提前时间为 1 天，平均每天正常支出为 5 万元，预计每天最大支出量为 7 万元，计算该分理处现金调拨临界点为多少万元？

保险库存量＝（7-5）×1＝2 万元

现金调拨临界点＝5×1+2＝7 万元

因此，当该分理处的库存现金降至 7 万元时，就应当申请调拨现金 16.63 万元。

4. 银行保持现金适度量的措施

在确定最适运钞量和现金调拨临界点之后，银行便拥有维持适度现金库存的客观依据。但是要切实管理好库存现金，确保库存现金始终维持在适度规模，还需要加强内部管理，提升库存现金管理水平。

（1）将库存现金状况与有关人员的经济利益挂钩。在测算营业网点适度现金库存规模操作的基础上，银行应比较网点实际库存状况与适度库存现金量，并根据库存掌握的好坏与经济利益挂钩。在实践中，硬性规定限额指标效果并不理想，比较可行的操作办法是给基层营业网点下达内部成本考核指标，将成本指标与有关人员经济利益直接关联。由于现金库存量大小直接影响网点内部成本率高低，有利于促使有关人员在保证支付的前提下，主动压缩库存规模，实现现金库存的最优配置。

（2）实现现金出纳业务的规范化操作。银行库存现金量大小在很大程度上取决于对公出纳业务现金收支的规范化程度。因此，银行应尽可能在对公现金出纳业务中实现规范化操作。首先，积极开展代发工资业务，将各开户单位的工资直接以存单形式存入本行，避免每月大量工资性现金支出；其次，合理安排开户单位工资发放日及每天的资金支出额，均匀地分散排列于各个时间段；最后，对开户单位发放工资和其他大额现金支出实行当天转账、次日付现的预约制度，每天会计部门提前通知出纳部门具体预约金额，出纳部门则需当日配款封包寄存，次日付现。通过掌握客户发放工资和其他大额提现的时间和金额，银行可以提前预测大部分现金支出的时间和金额，更好地进行流动性管理。而其他小额支出对流动性不会产生较大冲击，银行可以更为轻松地予以调剂。

（3）掌握储蓄现金收支规律。储蓄业务面对个人存款者，现金收支可控性差，难以人为规范化。但是，根据统计数据分析，储蓄现金收支具有较强的规律性。只要全面、充分地掌握规律，银行就能够在保证支付的前提下，适当减少备用金的库存量。

储蓄业务的现金收支通常遵循以下规律：一是日常营业过程中，正常情况下客户取款和存款概率大致相等，即正常情况下，不会出现大量客户取款而很少客户存款的情况，除非由于社会、经济、政治等特殊事件发生，或遭遇严重自然灾害，或本行经营状况严重恶化，导致客户对本行的经营安全性产生怀疑，才会出现大量取款、少量存款的情况。因此，银行需关注社会、经济和政治形势的发展变化，及时发现挤兑迹象。二是正常情况下，由于通常上午提取大额现金购买大件商品，取款平均数一般大于下午，表明当天的现金收入抵扣现金支出存在时差性，银行在每天营业开始时必须保留一定数额的备用金。三是一般情况下，各月出现现金净收入和净支出的日期相对固定。由于储蓄资金主要源于个人工资收入，通常各月中、上旬会将工资扣除消费后存入银行，表现为银行的净收入，而各月下旬，则需要从银行支取现金，以补充消费不足，表现为银行现金的净支出。

（4）解决压低库存现金的技术性问题。第一，合理安排现金的票面结构。由于营业网点的地理位置不同，票面结构要求存在差异。票面结构不合理容易导致现金库存量增加，因此，需要根据实际情况调整票面结构，降低现金库存量。第二，充分发挥中心库的调剂作用。银行中心库最好与地处中心位置、现金投放量大的网点业务库（如支行营业部）合二为一，实现更为高效地调剂现金。同时，应制定专人负责各业务网点的现金余缺调剂，提高现金抵用率。第三，各营业网点出纳专柜应建立当天收现当天清点、消灭主币封包、下班前各档并存等制度，确保当天收入现金全部用于抵用次日现金支出，提高现金使用效率。第四，创造条件确保储蓄所上交现金当日入账。第五，及时清点并上缴回收的残破币，降低库存现金量。

（三）严格库房安全管理措施

商业银行库存现金是最为安全的资产，但库存现金也具有特定风险，这种风险既来自现金被盗、被抢和自然灾害的损失，也来自业务人员清点、包装时的差错。此外，银行内部不法分子的贪污和挪用也是库存现金的风险来源。因此，一方面，银行必须加强库存现金适度性管理，另一方面，必须严格、安全地管理库房，现金清点、包装、入库、安全保卫、出库、现金运送等环节采取严密的责任制度、监测制度、保卫制度和有效的风险防范措施，确保库存现金的安全无损。

三、存款准备金的管理

存款准备金是商业银行现金资产的主要构成部分，主要包括按照中央银行规定的比例上缴的法定存款准备金和准备金账户中超过法定准备金的超额准备金。因此，存款准备金管理包括满足中央银行法定存款准备金要求和超额准备金的适度规模控制两方面内容。

（一）满足法定存款准备金要求

法定存款准备金是商业银行根据存款余额，按照法定比率向中央银行缴存的准备金。设立法定存款准备金的初衷是为了防范商业银行的流动性危机。发展至今，法定存款准备金已成为中央银行调节商业银行信用规模和信用能力的一项重要工具，并被纳入货币政策操作体系。商业银行必须无条件服从中央银行的法定存款准备金要求。因此，存款准备金管理首先应当满足法定存款准备金的要求。

法定存款准备金管理的核心工作是精确计算法定存款准备金的需要量，并及时上缴应缴的准备金。西方国家商业银行主要采用两种方法计算法定存款准备金的需要量：一种是滞后准备金计算法，主要适用于对非交易性账户的存款准备金计算；另一种是同步准备金计算法，主要适用于对交易性账户的存款准备金计算。其中，交易性存款账户又称为支票账户，是银行提供给客户用于交易结算的账户。客户通过该账户转入和转出资金，满足日常交易需要。此类账户的特点是资金流动性强，随时进行大额转账或支取。同时，为了保障资金安全，此类账户银行通常设置一定的余额限制。而非交易性存款账户主要是为了满足客户的长期资金管理和投资需求。这类账户资金流动性相对较低，是客户用来进行定期存款、购买理财产品或其他投资活动的。与交易性账户相比，非交易性账户更为注重收益性和风险控制，为客户提供多元化投资选择（见图4-6）。

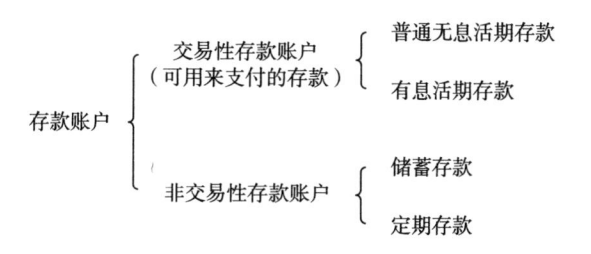

存款账户 { 交易性存款账户（可用来支付的存款） { 普通无息活期存款 / 有息活期存款 } ; 非交易性存款账户 { 储蓄存款 / 定期存款 } }

图4-6 商业银行在中央银行存款账户的主要类型

1. 滞后准备金计算法

滞后准备金计算法是根据前一期存款负债余额确定本期所需准备金的方法。商业银行会根据两周前的存款负债余额来确定当前应持有的准备金数量。该方法的操作基础是将两周前的 7 天作为基期，并以这 7 天的实际存款余额为基准，计算银行在准备金持有周应持有的准备金的平均数（见图 4-7）。

第1周	第2周	第3周
计算基期周		准备金保持周

图 4-7　法定存款准备金的滞后准备金计算法

例题 4-4：某银行在 2 月 6（周四）~ 12 日（周三）的非交易性存款平均余额为 300 万元，按照 8% 的存款准备金率，那么该行在 2 月 20 ~ 26 日这一周中应保持的准备金平均余额为多少万元？

准备金平均余额 = 300×8% = 24 万元

即该行在 2 月 20 ~ 26 日这一周中应保持的准备金平均余额为 24 万元。

2. 同步准备金计算法

同步准备金计算法是指以本期存款余额为基础计算本期准备金需要量的方法。通常做法是确定两周为一个计算期，如从 9 月 2（星期四）~ 15 日（星期三）为一个计算期，计算 14 天中银行交易性账户存款的日平均余额。准备金保持期从本周期第三天，即 9 月 4 日（星期四）开始，到 9 月 17 日（星期三）结束。在这 14 天中的准备金平均余额以准备金计算周期内，即 9 月 2 ~ 15 日的存款平均余额为基础计算（见图 4-8）。

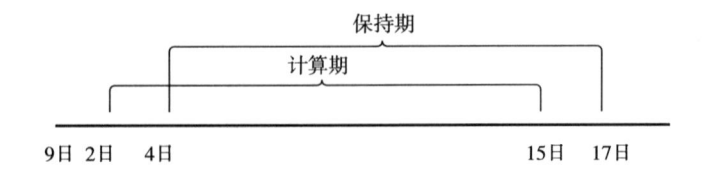

图 4-8　法定存款准备金的同步准备金计算法

例题 4-5：某商业银行在 2 月 6（周四）~ 19 日（周三）的交易性存款余额如表 4-7 所示，按照 10% 的存款准备金率，该行在 2 月 8 ~ 21 日这一周中应保持的准备金平均余额为多少万元？

表 4-7　某商业银行 2 月 6~19 日的交易性存款余额情况　　单位：万元

日期	交易性账户存款余额	日期	交易性账户存款余额
2月6日	230	2月13日	240
2月7日	240	2月14日	250
2月8日	250	2月15日	260
2月9日	250	2月16日	230
2月10日	260	2月17日	270
2月11日	270	2月18日	260
2月12日	260	2月19日	250

$$交易性存款日平均余额 = \frac{230+240+\cdots+260+250}{14} = \frac{3520}{14} = 251.4286 \text{ 万元}$$

准备金平均余额 = 251.4286×10% ≈ 25.14 万元

即该行在 2 月 8~21 日这一周中应保持的准备金平均余额为 25.14 万元。

根据滞后准备金计算法获得的准备金需要量，与同步准备金计算法计算获得的准备金需要量之和，即为银行在一定时期内需要缴纳的存款准备金余额。当现有准备金余额不足时，银行应当及时予以补足；当现有准备金余额已经超过应缴准备金时，则应及时从中央银行调减准备金，增加银行的可用头寸。

（二）超额准备金的管理

超额准备金是商业银行在中央银行准备金账户上超过法定存款准备金的那部分存款。作为商业银行重要的可用头寸，超额准备金主要用于投资、贷款、清偿债务和业务周转金提取。商业银行在中央银行的超额准备金虽然能带来一定的利息收入，但与其他盈利资产如贷款和投资等相比，盈利能力相对较弱，属于微利资产。因此，商业银行不应保留过多的超额准备金。超额准备金管理的关键在于，在准确预测超额准备金需要量的基础上合理控制准备金规模（见图 4-9）。

1. 影响超额准备金需要量的因素

（1）存款波动。商业银行存款包括对公存款和储蓄存款。一般而言，对公存款变化主要通过转账形式。具体地，若本行客户向其他银行客户支付款项，将导致本行对公存款下降，超额准备金流出；相反，若本行客户收取其他银行客户支付的货款，则本行对公存款和超额准备金同时增加。个人储蓄存款和部分对公存款变化，则主要通过现金收支表现。当存款增加时，首先表现为现金增加，银行将现金交存中央银行，最终引起超额准备金增加；反之，存款下降，银行现金支出增加，需要从中央银行提取现金，导致超额准备金减少。

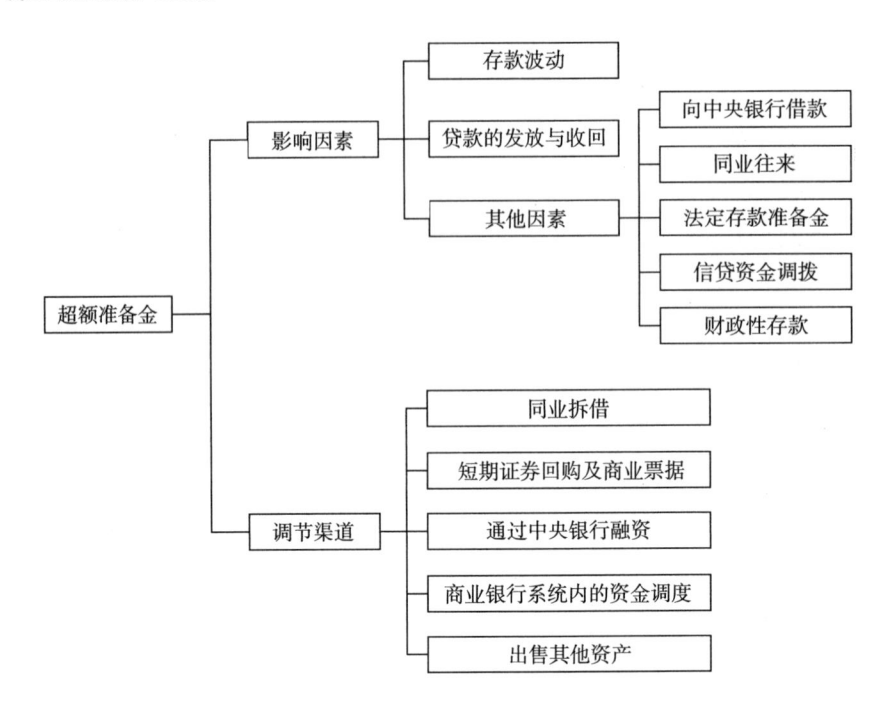

图 4-9　商业银行超额准备金的影响因素和调节渠道

当分析存款波动对超额准备金需要量影响时，银行应重点分析存款下降的主要原因。只有存款下降时，才会导致超额准备金需要量增加。存款下降一般取决于近期因素和历史因素，即受到临近若干旬或月的存款下降幅度和历史上同期存款下降幅度的双重影响。若以 1 旬为分析区间，近期因素可以定为 3 旬，历史因素可以定为历史上某 1 年中以该旬居中的 3 旬。若以 1 个月作为区间分析，近期因素可以定为 3 个月，历史因素可以定为该月居中的 3 个月。但是实际匡算过程中，还必须扣除其他一些特殊因素，如企业贷款收回，该业务同时使存款余额下降，但这种下降对超额准备金未能产生任何影响。存款变化测算一般可以采取以下方法计算：

每旬（月）关键性存款降幅 = 旬（月）中累计存款下降额 − 其他因素（如贷款收回）

$$\text{前 3 旬（月）平均关键性存款降幅} = \frac{\text{前 3 旬（月）累计关键性存款降幅}}{3}$$

保险系数 = 标准差 × 置信概率度

$$\text{标准差} = \sqrt{\sum \frac{(\text{每旬（月）关键性存款降幅} - \text{前 3 旬（月）平均性关键性存款降幅})^2}{3}}$$

历史同期平均发展速度①=$\sqrt[考察年数-2]{\dfrac{去年同期关键性存款降幅}{最早年份同期关键性存款降幅}}$

本旬（月）存款波动周转金需要量=前3旬（月）平均关键性存款降幅×保险系数×历史同期平均发展速度

例题4-6：某商业银行观察到过去3个旬（每旬10天）的关键性存款降幅分别为80、100和120。银行决定采用一个保险系数，该系数为0.7。根据银行的历史数据，同期的平均发展速度为5%。请根据以上数据，计算该银行本旬存款波动周转金需要量。

前3旬平均关键性存款降幅=$\dfrac{80+100+120}{3}$=100万元

本旬存款波动周转金需要量=100×0.7×5%=3.5万元

即该商业银行本旬存款波动周转金需要量为3.5万元。

（2）贷款的发放与收回。贷款发放与收回对超额准备金影响主要取决于贷款使用范围。若贷款使用对象为本行开户企业，本行在中央银行存款将不会发生变化；若贷款发放对象是他行开户企业，或本行开户企业取得贷款后立即对外支付，减少本行在中央银行存款，从而使本行超额准备金下降。此时，商业银行就需要准备足够的超额准备金。

同理，贷款收回对超额准备金的影响也因贷款对象不同而有所不同。他行开户的贷款企业归还贷款会使本行超额准备金增加，而本行开户的贷款企业归还贷款，则不会影响超额准备金需要量。由此，贷款发放对超额准备金需要量的计算公式如下：

贷款发放对超额准备金的需要量=用于对他行支付的贷款+（用于对本行支付的贷款-已收回贷款）×法定存款准备金比率

例题4-7：某商业银行发放一笔2000万元的贷款，其中1000万元用于对其他银行支付，500万元用于对本行支付，同时收回一笔300万元贷款。该商业银行的法定存款准备金率为8%。则该银行在这笔贷款发放后，超额准备金需要量是多少万元？

贷款发放对超额准备金的需要量=1000+（500-300）×8%=1016万元

即贷款发放对超额准备金的需要量为1016万元。

（3）其他因素对超额准备金需要量的影响。除存贷款因素外，其他一些因素也在不同程度上影响着商业银行超额准备金需要量。这些因素主要包括：一是向中央银行借款。当分析期内商业银行向中央银行的借款大于还款时，超额准备金上升；反之，当分析期内商业银行还款大于借款时，超额准备金数额下降。二是

---

① 同期指以考察旬（月）居中的3个旬（月）。

同业往来。当分析期内银行同业往来科目为应付余额，表示在这一时期内该行要向他行归还的到期拆入款大于应该收回的拆出款，超额准备金下降；反之，当分析期内银行同业往来科目为应收余额，表示该行到期应收回的拆出款大于应归还的拆入款，则超额准备金上升。三是法定存款准备金。当分析期内需要调增法定存款准备金时，就会从超额准备金中解缴法定存款准备金，减少超额准备金余额；而当分析期内需要调减法定存款准备金时，调减部分自动增加商业银行超额准备金。四是信贷资金调拨。当分析期内需要调出信贷资金时，就会减少超额准备金；而当可以调入信贷资金时，就会增加超额准备金。五是财政性存款因素。财政性存款上缴会减少商业银行超额准备金。根据以上各种因素，商业银行可以测算在一定时期内的超额准备金需要量。

2. 超额准备金的调节

在预测超额准备金基础上，商业银行应当及时进行头寸调节以保持超额准备金规模的适度性。当未来的头寸需要量较大、现有的超额准备金不足以应付需要时，银行应当设法补足头寸，增加超额准备金；而当未来头寸需要量减少、现有超额准备金剩余时，则应及时地将多余的超额准备金运用出去，寻求更好的盈利机会。

商业银行主要有以下五种头寸调度的渠道和方式：①同业拆借。商业银行灵活调度头寸的最主要渠道是同业拆借。任何一家经营有道的银行都应当建立广泛的短期资金融通网络，以便资金短缺时能够及时拆入资金，并在资金暂时剩余时及时运用，获取相应利润。②短期证券回购和商业票据交易。短期证券和商业票据属于商业银行二级准备，也是商业银行头寸调度的重要渠道。当商业银行头寸不足时，可以选择在市场上出售证券回购协议方式补足头寸；而当商业银行头寸过剩时，则可以通过买入回购协议方式将资金调出。此外，短期商业票据买卖也成为商业银行调节现金头寸余缺的一种方式。③通过中央银行融资。中央银行在金融体系中扮演着最后贷款人角色。当商业银行经营过程中面临着暂时性资金头寸不足时，可以通过再贷款或再贴现方式向中央银行融资。但由于中央银行再贷款和再贴现属于货币政策操作手段，商业银行能否获得中央银行贷款，在很大程度上取决于当时的货币政策需要和商业银行经营状况。当中央银行货币政策收紧时，或商业银行经营状况不佳时，从中央银行融通资金将变得更为困难。④商业银行系统内的资金调度。商业银行实行一级法人体制。为了增强行内资金调度能力，各商业银行都实行二级准备制度。因此，各级银行在日常经营活动中，若遇头寸不足或剩余情况，可以在系统内通过本行资金调度予以调剂。例如，当某一分行或支行头寸不足时，向上级行要求调入资金；而当某一分行或支行头寸多余时，则上存资金。⑤出售其他资产。当商业银行通过以上渠道或方式仍无法满足头寸调度需要时，还可以通过出售中长期证券、贷款甚至固定资产方式来获得现金。通常情况下，中长期证券和贷款是商业银行的主要盈利来源，固定资产更是商业银行业务经营的基础，若仅从资金调度角度而言，只要银行能够通过其他渠道获得所需资金，一般就不会选择出售资产方式。但是，当商业银行通过上述几种方式都无法满足资金调度需要时，或预测这些资产未来价格将出现较大幅度下降时，或目前出售这些资产确实能给银行带来丰厚利润时，银行也可以通过出售中长期证券、贷款或固定资产等方式来实现融通资金目标。

四、同业存款的管理

（一）同业存款的目的

除库存现金、在中央银行存款外，大多数商业银行在其他金融机构保持一定数量的活期存款，即同业存款。由于业务特点和人力、物力限制，任何一家银行都不可能在业务触及的各个地方设立分支机构。一般情况下，在未设立分支机构地区的部分金融业务，需要委托当地银行等金融机构代理。规模较大银行一般都具有双重角色，作为其他银行的代理行而接受其他银行的存放同业款，同时又是被代理行，将一部分资金以活期存款形式存放其他代理行，形成银行之间的代理行业务。银行之间开展代理业务，需要花费一定的成本，商业银行在代理行保持一定数量活期存款，主要目的在于支付代理行的代办业务手续费。代理行可以将同业存入款用于投资，以投资收入补偿成本并获利。由于这一部分存款随时可以使用，与库存现金、存放中央银行的超额准备金类似，因此也成为商业银行现金资产的组成部分之一。

按照银行现金资产管理原则，同业存款应当保持一个适度规模。同业存款过多，银行就会付出一定的机会成本；而同业存款过少，又会影响银行委托他行代理业务开展，甚至影响本行在同业中的信誉。因此，在同业存款管理中，银行需要准确预测同业存款需要量。

【拓展案例】

表 4-8　2022~2023 年中国工商银行存放和拆放同业及其他金融机构款项

单位：百万元

存放同业及其他金融机构	2022 年	2023 年	拆放同业及其他金融机构	2022 年	2023 年
境内银行同业	232150	221700	境内银行同业	394590	265904
境内其他金融机构	14556	24145	境内其他金融机构	226604	209164

续表

存放同业及其他金融机构	2022年	2023年	拆放同业及其他金融机构	2022年	2023年
境外银行同业及其他金融机构	116014	164954	境外银行同业及其他金融机构	200951	222934
应计利息	3406	3885	应计利息	5761	7591
小计	366126	414684	小计	827906	705593
减：减值准备	(393)	(426)	减：减值准备	(1107)	(3134)
	365733	414258		826799	702459

资料来源：中国工商银行（A股）2022~2023年年报。

表4-9　2022~2023年中国工商银行同业及其他金融机构存放和拆入款项

单位：百万元

同业及其他金融机构存放款项	2022年	2023年	拆入资金	2022年	2023年
境内同业及其他金融机构	2524293	2698821	境内同业及其他金融机构	213002	228733
境外同业及其他金融机构	137552	138308	境外同业及其他金融机构	303008	288883
应计利息	3056	4256	应计利息	6801	10857
合计	2664901	2841385	合计	522811	528473

资料来源：中国工商银行（A股）2022~2023年年报。

（二）测算同业存款需要量

商业银行同业存款余额需要量，主要取决于使用代理行的服务数量和项目、代理行的收费标准及可投资余额的收益率。

1. 使用代理行的服务数量和项目

银行将款项存放同业的主要目的是支付代理行代理本行业务的成本，因此，本行使用代理行服务的数量和项目多少是影响同业存款需要量的最基本因素。若使用代理行服务的数量和项目较多，同业存款需要量就较多；反之，使用代理行服务的数量和项目较少，则同业存款需要量就较少。

2. 代理行的收费标准

在使用代理行服务数量和项目一定的情况下，代理行的收费标准成为影响同业存款需要量的主要因素。收费标准越高，同业存款需要量就越大。

3. 可投资余额的收益率

通常情况下，代理行通过对同业存款进行投资获取收益，弥补为他行代理业务所支付成本，因此，同业存款中可投资余额收益率高低直接影响着同业存款需要量。若同业存款中可投资余额收益率较高，同业存款需要量就少一些；否则，同业存款需要量就多一些。

例题4-8：假设某商业银行要测算次月的同业存款需要量，已知因素如下：

（1）使用代理行的服务数量和项目：根据历史数据，该商业银行次月预计将使用代理行提供的支票清算服务约1000笔；电子转账服务约20笔；证券保管服务约5笔。

（2）代理行的收费标准：支票清算服务每笔0.04元；电子转账服务每笔1.5元；证券保管服务每笔3元；数据办理及计算机软件服务100元。

（3）可投资余额的收益率：该商业银行可投资余额的年收益率为8%。

（4）其他：代理行同业存款准备金率为12%，平均托收未达款为7200元。

根据已知因素，得出某商业银行测算出的次月同业存款需求量如表4-10所示。

表4-10 某银行同业存款余额需要量测算

1. 次月代理行提供的服务	笔	每笔/元	成本（元）
支票清算	1000	0.04	40
电子转账	20	1.5	30
证券保管	5	3	15
数据办理及计算机软件服务			100
全月总成本			185
2. 代理行的收益			
计算机服务手续费			100
应从同业存款中获取的投资收益			85
3. 同业存款余额需要量			
投资收益=投资收益率×$\frac{30}{360}$×（同业存款余额-托收未达款-应提准备金）			
同业存款余额=22670			

第五节 商业银行流动性风险管理办法

随着金融市场持续深化，金融机构之间的关联愈发密切，个别银行或局部的流动性问题极易引发整个银行体系的流动性紧张，加强流动性风险管理和监管的必要性和紧迫性日益突出。2008年和2010年，巴塞尔委员会相继出台了《稳健的流动性风险管理与监管原则》和《第三版巴塞尔协议：流动性风险计量、标准和监测的国际框架》，在对流动性覆盖率标准进一步修订完善后，于 2013 年公布了《第三版巴塞尔协议：流动性覆盖率和流动性风险检测标准》（以下简称巴Ⅲ）。

2009 年，中国银监会出台《商业银行流动性风险管理指引》。中国银监会深入分析我国银行业流动性风险管理存在问题，借鉴巴Ⅲ的流动性标准，在对现行的流动性风险监管制度进行梳理、补充和完善的基础上，起草了《商业银行流动性风险管理办法》，并于 2011 年 10 月向社会公开征求意见。同时，密切跟踪国际金融监管改革最新进展情况，在 2013 年 1 月巴塞尔委员会公布新的流动性覆盖率标准后，及时修订了《流动性办法》。经中国银监会 2017 年第 15 次主席会议通过，《商业银行流动性风险管理办法》自 2018 年 7 月 1 日起施行。

这一政策的出台，有助于提升我国商业银行的流动性管理水平，对金融市场的稳定发展发挥积极推动作用。在此背景下，各大商业银行纷纷开始重视并加强自身的流动性管理工作，不仅对原有的管理策略进行全面梳理和优化，而且积极采用先进的流动性管理技术和方法，有效帮助商业银行提升自身风险管理能力，更好地应对市场波动和风险挑战。

【拓展案例】

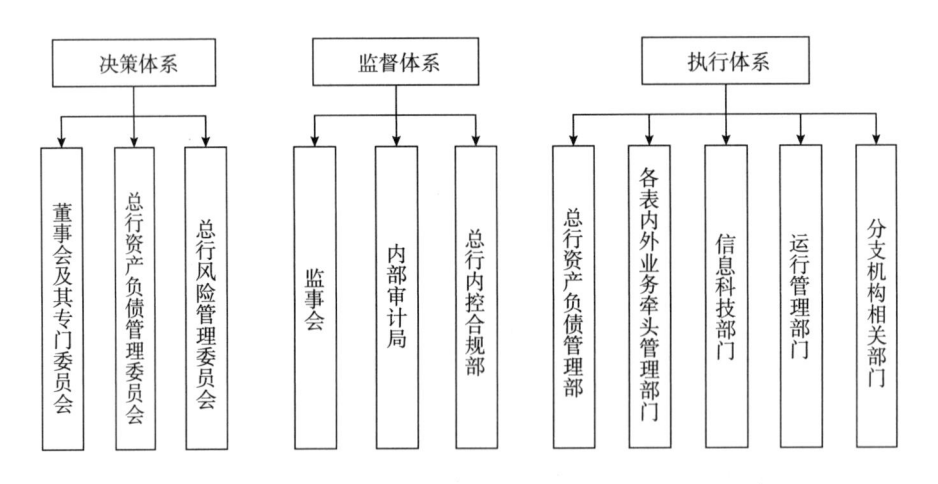

图 4-10　中国工商银行流动性风险管理的组织架构

一、流动性风险的定义和特点

（一）流动风险的定义

流动性一般代表商业银行运用合理价格获取足够资金，满足客户提取金额的要求。流动性风险则是指商业银行无法以合理成本及时获得充足资金，以偿付到期债务、履行其他支付义务和满足正常业务开展的资金需求的风险。当一家商业银行需要资金时，能够拥有充足资金，或可以通过拆借或出售资产方式，以可接受的成本及时获得资金，则认为该商业银行是具有充足的流动性，成为各项业务正常运转的基本前提。

商业银行流动性风险通常分为负债流动性风险和资产流动性风险。负债流动性风险是指商业银行过去筹集资金，特别是存款资金，由于内外因素变化而发生不规则波动，对其产生冲击并引发相关损失的风险。而资产流动性风险是指资产到期无法如期足额收回，进而无法满足到期负债的偿还和新的合理贷款及其他融资需要，从而带来损失的风险。

(二) 流动性风险的特点

流动性风险具有三个明显的特点：一是普遍存在性。流动性风险普遍存在，且不可避免，无法消除。二是极端的流动性风险是其他风险的最终表现形式。流动性风险不是独立存在的，其他风险都可能转换为流动性风险。而信用风险、市场风险、操作风险等其他风险的积聚、恶化的综合作用等，最终也可能形成流动性风险，以流动性危机形式爆发。三是极强的传染性。一旦触发流动性风险，将迅速传染至其他各类金融机构，打击市场信心，引发大规模的社会恐慌和金融挤兑，更有可能在市场层面集聚和累积，触发系统性金融风险，甚至对经济发展和社会稳定造成毁灭性破坏，引发经济风险。

同时，随着金融创新概念不断普及，传统储蓄产品已经无法满足现阶段的市场投资需求，在互联网金融创新概念不断推广下，商业银行加大新产品研发力度，源源不断地为金融市场发展注入活力。在当前的新形势下，商业银行流动性风险呈现新的特点：一方面，流动性风险位置发生转移。流动性风险从传统的表内转移至表外，而表外资产受制于各种因素的影响，对商业银行流动性冲击相对更为明显。此外，考虑到居民投资理财意识进一步提高，互联网金融产品层出不穷，商业银行需要针对不同用户群体开发具有竞争力的金融产品，以尽可能地减少客户流失现象。而互联网平台的存贷款产品、理财产品等加深了商业银行流动负债与传统资产之间的矛盾，逐渐绕过监管限制而转移至表外，使得流动性风险比以前任何发展阶段都更为隐蔽，且具有更强的破坏性。另一方面，各商业银行流动性风险水平差距日益明显。不同类型商业银行所采取的运营模式存在明显差异，导致流动性风险等级随之变化。虽然各类银行之间的各种差异化竞争能够促进银行业实现长远、健康发展，但是商业银行却不得不投入更多的时间和精力应对流动性风险产生的各种负面影响。

二、流动性风险的度量及管理办法

根据 2018 年 7 月 1 日起实施的《商业银行流动性风险管理办法》，我国商业银行流动性风险计量设立流动性风险监管指标和监测指标。其中，流动性风险监管指标包括流动性覆盖率、净稳定资金比例、流动性比例、流动性匹配率和优质流动性资产充足率；监测参考指标包括但不限于流动性缺口、流动性缺口率、核心负债比例、同业市场负债比例、最大十户存款比例、最大十家同业融入比例和存贷比等。

（一）监管指标

现阶段我国商业银行的流动性风险监管指标如表 4-11 所示。

表 4-11　现阶段我国商业银行的流动性风险监管指标

指标名称	计算公式	最低监管标准（%）
流动性覆盖率	流动性覆盖率 = $\dfrac{合格优质流动性资产}{未来30天现金净流出量}$	不低于 100
净稳定资金比例	净稳定资金比例 = $\dfrac{可用的稳定资金}{所需的稳定资金}$	不低于 100
流动性比例	流动性比例 = $\dfrac{流动性资产余额}{流动性负债余额}$	不低于 25
流动性匹配率	流动性匹配率 = $\dfrac{加权资金来源}{加权资金运用}$	不低于 100
优质流动性资产充足率	优质流动性资产充足率 = $\dfrac{优质流动性资产}{短期现金净流出}$	不低于 100

资料来源：《商业银行流动性风险管理办法》。

1. 流动性覆盖率

流动性覆盖率反映我国商业银行在规定的流动性压力情景下，是否具有充足的合格优质流动性资产变现以满足未来至少 30 天的流动性需求。计算公式如下：

$$流动性覆盖率 = \frac{合格优质流动性资产}{未来30天现金净流出量}$$

流动性覆盖率的最低监管标准为不低于 100%。

2. 净稳定资金比例

净稳定资金比例反映我国商业银行是否具有充足的稳定资金来源，以满足各类资产和表外风险敞口对稳定资金的需求。计算公式如下：

$$净稳定资金比例 = \frac{可用的稳定资金}{所需的稳定资金}$$

净稳定资金比例的最低监管标准为不低于100%。

3. 流动性比例

我国商业银行应保持一定数量的流动性资产应对短期到期债务提款要求。流动性比例主要监测一个月中流动性资产应对到期债务的能力，即到期资产与负债匹配情况。计算公式如下：

$$流动性比例 = \frac{流动性资产余额}{流动性负债余额}$$

流动性比例的最低监管标准为不低于25%。

4. 流动性匹配率

流动性匹配率用于衡量商业银行主要资产与负债的期限配置结构，旨在引导商业银行合理配置长期稳定负债、高流动性或短期资产，避免过度依赖短期资金支持长期业务发展，提高流动性风险抵御能力。计算公式如下：

$$流动性匹配率 = \frac{加权资金来源}{加权资金运用}$$

流动性匹配率的最低监管标准为不低于100%。

5. 优质流动性资产充足率

优质流动性资产充足率旨在确保商业银行是否保持充足的、无变现障碍的优质流动性资产，能够在流动性压力情况下，通过变现这些资产满足未来30天内的流动性需求。计算公式如下：

$$优质流动性资产充足率 = \frac{优质流动性资产}{短期现金净流出}$$

优质流动性资产充足率的最低监管标准为不低于100%。

（二）监测指标

现阶段我国商业银行的部分流动性风险监测指标如表4-12所示。

表4-12 现阶段我国商业银行的部分流动性风险监测指标

指标名称	计算公式
流动性缺口	未来各个时间段的流动性缺口 = 未来各个时间段到期的表内外资产 - 未来各个时间段到期的表内外负债
流动性缺口率	流动性缺口率 = $\frac{未来各个时间段的流动性缺口}{相应时间段到期的表内外资产} \times 100\%$
核心负债比例	核心负债比例 = $\frac{核心负债}{总负债}$
同业市场负债比例	同业市场负债比例 = $\frac{同业拆借 + 同业存放 + 卖出回购款项}{总负债} \times 100\%$

续表

指标名称	计算公式
最大十户存款比例	最大十户存款比例 = $\dfrac{\text{最大十户存款合计}}{\text{各项存款}} \times 100\%$
最大十家同业融入比例	最大十家同业融入比例 = $\dfrac{\text{最大十家同业机构交易对手同业拆借+同业存放+卖出回购项}}{\text{总负债}} \times 100\%$
超额备付金率	超额备付金 = 商业银行在中央银行的超额准备金存款+库存现金 超额备付金率 = $\dfrac{\text{超额备付金}}{\text{各项存款}} \times 100\%$
存贷比	存贷比 = $\dfrac{\text{贷款总额}}{\text{存款总额}}$

1. 流动性缺口

流动性缺口是指以合同到期日为基础，按特定方法测算未来各时间段到期的表内外资产和负债，并将到期资产与到期负债相减获得的差额。计算公式如下：

未来各个时间段的流动性缺口 = 未来各个时间段到期的表内外资产 − 未来各个时间段到期的表内外负债

商业银行经营特点是通过资产与负债的期限错配获取收益，而这一特点决定了必须保持充足的流动性履行债务支付义务，因此，在业务经营过程中，商业银行必须不断地提高流动性风险管理能力，不断地平衡流动性和盈利性之间的关系，避免出现资产负债期限过度错配，以及资产或负债期限、客户等的过度集中。否则，即便具有清偿能力，也可能由于无法及时以可承受价格变现资产或取得融资而破产乃至倒闭。流动性缺口分析和监测可以涵盖隔夜、7天、14天、1个月、2个月、3个月、6个月、9个月、1年、2年、3年、5年和5年以上等多个时间段。

2. 流动性缺口率

流动性缺口率是指未来各个时间段的流动性缺口与相应时间段到期的表内外资产的比例。计算公式如下：

流动性缺口率 = $\dfrac{\text{未来各个时间段的流动性缺口}}{\text{相应时间段到期的表内外资产}} \times 100\%$

流动性缺口率与流动性缺口类似，主要用于监测商业银行所有表内外项目在不同时间段的合同期限错配情况。流动性缺口率越大，表明错配程度越严重，越应关注未来商业银行的流动性状况。

3. 核心负债比例

核心负债比例是指核心负债与总负债的比率。核心负债为包括距到期日3个月以上（含）的定期存款、发行债券和过去12个月活期存款最低余额，属于银行比较稳定的资金来源。该比例主要用于衡量银行资金来源的稳定性，核心负债占总负债比重越高，银行负债稳定性越好，越有利于降低流动性风险。

$$核心负债比例 = \frac{核心负债}{总负债}$$

4. 同业市场负债比例

同业市场负债比例是指银行从同业机构交易对手获得的资金占总负债的比例。计算公式如下：

$$同业市场负债比例 = \frac{同业拆借+同业存放+卖出回购款项}{总负债} \times 100\%$$

同业市场负债是商业银行通过同业业务主动筹集资金的方式。原中国银监会制定的同业市场负债比例，要求银行要掌握同业负债资金占总负债的比重，要适当控制同业负债依存度，防范由于过度依靠同业负债导致同业市场波动而诱发的流动性风险。因此，同业市场负债比例越高，表示银行负债结构越不稳定，流动性风险水平会较高。

5. 最大十户存款比例

最大十户存款比例，即最大十户存款总额与各项存款的比率。该监测指标旨在预防集中度风险，规避由于存款大户提款造成商业银行流动性困难。计算公式如下：

$$最大十户存款比例 = \frac{最大十户存款合计}{各项存款} \times 100\%$$

6. 最大十家同业融入比例

最大十家同业融入比例是指银行通过同业拆借、同业存放和卖出回购款项等业务，从最大十家同业机构交易对手获得资金占总负债的比例。该监测指标旨在为防范融资来源过度集中和同业风险传染。计算公式如下：

$$最大十家同业融入比例 = \frac{最大十家同业机构交易对手同业拆借+同业存放+卖出回购项}{总负债} \times 100\%$$

7. 超额备付金率

超额备付金率，即商业银行超额备付金与各项存款的比例。备付金是银行为了满足支付清算而持有的准备金，是银行主要的流动性资产。计算公式如下：

超额备付金 = 商业银行在中央银行的超额准备金存款 + 库存现金

$$超额备付金率 = \frac{超额备付金}{各项存款} \times 100\%$$

8. 存贷比

存贷比，即银行贷款对存款的比率。存贷比是商业银行流动性的基本度量标准，存贷比较高意味着流动性较低，存贷比较低则代表该银行拥有充足流动性。存贷比具有简单、直接的特点，展示了资产负债结构的整体现状，但是也存在一定缺陷，即忽略了存贷款的类别、期限、质量和性质等结构性因素的影响。

（三）流动性管理方法

1. 书面政策

我国各大商业银行都高度重视流动性风险管理问题，组织编写本行的流动性风险管理方法。一方面，完善流动性风险管理的治理结构和制度体系，建立自上而下的管理结构，理顺流动性风险管理职责，并进一步重视表外、特殊业务和机构流动性风险；另一方面，进一步优化流动性风险指标体系，建立分层次、多维度的流动性风险指标管理体系，重视外部监管指标和内部监测指标。

2. 应急计划

根据流动性风险性质的差异，我国商业银行制定流动性风险分类及应急处理预案，着重针对不同的流动性风险场景制定对应的流动性应急操作，采取不同级别的应急预案管理应对各种突发状况，所设计的应急预案需要详细地确保紧急情况下的流动性需求，同时明确各方在应急程序和措施中的权限和职责。应急措施包括但不限于：①总分行间临时调剂备付资金；②通过货币市场进行资金拆借及正回购交易；③调动分行积极吸收同业存款、发行同业存单和进行票据正回购；④进行货币掉期交易；⑤出售高质量流动性资产；⑥向中国人民银行申请运用流动性支持工具等。

3. 流动性管理策略

我国商业银行以管理层制定的本行流动性风险偏好为基础，综合考虑市场竞争优势、市场定位以及中长期战略发展方向，制订适应的流动性管理策略，包含资产流动性管理策略、负债流动性管理策略、提升LCR指标管理策略等。

4. 管理工具

我国商业银行流动性管理工具包括现金流缺口管理、压力测试、流动性指标体系等，通过多样化模型和计量方法，确保在正常和压力情景下，能够全面分析和监测未来资产负债结构、期限错配、融资来源集中度等，制定相应的风险缓释计划和措施，为资产负债配置提供有效指导。

【拓展阅读】

仔细阅读以下主题为"商业银行流动性及其风险"的期刊论文，并认真思考有关问题。

[1] 谢星，李颖，封思贤. 流动性创造、法定数字货币与银行风险承担 [J]. 改革，2024（5）：124-136.

[2] 方意，袁琰. 硅谷银行和北岩银行被挤兑的成因与对策 [J]. 财会月刊，2023，44（9）：14-18.

[3] 郭立仓, 周升起. 商业银行流动性：风险测度、影响因素和对策研究 [J]. 经济学报, 2023, 10 (3)：59-83.

[4] 王辉, 朱家雲. 金融监管视角下银行稳健性与流动性资产配置 [J]. 经济研究, 2022, 57 (12)：104-123.

[5] 钱崇秀, 邓凤娟, 许林. 商业银行期限错配缺口与流动性调整策略选择 [J]. 国际金融研究, 2020 (8)：66-76.

[6] 陈金鑫, 左伟. 存款准备金率调整对银行间市场流动性影响的实证分析 [J]. 统计与决策, 2019, 35 (5)：164-166.

[7] 高士英, 许青, 沈娜. 经济"新常态"下的商业银行流动性研究与压力测试 [J]. 现代财经（天津财经大学学报）, 2016, 36 (2)：77-86.

[8] 蒋志芬, 郑重. 商业银行现金管理业务发展新路径探析 [J]. 浙江金融, 2014 (2)：35-37.

思考与讨论

1. 请从银行内部、货币政策和宏观经济等层面，分析商业银行流动性的影响因素。

2. 针对流动性风险，商业银行应如何更好地进行现金资产配置？

3. 请从商业银行、监管部门等角度，思考应如何进行商业银行流动性风险管理？

本章小结

（1）现金资产是商业银行所有资产中最具流动性的资产，包括库存现金、在中央银行存款、同业存款和在途资金。商业银行要维持资产的流动性，保持清偿力和获取更有利的投资机会，必须持有和科学管理一定比例的现金资产。因此，现金资产业务是商业银行一项重要的资产业务。

（2）商业银行流动性需求是客户对银行提出的，必须立即兑现的现金要求。流动性依照进取型原则、保守型原则和成本最低原则进行管理，可以选择从资产端、负债端或创新型办法，科学管理流动性需求和来源。

（3）商业银行现金资产管理的核心任务是保证适度流动性，既要保证现金资产能满足支出需要，又要降低持有现金的机会成本，追求利润最大化。因此，银行经营者需正确计算和预测不同类型的现金资产需求量，才能为流动性管理提供可靠依据。

（4）商业银行流动性具有普遍存在性、极强传染性，且极端的流动性风险是其他风险的最终表现形式。流动性风险监管指标主要有流动性覆盖率等；监测参考指标包括但不限于流动性缺口、流动性缺口率、核心负债比例和存贷比等。

重要概念

现金资产　库存现金　超额准备金　资金头寸　基础头寸　可用头寸　流动性风险　流动性覆盖率　流动性缺口

复习思考题

1. 商业银行现金资产由哪些部分构成？主要作用是什么？
2. 商业银行流动性供给和流动性需求的来源分别是什么？
3. 如何预测商业银行的资金头寸？
4. 影响商业银行库存现金、超额准备金需要量的因素有哪些？
5. 《商业银行流动性风险管理办法》中制定的流动性风险监管指标和参考监测指标有哪些？各自的含义和计算公式？

【课后任务】

1. 查阅和收集北岩银行"挤兑"危机事件相关的文献资料，梳理北岩银行流动性危机的过程，分析导致北岩银行流动性危机的原因。

2. 阅读相关文献，分析商业银行现金资产与流动性之间的关系，探讨商业银行是否流动性越大越好？以PPT向大家展示并交流小组的讨论结果。

3. 选择你感兴趣的两家商业银行，计算并比较分析监管指标和监测指标的共同性和差异性。

【拓展阅读】

请学习原中国银行保险监督管理委员会2018年第3号《商业银行流动性风险管理办法》。

第五章 商业银行贷款管理

引导案例 包商银行破产

包商银行成立于1998年12月28日,是内蒙古自治区第一家股份制商业银行。2019年5月24日,中国银保监会发布公告称,鉴于包商银行出现严重信用风险,为保护存款人和其他客户合法权益,决定对包商银行实行为期一年的接管。2020年11月11日,中国人民银行、银保监会认定该行已经发生"无法生存触发事件"。次日,银保监会同意包商银行进入破产程序。

根据监管部门披露的详尽信息,包商银行被接管的主要原因是股权问题所引发的经营风险危机。包商银行最大的股东明天集团持有高达89%的股份,2005~2019年,"明天系"通过注册209家空壳公司,以总计347笔借款的方式非法套取信贷资金,形成了高达1560亿元的占款。这些资金均转化为不良贷款,严重侵蚀包商银行的利润结构和资产质量,进而引发不可挽回的信用危机,最终被人民银行、银保监会接管,走向破产。

商业银行面临严重的财务困境,通常源于贷款难以如期回收和公众资金遭受重大损失。为了有效应对可能动摇其生存根基的信用风险,商业银行必须主动承担起风险防范化解的主体责任,强化内部管理,严格核查各项业务操作以及全面甄别贷款客户,确保资金安全,从而为其稳健运营奠定坚实基础。

资料来源:http://finance.people.com.cn/n1/2020/1124/c1004-31941795.html.

第一节　调动未来的钱逆流穿越用于当下
——贷款业务概述

贷款，即向未来的自己借取资金——未来的自己与现在的自己身处不同时空之中。通过贷款的方式，我们可以将未来二三十年间不同时空里的资金汇聚到现在来使用。贷款是调动不同时空资金的利器，商业银行等金融机构则是推出这把利器的有力载体。对商业银行而言，贷款业务是按照约定的期限和利率，把一定数量的货币资金提供给有需求的客户的行为。存款利率低，贷款利率高，即商业银行支付给存款客户的利息少，从贷款客户那里获得的利息高，一来一去之间赚取差价。

贷款不仅是商业银行盈利性资产的核心，更是其风险管理的关键所在。一方面，商业银行通过筹集资金为企业和个人提供贷款，积极助推经济增长，同时拓展自身的产品市场，创造可观的营业收入，实现价值最大化；另一方面，贷款业务也伴随着一定风险。一旦借款人因各种原因无法如期偿还贷款时，商业银行将面临贷款损失风险，风险敞口也将随之暴露。

一、贷款的种类和政策

（一）贷款种类

按照不同标准，商业银行贷款可以进行不同分类。根据我国《商业银行法》等有关法律规定，1996 年 8 月颁布的《贷款通则》规定了贷款种类的划分规则。

1. 按贷款期限的划分

（1）短期贷款。短期贷款是指贷款期限在 1 年以内（含 1 年）的贷款。

（2）中期贷款。中期贷款是指贷款期限在 1 年以上（不含 1 年）5 年以下（含 5 年）的贷款。

（3）长期贷款。长期贷款是指贷款期限在 5 年（不含 5 年）以上的贷款。

2. 按有无担保及担保方式的划分

（1）信用贷款。信用贷款是指贷款人根据借款人信誉发放的贷款。由于这种贷款没有担保，风险由银行或金融机构承担，必须严格加以控制。

（2）担保贷款。担保贷款包括保证贷款、抵押贷款和质押贷款三类。保证贷款是指按《民法典》规定的保证方式，以第三人承诺，在借款人不能偿还贷款时，按约定承担一般保证责任或者连带责任而发放的贷款；抵押贷款是指按《民法典》

规定的抵押方式，以借款人或第三人的财产作为抵押物发放的贷款；质押贷款是指按《民法典》规定的质押方式，以借款人或第三人的动产或权利作为质押物发放的贷款。

（3）票据贴现。票据贴现是指贷款人以购买借款人未到期商业票据方式发放的贷款。

3. 贷款按贷款人是否承担风险的划分

（1）自营贷款。自营贷款指贷款人以合法方式筹集资金自主发放的贷款，风险由贷款人承担，本金和利息由贷款人收取。

（2）委托贷款。委托贷款指由政府部门、企事业单位及个人等委托人提供资金，贷款人根据委托人确定的贷款对象、用途、金额、期限、利率等代为发放、监督使用并协助收回的贷款，其风险由委托人承担，贷款人有权收取手续费，不得代垫资金。

（3）特定贷款。特定贷款指经国务院批准，并对贷款可能造成的损失采取相应补救措施后责成国有独资商业银行发放的贷款。

4. 按贷款风险程度划分

国际上普遍以贷款风险程度为依据确定贷款质量分类。1998年5月中国人民银行在参照比较各国信贷资产分类政策的基础上，结合中国国情，发布了《贷款风险分类指导原则》，该原则要求商业银行依据借款人的实际还款能力，将贷款质量划分为正常贷款、关注贷款、次级贷款、可疑贷款、损失贷款五类，后三种类型统称为不良贷款（见表5-1）。

表 5-1 贷款的五级分类法

类别		内容
正常贷款		借款人能履行合同，没有足够理由怀疑贷款本息不能按时足额偿还的贷款
关注贷款		尽管借款人目前有能力偿还贷款本息，但存在一些可能对偿还产生不利影响因素的贷款
不良贷款	次级贷款	借款人的还款能力出现明显问题，完全依靠其正常经营收入无法足额偿还贷款本息，且即使执行担保，也可能会造成一定损失的贷款
	可疑贷款	借款人无法足额偿还贷款本息，且即使执行担保，也肯定要造成较大损失的贷款
	损失贷款	在采取所有可能的措施或一切必要的法律程序之后，本息仍然无法收回，或只能收回极少部分的贷款

资料来源：《贷款风险分类指导原则》。

（二）贷款政策

贷款政策是指商业银行指导和规范贷款业务、管理和控制贷款风险的各项方针、措施和程序的总称。商业银行贷款政策由于经营品种、方式、规模、所处市场环境的不同而各有差别，但基本内容大致相同。

1. 贷款业务发展战略

商业银行发展战略是指业务开展应当遵循的原则、业务开展的行业和区域、业务开展的品种和业务预期的发展规模与速度等。贷款业务的发展必须符合商业银行稳健经营原则，并对贷款业务开展的指导思想、发展领域等进行战略性规划。此外，我国《商业银行法》规定，商业银行应遵循安全性、流动性和盈利性的贷款经营方针。

2. 贷款工作规程及权限划分

贷款工作规程是指贷款业务操作的规范化程序，通常包含三个阶段：

第一阶段：贷前的推销、调查及信用分析。这是贷款科学决策的基础。

第二阶段：商业银行接受贷款申请后的评估、审查及贷款发放环节。这是整个贷款过程的关键。

第三阶段：贷款发放后持续的监督检查、风险监测及收回贷款本息阶段。这是关系到贷款能否及时、足额收回的重要环节。

3. 贷款的规模和比率控制

中国人民银行设定以下衡量指标判别商业银行贷款规模和结构是否适度合理：

（1）贷款/存款比率。该比率反映商业银行资金运用于贷款业务的比重以及贷款能力的大小，根据中国人民银行规定，贷款总额与存款总额之比不得超过75%。

（2）贷款/资本比率。该比率反映商业银行资本的盈利能力和商业银行对贷款损失的承受能力。根据中国人民银行规定，商业银行资本总额与加权风险资产之比不得低于8%，核心资本与加权风险资产之比不得低于4%。

（3）单个企业贷款比率。该比率是指商业银行最大一家客户或最大十家客户的贷款总额占资本金的比率，反映商业银行贷款的集中程度和风险状况。根据中国人民银行规定，商业银行对最大客户的贷款余额不得超过资本金的15%，最大十家客户的贷款余额不得超过资本金的50%。

（4）中长期贷款比率。该比率是指商业银行发放的一年期以上的中长期贷款余额与一年期以上的各项存款余额之比，用于反映商业银行贷款的总体流动性。该比率越高，流动性越差；反之，流动性越强。根据中国人民银行规定，该比率必须低于120%。

4. 贷款的结构及地区

商业银行贷款结构是指贷款种类及其构成，直接影响商业银行信贷资产的安全性、流动性、盈利性。因此，为保证业务稳健发展，商业银行必须制定政策明确规定各类贷款的构成比例及配置。贷款地区是指银行控制贷款业务的地域范围。作为贷款政策中的重要一环，贷款地区与商业银行的规模和业务范围息息相关。大型银行因其分支机构众多，一般不对贷款地区做出限制；中小银行则通常将贷款业务限制在商业银行所在城市和地区，或是其长期服务的地区。

5. 贷款的担保

贷款担保政策一般包括以下内容：

（1）明确担保方式。担保方式主要有保证担保、抵押担保、质押担保、留置以及定金。

（2）规定抵押品的鉴定、评估方法和程序。

（3）确定贷款与抵押品价值的比率、贷款与质押品的比率。

（4）确定担保人的资格和还款能力的评估方法与程序。

6. 贷款定价

贷款价格包括贷款利率、贷款承诺费、补偿余额和隐含价格等，因此，贷款定价不仅与贷款利率直接相关，而且受到多种要素影响。商业银行贷款定价时，必须将资金成本、贷款风险程度、贷款期限、贷款管理费用、存款余额、还款方式、商业银行与借款人之间的关系、资产收益率目标等诸多因素考虑在内。

7. 贷款档案管理政策

贷款档案是银行贷款管理过程的详细记录，能够体现商业银行经营管理水平和信贷人员素质，直接反映贷款质量，甚至在某些特殊情况下，可以决定贷款数量。一套完整的贷款档案管理制度通常应包括：①贷款档案的结构及其应包括的文件；②贷款档案的保管责任人；③明确贷款档案保管地点，对法律文件要单独保管，应保存在防火、防水、防损的地方；④明确贷款档案存档、借阅和检查制度。

8. 贷款的日常管理和催收制度

贷款发放后，日常管理对是否能够及时、足额回收贷款极其重要，商业银行的贷款政策中应包含行之有效的贷款日常管理与回收催收制度。

9. 不良贷款的管理

不良贷款管理一直以来都是商业银行工作的重中之重，因此，商业银行贷款政策必须规定不良贷款相关内容。贷款发放后，若贷后检查中发现不良贷款预警信号，或贷款质量评估中出现关注级以下贷款时，商业银行都必须予以高度重视。

二、贷款程序

为了保证贷款安全，任何一笔贷款都必须遵循以下工作：

1. 贷款申请

借款人需要贷款，应当向主办银行或其他银行的经办机构直接申请。借款人应当填写包括借款金额、借款用途、偿还能力及还款方式等主要内容的《借款申请书》并提供以下资料：

（1）借款人及保证人基本情况。

（2）财政部门或会计（审计）事务所核准的上年度财务报告，以及申请借款前一期的财务报告。

（3）原有不合理占用贷款的纠正情况。

（4）抵押物、质物清单和有处分权人同意的抵押、质押证明文件及保证人拟同意保证的有关证明文件。

（5）项目建议书和可行性报告。

（6）贷款人认为需要提供的其他有关资料。

2. 对借款人的信用等级评估

以借款人的领导者素质、经济实力、资金结构、履约情况、经营效益和发展前景等因素为依据，评定借款人信用等级。信用评级工作既可由贷款人独立进行，内部掌握，也可交由相关评估机构负责。

3. 贷款调查

贷款人受理借款人申请后，应当对借款人信用等级以及借款的合法性、安全性、盈利性等情况进行调查，核实抵押物、质物、保证人情况，测定贷款风险度。

4. 贷款审批

贷款人应当建立审贷分离、分级审批的贷款管理制度。审查人员应对调查人员提供的资料进行核实、评定来复测贷款风险度，且提出意见，并按规定权限报批。

5. 签订借款合同

所有贷款应当由贷款人与借款人签订借款合同。借款合同应当约定借款种类、借款用途、金额、利率、借款期限、还款方式、借贷双方权利与义务、违约责任和双方认为需要约定的其他事项。

保证贷款应当由保证人与贷款人签订保证合同，或保证人在借款合同上载明与贷款人协商一致的保证条款，加盖保证人的法人公章，并由保证人的法定代表人或其授权代理人签署姓名。抵押贷款、质押贷款应当由抵押人、出质人与贷款人签订抵押合同、质押合同，需要办理登记的，应依法办理登记。

6. 贷款发放

贷款人必须按借款合同规定按期发放贷款。当贷款人不按合同约定按期发放贷款时，应偿付违约金。当借款人不按合同约定用款时，同样应偿付违约金。

7. 贷后检查

贷款发放后，贷款人应当追踪调查和检查借款人执行借款合同情况及经营情况。

8. 贷款收回

借款人应当按照借款合同规定按时、足额归还贷款本息。贷款人在短期贷款到期1个星期之前、中长期贷款到期1个月之前，应当向借款人发送还本付息通知单；借款人应当及时筹备资金，按时还本付息。贷款人对逾期贷款要及时发出催收通知单，做好逾期贷款本息的催收工作。贷款人对不能按借款合同约定期限归还的贷款，应当按规定加罚利息；对不能归还或者不能落实还本付息事宜的，应当督促归还或者依法起诉。当借款人提前归还贷款时，应当与贷款人协商。

【拓展案例】

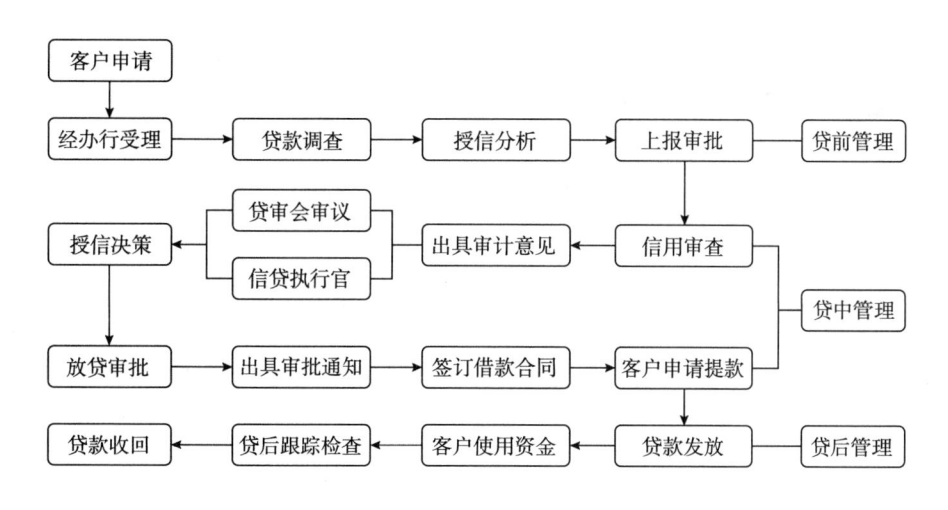

图5-1 国内某商业银行的贷款流程

三、贷款期限和利率

（一）贷款期限

贷款期限是指贷款人将资金发放至借款人到贷款人收回贷款的时间，是借款人实际占有贷款的时间。合理确定贷款期限既可以满足借款人生活消费或生产经营需要，促进经济发展；又能确保贷款人能够按期足额收回贷款本息，保证贷款质量。贷款期限确定的依据包括借款人生产经营周期、偿债能力及贷款人资金供给能力等。其中，基本依据是能够影响到借款人还款能力和现金流状况的生产经营周期。对建设项目而言，生产经营周期是投资回收期；对工业生产企业而言，生产经营周期是生产供销周期；对商业企业而言，生产经营周期是商品采购和销售期。不同行业的生产经营周期不同，同一行业的不同企业生产经营周期也不一致，因此，贷款期限所依据的生产经营周期应是该行业各个企业的平均生产经营周期。对个人而言，生产经营周期主要是指借款人年龄或工作年限，从借款日到退休日之间的时段为借款人最长借款年限。

（二）贷款展期

贷款展期是指借款人因故未能按合同约定期限偿还贷款本息而向贷款人申请延长还款期限的行为。当借款人无法按期归还贷款时，应当在贷款到期日前，向贷款人申请贷款展期，是否展期由贷款人决定。当申请保证贷款、抵押贷款与质押贷款展期时，还应当由保证人、抵押人与出质人出具同意的书面证明，已有约定的按照约定执行。一般而言，短期贷款展期期限累计不得超过原贷款期限；中期贷款展期期限累计不得超过原贷款期限一半；长期贷款展期期限累计不得超过三年。

例题5-1：某公司从商业银行获得一笔1年期100万元贷款用于购买原材料，但在贷款发放后第6个月，由于市场环境的变化，该公司销售受到一定影响，导致现金流紧张，无法按时偿还贷款。于是，该公司向商业银行申请贷款展期，希望将还款期限延长3个月，以便有更多时间调整经营和回笼资金。

商业银行在审核该公司展期申请后，考虑到该公司的经营状况和还款记录良好，决定批准其贷款展期申请。双方签订贷款展期协议，将还款期限延长至原定的1年期届满后3个月。贷款展期期间，该公司积极调整经营策略，加强销售和回款管理，最终在贷款展期届满前按时偿还了全部贷款本息。

（三）贷款利率的确定

贷款利率是一定时期客户向贷款人支付的贷款利息与贷款本金的比率。贷款利率分为年利率、月利率和日利率。其中，年利率是基本形式，通常用百分比表示。商业银行贷款利率一般设定一个基准水平，该水平主要由中国人民银行的货币政策及相关法律规章、资金供求状况和同业竞争状况等多个因素共同决定。贷款利率应以收取的利息足以弥补支出并取得合理利润为依据。贷款人应在中国人民银行规定的贷款上下限范围内确定每笔贷款的利率，并在合同中明确相应的利率水平，以防止欺诈行为。

中国人民银行关于贷款利率管理的规定主要有以下几个方面：

（1）国务院批准和授权中国人民银行制定的各种利率为法定利率，其他任何单位和个人均无权变动。法定利率的公布、实施由中国人民银行总行负责。

（2）金融机构在中国人民银行总行规定的浮动幅度内，以法定利率为基础自行确定的利率为浮动利率。

（3）金融机构可以对逾期贷款和被挤占挪用的贷款，在原借款合同规定利率基础上加收利息。加收利息的幅度、范围和条件由中国人民银行总行确定。

（4）对擅自降低、提高或以变相形式降低、提高贷款利率的金融机构，辖区内的中国人民银行按其少收或多收的利息处以同额罚款。对多收利息的，责令其向借款方如数退还。

（5）对拒不纠正违反利率管理行为的，中国人民银行可以从其账户上扣款，同时通报至当事人的上级机构。情节特别严重的，中国人民银行可责令其停业，直至吊销其金融业务许可证。

（四）贷款利息的计收

贷款人和借款人应当依照借款合同及中国人民银行的相关计息规定，按时收取或支付利息。当贷款展期期限与原期限之和达到新的利率期限时，自展期之日起，贷款利息应按照新的期限档次利率进行计收。逾期贷款则应按规定计收罚息，即所有逾期贷款在逾期期间，按罚息利率计收利息，目的是防止银行信贷资金沉淀流失，促进贷款合理、节约使用，提高社会效益及保护金融机构资产安全。

第二节　银行收益的主动脉
——贷款定价

贷款是商业银行主要的盈利资产，其利润水平与贷款价格紧密相连。贷款定价是商业银行贷款管理中的重要环节，需要精细的策略和审慎的制度。在确定贷款价格时，商业银行必须充分考虑放贷资金来源、团队运营成本、机构运营成本以及借款人违约风险等因素。贷款定价若过低，将丧失合理的利润甚至发生亏损；贷款定价若过高，则可能在市场上缺乏产品竞争力，或招徕愿意接受高利率但自带高风险的客户，且导致更大的潜在风险。因此，科学、合理地确定贷款价格，不仅可以帮助商业银行获取满意的利润，而且还能确保产品在市场上的竞争力，并为更多的客户所接受。

一、贷款定价的原则

（一）利润最大化原则

作为经营货币和货币资本的特殊企业，商业银行的核心目标始终是实现利润最大化。信贷业务是商业银行传统的主营业务，其中的存贷利差为商业银行提供了主要利润来源。因此，商业银行在确定贷款价格时，必须确保贷款收益能够完全覆盖资金成本和各项运营费用，保证基本盈利空间。在此基础上，商业银行应尽可能实现利润最大化，以促进其稳健与持续发展。

（二）扩大市场份额原则

在金融行业竞争日趋激烈的背景下，商业银行若想求生存、谋发展，必须不断扩大信贷市场份额。同时，追求利润最大化的目标也需要建立在市场份额持续扩大的基础上，二者相辅相成。贷款价格作为影响市场份额的重要因素之一，其合理设定不仅关乎商业银行的生存与发展，更是实现持续盈利和稳健增长的关键。过高的贷款价格可能会把一部分客户拒之门外，导致商业银行失去该部分市场份额。因此，在贷款定价时，商业银行必须以市场为导向，以客户为中心，充分考虑同业、同类贷款价格水平，避免盲目的高价策略。

（三）保证贷款安全原则

贷款业务的风险性不容忽视，确保贷款安全是商业银行贷款管理的核心要点。除在贷款审查和发放环节严格把控外，合理的贷款定价同样发挥着至关重要的作用。贷款定价的基本要求是确保贷款收益能够完全覆盖各项成本，贷款成本既包括资金成本、管理费用等基本成本，还包括因贷款风险引发的各种风险费用，如为弥补风险损失而计提的呆账准备金，以及处理不良贷款和追偿风险贷款所涉及的各项费用。显然，风险越大，贷款成本越高，相应的贷款价格也就越高。因此，银行在制定贷款定价策略时，必须严格遵循风险与收益对称原则，确保贷款价格能够真实反映银行因承担风险而获得的风险报酬。

（四）维护银行形象原则

作为专营信用业务的金融机构，商业银行的生存发展与其社会形象息息相关。为了树立并维护优质形象，商业银行必须坚守法律底线，秉持诚信原则。在开展业务活动过程中，不仅要考虑自身利益，更应致力于注重提升社会的整体福祉，坚决摒弃一切唯利是图的短视行为。在制定贷款定价策略时，商业银行应严格遵循国家法律法规、货币政策和利率政策的要求，维护金融市场的秩序与稳定，杜绝恶性竞争，从而确保社会整体利益不受损害。

二、贷款价格的构成和影响因素

（一）贷款价格的构成

一般而言，贷款价格主要由贷款利率、贷款承诺费、补偿余额和隐含价格所构成。

1. 贷款利率

贷款利率是指在一定时期内，客户向贷款人支付的贷款利息与贷款本金的比率。贷款利率是贷款价格的主体,也是决定贷款价格的关键因素。贷款利率的确定应以收取的利息足以弥补各项支出并实现合理利润为依据,因此,商业银行贷款利率由贷出资金成本(即可用资金成本)、发放或提供贷款费用、补偿贷款信用风险而收取可能发生的亏损成本和银行目标利润四个因素共同决定。

2. 贷款承诺费

贷款承诺费是指商业银行对已承诺但未实际使用的贷款部分所收取的补偿费用,即商业银行与客户已签订贷款意向协议,并为此做好资金准备,但由于某些原因,客户并未实际提取该笔资金。承诺费旨在弥补银行因承诺而未实际贷放款项所产生的潜在成本。通常情况下,承诺费率范围为1%~5%。

3. 补偿余额

补偿余额又称贷款回收,是指商业银行要求借款人按照贷款金额一定比例,以活期存款或低利率定期存款形式回存至商业银行。这种方式实质上是变相地提高了贷款利率,因此被视为一种隐性加息手段。部分商业银行选择采用直接提高贷款利率或增加贷款服务收费方式来替代补偿余额支出,以达到同样的目的。

4. 隐含价格

隐含价格是指商业银行通过变更借款条件,使借款人实际成本增加,贷款风险降低的贷款定价中的非货币性内容。在制定贷款定价策略时,商业银行应充分考虑借款人的信用状况、盈利能力以及与商业银行的业务关系等因素。此外,为了确保贷款定价的合理性和公平性,商业银行还应根据可承担的成本和风险因人制宜地确定不同的贷款价格。

(二)影响贷款价格的主要因素

按照一般价格理论,信贷资金的供求状况是影响贷款价格的主要因素。但由于信贷资金是一种特殊商品,其价格的决定因素相对更为复杂。一般而言,贷款定价时商业银行应当考虑如下主要因素:

1. 资金成本

商业银行的资金成本分为资金平均成本和资金边际成本。资金平均成本是指单位资金所需支付的利息和费用,主要用于衡量商业银行过去的经营状况,并未考虑未来利率和费用变化对资金成本的影响。在银行资金来源、利率和费用等条件保持不变的情况下,可以直接根据资金平均成本进行新贷款的定价。但如果这些因素发生变动,则资金平均成本对贷款定价意义非常有限。

例题5-2:某商业银行吸收1000万元存款,其中包括定期存款和活期存款,分别占60%和40%。定期存款年利率为3%,活期存款年利率为0.5%。此外,商业银行还需要为这笔存款支付0.1%的手续费。

根据资金平均成本的定义,可以计算得出:

$$资金平均成本 = \frac{(定期存款利息+活期存款利息+手续费)}{总存款额}$$

$$= \frac{(1000\times60\%\times3\%+1000\times40\%\times0.5\%+1000\times0.1\%)}{1000}$$

$$= 2.1\%$$

因此，该银行吸收 1000 万元存款的资金平均成本为 2.1%。

资金边际成本是指商业银行每增加一个单位可投资资金所需要支付的利息和费用，能够充分反映未来新增资金来源的成本，因此，在资金来源结构发生变化时，尤其是在市场利率波动条件下，将资金边际成本作为新贷款定价的基础更为合适。资金边际成本因为资金来源的种类、性质和期限等各有不同而存在差异，商业银行通常不会根据单一的资金来源来确定贷款价格，而是需要计算所有新增资金来源的平均边际成本。这种平均边际成本即为新增一个单位的资金来源平均所需的边际成本。

例题 5-3：某商业银行正在考虑吸收新的资金来源，以扩大贷款业务。现有三种资金来源可供选择：发行新债券、吸收其他银行的同业存款和吸收居民储蓄存款，假设这三种来源分别带来 100 万、200 万和 150 万的资金。

发行新债券的年利率为 4%，发行费用率为 2%。

吸收同业存款的年利率为 3%，无额外费用。

吸收居民储蓄存款的年利率为 2%，手续费率为 0.5%。

为了决定哪种资金来源更有利可图，该商业银行首先需要计算每种来源的资金边际成本。根据资金边际成本的定义，可以计算得出：

发行新债券的边际成本 = 4%+2% = 6%

吸收同业存款的边际成本 = 3%

吸收居民储蓄存款的边际成本 = 2%+0.5% = 2.5%

该商业银行需要计算资金平均边际成本，评估所有资金来源的整体成本。

根据资金平均边际成本的计算公式可得：

$$资金平均边际成本 = \frac{(6\%\times100+3\%\times200+2.5\%\times150)}{(100+200+150)} = 3.5\%$$

由此可见，该商业银行若想通过吸收新的资金来源来扩大贷款业务，则贷款定价时，贷款利率必须高于 3.5% 的资金平均边际成本，才可能有利可图。

2. 贷款风险程度

贷款风险程度因其期限、种类、保障程度以及贷款对象等因素的不同而有所差异，导致商业银行管理费用或对可能产生损失的补偿费用也存在相应区别。为了承担贷款风险，商业银行需要花费一定费用，该费用称为贷款风险费用或贷款风险成本，是贷款价格的重要组成部分。贷款风险程度受到多种复杂因素的影响，包括贷款种类、用途、期限、保障程度、借款人的信用和财务状况，以及客观经济环境变化等。因此，精确预测一笔贷款的风险费用相当困难，为了简化流程，在实际操作中，商业银行通常会根据历史上某类贷款的平均费用水平，结合未来可能出现的各种新增因素来确定贷款风险费用率。

例题5-4：某商业银行发放一笔期限为1年的个人消费贷款，贷款金额为10万元。根据该行的风险评估，这笔贷款的风险程度为中等。

根据该行的历史数据和风险管理经验，设定以下的风险费用率：低风险贷款的风险费用率为0.5%，中等风险贷款的风险费用率为1%，高风险贷款的风险费用率为2%。

贷款风险费用=100000×1%=1000元

因此，该商业银行针对这笔贷款将收取1000元的风险费用。

3. 贷款费用

商业银行为客户提供贷款服务，需要在贷款之前和贷款过程中开展一系列工作，如信用调查、分析评估借款人的还款能力和风险，鉴定、估价、管理担保品，整理、归档、保管贷款所需各种材料和文件等。这些工作需要耗费大量的人力、物力和财力。因此，在确定贷款价格时，商业银行必须将这些费用纳入考量，作为构成贷款价格的重要因素。在实际操作中，由于商业银行贷款种类不同，与之相关的费用也并不一致，为简化流程、提高效率，许多银行会对各种贷款的收费种类及其标准予以明确规定，在确定某一笔贷款的收费时，只需按规定计算即可。

4. 借款人的信用及与银行的关系

借款人的信用状况是评估贷款风险的关键因素，主要包括借款人的偿还能力和偿还意愿。当借款人的信用状况良好时，意味着其偿还能力和意愿较强，贷款风险相对较低，商业银行可以考虑降低贷款价格以吸引优质客户；反之，若借款人信用状况不佳，过去存在不良信贷记录，商业银行就应采取审慎的态度，通过提高贷款价格和设置更为严格的约束条件限制借款。

此外，借款人与商业银行关系也是贷款定价时不可忽视的重要因素。这种关系主要体现在借款人与商业银行正常业务交往中，如借款人的商业银行存款状况、使用银行服务情况等。在商业银行已有大量存款、广泛使用各项金融服务，或长期、规律地借用银行贷款的客户，通常被视为与该行关系紧密的优质客户，在制定贷款价格时，银行可以考虑提供比一般贷款更为优惠的价格，维系和巩固重要的客户关系。

5. 银行贷款的目标收益率

各大商业银行都预设自身的盈利目标，为了实现该目标，商业银行需要对各项资金运用设定明确的收益要求。作为商业银行资金运用的主要业务，贷款的收益率直接关系到银行总体盈利目标的实现。因此，在制定贷款价格时，必须确保贷款收益率能够满足银行的总体目标。同时，贷款收益率目标也需合理设定，避免过高导致贷款价格失去市场竞争力。

6. 贷款供求状况

市场供求状况是影响价格的基本因素，作为一种金融商品，贷款同样受该规律的制约。对于商业银行而言，贷款需求是指借款人某一时期期望从商业银行获得贷款的数量；贷款供给则是指该时期内所有商业银行能够提供的贷款总量。当贷款供给大于贷款需求时，为了刺激需求，贷款价格应当适度降低；当贷款供给小于贷款需求时，为了保持竞争力，贷款价格应当适度提高。

三、贷款定价的方法

（一）目标收益率定价法

目标收益率定价法是一种基于目标收益率确定贷款利率的方法，贷款定价的核心目标是确保商业银行从贷款中获得至少与其资产运用相符的收益率，即贷款的总收入必须足以覆盖贷款的总费用和预期利润，以保证盈利和风险控制。在确定目标收益率时，商业银行必须充分考虑发放贷款的资金成本、借款风险、管理和收贷费用以及预期收益等多种因素。目标收益率定价法的优点在于具有极强的明确性和较好的风险管理能力，利于商业银行控制贷款成本与风险，但也存在灵活性不足及对业务数据要求高的缺点。

目标收益率定价法的公式如下：

$$税前产权资本收益率 = \frac{(贷款收益 - 贷款费用)}{应摊产权资本}$$

其中：

贷款收益 = 贷款利息收益 + 贷款管理手续费

贷款费用 = 借款者使用的非股本资金的成本 + 办理贷款的服务和收贷费用

应摊产权资本 = 银行全部产权资本对贷款的比率 × 未清偿贷款余额

例题5-5：某商业银行计划向一家企业发放一笔500万元的贷款，年利率为8%，期限为2年。借款人使用贷款的资金成本率为6%，贷款管理成本为2000元，已使用的资金净额占分配贷款资金的12%。假定借款人使用的贷款资金净额等于未归还的贷款余额，即500万元。

根据目标收益率定价法可得：

$$\frac{(8\% \times 5000000 - 6\% \times 5000000 - 2000)}{12\% \times 5000000} \times 100\% = 16.3\%$$

即该笔贷款的税前预期收益率为16.3%。将该收益率与目标收益率相比较，若商业银行设定的目标收益率小于16.3%，则说明这笔贷款按8%年利率发放是合适的，否则需要对该笔贷款进行重新定价。

（二）成本加成定价法

成本加成定价法是指在借入资金的成本、其他经营成本以及风险成本的基础上，再加上预期利润（加成）来确定贷款利率的方法，其核心理念为所制定的贷款价格既要能够全面覆盖银行的筹资成本、管理费用和风险成本，又要保证商业银行可以从中获得一定利润。成本加成定价法有助于商业银行明确贷款的各项成本和利润空间。目前，我国商业银行采用的主要定价方法即为成本加成定价法，计算公式表示如下：

贷款利率=筹集可贷资金的成本+非资金性营业成本+预计违约风险的补偿费用+银行预期的利润水平

（三）价格领导模型定价法

价格领导模型定价法是指商业银行以优惠利率为基础，根据不同客户的风险等级和贷款类型，加上或乘以一定的风险溢价和期限风险溢价来确定最终利率的方法。商业银行通过综合考虑借款人的风险状况，制定出相对合理的贷款利率，能够更好地把控风险和提高收益。

优惠利率加数法：贷款利率=优惠利率+ΔR

优惠利率乘数法：贷款利率=优惠利率×α

其中，ΔR和α的确定主要考虑借款人的违约风险和期限风险。当优惠利率随着市场利率变动而调整时，优惠利率乘数法的利率变动幅度大于优惠利率加数法。为避免利率大幅度波动对借贷双方产生的利率风险，通常可以在贷款协议中设定利率变动的上下限。

（四）基础利率定价法

基础利率定价法是指商业银行以基础利率为基准，根据借款人的资信状况、借款金额、期限和担保条件等因素，在基础利率上进行加息或乘以某一乘数，从而确定最终贷款利率的方法。基础利率由金融市场上资金供求关系决定，主要包括国库券利率、大额可转让存单利率、同业拆借利率、商业票据利率等货币市场利率。商业银行允许借款额超过某一最低限额的借款人在几种基础利率之间进行选择，以确定该笔贷款的利率和展期期限。到期日，经借、贷双方同意，贷款可以展期。展期后，借款人需要再次进行选择，决定基础利率和到期日，即在一段特定时期内，利率是固定的，但展期利率却是未知数。基础利率定价法有助于商业银行应对市场利率波动，更好地满足客户需求，提高市场竞争力。

例题5-6：某客户向商业银行表明借款100万元的意向后，商业银行查阅客户档案，认为该客户具备贷款条件。信贷人员告知该客户，可以获得基础利率加 0.75% 的贷款。商业银行的银行同业拆借利率、大额定期存单利率和国库券利率如表 5-2 所示。

表 5-2　某商业银行的基础利率

种类	期限	标价（%）	加数（%）	实际利率（%）
银行同业拆借利率	3 个月	11.625	0.75	12.375
	6 个月	12	0.75	12.75
	1 年	12.625	0.75	13.375
大额定期存单利率	1 个月	9.4	0.75	10.15
	2 个月	10.95	0.75	11.70
	3 个月	11.10	0.75	11.85
	6 个月	11.2	0.75	11.95
	1 年	11.65	0.75	12.4
国库券利率	13 周	9.99	0.75	10.74
	26 周	10.27	0.75	11.02

当客户希望按 1 年期的固定利率进行贷款时，通过对比 1 年期的银行同业拆借利率和大额定期存单利率，将选择大额定期存单利率（11.65%）作为基础利率，加上 0.75%，则该客户贷款的实际利率为 12.4%。

如果借款人预测未来利率上升，上述决定是合算的；如果借款人认为未来利率不会上升，则选择国库券利率更为有利，因为当贷款展期时，能够再次选择最低利率。同样，当借款人预测未来利率将大幅下降时，则最佳选择是 1 个月期利率。总之，借款人在选择基础利率时，应该充分考虑未来的利率走势，确保实现利益最大化。

【拓展知识】

贷款市场报价利率（LPR）

贷款市场报价利率（Loan Prime Rate，LPR）是指由各报价行根据其对最优质客户执行的贷款利率，按照公开市场操作利率加点形成的方式报价，由中国人民银行授权全国银行间同业拆借中心计算得出并发布。各银行实际发放的贷款利率可根据借款人的信用情况，考虑抵押、期限、利率浮动方式和类型等要素，在贷款市场报价利率基础上加减点确定。

LPR 报价行现由 18 家商业银行组成，报价行应于每月 20 日（遇节假日顺延）9时前，按公开市场操作利率（主要指中期借贷便利利率）加点形成的方式，向全国银行间同业拆借中心报价。全国银行间同业拆借中心按去掉最高和最低报价后算术平均的方式计算得出贷款市场报价利率。目前，LPR 包括 1 年期和 5 年期以上两个期限品种。

■■■【拓展阅读】

了解 2019 年 8 月 17 日中国人民银行发布的消息"决定改革完善贷款市场报价利率（LPR）形成机制"。

第三节 "家有余粮心不慌"
——贷款损失准备金

客户按照约定如期归还贷款，商业银行顺利收回本金和利息，这是最理想的状态。然而现实却不尽如人意——企业客户破产、个人客户违约现象屡见不鲜，给商业银行稳健运营带来挑战。从商业银行角度出发，自然期望每一笔贷款都能安全回收，避免产生不良贷款。然而，未来的不确定性使得准确预测客户风险变得尤为困难。因此，商业银行必须致力于加强风险管理，持续深化对每一位客户的了解与评估，以期将潜在风险降至最低。此外，为了让坏账真实发生时不至于伤及银行股本、资本充足率，出现损失过大和报表剧烈波动等负面事件，商业银行事先会按照一定比例对承担风险和损失的金融资产计提准备金。该项准备金主要用于覆盖不良贷款，增加商业银行抵御风险能力，对于维持银行稳定、持续经营具有重大意义。

一、贷款损失准备金的概念和分类

贷款损失准备金是指商业银行对各项贷款预期可能产生的损失所计提的价值准备。每一笔发放出去的贷款，都可能面临无法收回的风险。因此，及时、足额地提取贷款损失准备金已成为商业银行保持稳健经营的有效工具。

贷款损失准备金的计提范围覆盖了商业银行承担风险和损失的资产，具体包括各类贷款（如抵押、质押、保证、无担保等）、银行卡透支、贴现、银行承兑汇票垫款、信用证垫款、担保垫款、进出口押汇以及拆出资金等。

商业银行提取的贷款损失准备金主要分为普通准备金、专项准备金和特别准备金三种。

1. 普通准备金

普通准备金又称为一般准备金，是按照贷款余额一定比例提取的贷款损失准备金。我国商业银行现行的按照贷款余额1%提取的贷款呆账准备金，实际上就等同于普通准备金。由于普通准备金在一定程度上具备资本特性，因此，可以被纳入商业银行附属资本，但计入部分不得超过加权风险资产的1.25%，超出部分不再计入。普通准备金主要用于弥补贷款组合损失，可以在一定程度上应对银行未来不确定的潜在损失。

2. 专项准备金

专项准备金是按照贷款风险分类结果，针对不同类别贷款，根据其内在损失程度或历史损失概率所计提的贷款损失准备金。专项准备金不具备资本特性，不能计入商业银行资本基础。在计算风险资产时，已提取的专项准备金需要从相应贷款组合中扣除。专项准备金反映着贷款账面价值与实际评估价值之间的差额，即揭示出贷款的内在损失，不能用于弥补银行未来可能发生的其他损失。

3. 特别准备金

特别准备金是针对贷款组合中的特定风险，按照一定比例提取的贷款损失准备金。与普通准备金和专项准备金不同，特别准备金计提并不属于商业银行常规操作，只有经营过程中遇到特殊情况时才会予以计提。特别准备金计提基于贷款内在损失评估，是在专项准备金计提基础上进一步补充。

二、贷款损失准备金计提的原则和方法

银行提取贷款准备金需要遵循及时性和充足性两大原则。及时性原则要求提取贷款损失准备金应该在预见到贷款可能存在内在损失、贷款实际价值可能减少时进行，而不应等到损失实际发生或需要冲销贷款时才进行。充足性原则强调银行应随时保持足够的准备金，以弥补贷款的内在损失。

2002年4月，中国人民银行印发的《银行贷款损失准备计提指引》明确规定，一般准备金按照全部贷款余额的一定比例计提，主要用于弥补尚未识别的潜在损失。一般准备金年末余额不得低于贷款余额的1%。专项准备金则根据贷款五级分类标准，按不同比例进行计提：正常类贷款不计提；关注类贷款计提2%；次级类贷款计提25%；可疑类贷款计提50%；损失类贷款计提100%。此外，次级类贷款和可疑类贷款的损失准备计提比例可以上下浮动20%。特别准备金计提则由商业银行根据贷款特殊风险状况和风险损失概率自行决定。

三、贷款损失准备金的管理和调整

（一）监管标准

我国银行业监管机构设置贷款拨备率和拨备覆盖率两个指标，用于考核商业

银行贷款损失准备的充足性。

$$贷款拨备率 = \frac{贷款损失准备}{各项贷款余额} \times 100\%$$

$$拨备覆盖率 = \frac{贷款损失准备}{不良贷款总额} \times 100\%$$

贷款拨备率基本标准为2.5%，拨备覆盖率基本标准为150%，两项标准中较高者为商业银行贷款损失准备的监管标准。

制定单家商业银行贷款损失准备监管标准时，应充分考虑各家银行的业务特点、贷款质量、信用风险管理水平、贷款分类偏离度以及呆账核销等因素，进行差异化调整。监管机构还需依据经济周期变化、宏观政策调整、产业政策导向、银行整体贷款分类偏离度以及贷款损失变动趋势等因素，对贷款损失准备监管标准进行动态调整。同时，银行业监管机构还应时刻关注商业银行信用风险指标，以确保银行业整体风险可控，稳健发展（见表5-3）。

表5-3　2023年商业银行信用风险监管指标情况

时间 项目	第一季度	第二季度	第三季度	第四季度
正常类贷款（亿元）	1852724	1895363	1926979	1948366
关注类贷款（亿元）	41624	42240	43880	44632
不良贷款余额（亿元）	31170	32001	32246	32256
其中：次级类贷款	14897	15074	13677	13187
可疑类贷款	11874	11998	11919	11412
损失类贷款	4399	4930	6649	7656
正常类贷款占比（%）	96.22	96.23	96.20	96.20
关注类贷款占比（%）	2.16	2.14	2.19	2.20
不良贷款率（%）	1.62	1.62	1.61	1.59
其中：次级类贷款率	0.77	0.77	0.68	0.65
可疑类贷款率	0.62	0.61	0.60	0.56
损失类贷款率	0.23	0.25	0.33	0.38
贷款损失准备（亿元）	63974	65963	67034	66170
拨备覆盖率（%）	205.24	206.13	207.89	205.14
贷款拨备率（%）	3.32	3.35	3.35	3.27

资料来源：国家金融监督管理总局（https://www.cbirc.gov.cn/cn/view/pages/ItemDetail.html?docId=1109305&itemId=954）。

（二）管理制度

1. 贷款损失准备计提政策、程序、方法和模型；
2. 职责分工、业务流程和监督机制；
3. 贷款损失、呆账核销及准备计提等信息统计制度；
4. 信息披露要求；
5. 其他管理制度。

（三）监管措施

商业银行应当按月向银行业监管机构提供贷款损失准备相关信息，包括但不限于：①贷款损失准备期初、期末余额；②本期计提、转回、核销数额；③贷款拨备率、拨备覆盖率期初、期末数值。

银行业监管机构按月监测和分析商业银行贷款拨备率和拨备覆盖率，对贷款损失准备异常变化进行调查或现场检查。

若商业银行贷款损失准备连续 3 个月低于监管标准，银行业监管机构将发出风险提示，并要求其进行整改；若连续 6 个月低于监管标准，根据 2017 年实施的《银行业监督管理法》，银行业监管机构将采取相应的监管措施。

第四节 筑牢风险管控"堤坝"
——商业银行贷款信用分析

商业银行为追求利润，会尽可能发放更多贷款。然而商业银行也深知客户品质参差不齐，有些客户表面上看似守信，实则可能存在欺诈行为，最后无法偿还贷款，导致业务出现亏损。因此，商业银行即使渴望盈利，也不会盲目地接受每一位客户的贷款申请。各大商业银行都拥有一套完善的客户评分系统，用于评估客户的信用等级。该系统会根据客户提供的信息赋予一定分值，商业银行则根据分值高低来决定是否给予贷款以及贷款额度多少。例如，已婚有子女的客户比未婚客户赋分高；教师、医生、律师等职业的客户比其他职业客户的评分高；而公务员和事业单位的员工也会得到较高的评分。

尽职调查是贷款流程中的关键环节，对借款人进行信用分析，也就是"了解你的客户"的过程。为了尽可能避免损失、实现盈利，银行家必须练就一双"火眼金睛"，具备敏锐的洞察力和判断力，能够透过表象看清客户的真实情况，这样才能实现贷款的违约风险最小化。

一、贷款信用分析的内容和目的

信用分析是商业银行对借款人的道德品格、资本实力、还款能力、担保及环境条件等进行系统调查和研究，以确定是否给予贷款及相应的贷款条件。商业银行通过全面、系统、科学的信用分析，深入了解客户履约还款的可信度，从而有针对性地加强贷款管理，有效防范商业银行在发放贷款过程中的潜在风险，确保商业银行经营资金的安全和及时归还。

借款人的道德品质、资本实力、经营水平、担保情况和环境条件各不相同，使得不同借款人的还款能力和贷款风险各异。因此，许多商业银行信用分析主要关注品格（Character）、能力（Capacity）、资本（Capital）、担保（Collateral）及环境条件（Condition），即所谓的"5C"。

1. 借款人的品格

借款人的品格是指借款人不仅要具有偿还债务的意愿，而且要具备承担各种义务的责任感。因此，借款人的品格是一个综合性概念，涉及借款人背景、年龄、经验以及是否存在不良行为记录。此外，借款人团队合作与协调情况、性格作风、现代经营管理观念及上下属关系等也都是评估其品格的重要因素。由于借款人的品格难以量化，在实际操作中，商业银行既可以参照过去的记录和经验，也可以通过专门的征信机构了解借款人信用状况，评估其品格。但是，评估还款意愿属于主观性评价，并不能代表其确实具有还本付息能力。此外，在评估借款人还款意愿和责任感时，必须充分考虑我国实际情况。如果借款人存在不良还款记录，需要进一步分析其深层原因：是政策调整导致？还是借款人经营管理不善、挤占挪用贷款等行为造成？对于前者，不能简单地将其归结为借款人品格问题。

2. 借款人的能力

借款人的能力是指运用借入资金创造利润并偿还贷款的能力，创造利润的大小在很大程度上取决于借款人的生产经营与管理能力。因此，分析、评估借款人的偿债能力，应从以下两个方面进行考量：

（1）企业的生产成本、产品质量、销售收入以及生产竞争力。通常可以通过企业经营的一系列经济技术指标予以反映，如企业的资本比率、流动比率、设备利用率、折旧率、净值收益率、毛利和净利、销售收入增长率和生产占有率等。

（2）企业经营者的经验和能力，特别是企业主要决策者的决策、组织、用人、协调和创新等方面的能力。随着现代企业制度的建立，企业家的地位和作用日益凸显，其能力已经成为影响企业生产经营好坏的重要因素。因此，全面了解企业领导班子基本情况,对于了解并掌握企业经营作风、管理水平和信用程度都具有十分重要的意义。

3. 借款人的资本

借款人的资本是指借款人财产的货币价值,体现借款人财力水平和风险承担能力,是决定能否获得贷款的一个关键因素。同时,资本规模也在一定程度上反映着企业经营者的经营成果。在评估借款人资本状况时,应关注其账面价值与实际价值的差异性,以及资本的稳定性和变现能力强弱。

4. 借款人贷款的担保

借款人提供的担保状况是影响贷款信用风险的一个重要因素。贷款担保的主要作用是为商业银行提供一种保障,当借款人无力偿还贷款时,商业银行可以通过处分担保品或向保证人追偿方式收回本息,以降低风险和损失。评估贷款担保,需要核查企业提供的担保品是否具备作为担保品的资质,深入考察担保品的整体性、变现性和价格稳定性。同时,还要评估保证人的担保资格、经济实力和信用状况,以及保证人担保能力是否与担保贷款额度相符等。只有全面考虑这些因素,才能准确评估贷款担保状况,确保贷款的安全和顺利回收。

5. 借款人经营的环境条件

借款人经营的环境条件包括借款人自身的经营状况和外部环境两个方面。借款人自身的经营状况涵盖了经营范围、经营方向、销售方式、原材料供应渠道,以及在市场中竞争与应变能力等诸多因素。此外,企业的生产设备、生产能力、生产规模、技术水平、人员素质、经济效益发展前景等也成为重要考量因素,以上因素大部分都属于借款人的可控性因素。而借款人经营的外部环境是指借款人所在地区的经济发展状况,这对借款人而言具有不可控性,但是会对借款人的经营产生重要影响,并视不同行业、不同企业、不同性质的贷款而有所区别。有些借款人对外部环境变动的敏感性较强,有些则相对较弱。同时,贷款期限越长,受外部环境变动的影响越大,风险也就随之增加。

因此,在发放贷款时,商业银行必须深入分析、预测借款人经营环境的变动,并采取必要措施应对潜在风险,以确保贷款的安全性。在实际操作中,商业银行既要全面了解和分析借款人过去的信用状况,又要根据其生产经营发展趋势,科学地预测未来的经营状况和还款能力,还要结合财务比率分析和现金流量分析等定量分析方法,才能准确地评估借款人的财务状况和还本付息能力。

二、企业贷款信用分析

企业贷款信用分析是指商业银行在企业贷款过程中全方位地分析和评估企业,涵盖企业的生产经营活动、管理及控制水平、盈利及清偿能力、外部经营环境以及整体风险等多个方面，具体包括对财务状况、现金流量、信用支持以及非财务因素的深入分析。其中，企业财务状况和现金流量成为企业的第一还款来源，信用支持则形成第二还款来源，非财务因素虽未能成为直接还款来源，但却在一定程度上影响着企业还款能力（见图5-2）。

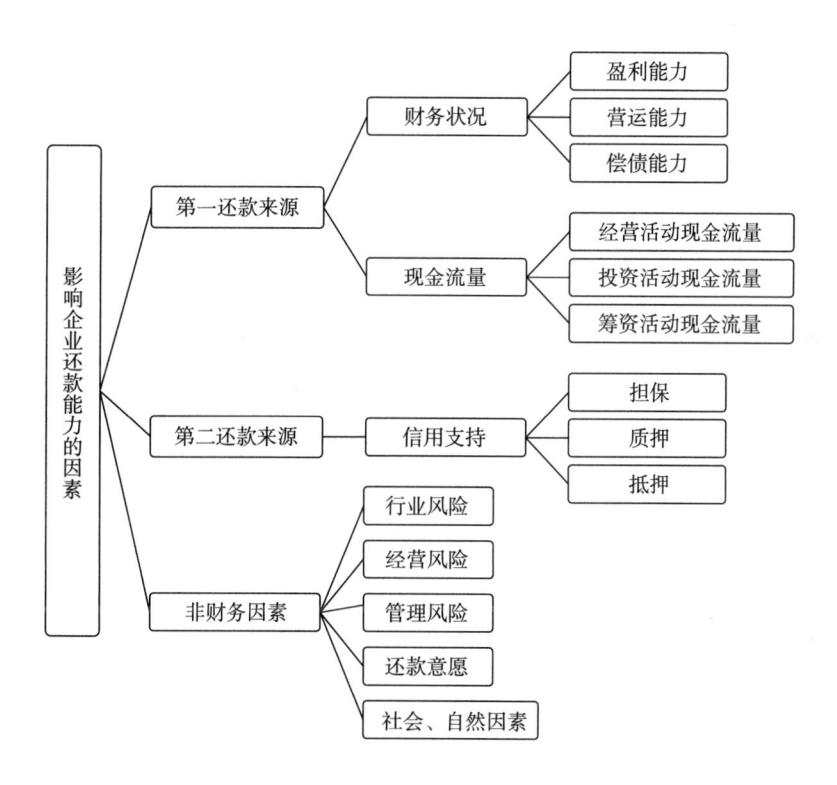

图5-2 信用分析中影响企业还款能力的主要因素

资料来源：张素勤，李鹏．商业银行业务与经营［M］．上海：立信会计出版社，2020.

（一）财务报表分析

1. 资产负债表

资产负债表是反映借款人在某一特定日期财务状况的财务报表，根据"资产=负债+所有者权益"进行编制。

（1）资产是指借款人拥有或可控制的、能以货币计量的经济资源，按其流动性分为流动资产和非流动资产。

1）流动资产。指一年内或在一个营业周期内可以变现或耗用的资产，包括货币资金、交易性金融资产、应收票据、应收账款、预付账款、存货、待摊费用等。

2）非流动资产。指在一年内不能变成现金的资产，包括长期投资、固定资产、无形及递延资产和其他长期资产等。

（2）负债指借款人承担的、能以货币计量的、需以资产或劳务偿付的债务，按其流动性分为流动负债和长期负债。

1) 流动负债。指借款人将在一年或者超过一年的一个营业周期内偿还的债务，包括短期借款、应付票据、应付账款、预收账款、应付工资、应交税费、应付利润、其他应付款和预提费用等。

2) 长期负债。指偿还期限在一年或者超过一年的一个营业周期以上的债务，主要用于增添设备、购置房地产等扩大经营规模的活动，包括长期借款、应付长期债券、长期应付款等。

（3）所有者权益也称净资产，是指借款人资产减去负债的净额，主要由两部分组成：一是投资者投入的资本金；二是在生产经营过程中形成的资本公积金、盈余公积金和未分配利润。

（4）资产负债表的作用：①反映资产及其分布状况，是分析企业生产经营能力的重要资料；②表明企业所承担的债务及其偿还时间，可以分析企业偿债对象及先后次序的紧迫情况；③反映净资产及其形成原因，可以用于分析权益结构；④提供进行财务分析的基本资料，帮助报表使用者作出经济决策。

2. 利润表

（1）利润表是反映借款人一定时期内经营成果的报表，根据"利润＝收入－费用"进行编制。利润表分析主要从以下三个方面进行：①分析利润总额和利润构成，借以评价借款企业获利能力及其经营风险。②分析利润表的重点项目，如营业收入、营业成本、投资收益等。同时，一般要结合现金流分析，评价借款企业的经营质量。③分析利润表的结构，即以产品营业收入为100%，计算营业成本、期间费用、毛利润等指标各占营业收入的百分比及增减变动情况，分析对借款人净利润的影响。

（2）利润表的作用：①通过所记录的收入、成本和费用等情况，可以计算出企业的利润或亏损，反映企业的盈利能力；②通过利润表提供不同时期的数据比较，可以分析企业未来利润发展趋势及长期获利能力，帮助报表使用者做出投资或借贷等决策。

（二）财务状况分析

1. 盈利能力

盈利能力是指获取利润的能力。对商业银行而言，在某种程度上，借款人的盈利能力比偿债能力更为关键，因为借款人正常经营并创造利润是偿还债务的前提条件。盈利能力越强，客户还本付息可能性越大，贷款风险越小。

衡量借款人盈利能力的比率主要包括毛利润率、营业利润率、税前利润率和净利润率、成本费用利润率，这些比率统称为盈利比率，是评估借款人盈利能力的重要工具。

（1）毛利润率。指借款人毛利润和销售收入净额的比例关系。计算公式如下：

$$毛利润率 = \frac{毛利润}{销售收入净额} \times 100\%$$

毛利润=销售收入净额-销售成本-销售费用-销售税金及附加

毛利润率反映收入中所获得的净利润率，通常用于衡量借款人收入的有效性。毛利润率较高，说明运营成本管理得当，实现了高效率的利润。比较分析借款人连续几年的毛利润率，能够判断和掌握其销售活动盈利能力的发展趋势。

（2）营业利润率。指借款人营业利润与产品销售收入净额的比例关系。计算公式如下：

$$营业利润率 = \frac{营业利润}{销售收入净额} \times 100\%$$

营业利润=毛利润-管理费用-财务费用-资产减值损失±公允价值变动收益+投资收益

营业利润率反映销售收入净额所取得的营业利润。该比率越高，说明借款人盈利水平越高。比较分析借款人连续几年的营业利润率，可以评价其盈利能力的变动趋势。

（3）税前利润率和净利润率。税前利润率是指借款人利润总额和销售收入净额的比例关系。净利润率是指经营所得的净利润和销售收入净额的比例关系，计算公式如下：

$$税前利润率 = \frac{利润总额}{销售收入净额} \times 100\%$$

利润总额=营业利润+营业外收入-营业外支出

$$净利润率 = \frac{净利润}{销售收入净额} \times 100\%$$

净利润=利润总额-所得税

税前利润率和净利润率反映销售收入净额所取得的税前利润和净利润，与借款人未来偿还债务的能力和水平直接相关。这两个比率越大，说明销售收入净额所取得的税前利润和净利润越多。

（4）成本费用利润率。指借款人利润总额与当期成本费用的比例关系。计算公式如下：

$$成本费用利润率 = \frac{利润总额}{成本费用总额} \times 100\%$$

成本费用总额=销售成本+销售费用+管理费用+财务费用

成本费用利润率反映成本费用支出带来的利润总额。该比率越大，说明同样的成本费用能够获得更多利润，或获得同样利润只需花费较少的成本费用。

在分析借款人盈利能力时，商业银行应结合上述各个指标，运用损益表中各个项目的结构分析，综合评价客户盈利能力的高低和变动情况、引起变动的原因及其对借款人未来盈利能力可能造成的影响。

2. 偿债能力

偿债能力是指借款人利用其资产偿还长期债务与短期债务的能力。

（1）长期偿债能力。指借款人偿还长期债务的能力，通常用于衡量企业财务稳定性和安全性，表明借款人对债务的承受能力和偿还债务的保障能力。长期偿债能力的衡量指标主要包括资产负债率、负债与所有者权益比率、负债与有形净资产比率、利息保障倍数等。主要通过比较资产、负债和所有者权益的关系等指标评价客户负债经营能力。

1) 资产负债率。指借款人负债总额与资产总额的比例关系。计算公式如下：

$$资产负债率 = \frac{负债总额}{资产总额} \times 100\%$$

负债比率用于衡量借款人利用债权人提供的资金进行经营活动的能力，同时也能反映债权人发放贷款的安全程度。对商业银行而言，借款人负债比率越低越好。负债比率越低，说明客户提供的无须还本付息的资金越多，客户债务负担越轻，债权保障程度就越高，风险也就越小；反之，若负债比率较高，说明负债在总资产中的比重较大，借款人的债务负担会加重，这无疑增加了债权风险。

2) 负债与所有者权益比率。指负债总额与所有者权益总额的比例关系。计算公式如下：

$$负债与所有者权益比率 = \frac{负债总额}{所有者权益总额} \times 100\%$$

负债与所有者权益比率用于衡量所有者权益对债权人权益的保障程度。该比率越低，说明客户的长期偿债能力越强，债权人权益保障程度越高。然而，该比率也不必过低，因为当所有者权益比重过大时，虽然客户偿还长期债务能力很强，但也意味着借款人未能充分利用所有者权益的财务杠杆作用，实现更高的财务效益。因此，保持适中的负债与所有者权益比率是客户财务稳健的关键。

3) 负债与有形净资产比率。指负债总额与有形净资产的比例关系。计算公式如下：

$$负债与有形净资产比率 = \frac{负债总额}{有形净资产} \times 100\%$$

有形净资产 = 所有者权益 - 无形资产 - 递延资产

负债与有形净资产比率用于表示有形净资产对债权人权益的保障程度。该比率审慎地考虑了企业清算时的情况,能够合理衡量借款人清算时对债权人权益的保障程度,特别是在无形资产及递延资产数额较大时,更能准确地反映借款人的长期偿债能力。该比率越低,表明借款人的长期偿债能力越强,债权人权益也就能够获得更高保障。

4)利息保障倍数。指借款人税前利润与利息费用的比例关系。计算公式如下:

$$利息保障倍数=\frac{利润总额}{利息费用}$$

利息保障倍数用于衡量借款人偿付负债利息能力。该比率越高,说明借款人支付利息费用的能力越强。为了实现更准确地评估效果,必须根据客户历史经验并结合行业特点综合判断。此外,根据稳健性原则,应以倍数较低年度为评价根据。但无论何种情况,利息保障倍数都不应低于1,因为一旦低于该水平,意味着借款人的基本利息都难以支付,更不可能保证如期偿还本金。

(2)短期偿债能力。指客户以流动资产偿还短期债务即流动负债的能力,反映客户偿付日常到期债务的能力。影响短期偿债能力的因素众多,但最为关键的是流动资产与流动负债的关系以及资产变现速度。短期偿债能力的衡量指标主要包括流动比率、速动比率和现金比率。

1)流动比率。指流动资产与流动负债的比例关系。计算公式如下:

$$流动比率=\frac{流动资产}{流动负债}\times 100\%$$

流动比率主要用于评估借款人是否具备足够的流动资金来偿还短期债务,一般情况下,该比率越高,借款人短期偿债能力越强,债权人的权益越有保证。理论上,只要流动比率大于1,借款人即具备偿还短期债务的能力。然而,由于某些流动资产可能无法及时足额变现,因此根据稳健性原则,对流动比率的要求应更高一些,一般认为在2左右较为适宜。在实际操作中,商业银行应视借款人的具体情况及市场环境来灵活调整对流动比率的要求。

2)速动比率。指借款人速动资产与流动负债的比例关系。计算公式如下:

$$速动比率=\frac{速动资产}{流动负债}\times 100\%$$

速动资产是指那些易于立即变现、具有即时支付能力的流动资产。存货通常要经过成品销售和账款回收两个过程才能转换为现金,变现速度相对较慢,而且有些存货可能因为不适销而无法变现。预付账款和待摊费用虽然具有资产性质,但本质上仍属于费用,只是减少借款人未来的现金付出,并不能转变为现金。因此,在计算速动资产时,必须将这些项目予以扣除。计算公式如下:

速动资产=流动资产-存货-预付账款-待摊费用

根据经验，一般认为速动比率为 1 较为合适。如果速动比率过低，说明借款人的短期偿债能力存在问题；而如果速动比率过高，则意味着借款人持有过多的速动资产，可能会错失一些有利的投资或获利机会。在实际操作中，商业银行应根据借款人的行业性质及其他因素综合评估。

3）现金比率。指客户现金类资产与流动负债的比例关系。计算公式如下：

$$现金比率 = \frac{现金类资产}{流动负债} \times 100\%$$

现金比率一般作为衡量借款人短期偿债能力的一项参考指标。该比率越高，表明客户直接支付能力越强。但通常情况下，客户不可能也不需要保留过多的现金类资产，因为这样会丧失许多获利与投资机会。在分析客户短期偿债能力时，将流动比率、速动比率和现金比率三个指标相结合，能够准确地观察企业短期偿债能力强弱。如果能进一步地结合营运资金指标进行全面分析，则更有助于评价借款人的短期偿债能力，因为营运资金是借款人偿债资金保证的绝对数，而流动比率、速动比率和现金比率是相对数。

营运资金是指流动资产与流动负债的差额，计算公式如下：

营运资金 = 流动资产 - 流动负债

由上述公式可知，营运资金可以为正值，也可以为负值。正值说明借款人运用长期资金（所有者权益、流动负债）支持部分流动资产，负值则说明借款人运用流动负债支持部分长期资产。营运资金越多，表示对借款人短期和长期资产的支持力度越大。但是，营运资金多少只有在与销售额、总资产或其他变量相结合进行考察时，才更具现实意义。

3. 营运能力

营运能力是指通过借款人的资产周转速度相关指标，反映资产利用效率的一种能力，表明客户管理人员经营、管理和运用资产的水平。借款人偿还债务和盈利能力大小，在很大程度上取决于管理人员对资产的有效运用程度。资产利用效率越高，各项资产周转速度越快，资产变现速度也随之提升，意味着借款人将拥有更多现金用于偿付流动负债，即短期偿债能力得到增强。营运能力衡量指标主要包括总资产周转率、固定资产周转率、应收账款周转率、存货周转率、流动资产周转率等。

（1）总资产周转率。指营业收入与平均资产总额的比例关系。计算公式如下：

$$总资产周转率 = \frac{营业收入}{平均资产总额} \times 100\%$$

$$平均资产总额 = \frac{期初资产总额 + 期末资产总额}{2}$$

$$总资产周转天数 = \frac{360\text{天}}{总资产周转率}$$

总资产周转率主要用于分析借款人全部资产的使用效率。该比率越高，说明借款人利用全部资产进行经营的效率越好，盈利能力越强。

（2）固定资产周转率。指营业收入与平均固定资产总额的比例关系。计算公式如下：

$$固定资产周转率 = \frac{营业收入}{平均固定资产总额} \times 100\%$$

$$平均固定资产总额 = \frac{期初固定资产总额 + 期末固定资产总额}{2}$$

$$固定资产周转天数 = \frac{360\text{天}}{固定资产周转率}$$

固定资产周转率用于分析借款人固定资产使用效率。该比率越高，表明借款人固定资产利用越充分，同时也说明客户固定资产投资得当、结构合理，能够发挥较高效率。

（3）应收账款周转率。指销售收入和应收账款平均余额的比例关系。计算公式如下：

$$应收账款周转率 = \frac{销售收入}{应收账款平均余额} \times 100\%$$

$$应收账款平均余额 = \frac{期初应收账款余额 + 期末应收账款余额}{2}$$

应收账款周转率用于反映一定时期内应收账款周转次数。一般而言，该比率越高，说明借款人收回赊销账款的能力越强，应收账款变现能力和流动性越强，经营管理效率越高。

除上述运用应收账款周转次数反映应收账款周转情况外，还可以通过计算应收账款回收期，即应收账款账龄来反映应收账款周转情况。计算公式如下：

$$应收账款周转天数 = \frac{360}{应收账款周转率} = \frac{360 \times 应收账款平均余额}{销售收入净额}$$

应收账款回收期表示企业应收账款周转一次平均所需天数，回收期越短，说明客户应收账款变现速度越快，流动性越好。

（4）存货周转率。指一定时期内借款人销售成本与平均存货余额的比例关系。计算公式如下：

$$存货周转率 = \frac{销售成本}{平均存货余额} \times 100\%$$

$$平均存货余额 = \frac{期初存货余额 + 期末存货余额}{2}$$

存货周转率用于评估借款人销售能力和存货周转速度,不仅反映流动资产变现能力好坏、经营效率高低,同时也体现借款人的营运能力和盈利能力。通常而言,存货周转率越高,借款人的存货从资金投入到销售收回的时间越短。在营业利润率相同的情况下,存货周转率越高,获取利润就越多;相反,如果存货周转率较低,则反映借款人的存货及销售状况欠佳。

此外,存货周转率也可用存货持有天数表示,计算公式如下:

$$存货持有天数 = \frac{360}{存货周转率}$$

一般而言,存货持有天数增多,说明借款人存货采购过量,积压存货比重较大,或存货采购价格上涨;相反,存货持有天数减少,则说明借款人可能耗用量或销量有所增加。而过快或异常的存货周转率,可能表明借款人没有足够的存货可供耗用或销售,或采购过于频繁、批量太小等。通过分析存货周转率变化,可以更好地了解借款人的经营状况和存货管理情况。

(5)流动资产周转率。指借款人营业收入与平均流动资产总额的比例关系,计算公式如下:

$$流动资产周转率 = \frac{营业收入}{平均流动资产总额} \times 100\%$$

$$平均流动资产总额 = \frac{期初流动资产总额 + 期末流动资产总额}{2}$$

流动资产周转率用于反映借款人流动资产利润效率,该比率越高,说明客户流动资产创造收入越多,实现价值越高,企业盈利能力越强。

(三)现金流量分析

企业不同种类的资产之间相互转换构成循环,形成现金流量的内容。对于一家期望持续经营的企业而言,既要保持正常的经营循环,也要维持有效的资本循环。这意味着该企业在从事业务经营的同时,还需进行固定资产投资。在不同循环阶段中,客户现金流量特征各异,通常情况下,现金流入会滞后于现金流出,或现金流入少于现金流出。此时,企业可能需要寻求外部融资以维持运营。

由此得出如下计算公式:

企业现金净流量=经营活动的现金净流量+投资活动的现金净流量+筹资活动的现金净流量

1. 经营活动的现金净流量

经营活动的现金净流量及分析如表5-4所示。

表 5-4 经营活动与现金流入、现金流出对应关系

经营活动	现金流入	现金流出
购销	销售商品、提供劳务收到的现金	购买商品、接受劳务支付的现金
租赁	租赁收到的租金	经营租赁支付的租金
工资	—	支付给职工以及为职工支付的现金
增值税	收到的增值税销项税额和退回的增值税款	支付的增值税
所得税	—	支付的所得税
其他税	收到的除增值税以外的其他税费返还	支付的除增值税、所得税以外的其他税费
其他	收到的其他与经营活动有关的现金	支付的其他与经营活动有关的现金

如果经营活动产生的现金流量小于零，表明经营过程的现金流转存在问题，可能会出现收入无法覆盖支出的现象；如果经营活动产生的现金流量等于零，表明经营过程中的现金收支平衡，意味着短期内可以维持经营，但对长期而言，可能难以持续；如果经营活动产生的现金流量大于零但不足以补偿当期的非现付成本，则与现金流量等于零的情形只有量的区别，没有质的区别，这意味着虽然现金流入大于现金流出，但仍然不足以支付当期的成本和费用，企业依然需要关注改善其现金管理和经营效率。

如果经营活动产生的现金流量大于零，并正好能补偿当期的非现付成本，说明企业能在现金流转上满足日常经营和简单再生产需要；如果经营活动产生的现金流量大于零并在补偿当期的非现付成本后还有结余，则意味着经营活动产生的现金流量将会对企业投资发展做出更大贡献。

2. 投资活动的现金净流量

投资活动的现金净流量分析如表 5-5 所示。

表 5-5 投资活动与现金流入、现金流出对应关系

投资活动	现金流入	现金流出
固定资产及在建工程	处置固定资产、无形资产和其他长期资产收到的现金净额	购建固定资产、无形资产和其他长期资产支付的现金
权益性投资	分得股利或利润收到的现金，收回投资收到的现金	收益性投资支付的现金
债券投资	取得债券利息收入收到的现金，收回投资收到的现金	债权性投资支付的现金
其他	收到的其他与投资活动有关的现金	支付的其他与投资活动有关的现金

如果投资活动产生的现金流量小于等于零，意味着投资活动的现金流入无法满足其支出需求，通常属于正常现象，须关注投资支出的合理性和投资收益实现状况，以确保投资活动的可持续性；反之，如果投资活动产生的现金流量大于或等于零，通常就是非正常现象，须关注长期资产处置或变现、投资收益实现情况，以及投资支出过少的原因，以确保投资活动的合理性和有效性。

3. 筹资活动的现金净流量

筹资活动的现金净流量及分析如表5-6所示。

表5-6 筹资活动与现金流入、现金流出对应关系

筹资活动	现金流入	现金流出
募集股金	吸收权益性投资收到的现金	减少注册资本支付的现金
		分配股利或利润支付的现金
		筹资费用（含发行股票、债券引起的费用）支付的现金
发行债券	发行债券收到的现金	偿付利息（含债券和借款利息）支付的现金
筹资	借款收到的现金	偿还债务（含借款和债券本金）支付的现金
其他	收到的其他与筹资活动有关的融资租赁支付的现金	支付的其他与筹资活动有关的现金

如果筹资活动产生的现金流量大于零，须关注筹资与投资及经营规划是否协调。反之，如果筹资活动产生的现金流量小于零，则须关注借款人是否面临偿债压力且缺乏新的筹资能力，以及是否具有新的投资发展机会。

一般而言，一家正常经营的企业，经营活动产生的现金流量应大于零；投资活动产生的现金流量应小于零；筹资活动产生的现金流量有时可能大于零，有时可能小于零。在结合现金流量来分析、评价借款人的贷款偿还能力时，通常需要考虑如下几个问题：借款人是否具备还款能力？若具备，资金来源是什么？若不具备，存在哪些问题？

（四）非财务因素分析

在实际操作中，商业银行贷款的非财务分析是评估贷款风险的重要环节，涉及行业、经营、管理、还款意愿以及自然、社会等多方面的因素，如表5-7所示。

表 5-7 非财务因素分析的主要内容

行业因素	经营因素	管理因素	还款意愿	自然、社会因素
发展趋势	企业规模	组织形式	还款记录	战争
成熟期	经营历史	管理层经验	过往资信	法律、政策管理
周期性	市场竞争	管理深度	管理层品德	经济技术环境
盈利性	经营理念	管理广度		自然灾害
产品替代性	采购环节	管理层稳定性		环保
产品竞争力	生产环节	员工素质		城市建设
行业地位	销售环节	内部控制		
	市场份额	法律纠纷		

资料来源：根据公开资料收集整理。

鉴于非财务因素定性因素偏多，有效性通常依赖于信贷人员的专业经验、专业素质和道德水平，因此，需要与其他风险分析手段结合使用，以避免未来出现较大的信用风险。

【拓展案例】

连续多年虚增利润等被查实，同济堂及涉事人员受罚

2021 年 10 月 25 日，同济堂（股票代码：*ST 济堂（0.270，0.00，0.00%））公布中国证监会调查处罚结果，因公司涉嫌连续多年虚增净利润等信息披露违法违规行为，中国证监会拟对同济堂及公司时任董事长张美华、时任副董事长、总经理李青，时任董事、副总经理、财务总监魏军桥给予警告，并处以 100 万~500 万元不等的罚款，涉事三人被采取市场禁入措施。当日，*ST 济堂开盘一字跌停，收于 1.37 元/股。

同济堂以药品、保健品、医疗器械为主要经营产品，其主要客户对象包括医疗机构、批发企业、零售药店。2007 年 3 月 16 日，同济堂登陆纽交所，融资 1.2 亿美元，成为当时中国本土第一家在美上市的中成药企业。2011 年 4 月，同济堂被复星医药（27.990，-0.21，-0.74%）控股子公司复星实业（香港）有限公司与 HanmaxInvestmentLimited 并购，成为二者全资私有公司，股票也随即在纽交所停止交易。2016 年，同济堂通过重大资产重组的方式，借壳啤酒花登陆 A 股市场。

登陆 A 股后，同济堂的业绩表现不俗，2016~2018 年营业收入、净利润三连

涨，营业收入更是一度突破百亿大关。2019 年，同济堂营业收入、净利润同比大幅下滑，当年年报被会计师事务所出具无法表示意见审计报告。2020 年 4 月 27 日，中国证监会正式对同济堂进行立案调查。2020 年 7 月 1 日，公司股票被实施退市风险警示，股票名称变更为＊ST 济堂。

同济堂 10 月 24 日收到的《行政处罚及市场禁入事先告知书》显示，同济堂 2016 年、2017 年、2018 年年报存在虚假记载、虚增营业收入、营业成本、销售及管理费用，导致 2016~2018 年虚增利润总额分别为 6.8 亿元、9.2 亿元、8.3 亿元，分别占当期披露利润总额的 90.43%、120.65%、107.61%。2019 年年报中，同样存在虚假记载，虚增其他业务收入 3.86 亿元，虚增利润总额 3.86 亿元，虚增净利润 2.99 亿元，占当期披露净利润的 226.53%。

另外，2016 年 1 月~2019 年 12 月，同济堂在未经过审议程序的情况下，直接或间接通过多家公司累计向控股股东湖北同济堂投资控股有限公司（以下简称同济堂控股）及其关联方提供非经营性资金 25.92 亿元，年报中并未对上述非经营性占用资金的关联交易进行披露，也未如实披露公司募集资金存放及实际使用情况、违规担保并涉诉等重大事项。

根据事先告知书载明的事实，同济堂财务会计报告追溯调整后，将出现 2017~2020 年连续 4 年净利润为负的情形。

2020 年，同济堂归属于上市公司股东的净利润为-22.62 亿元，同比下滑幅度高达 2403.1%；2021 年上半年净利润为-6477.05 万元，同比下滑 212.02%。

资料来源：https://finance.sina.com.cn/jjxw/2021-10-25/doc-iktzqtyu3504136.shtml。

三、个人贷款信用评估

在个人信贷业务操作流程中，个人信用评估占据着至关重要的地位，只有通过科学的评估借款人信用等级，才能预测贷款到期时借款人的还款能力和还款意愿，不仅为贷款审查和审批提供有力的决策依据，而且有助于进一步提升贷款资产质量，优化信贷结构，提高商业银行效益。

个人信用评估是个人信用制度中的重要组成部分，主要涵盖个人信用档案建立和个人信用等级评定两个方面。个人信用档案作为原始资料，包含个人身份证明、社会档案、税务情况、社会保险和商业保险记录、储蓄和债务记录、信用历史、资产情况以及所处社会环境等多维度资料，是全面反映个人信用的重要依据。而个人信用等级评定则是通过客观、公允的评估方法，将个人信用的原始资料进行量化处理，获得经济活动中具有实用价值的个人信用评分。

第五节　深入分析多类型贷款特点
——常见贷款业务管理

鉴于贷款机构、借贷主体以及贷款用途的多元化特点，单一或几种贷款方式难以全面覆盖所有业务需求。因此，为了满足各类企业和个人不同的融资需求，各大商业银行都使尽浑身解数推出一系列各具特色的贷款产品，如房地产贷款、汽车贷款和经营性贷款等。每一种贷款产品都具有独特的优势和适用范围，借款人需根据自身实际情况进行合理选择。同时，商业银行也需根据贷款业务类型实施针对性管理策略，以确保业务运行高效、稳健。

一、房地产贷款

（一）房地产贷款业务

房地产业是国民经济增长的支柱产业，具有产业链长、关联度大等特点，能直接或间接带动上下游多个产业发展（见图5-3）。房地产上游直接与土地和资金关联，而土地关系到政府财政收入，资金又与银行和资本市场密切相关。中游直接与建筑、建材、工程设计关联，其中建筑业上游是钢铁和工程机械业；建材业会直接影响着钢铁、水泥、玻璃和木材的生产与供应。下游直接与房产中介、物业管理、家具、家电关联。房地产业具有特殊性，房地产贷款与其他类型贷款相比存在显著差异。当前，房地产贷款在全球各大银行的贷款组合中占据重要地位，为购房者（企业或个人）提供资金支持。同时，住宅、写字楼、厂房、仓库和其他建筑物常被用作商业银行发放其他贷款的重要抵押物。然而，鉴于房地产市场的强顺周期性，房地产贷款长期被视为商业银行风险管理中最为敏感和关键的贷款类型之一。

房地产贷款的数量和质量都会对商业银行造成巨大影响。当经济处于繁荣时期，房地产贷款被视为安全、高回报的业务，能给商业银行带来丰厚利润，因此许多商业银行会尽力拓展贷款规模。然而，由于房地产贷款具有很强的投机性，如果商业银行过于乐观而发放大量贷款，可能会导致其新要求的首付比或抵押率无法覆盖房价下跌时客户违约造成的损失。当房价下跌幅度较大时，许多商业银行账面上的房地产抵押物可能无法创造足够的现金流保证顺利偿还贷款，导致信用风险上升。

房地产贷款是我国商业银行的主要贷款业务。下面重点分析房地产开发贷款、土地储备贷款和商业用房贷款三大贷款管理。

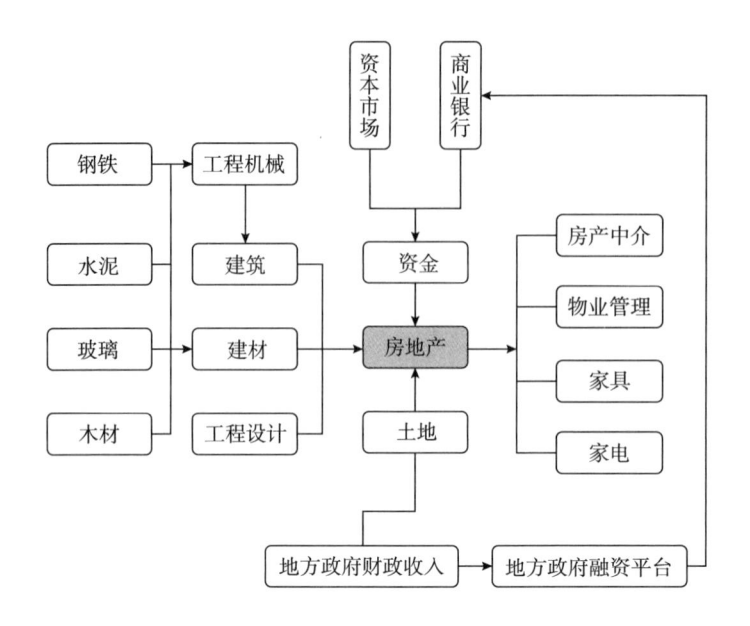

图 5-3 房地产业的上下游产业链

资料来源：张晓艳. 商业银行管理 [M]. 北京：中国金融出版社，2013.

（二）房地产贷款管理

1. 房地产开发贷款

房地产开发贷款是面向房地产开发企业发放的用于住房、商业用房和其他房地产开发建设的中长期项目贷款，主要用于支持房地产开发、建设、经营等活动。商业银行在发放住房开发贷款时需重点审查项目资本金是否落实、房产开发企业资质是否良好等。贷款既可以根据工程进度发放，也可以根据开发商购货合同和分包合同等进行支付。在项目开工后，商业银行应密切监测借款人企业项目进度；待项目建成、长期资金来源安排好后，开发商就应该开始偿还贷款。一般而言，出租、自营项目，从项目竣工年度起定期偿还本金；出售、转让项目，按照项目销售进度采取分期方式偿还本金。

中国银保监会对商业银行发放的房地产开发贷款制定了严格监管规定。首先，申请贷款的房地产开发企业须具备相应资质，需要提供营业执照、土地使用权证明、企业章程以及开发项目的可行性研究报告和计划书，证明项目的可行性和市场前景。此外，房地产开发企业还需要具备一定的自有资金和提供符合商业银行要求的担保人或担保物。其次，房地产开发贷款只能通过房地产开发科目发放，商业银行要严密监控建筑施工企业流动资金贷款使用情况，防止运用流动资金贷款为房地产开发项目垫资。最后，房地产开发贷款具有地域限制，商业银行原则上只能对本地区的房地产开发项目发放房地产开发贷款，不得跨地区贷款。此外，房地产开发贷款的还款方式一般为分期还款，即根据项目进度和销售情况逐步还本付息。具体还款计划根据借款人实际情况和商业银行要求予以确定。

2. 土地储备贷款

土地储备贷款是指商业银行向土地储备机构发放的支持土地储备项目开展的贷款，主要用于土地收购及土地前期开发、整理，包括支付征地补偿费、安置补助费、地上附着物和青苗补偿费、场地平整、道路、水、电、气等基础设施建设费、缴纳土地出让金等。

实际上，大多数土地储备贷款是地方融资平台贷款的一个重要部分，土地储备贷款主要还款来源是土地出让收入和政府补贴收入，若贷款期限内土地不能成功拍卖变现，借款偿还就存在较大不确定性，商业银行所面临的信用风险也将随之加大。土地储备需要大量资金投入来把未开发的土地转变为具备建设条件的熟地。只有当土地达到国家规定的"三通一平""五通一平"或"七通一平"标准后，才能通过公开的"招、拍、挂"程序进入市场，完成土地出让，并最终回收土地出让金以偿还商业银行贷款。然而，如果信贷政策收紧或房地产市场不景气时，这一资金链条就可能面临断裂风险，进而对银行贷款的安全性构成威胁。因此，对于银行而言，科学、严格地风险评估和管理土地储备贷款至关重要。

3. 商业用房贷款

商业用房贷款是指向个人或企业发放的用于购买或租赁商业用途房产的贷款，包括法人商业用房按揭贷款、商业用房抵押贷款和个人商业用房贷款。

在申请商业用房贷款时，借款人需要提供包括身份证、户口本、收入证明、购房合同或租赁协议、抵押物评估报告等相关资料和证明文件。商业银行通过全面评估借款人的信用记录、资产状况、还款能力等，确定最终的贷款额度和利率。此外，商业用房投资性较强、经营风险较高，利率通常比个人住房贷款利率高。

【拓展案例】

民生银行深陷地产"危机"

民生银行与地产圈关系匪浅，房地产业务曾是拉动民生银行资产规模扩增的一大引擎。

1996年，民生银行成为中国第一家主要由民营企业发起设立的全国性股份制商业银行，起家于房地产的泛海控股是民生银行的发起人之一。在民生银行登陆A股那年，其第一大股东（10.020，-0.07，-0.69%），并列第二大股东泛海控股（1.510，-0.02，-1.31%）皆有房企背景。

2008年，民生银行地产金融事业部成立，是其四大事业部之一；2014年，民生银行地产金融事业部提出地产金融的"投行化"；2015年，民生银行开始和房企频繁合作，包括正荣、阳光城、金科、佳兆业、蓝光、宝能、泰禾、恒大等。2017年，连续举办10年中国不动产金融年会的民生银行，请来了融创、旭辉、泰禾、易居等数十位地产圈大咖，那时候他们之间聊得最多的话题是"房地产的新时代"。

之后两年，民生银行先后和18家房企签订了战略合作协议，从中可窥见房地产对民生银行的分量之重。

2019年，民生银行资产规模首度突破6万亿元，由上年末的5.99万亿元增至6.68亿元，增幅11.46%。其中，发放贷款和垫款总额占比上升，由上年末的50.99%升至52.2%，在对公贷款和个人贷款中房地产业务均表现强劲。从贷款行业集中度来看，民生银行房地产业贷款占比在2018年和2019年连续两年居首位，且呈走高趋势，依次为12.69%和13.66%。个人住房贷款所占比重亦从27.26%上升至29.72%。

不过，随着房地产行业前期累积的风险开始显现，民生银行房地产相关贷款风险膨胀。从2021年开始，民生银行房地产业务的不良贷款率飙升。当年在房地产业贷款同比下降17.95%的同时，该行房地产业不良贷款却骤增214.93%至95.74亿元，不良贷款率由年初的0.69%攀升1.97个百分点至2.66%。到了2022年，民生银行对公房地产业不良贷款余额155.45亿元，不良贷款率升至4.28%。

值得一提的是，恒大"暴雷"，民生银行作为恒大最大的银行债主，对其债务规模高达293亿元。同样深陷房地产困局和巨额亏损中的泛海控股，民生银行对其贷款余额也有212亿元。尽管民生银行多次向投资者表示"房地产项目总体风险可控"，但自恒大、泰禾、蓝光、阳光城等战略合作伙伴纷纷"暴雷"以来，民生银行的股价一度暴跌超过30%，对冲基金和其他卖空机构对它的看跌程度也一度超过国际上任何一家银行。此外，监管部门和投资者对民生银行涉房业务风险敞口的忧虑也没有停止过，至今这个问题的答案依然是未知数。不过据花旗此前研报显示，民生银行对高风险开发商的风险敞口约1300亿元，占一级资本的27%，在国内大型银行中占比最高。

香颂资本董事沈萌亦表示，随着民营开发商风险升温，民生银行至少需要3年才能完成坏账清理。对高增长和股东回报的追求，促使该行进行了许多高风险的投资。

值得警惕的是，民生银行的拨备覆盖率较低，2022年时仅有141.06%，较

2021年末下降了4.24%。截至2023年第一季度末，民生银行的拨备覆盖率仅为144.11%，在42家A股上市银行中，民生银行排名倒数第一。

"房地产相关业务是拖累民生银行的一大包袱，这个问题不解决，将会为其未来发展留下一定的隐患。"某券商分析师认为，除了承销债券多次"踩雷"违约房企外，民生银行的贷款质量也饱受房企"暴雷"拖累。当下民生银行最棘手的就是要在自身不陷入流动性危机的前提下度过房地产行业的寒冬。

资料来源：https://finance.sina.com.cn/jjxw/2023-08-26/doc-imzinrxi7991071.shtml.

二、小微企业贷款

（一）小微企业贷款业务

小微企业贷款是指商业银行向小型企业、微型企业、家庭作坊式企业和个体工商户提供的贷款服务。这些企业规模较小，资金需求量相对较低，但在国家经济发展中占据着重要地位。近年来，中国政府对小微企业支持力度不断加大，出台一系列政策措施鼓励商业银行开展小微企业信贷业务。2022年4月，中国银保监会办公厅发布《关于2022年进一步强化金融支持小微企业发展工作的通知》，明确要求银行业金融机构完善多层次小微企业信贷供给体系、进一步增强贷款可获得性。

为了满足小微企业的融资需求，商业银行积极推出一系列针对小微企业的贷款产品，持续优化服务体系，不仅有效地满足了短期资金缺口，更为其长期发展提供了资金支持。然而，小微企业因其自身特点，存在着经营风险大、不良贷款出现原因多、抗行业风险能力低、贷款用途难以把握和监控等诸多贷款风险，因此商业银行在提供贷款时需要采取相应的风险控制措施。为鼓励和引导商业银行开展小微企业信贷业务，政府部门应出台财税和监督等方面的专项政策，为商业银行提供政策支持，以降低商业银行开展业务的成本和风险，促进商业银行与小微企业的良性互动与共同发展。

【拓展案例】

国内部分商业银行的小微贷款条件

1. 中国建设银行小微企业贷款条件

（1）在建设银行开立对公结算账户两年（含）以上。

（2）贷款前12个月对公结算账户借贷方累计结算笔数100笔（含）以上。

（3）贷款前对公结算账户前12个月贷方累计结算额200万元（含）以上或前12个月日均存款3万元（含）以上。

2. 招商银行小微企业贷款条件

(1) 现金流充裕。

(2) 小微企业主信用良好。

(3) 企业已成立两年以上。

(4) 能提供有效财力证明。

(5) 小微企业主具有较强的还款意愿，以及按时足额还款的能力。

(6) 与银行建立了较稳定的合作关系。

(7) 招商银行要求满足的其他条件。

资料来源：中国建设银行官网（http：//www.ccb.com/）、招商银行官网（https：//cmbchina.com/）。

(二) 小微企业贷款管理

小微企业是商业银行客户结构中的重要组成部分，是培育大中型优质客户的关键资源。随着经济社会的持续发展和金融市场的日趋成熟，小微企业贷款业务对商业银行的可持续发展具有越来越重要的战略意义，很可能成为未来发展的新蓝海，因此商业银行需要从多个方面进行组织管理工作的改革和完善，确保业务顺利开展和风险有效控制。

1. 优化银行内部服务小微企业的组织架构

商业银行要做好小微企业贷款业务，必须进行组织架构再设计。具体应分三步走。

(1) 分别设立针对大中型企业和小微企业的专业支行。重新划分支行的客户和业务，确保专业支行专注于服务相应的企业类型。小微企业专业支行只接受小微企业贷款申请，开展相应的营销与贷前调查工作，并在调查后，直接将资料报送至小微企业贷款业务审查中心进行审查。如有大中型企业客户向其申请贷款，该支行应将其推荐给大中型企业专业支行，确保客户获得更为专业的服务。

(2) 借鉴个人贷款审批中心模式，建立小微企业贷款业务审批中心。在各级分行设立小微企业贷款业务审批中心，配备充足的审查人员，建立标准化流程和系统。通过集中审查和审批小微企业贷款业务，提高专业化程度和效率，降低单笔贷款成本。同时，小微企业贷款业务审批中心还可以负责相应的贷后管理工作，提高非现场检查比例，降低支行客户经理贷后现场检查工作量。在此基础上，进一步建立区域性小微企业贷款业务审批中心，逐步将各分行负责的小微企业贷款业务的审查、审批工作集中至区域性小微企业贷款业务审批中心。这样不仅可以提高贷款审查、审批工作集中化、系统化与标准化程度，实现规模效应和资源共享，而且可以适时集中处理各分行的贷后管理工作。

（3）设立独立核算的小微企业贷款业务事业部，实现小微企业金融业务专业化经营。在建立小微企业专业支行与区域性小微企业贷款业务审批中心的基础上，进一步建立小微企业贷款业务事业部，实现小微企业贷款业务的单配规模、单独核算与单独考核。

2. 细分小微企业客户，分级管理

商业银行应充分认识小微企业市场的复杂性，明确不同规模小微企业所具有的独特风险和收益特征。因此，商业银行需要对小微企业这一细分市场进行更为细致的划分，根据小微企业特点进行分层营销，并采用差异化的贷款产品和贷款流程，更好地满足各类小微企业融资需求，提升客户满意度，同时也有助于优化资源配置，降低风险，实现可持续发展。

3. 创新风险管理机制

小微企业贷款业务中普遍存在财务数据失真、企业信用缺失以及信息不对称等问题，如何突破这些瓶颈，有效防范小微企业贷款风险，成为商业银行亟待解决的问题。根据小微企业客户的经营特点和发展规律，商业银行应建立差异化风险管理制度与体系，保证贷款业务可持续性。

为了更好地评估客户风险，商业银行开始采用内部评级法进行风险识别。该方法进一步发展和完善了传统信用评分技术，通过系统评估违约率、违约损失率以及风险敞口等因素，能够降低商业银行与小微企业之间的信息不对称程度，更准确地识别小微企业客户的信用风险，确保小微企业贷款业务稳健发展。

4. 加大小微企业贷款产品创新力度

推动小微企业贷款产品创新，需要构建一个科学的产品研发管理模式。具体而言，在小微企业贷款业务审查中心设置专门研发团队，负责在现行制度框架下区域内小微企业贷款业务产品研发的审查工作。对于超越团队研发能力或跨区域的研发需求，由审查中心报送至总行的小微企业贷款产品研发团队，总行团队根据实际需要承担产品研发工作。通过设计组织架构和处理流程，既能确保支行提出的产品研发需求获得及时满足，提高小微企业贷款产品研发效率，又能激发支行客户经理开展营销工作的积极性，推动业务持续发展。此外，在设计研发管理模式基础上，各大商业银行还应根据地区、行业和客户特征，为小微企业提供量身打造的贷款产品。例如，2021年，民生银行以北交所设立为契机，在全面分析北京证券交易所"专精特新"客群特点、需求痛点的基础上，创新推出包括"易融通""易投通""创慧通""创富通"四大系列产品的"民生易创"专属产品包，集成了科创贷、认股权融资、开户e、信融e、票融e、并购贷、股权直投、PE贷、员工股权激励、定增投资、可转债投资等众多契合客户创新和成长属性的金融产品。① 又如，中国银行太原平阳支行大力发展供应链融资业务，为抵质押物不足、自身规模不够的小微企业提供便捷的融资通道。"融易信"是中国银行供应链金融创新产品之一，利用核心企业在中国银行的授信，为上游供应商提供无担保、线上化的应收账款融资服务，破解上游中小微企业融资难的痛点，有力支持上游中小微企业生产经营。②

【拓展案例】

国内部分商业银行的小微企业贷款产品

1. 工商银行——"e抵快贷"

（1）产品介绍：中国工商银行面向小微企业、小微企业主（含个体工商户）提供的房产抵押线上融资产品，贷款资金仅用于生产经营活动。

（2）适用对象：小微企业、小微企业主和个体工商户。

（3）额度期限：最高500万元，合同最长10年，单笔贷款最长3年。

（4）担保方式：城区优质住房抵押。

（5）产品特色：一次审批、多次提款、利率优惠、随借随还。

2. 民生银行——"纳税网乐贷"

（1）产品介绍：为正常纳税的小微客户提供的一款线上申办、自动审批、无需抵押、自助签约支用的信用贷款产品。

（2）适用对象：正常缴纳增值税、企业所得税，资信状况良好的小微企业主。

（3）额度期限：纯线上业务不高于30万元。额度类贷款，期限不超过两年。

（4）定价水平：针对优质客户采取差异化定价、小微红包奖励等方式降低客户融资成本。随借随还、按日计息。除正常的贷款利息以外，无其他任何形式的附加费用。

（5）产品特色：客户无需提供抵押、无需奔波网点，7×24小时享有纯线上自助服务，随时随地、触手可得，契合小微客户"周期短、金额小、频次高、用款急"的融资需求。

资料来源：中国工商银行官网（http://icbc.com.cn/）、中国民生银行官网（https://www.cmbc.com.cn/）。

---

① 量身定制金融服务方案 商业银行精准滴灌"专精特新"企业［EB/OL］. 腾讯网．（2021-11-16）［2023-11-23］https://new.qq.com/rain/a/20211116A01ZRV00.
② 中国银行太原平阳支行发展供应链融资业务 助小微企业纾困［EB/OL］. 新华网．（2023-11-22）［2023-11-23］http://www.sx.xinhuanet.com/20231122/3d22417d809c46acbf83ad7f9d4a2706/c.html.

三、农村信用合作社贷款

（一）农村信用社贷款业务

农村信用社贷款是指农村信用社向符合条件的个人或企业提供的一种金融服务，在合法前提下，借款人从信用社获得一定金额资金，并按照合同约定时间和利率偿还资金。这种贷款主要是为了满足农村居民和企业的融资需求，帮助其更好地发展经济、改善生活。

1. 主要特点

农村信用社贷款具有灵活性强、审批时间短、贷款额度相对较小、利率较低、抵押要求相对宽松等特点。农村信用社是基于本土经济实际情况建立的金融机构，对于当地农村居民和企业的了解更为深入，能够更有针对性地提供金融服务。

2. 贷款类型

（1）个人贷款。主要包括生产经营贷款、消费贷款、住房贷款、教育贷款等。生产经营贷款主要是针对农村居民在农业生产、养殖、渔业等方面的资金需求，帮助其提高生产力和增加收入。

（2）消费贷款。针对农村居民在购买日常消费品、家电等方面的需要。

（3）住房贷款。针对农村居民购房或房屋装修等方面的资金需求；教育贷款则是针对农村居民在子女教育方面的资金需求。

（4）企业贷款。主要包括流动资金贷款、固定资产贷款等。流动资金贷款主要是针对农村企业在经营过程中的资金需求，包括原材料采购、工资发放、税费缴纳等方面；固定资产贷款则是针对农村企业在扩大规模、提高生产能力、更新设备等方面的资金需求。

作为一种为农村居民和企业提供融资服务的关键工具，农村信用社贷款对于推动农村经济发展具有不可替代的作用。过去，农村信用社的主要任务集中在"放贷款"上。随着农村金融体系的持续完善，农村信用社开始转型，管理重心转移至风险管理，并积极创新金融产品，不断推出符合当地实际需求的金融服务，如理财产品、小微企业贷款、扶贫贷款等。

（二）农村信用社贷款管理

农村信用社须在权限范围内经营贷款业务，遵循"存贷结合，信贷与结算同步"的经营原则；信贷人员应在服务区域内根据信用社授权和授信，负责贷款调查、审查、检查、发放、收回及权限内贷款审批等管理工作。在投放贷款时，必须确保借款人具备偿还能力，且贷后能够产生一定效益。

为了优化信贷资产结构并实现多元化经营，信用社应逐步增加风险较低的信贷资产。对于新增贷款和收旧放新贷款，必须做到：向农业和社员贷款倾斜；向质押贷款和贴现贷款倾斜；向重点骨干企业和优良客户倾斜；向有效抵押贷款倾斜；减少法人保证贷款，原则上不接受信用放款（除小额农户贷款）。

重视信贷客体特殊性，加强信贷决策严肃性。一要加强信贷资金的投向审查，考察投资项目是否符合产业政策，是否真正为"三农"服务；二要进行信贷投入的量变验证，考察"三农"资金所需与信贷总量是否吻合；三要监控贷款运行去向和资金运用效果，以确保支农资金获得合理使用；四要保证贷款在完成一次价值增值后，如期返回信用社，防止贷款资金滞留、回归受阻。

四、国家助学贷款

国家助学贷款是党中央、国务院在社会主义市场经济条件下，利用金融手段完善我国普通高校资助政策体系，加大对普通高校贫困家庭学生资助力度所采取的一项重大措施。借款学生通过学校向银行申请贷款，弥补在校学习期间学费、住宿费和生活费的不足，毕业后分期偿还。

（一）国家助学贷款概述

1. 申请条件

普通高等学校全日制本专科生（含高职生）、第二学士学位学生和研究生，具备以下条件可以申请国家助学贷款：①家庭经济困难；②具有中华人民共和国国籍，年满16周岁的需持有中华人民共和国居民身份证；③具有完全民事行为能力（未成年人申请国家助学贷款须由其法定监护人书面同意）；④诚实守信，遵纪守法，无违法违纪行为；⑤学习努力，能够正常完成学业。

2. 申请材料

学生在新学年开学后通过学校向银行提出贷款申请。需要提供以下材料：①国家助学贷款申请书；②本人学生证和居民身份证复印件（未成年人提供法定监护人的有效身份证明和书面同意申请贷款的证明）；③本人对家庭经济困难情况的说明；④学生家庭所在地有关部门出具的家庭经济困难证明。

3. 申请金额

原则上，全日制本专科生每人每学年最高不超过16000元，全日制研究生每人每学年最高不超过20000元。国家助学贷款审批学校学生资助等部门负责对学生提交的国家助学贷款申请进行资格审查，并核查学生提交材料的真实性和完整性；银行负责最终审批学生的贷款申请。

4. 贷款发放

国家助学贷款实行一次申请、一次授信、分期发放方式，即在校学生可以与银行一次性签订多个学年的贷款合同，但必须分年予以发放。银行应一次性发放一个学年内的学费、住宿费贷款。

5. 贷款利息

国家助学贷款利率执行中国人民银行同期公布的同档次基准利率。贷款学生在校学习期间的国家助学贷款利息全部由财政补贴，毕业后的贷款利息由贷款学生本人全额支付。

6. 还款期限

贷款最长期限为 20 年，还本宽限期为 3 年，宽限期内只需还利息、不需还本金。

7. 违约后果

（1）国家助学贷款的借款学生如未按照与经办银行签订还款协议中所约定的期限、数额偿还贷款，经办银行将对其违约还款金额计收罚息；

（2）经办银行将违约情况录入中国人民银行的个人信用信息基础数据库，供全国各金融机构依法查询。对恶意拖欠贷款的违约借款人采取限制措施，不予提供住房贷款、汽车贷款等金融服务；

（3）对于连续拖欠还款行为严重的借款人，有关行政管理部门和银行将通过新闻媒体和网络等信息渠道公布其姓名、居民身份证号码、毕业学校及具体违约行为等信息；

（4）严重违约的贷款人还将承担相关法律责任。

8. 国家助学贷款的申请与还款流程图

国家助学贷款的申请流程如图 5-4 所示。

国家助学贷款的还款流程如图 5-5 所示。

（二）国家助学贷款管理

国家助学贷款业务的开展在一定程度上缓解了部分贫困学生上学难问题，有力地支持了教育事业发展，为国家建设积蓄了宝贵的人力资源。但是，由于我国个人信用制度尚不健全，助学贷款在实施过程中仍面临诸多挑战，如个人信用调查困难、借款跟踪管理难度大、违约借款追索收回不易等。此外，借款学生的还款意识普遍较为薄弱，违约情况时有发生，使得潜在风险逐渐暴露，严重影响着各商业银行开办个人助学贷款业务的积极性。

防范国家助学贷款风险应从以下几方面着手：

（1）加强对大学生信用观念的教育与信用意识的培养，将诚信教育纳入入学与毕业教育工作中。

（2）从管理工作入手，在建立特困生档案基础上，派专人认真做好符合贷款条件学生的遴选与审批工作，同时要建立贷款学生管理档案，及时了解和掌握贷款学生信息，及时与经办银行沟通，在贷款学生毕业前，积极协调银行落实学

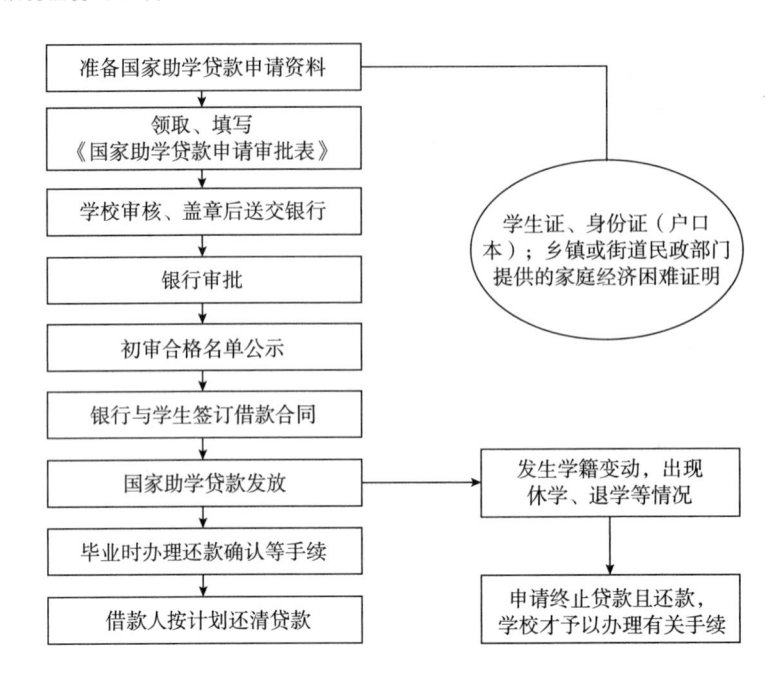

```
准备国家助学贷款申请资料
        ↓
领取、填写
《国家助学贷款申请审批表》
        ↓
学校审核、盖章后送交银行
        ↓
银行审批           学生证、身份证（户口
        ↓         本）；乡镇或街道民政部门
初审合格名单公示    提供的家庭经济困难证明
        ↓
银行与学生签订借款合同
        ↓
国家助学贷款发放 → 发生学籍变动，出现
        ↓         休学、退学等情况
毕业时办理还款确认等手续  ↓
        ↓         申请终止贷款且还款，
借款人按计划还清贷款      学校才予以办理有关手续
```

图 5-4　国家助学贷款的申请流程

资料来源：根据国家助学贷款公开资料收集整理。

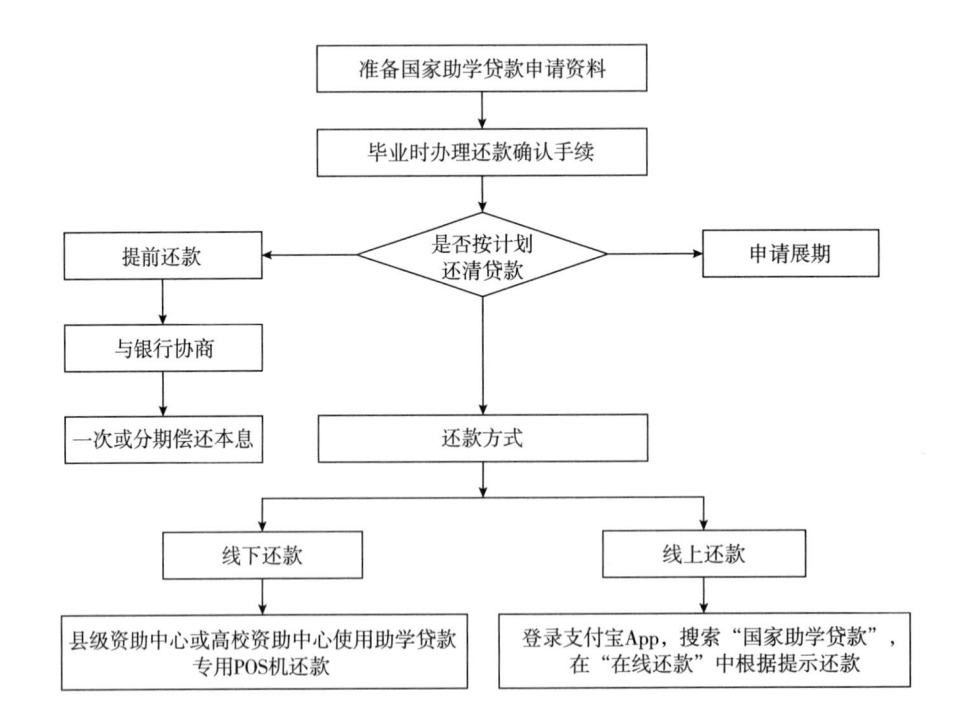

```
          准备国家助学贷款申请资料
                    ↓
          毕业时办理还款确认手续
                    ↓
提前还款 ← 是否按计划还清贷款 → 申请展期
   ↓              ↓
与银行协商       还款方式
   ↓          ↓         ↓
一次或分期    线下还款   线上还款
偿还本息        ↓         ↓
         县级资助中心或  登录支付宝App，搜索"国家助学贷款"，
         高校资助中心使  在"在线还款"中根据提示还款
         用助学贷款专用
         POS机还款
```

图 5-5　国家助学贷款的还款流程

资料来源：根据国家助学贷款公开资料收集整理。

生还款计划,将学生毕业去向和贷款情况通知银行和用人单位,此外,将学生信息提供给相关信息征询部门,以便于社会各方面进行查询。

(3)利用高等学校学籍学历管理信息系统,建立国家助学贷款学生个人信息查询系统,配合身份证,逐步建立社会个人信用监控体系,防范个人信用贷款风险。

(4)探索切实可行的国家助学贷款方式,如实行生源地的学生家庭担保贷款等。

【拓展案例】

2023年广西生源地信用助学贷款发放75.75亿元确保72万名学子上学无忧

2023年11月,国家开发银行广西分行发放2023年度助学贷款75.75亿元,惠及全区72.5万家庭经济困难学生,发放金额和惠及人数分别较上年增长22.39%和11.51%,均创历史新高。2008年至今,广西累计发放助学贷款423.17亿元,惠及202万家庭经济困难广西户籍大学生,生源地信用助学贷款累计发放量和受益人数连续第10年居全国第一。

近年来,国家不断完善调整助学贷款政策,相继出台了免息、本金延期偿还、利率调整和额度提升等系列惠民政策。广西壮族自治区教育厅和国家开发银行广西分行狠抓政策落实,全力做到"应贷尽贷、应减尽减、应免尽免",让家庭经济困难大学生充分感受到党和国家的温暖。一是提高贷款额度确保学生安心入学。为了减轻学生上大学的经济压力,广西切实落实国家助学贷款政策,从2023年起全日制本专科生每人每年申请贷款额度由不超过12000元提高到不超过16000元,研究生每人每年申请贷款额度由不超过16000元提高到不超过20000元。据统计,全年人均贷款金额为1.04万元,较上年提高9.76%,15年来首次突破人均年助学贷款金额万元,可以确保解决困难大学生上大学学费问题,并保障学生上大学的生活费需求。二是降低利率减轻贷款毕业生还款压力。2023年助学贷款利率将由同期同档次市场报价利率(LPR)减30个基点调整为同期同档次LPR减60个基点。降低利率无须学生申请,由国家开发银行自动降低利息。三是持续实施免息延期提振毕业生信心。国家继续实施贷款免息和本金延期偿还政策,广西各级学生资助管理部门通过电话、短信、家访等多渠道向毕业生开展政策宣传提醒,鼓励毕业生积极就业,提振信心。截至10月底,国家开发银行已为49万名助学贷款毕业生免除2023年度利息2.8亿元,帮助指导6.36万名贷款毕业生申请本金延期1年偿还。

资料来源:中国教育新闻网(https://www.163.com/dy/article/IK0KRM0D0550CBNY.html)。

【拓展阅读】

仔细阅读以下主题为"商业银行贷款"的期刊论文，并认真思考有关问题。

[1] 谢欣，魏彧，李鸥．地方财政压力能否提升城市商业银行贷款质量 [J]．财政科学，2024（1）：62-73．

[2] 邓晶，周鹏程，宋肖肖，等．绿色信贷对商业银行贷款风险的影响——基于区域环境规制差异的视角 [J]．金融论坛，2023，28（12）：16-27．

[3] 黄东霞，邓凯骅．商业银行贷款损失准备前瞻性研究——基于预期损失模型的新证据 [J]．国际金融研究，2023（11）：63-74．

[4] 黄飞鸣，晏文真．货币政策不确定性会影响银行贷款拨备的计提吗？——基于中国147家商业银行的证据 [J]．改革，2023（10）：98-112．

[5] 李天时，祝继高．地方银行业集中度对地方性商业银行贷款配置效率的影响研究 [J]．金融研究，2023（9）：76-93．

[6] 顾海峰，高水文．货币政策不确定性会影响银行贷款质量吗？——基于中国123家商业银行的证据 [J]．财贸研究，2022，33（7）：54-68．

[7] 刘程．数字金融与银行贷款合约——基于我国上市公司微观银行贷款数据的实证研究 [J]．产业经济评论，2022（1）：152-170．

[8] 吴晶妹，王平．信用环境对商业银行不良贷款率的影响分析与建议 [J]．投资研究，2022，41（1）：4-17．

[9] 邓伟，宋敏，刘敏．借贷便利创新工具有效影响了商业银行贷款利率吗？[J]．金融研究，2021（11）：60-78．

思考与讨论

1. 影响商业银行贷款质量的因素众多，何种方式将会有效提升商业银行贷款质量？
2. 贷款损失准备计提对商业银行有何意义？

本章小结

（1）贷款是商业银行最主要的盈利性资产，也是商业银行的传统核心业务。一方面，贷款是商业银行实现盈利性目标的主要手段；另一方面，贷款又是一种高风险资产，因此贷款业务是商业银行经营管理的重点。

（2）银行贷款是商业银行作为贷款人按照一定的贷款原则和政策，以还本付息为条件，将一定数量的货币资金提供给借款人使用，并到期收回本息的一种资金运用形式。按照不同标准对银行贷款进行分类，有利于银行从不同角度加强贷款资产经营管理。

（3）贷款政策是商业银行为实现经营目标而制定的指导贷款业务的各项方针、规则的总和，同时也是商业银行为贯彻安全性、流动性和盈利性三项原则的具体方针和措施。

（4）贷款业务流程一般包括贷款申请、信用评估、贷款调查、贷款审批、签订借款合同、贷款发放、贷后检查、贷款收回等环节。

（5）合理定价对商业银行经营与管理具有重要意义，银行定价必须遵循利润最大化、扩大市场份额、保证贷款安全、维护银行形象等基本原则。一笔贷款的价格由贷款利率、贷款承诺费、补偿余额和隐含价格等部分构成。

（6）贷款定价方法主要有目标收益率定价法、成本加成定价法、价格领导模型定价法、基础利率定价法、保留补偿余额定价法等，各自体现着不同的定价策略。

（7）贷款业务面临着很多风险，这些风险可能源于银行自身或借款人，也可能来源于市场波动。这些风险的存在使得商业银行收回本金和利息可能性与客户性质息息相关，从而形成不同风险等级的贷款。通常而言，商业银行根据已有的全部信息评价其所有贷款，按照质量进行贷款分类。一旦形成不良贷款，商业银行会积极采取各种措施，控制与处理不良贷款。贷款监管部门也会制定相应的指标体系，实施贷款质量监管。

（8）信用分析是商业银行对借款人的道德品格、资本实力、还款能力、担保及环境条件等进行系统的调查和研究。在信用分析中，财务分析和现金流量分析至关重要。通过分析，有效地评估、预测客户的资信状况及其风险高低，以确定是否给予贷款及相应贷款条件。

重要概念

贷款政策　五级分类法　贷款定价　贷款损失准备金　信用分析　成本加成定价法　价格领导模型定价法

复习思考题

1. 简述商业银行贷款程序。
2. 信用分析的"5C"标准是什么？
3. 简述贷款定价原则与贷款价格的构成。
4. 影响企业还款能力的主要因素有哪些？
5. 如何进一步加强我国商业银行贷后管理？
6. 你认为应如何保持企业或个人的良好信用状况？

【课后任务】

小组活动：选取一家大家感兴趣的商业银行，深入了解其贷款业务流程，并结合实际业务向同学们展示。

【拓展阅读】

请了解中国人民银行发布的银发〔1999〕77号《人民币利率管理规定》与原中国银行保险监督管理委员会发布的银监发〔2004〕57号《商业银行房地产贷款风险管理指引》。

第六章 表外业务

引导案例 从"一夜暴富"到"一夜暴负"
——中国银行"原油宝"事件

2020年4月22日上午,中国银行发布公告称,20日WTI原油5月期货合约CME官方结算价-37.63美元/桶为有效价格。这一消息如一枚重磅炸弹,瞬间在国内金融圈引起轩然大波,购买"原油宝"产品的众多投资者更是发出阵阵"哀鸣",因为这意味着投资者们不仅亏损全部本金,还倒欠银行一大笔债务!

"原油宝"是中国银行于2018年1月开办的一款挂钩境外原油期货的金融产品,根据报价参考的对象,可以分为美国原油产品和英国原油产品,其中美国原油产品挂钩芝加哥商品交易所(CME)的德州轻质原油(WTI)期货首行合约。上市之初,投资者对"原油宝"的反响并不热烈,"原油宝"犹如一颗石子投入大湖,激起一丝涟漪便归于平静。然而,在中国银行的营销团队陷入迷茫之际,突如其来的新冠疫情改变了这一切。

2020年春季,因公共卫生事件影响,一部分"赋闲在家"的人,开始关注并参与到众多投资活动之中。中国银行对"原油宝"进行宣传,并设计出一套覆盖官网、移动客户端、微信公众号的全方位营销方案。

"祸兮福所倚,福兮祸所伏"。这一突发事件为中国银行打开市场的同时,也悄悄地埋下了"定时炸弹"。疫情暴发之后,各国对石油的需求量大幅减少,加之石油输出国组织"欧佩克"(OPEC)未能与非"欧佩克"产油国达成"石油减产协议",导致石油产量在需求量锐减之际不减反增。2020年4月中旬,国际油价遭遇滑铁卢式下跌,WTI原油5月期货合约价格也一瞬间直冲向下、跌为负值,加之中国银行反应迟钝,错过最后的避险时间,最终酿成如此惨剧。

"原油宝"事件实在让人触目惊心,究其原因,还是要从"原油宝"的源头——表外业务上寻找。表外业务是一个庞大繁杂的体系,故而有必要将其层层剖开、细细分析。

资料来源:部慧,陆凤彬,魏云捷."原油宝"穿仓谁之过?我国商业银行产品创新的教训与反思[J].管理评论,2020,32(9):308-322.

第一节 从资产负债表说起
——商业银行表外业务概述

在现行的企业会计准则中,每个企业无论规模大小、性质如何,均需编制三大报表——资产负债表、利润表和现金流量表。表外业务中的"表"则专指资产负债表,即反映企业在一定日期的资产、负债和所有者权益状况的会计报表。表内业务和表外业务是银行业务的总称,简而言之,纳入资产负债表的业务为表内业务,不纳入资产负债表的业务则为表外业务。

一、表外业务的含义、分类与特点

(一)含义

表外业务,是英文术语 Off-Balance Sheet Activities 的直译,由于会计与法律制度不同,表外业务的定义和范围存在或大或小的差异。

按照巴塞尔银行监管委员会确定的标准,商业银行表外业务分为狭义的表外业务和广义的表外业务。狭义的表外业务是指构成银行或有资产、或有负债,在一定条件下可以转化为表内资产或负债的业务;广义的表外业务泛指银行从事的所有不在资产负债表中反映的业务,既包括狭义的表外业务,又包括新增金融中介服务类业务。

根据2022年12月中国银保监会发布的《商业银行表外业务风险管理办法》,表外业务是指商业银行从事的,按照现行企业会计准则不计入资产负债表内,不形成现实资产负债,但有可能引起损益变动的业务。

(二)分类

1. 巴塞尔银行监管委员会的分类

根据巴塞尔银行监管委员会对表外业务的广义概念和狭义概念,按照是否构成商业银行的或有资产和或有负债,可以将表外业务分为两大类(见图6-1)。

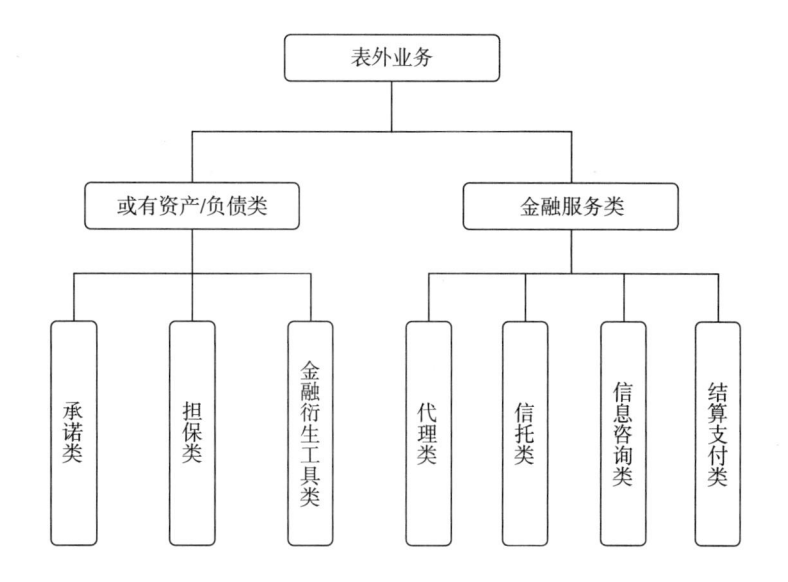

图 6-1 根据巴塞尔银行监管委员会标准进行分类的表外业务

资料来源：巴塞尔银行监管委员会官网（https://www.bis.org/bcbs/）。

（1）或有资产和或有负债类业务。这类业务在一定条件下可以转化为表内资产或负债，主要包括承诺类业务、担保类业务和金融衍生工具类业务。

（2）金融服务类业务。商业银行通过这类业务向客户提供金融服务，以收取手续费为目的，不承担任何资金损失的风险，因此不构成商业银行的或有资产和或有负债。金融服务类业务是以商业银行传统的表外业务为基础，在适应市场变化、满足客户要求的过程中逐步发展起来，主要包括代理类业务、信托类业务、信息咨询类业务、结算支付类业务等业务。

以中国工商银行为例。2023 年，中国工商银行担保及承诺业务收入（手续费及佣金收入）达 72.96 亿元，较上年下降 17.12%；对公理财业务收入达 117.7 亿元，个人理财及私人银行业务收入达 225.82 亿元；资产托管业务收入达 79.94 亿元，较 2020 年下降 8.51%；代理收付及委托业务收入达 19.5 亿元，较 2020 年增长 7.85%，如图 6-2 所示。

2. 中国银保监会的分类

中国银保监会发布的《商业银行表外业务风险管理办法》，根据表外业务特征和法律关系，将表外业务分为四大类（见图 6-3）。

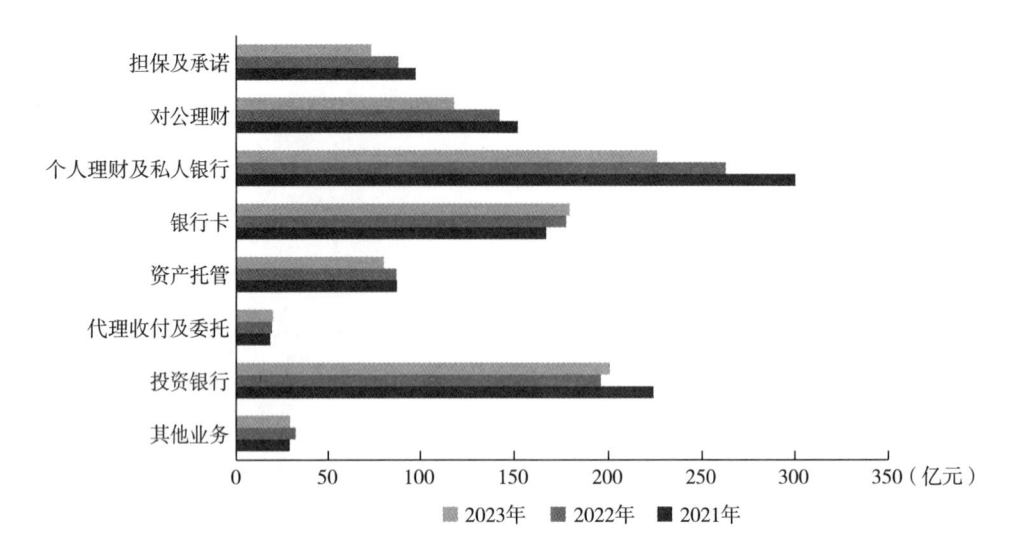

图 6-2　2021~2023 年中国工商银行表外业务分类及其收入

资料来源：中国工商银行官网（https://www.icbc.com.cn/）。

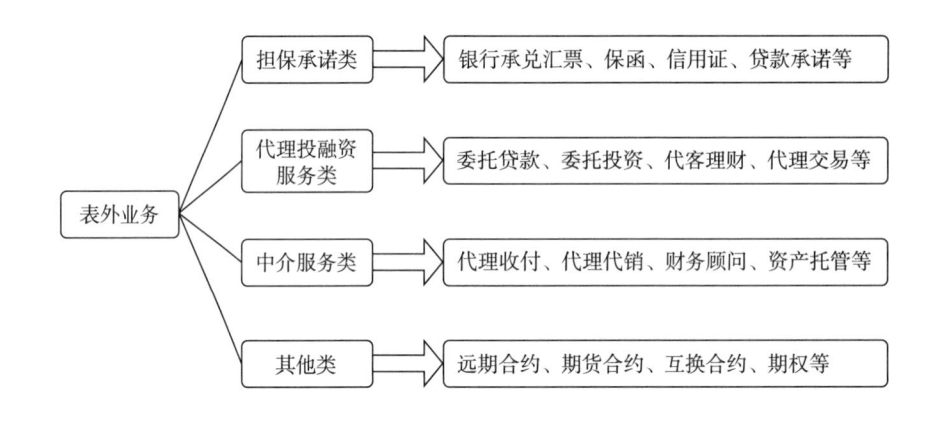

图 6-3　根据原中国银行保险监督管理委员会标准进行分类的表外业务

资料来源：国家金融监督管理总局官网（http://www.cbirc.gov.cn/cn/view/pages/index/index.html）。

（1）担保承诺类业务。即包括担保、承诺等按照约定承担偿付责任或提供信用服务的业务。其中，担保类业务是指商业银行对第三方承担偿还责任的业务，包括银行承兑汇票、保函、信用证等；承诺类业务是指商业银行在未来某一日期按照事先约定的条件向客户提供约定的信用业务，包括贷款承诺、贷款出售、票据发行便利等。

（2）代理投融资服务类业务。是指商业银行根据客户委托，按照约定向客户提供投融资服务但不承担代偿责任、不承诺投资回报的业务，包括委托贷款、委托投资、代客理财、代理交易、代理发行和承销债券等。

（3）中介服务类业务。指商业银行根据客户委托，提供中介服务、收取手续费的业务，包括代理收付、代理代销、财务顾问、资产托管、各类保管业务等。

（4）其他类表外业务。即上述业务种类之外的其他表外业务，主要包括远期合约、期货合约、互换合约、期权等金融衍生工具类业务。

（三）特点

1. 隐蔽性强

在现行的会计准则下，表外业务大部分未反映在财务报表内，只在报表的附注中予以简单注释，表外核算也只是商业银行的一种简单性核算行为，难以全面系统地反映表外业务的经营规模和质量。因此，中国人民银行、国家金融监管总局等金融监管机构难以全面、精准地把握商业银行表外业务的实际经营情况，不利于监管机构对商业银行实施有效监督。

2. 灵活度大

在从事表外业务时，商业银行能够以多种身份和多种方式参与其中。直接作为交易者进入市场，如期货、期权、票据发行便利等业务；也可以在表外活动中充当中间人，如在互换业务中充当中介人，在票据发行便利业务中充当安排人。此外，银行经营的表外业务既可在有形市场进行，又可在无形市场进行；既可选择在场内交易，又可选择在柜台交易，如期货、期权等金融衍生工具类业务。

3. 经营成本低

商业银行从事许多表外业务，主要是运用自身信誉、设备和人员等非资金资源为客户提供服务，经营成本较低。例如，咨询顾问业务主要依靠自身在信息、人才等方面的优势，收集和整理有关信息，形成系统的资料和方案，以满足客户在投资交易、经营管理等方面的需求。

4. 不确定性高

表外业务种类繁多、形式多样，业务开展和管理通常面临着信用风险、市场风险、操作风险、流动性风险、国别风险等各种风险，如何识别、评估和控制银行从事表外业务时面临的各种风险，始终是一道复杂的难题。例如，中国银行在经营"原油宝"产品时便触发了市场风险和操作风险，最终导致自身和投资者遭受巨大损失。

二、我国商业银行发展表外业务的原因

21世纪以来，尤其是2008年全球金融危机爆发之后，随着我国利率市场化和"金融脱媒"趋势愈演愈烈，加之移动金融、互联网金融、智能金融等新金融业态的迅速发展，以传统表内业务为主的经营模式难以支撑，发展表外业务日益成为我国商业银行转型发展、走出困局的必然选择。我国商业银行大力发展表外业务主要有如下几个方面的原因：

（一）适应利率下调，增加盈利来源

近年来，随着"金融脱媒"和利率市场化趋势加快发展，我国商业银行的传统存贷款业务已经进入"微利时代"，商业银行不得不面对净利息收入增速下降、利息收入稳定性降低的严峻形势。故而，商业银行必须通过提供更加丰富的产品和服务，创造新的利润来源，以谋求自身的长远稳定发展。在此背景下，我国商业银行在巩固传统业务的基础上，大力发展多层次、多品种的表外业务，逐渐打破单纯依赖存贷利差获取利息收入的局面，提高了商业银行盈利的稳定性。例如，2023年中国银行的非利息收入达1563.44亿元，占营业收入总额的25.1%，其中手续费和佣金收入达923.69亿元，[①] 这表明表外业务收入已经成为中国银行颇为重要的收入来源，极大地拓宽中国银行的收入来源渠道。

（二）降低运营成本，减少金融风险

在过去以及现在的大部分时间，我国商业银行主要通过经营信贷业务获取收益，但是作为商业银行的表内业务，信贷业务不仅要求银行承担较高的运营成本，而且需要银行面临较大的金融风险。特别是大型国家控股型商业银行，由于自身规模大、分支机构广和从业人员多，其需要承担的运营成本和金融风险是其他类型商业银行的几十倍。在此情况下，发展表外业务、拓展非利息收入来源，不仅保证商业银行拥有稳定的非利息收入，充分降低运营成本，而且有助于减少银行对信贷业务的过度依赖，有效降低风险承担压力。

（三）满足客户不断多样化的服务需求

随着金融市场快速发展和社会融资渠道不断拓宽，客户资产配置呈现多元化发展趋势，对商业银行服务种类、数量和质量的要求不断提升。面对客户日益多样化的服务需求，商业银行开始发展表外业务，不但能为广大客户提供源源不断的创新产品，满足客户日益多样化的服务需求；而且还能够提升自身的综合服务能力，以便在市场竞争中占据主动地位，保证自身的长远发展。以中国银行为例，经过数十年的稳健经营，已经向客户推出一系列多样化的表外业务，主要包括个人客户服务、公司及金融机构客户服务和综合客户服务三大类，如表6-1所示。

表6-1　截至2023年12月31日中国银行的表外业务种类

业务种类	内容
个人客户服务	个人金融、财富管理与私人银行

[①] 资料来源：中国银行官网（https://www.boc.cn/）。

续表

业务种类	内容
公司及金融机构客户服务	结算与现金管理、单位账户、贸易服务、担保及承诺、投资银行服务、托管及养老金、代理及其他公司服务
综合客户服务	电子银行、信用卡、金融市场服务、其他综合服务

资料来源：中国银行官网（https：//www.boc.cn/）。

（四）应对日益严格的银行资本监管要求

2008年全球金融危机爆发以来，国内外金融监管机构对银行资本的监管要求日趋严格。《巴塞尔协议Ⅲ》颁布，将银行核心资本充足率的要求由4%上调至6%，并对全球系统重要性银行提出附加1%~3.5%的资本要求。[①] 目前，我国银行业监管框架主要以2012年6月发布的《商业银行资本管理办法（试行）》为基础，其监管指标要求与国际要求保持同步。2023年2月，我国进一步发布《商业银行资本管理办法（征求意见稿）》，继续完善商业银行资本监管规则。由此，商业银行依靠表内资产负债规模增长的发展模式逐渐陷入困境，而发展不在资产负债表中直接反映的表外业务，则为商业银行提供了一种应对严格资本充足率监管的有效途径，有助于商业银行采取节约经济资本的发展道路。

【拓展案例】

顺乎大势，勇立潮头——光大银行大力发展表外业务

中国光大银行成立于1992年8月，是一家全国性股份制商业银行，于2010年8月在上海证券交易所挂牌上市。随着我国利率市场化进程的不断推进，表外业务越来越成为商业银行保持收入增长的重要驱动因素。光大银行亦紧跟时代发展潮流，大力发展以理财业务为代表的表外业务。上市以来，光大银行凭借自身具备的人才充足、信息灵通、制度健全、信誉良好、客户群优良等优势，相继推出代客理财、代理保险、评估咨询、代理国家政策性银行业务等表外业务品种，并通过代理国家政策性银行业务探索出一条发展表外业务的新道路。

例如，光大银行与国家开发银行、中国进出口银行合作，共同推进委托代理业务的发展。在代理政策性银行贷款管理过程中，光大银行建立了严密的管理措施。银行总部组成由行长亲自负责，信贷部、计划部和市场开发部等部门负责人重点参与的委托贷款管理领导小组；银行分行组成以行长为组长，以信贷部、计划部、电脑部负责人和具备金融、法律及工程知识的客户经理为成员的项目管理

---

① 资料来源：巴塞尔银行监管委员会官网（https：//www.bis.org/bcbs/）。

实施领导小组；在项目管理的人员选择上，选派了精通金融、财务、法律等知识并且熟悉客户生产经营情况，具有管理大型企业或大型项目经验的客户经理具体负责项目管理，监督项目资金专款专用。此外，根据项目管理的需要，光大银行利用微机网络系统建立项目档案，随时监控项目资金账户的变化，并定期深入项目单位，检查项目工程进度，分析项目单位经营状况和变化趋势。对于在检查过程中发现的问题，不仅要及时向委托行反映，而且还要积极帮助企业提出针对性措施，配合委托行做好贷款风险的化解工作，最大限度地保障信贷资金安全。

通过代理国家政策性银行项目，光大银行建立并培养了一批全新的客户关系，开拓了财务顾问、评估咨询、项目融资、本外币结算等一系列连带表外业务，极大地拓宽银行收入的来源渠道。如图6-4所示，2011~2023年，光大银行的表外业务净收入规模（手续费及佣金净收入）由69.73亿元增长至236.98亿元，年均增长速度高达19.99%。

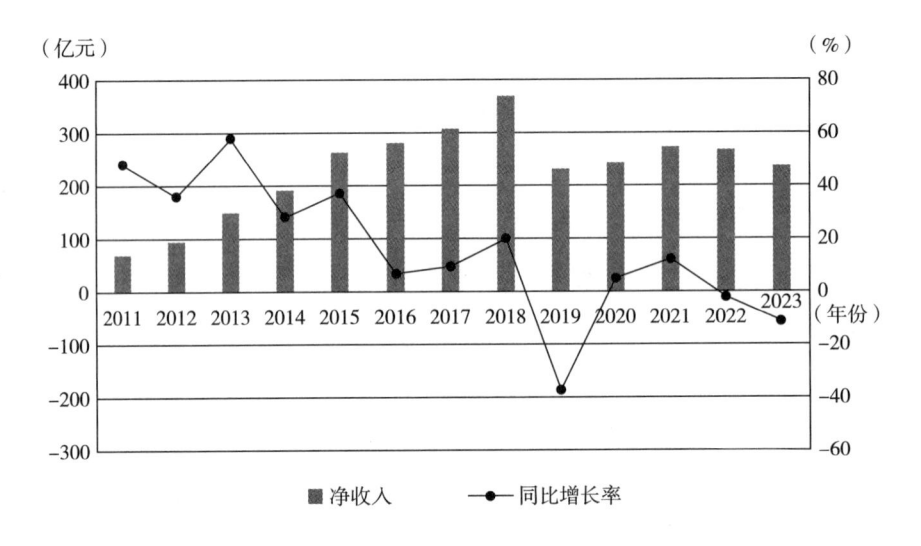

图6-4 2011~2023年中国光大银行表外业务净收入的变动情况

资料来源：中国光大银行官网（https://www.cebbank.com/site/ceb/index.html）。

第二节 庞大的家族
——商业银行表外业务的种类

2022年12月，经过长达6年的调研与广泛征求意见，中国银保监会发布了

《商业银行表外业务风险管理办法》，将表外业务分为担保承诺类业务、代理投融资服务类业务、中介服务类业务和其他类业务。其中，担保承诺类业务包括银行承兑汇票、保函、贷款承诺、票据发行便利等业务；代理投融资服务类业务包括委托贷款、委托投资、委托理财等业务；中介服务类业务包括代理收付、财务顾问、资产托管等业务；其他类业务包括远期、期货、互换、期权等业务，形成了一个庞大的"表外业务家族"。

一、担保承诺类业务

担保承诺类业务，包括银行承兑汇票、保函、信用证、贷款承诺、贷款出售、票据发行便利等。

（一）银行承兑汇票

1. 银行承兑汇票的含义

银行承兑汇票属于商业汇票的一种，是指由在承兑银行开立存款账户的存款人签发，向开户银行申请并经银行审查同意承兑，保证在指定日期无条件支付确定的金额给收款人或持票人的票据，主要适用于具有真实贸易背景、存在延期付款需求的各类国有企业、民营企业、医疗卫生等单位，其票样如图6-5所示。

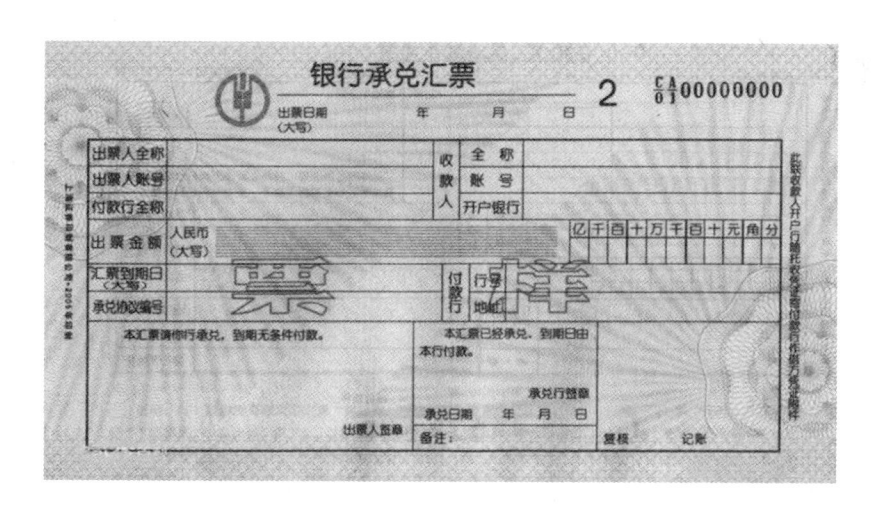

图6-5 银行承兑汇票的票样

一般而言，银行承兑汇票具有安全性高、流通性强、灵活性好等特点。一是安全性高。银行承兑汇票由银行承诺到期付款，将企业之间的信用转化为银行信用。对企业而言，收到银行承兑汇票，就如同收到现金。二是流通性强。银行承兑汇票不仅可以在贴现市场上随时贴现，而且可以背书转让，不会占压企业资金。

三是灵活性好。当资金短缺时，银行可将汇票在中央银行办理再贴现以获取资金；当资金充足时，银行也可持票至到期日，再向承兑银行提示付款。

2. 办理银行承兑汇票的条件

对申请签发银行承兑汇票的客户而言，需具备以下条件：①是企业法人或其他经济组织，并依法从事经营活动；②有足够的支付能力和良好的信用保证；③在承兑银行开立存款账户。

对承兑汇票的银行而言，需具备以下条件：①具有承兑商业汇票的资格；②与出票人建立委托付款的关系；③具有支付汇票金额的资金来源。

3. 银行承兑汇票的交易流程

以购货人签发的银行承兑汇票为例，银行承兑汇票交易流程包括如图 6-6 所示的若干步骤。

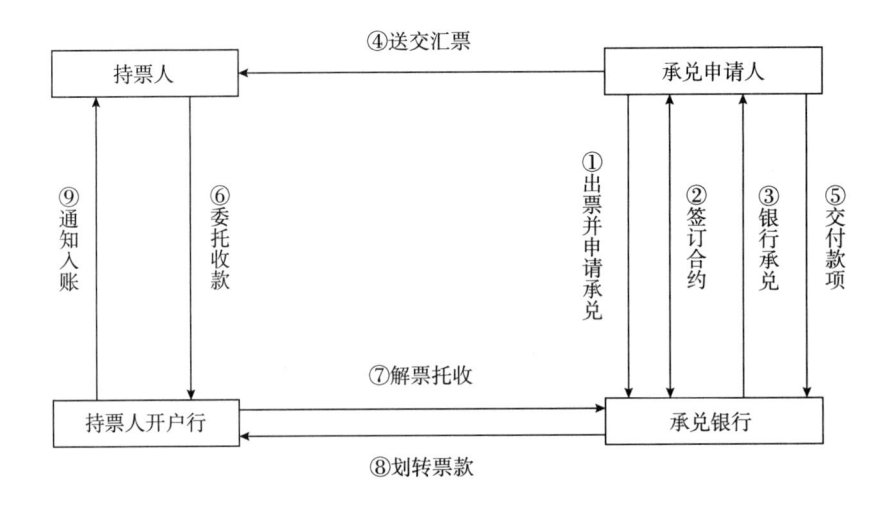

图 6-6　购货人（付款人）签发的银行承兑汇票的交易程序

资料来源：根据公开资料整理。

①承兑申请人出票，向开户银行申请承兑。②承兑银行按规定审查同意后，即可受理承兑，然后由承兑申请人交存一定比例保证金，办理相关担保手续后签署承兑协议。③承兑银行正式对汇票进行承兑，并将已承兑汇票交还承兑申请人。④承兑申请人收到经银行承兑的汇票即提交给收款人，收款人可背书转让给持票人。⑤银行承兑汇票到期前，承兑银行督促出票人将足以支付汇票金额的资金存入银行账户。⑥持票人在汇票提示付款期内委托开户银行向承兑银行收款。⑦持票人开户银行受理汇票托收后，按照委托收款结算规定向承兑银行寄递汇票及有关结算凭证。⑧承兑银行按照委托收款结算规定向持票开户行划转票款。⑨持票人开户行收到承兑银行划拨款项后，及时转入指定账户，并通知持票人款

项入账情况。

4. 银行承兑汇票的作用

对借款人而言，利用银行承兑汇票进行融资的成本较传统商业银行贷款的利息成本及非利息成本之和更低，能够有效缓解自身资金压力，促进交易顺利进行。

对商业银行而言，出售合格的银行承兑汇票不但可以增加业务多样性，扩大经营范围，提高经济效益，而且在一定程度上也可以维持良好的银企关系，促进银行的长远发展。

对投资者而言，由于投资于银行承兑汇票的收益同投资于其他货币市场信用工具的收益基本相当，且承兑银行对汇票承担第一责任，因此银行承兑汇票具有较高的投资价值，能够为自身带来稳定持续、安全可靠的现金流。

（二）保函

1. 保函的含义

保函又称保证书，是指商业银行应申请人的请求，向第三方开立的一种书面信用担保凭证，保证在申请人未能按协议履行责任或义务时，由担保人代其履行一定金额、一定期限范围内的某种支付责任或经济赔偿责任。

保函是商品经济发展至一定阶段的产物，是生产者和经营者在商品经济实践中创造出来的一种保证商品顺利交易的工具。早期保函出现在19世纪的航海贸易中，彼时由于航线漫长、邮寄不便，经常出现承运人已经到达目的港而购买人尚未收到提单的情况，购买人若未出具提单，承运人便不会轻易交货，保函由此应运而生。如果日后再出现类似情况，购买人即可出示保函以证明自己收货人的身份，跨海贸易便能顺利完成。随着商品经济的进一步发展和金融市场的不断成熟，曾经的商业保函逐渐衍变成如今的信用保函。

2. 保函的种类

银行保函在实际业务中的适用范围十分广泛，不仅适用于国内货物买卖，还广泛应用于国际经济合作领域，如在国际工程承包、招标与投标和借贷业务中均有所使用。

（1）按照当事人所在地的不同，保函可分为国内保函和跨境保函。其中，国内保函是指基础交易的债权人和债务人均注册于我国境内的保函；跨境保函是指基础交易的债权人和债务人至少一方注册于我国境外的保函。

（2）按照担保内容的不同，保函可分为融资性保函和非融资性保函。其中，融资性保函是指针对融资性质的基础交易背景所开立的保函，包括借款保函、融资租赁保函等；非融资性保函是指针对非融资性质的基础交易背景所开立的保函，包括投标保函、履约保函、预付款保函、质量（维修）保函等。

（3）按照开立方式的不同，保函可分为直开保函和转开保函。其中，直开保函即直接担保，指担保银行根据申请人的委托，直接向受益人开具保函，并由担保银行或申请人递交给受益人；转开保函即间接担保，指担保银行根据申请人的委托，向受益人的所在地银行开出反担保函，委托受益人所在地银行向受益人开具保函并递交给受益人。

以中国银行为例，当前中国银行的保函业务已经趋近成熟，发展出融资性保函、非融资性保函、转开保函等细分业务，其收费标准如表6-2所示。

表6-2 截至2023年12月31日中国银行保函业务的收费标准

服务项目	收费标准
融资性保函担保费	5‰~7‰/季，最低1000元/季
非融资性保函担保费	0.5‰~2.5‰/季，最低500元/季
为同业开立/转开保函费	2.5‰，最低500元/季
保函的修改、通知注销等	200元/笔
保函代理服务费	1000元/笔

资料来源：中国银行官网（https://www.boc.cn/）。

3. 保函的交易流程

（1）直开保函的交易流程。一般而言，直开保函的交易流程主要分为如图6-7所示的若干步骤。

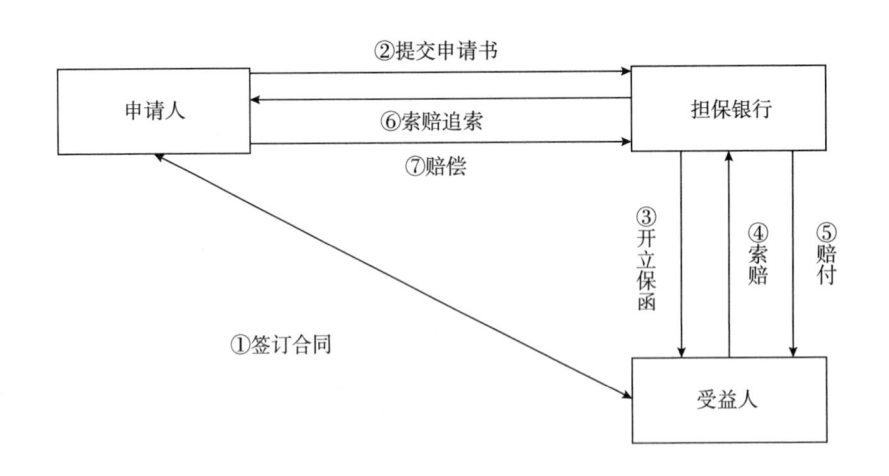

图6-7 直开保函的交易流程

资料来源：中国进出口银行官网（http://www.eximbank.gov.cn/）。

①保函的申请人与受益人签订商务合同或融资合同。例如，货物的购买方与销货方签订商务合同，计划由购买方支付一定金额，由销货方交付相应货物。②保函申请人向担保银行提交开立保函的申请书，并提供必要的书面材料。③担保银行经过审查，同意申请人开立保函的请求，并将保函递交受益人。④若申请人未按合同及时交付款项，受益人可持保函及申请人尚未偿付的证明材料向担保银行索赔。⑤担保银行对受益人提交的材料进行审查，审查无误后向受益人进行赔偿。⑥担保银行与申请人进行资金清算。⑦赔偿。

（2）转开保函的交易流程。一般而言，转开保函的交易流程较直开保函增加一个转开银行，主要分为如图6-8所示的若干步骤。

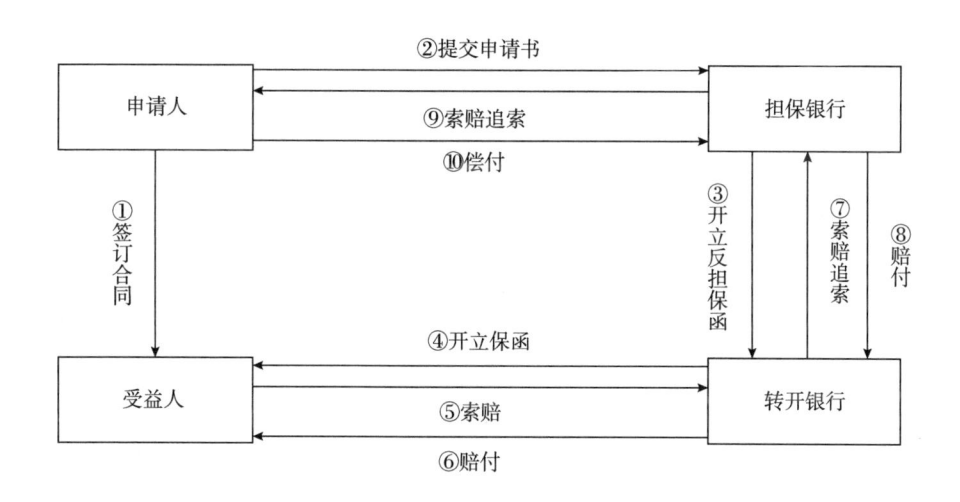

图6-8 转开保函的交易流程

资料来源：中国进出口银行官网（http：//www.eximbank.gov.cn/）。

①保函的申请人与受益人签订商务合同或融资合同。②保函申请人向担保银行提交开立保函的申请书，并提供必要的书面材料。③担保银行经过审查，同意申请人开立保函的请求，向转开银行开立反担保函。④转开银行根据收到的反担保函开立保函，并递交受益人。⑤若申请人未按照合同及时交付款项，受益人可持保函及申请人尚未偿付的证明材料向担保银行索赔。⑥转开银行对受益人提交的材料进行审查，审查无误后向受益人进行赔偿。⑦转开银行、担保银行与申请人进行资金清算。

（三）信用证

1. 信用证的含义

信用证是指商业银行依照申请人的要求和指示，在符合信用证条款的条件下，凭规定单据向第三者（受益人）或其指定方进行付款的书面文件，即信用证是一种银行开立的有条件的承诺付款的书面文件。

在国际贸易活动中,买卖双方可能互不信任,买方担心预付款后,卖方不按合同要求发货;卖方担心在发货或提交货运单据之后买方拒不付款,因此需要两家银行作为买卖双方的保证人,代为收款交单,即以银行信用代替商业信用。银行在这一活动中所使用的工具就是信用证。

2. 信用证的特点

(1) 信用证是一种自足文件(Self-sufficient Instrument)。信用证不依附于买卖合同,银行在审单时强调的是信用证与基础贸易相分离的书面形式上的认证。

(2) 信用证的方式是纯单据业务(Pure Documentary Transaction)。信用证是凭单付款,不以货物为准,只要单据相符,开证行就应该无条件付款。

(3) 开证银行负首要付款责任(Primary Liabilities for Payment)。信用证是银行的一种担保文件,开证银行对款项支付承担首要付款责任。

3. 信用证的种类

信用证的种类如表6-3所示。

表6-3 信用证的种类

分类标准	信用证类型
信用证项下的汇票是否附有货运单据	跟单信用证/光票信用证
可否撤销	不可撤销的信用证/可撤销的信用证
有无另一银行加以保证兑付	保兑信用证/不保兑信用证
付款时间	即期信用证/远期信用证/假远期信用证
受益人对信用证的权利可否转让	可转让信用证/不可转让信用证

资料来源:戴国强. 商业银行经营学[M]. 北京:高等教育出版社,2016.

(1) 按照信用证项下的汇票是否附有货运单据,分为跟单信用证和光票信用证。其中,跟单信用证是凭跟单汇票或仅凭单据付款的信用证,此处的单据代表货物所有权的单据或证明货物已经交运的单据;光票信用证是凭不随附货运单据的光票付款的信用证,银行凭光票信用证付款,也可要求受益人附交一些非货运单据,如发票、垫付清单等。

(2) 按照是否可以撤销,分为不可撤销的信用证和可撤销的信用证。其中,不可撤销的信用证,是指信用证一经开出,在有效期内,未经受益人及有关当事人同意,开证行不能片面修改和撤销,只要受益人提供的单据符合信用证规定,开证行必须履行付款义务;可撤销的信用证,是指开证行不必征得受益人或有关当事人的同意而有权随时撤销的信用证，信用证上应注明"可撤销"字样。

（3）按照有无另一银行加以保证兑付，分为保兑信用证和不保兑信用证。其中，保兑信用证是指开证行开出的信用证由另一银行保证对符合信用证条款规定的单据履行付款义务；不保兑信用证，即开证行开出的信用证未经另一家银行保兑。

（4）按照付款时间不同，分为即期信用证、远期信用证和假远期信用证。其中，即期信用证指开证行或付款行收到符合信用证条款的跟单汇票或装运单据后，须立即履行付款义务的信用证；远期信用证指开证行或付款行收到信用证的单据时，在规定期限内履行付款义务的信用证；假远期信用证指受益人凭开立的远期汇票可以经银行承兑后进行贴现而即刻得到票款的信用证，对受益人而言，假远期信用证仍属即期付款。

（5）根据受益人对信用证权利可否转让，分为可转让信用证和不可转让信用证。其中，可转让信用证指受益人（第一受益人）有权将信用证全部或部分金额转让给一个或数个受益人（第二受益人）使用的信用证，可转让信用证的第一受益人一般是中间商，第二受益人是实际供货商；不可转让信用证指受益人不能将信用证权利转让给他人的信用证，凡信用证中未注明"可转让"字样，皆为不可转让信用证。

4. 信用证的交易流程

无论是国际信用证还是国内信用证、即期信用证，还是远期信用证，其交易流程均大同小异。以国内即期信用证为例，其交易流程一般分为如图6-9所示的若干步骤。

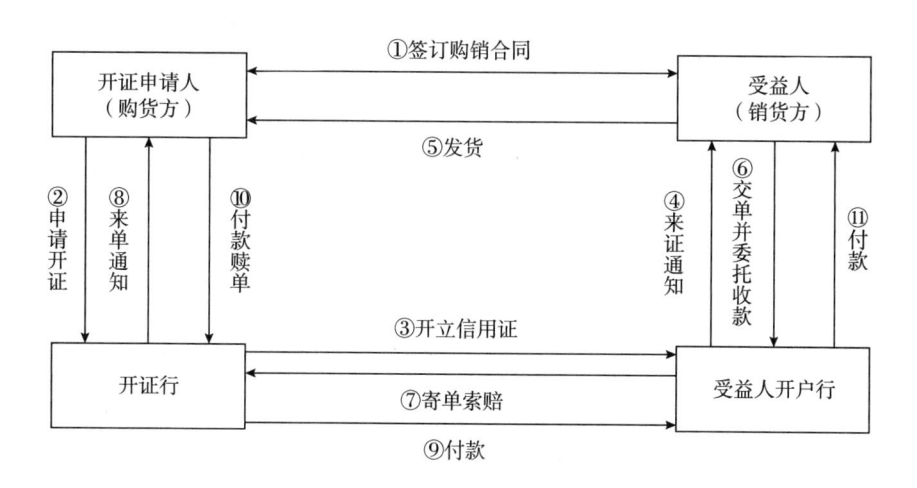

图 6-9 国内即期信用证的交易流程

资料来源：根据公开资料整理。

（1）开证人申请开立信用证。开证人在与其交易对手订立买卖合同之后，通过填写开证申请书，向开证银行提出申请。开证申请书主要包括两方面内容：一是要求开立的信用证中所含的内容，也就是开证人按照买卖合同条款，要求开证行在信用证上所列明的条款；二是开证人对开证行的声明或具结，用以明确双方责任。

（2）开证行开立信用证。开证行根据开证人的申请向受益人开立信用证。所开立的信用证条款必须与开证申请书所列一致。

（3）来证通知。受益人开户行收到开证银行交付的信用证后，应立即对信用证的密押（电开）或签字印鉴（信开）进行核对，无误后立即通知受益人。

（4）审查与修改信用证。受益人接到信用证后应立即根据合同条款认真审查信用证，如发现有信用证条款不能接受，应及时要求开证人通知开证行修改。

（5）交单议付。开证行收到受益人开户行寄来的汇票和单据后，应立即根据信用证条款进行检验，如果认为单证与信用证条款相符，应在合理时间内将票款偿还受益人开户行。

（6）开证申请人付款赎单。开证银行将票款拨付受益人开户行后，应立即通知开证人付款赎单。开证人收到通知后，也应立即到开证行检验单据，在确认无误后将全部票款及有关费用，一并向开证银行付清并赎取单据。

（四）贷款承诺

1. 贷款承诺的含义

贷款承诺是指商业银行承诺在一定时期内或者某一时间按照约定条件提供贷款给借款人的协议，属于传统的表外业务，是一种承诺在未来某时刻进行的直接信贷，并有权向客户收取承诺费的授信服务。

在实践中，银行提供贷款承诺，一般会向客户收取相应的贷款承诺费。因此，可将贷款承诺视为一份看跌期权合约：借款客户（相当于期权买方）向贷款银行（相当于期权卖方）支付承诺费（相当于期权费），以获得按约定价格（相当于贷款利率）在未来确定的时间内向银行卖出约定金额的负债（相当于要求银行提供贷款）的权利，但不负有必须提取贷款的义务。而承诺银行则有义务在约定的期限内，应借款客户的要求，买入合约所规定的负债（即向借款客户提供贷款资金）。

2. 贷款承诺的种类

贷款承诺具有多种表现形式，根据作出承诺的条款和要求等要素，贷款承诺具有多种分类方法（见表6-4）。

表6-4 贷款承诺的种类

分类标准	贷款承诺类型
承诺方是否可以不受约束地随时撤销承诺	可撤销贷款承诺/不可撤销贷款承诺

续表

分类标准	贷款承诺类型
利率是否变动	固定利率承诺/变动利率承诺
对贷款金额使用情况的不同	定期贷款承诺/备用承诺/循环承诺

资料来源：戴国强. 商业银行经营学［M］. 北京：高等教育出版社，2016.

（1）根据承诺方是否可以不受约束地随时撤销承诺，分为可撤销贷款承诺和不可撤销贷款承诺。其中，可撤销贷款承诺指银行在协议中书面列明，无需事先通知、有权随时撤销，或由于借款人的信用状况恶化可以有效自动撤销，而且撤销不会引起纠纷、诉讼或给银行带来成本的承诺；不可撤销承诺又称实质性贷款承诺，指未经客户允许，银行不可随意取消的贷款承诺，具有法律效力。

（2）根据利率是否变动，分为固定利率承诺和变动利率承诺。其中，前者指承诺方必须以预先确定的利率向借款人提供信用，后者一般根据市场利率确定贷款利率。

（3）根据对贷款金额使用情况，分为定期贷款承诺、备用承诺和循环承诺。其中，定期贷款承诺指在承诺期内，借款人只能一次性全部或部分使用银行所承诺的贷款金额；备用承诺指借款人可多次使用银行所承诺的贷款金额，并且剩余承诺在承诺期内仍然有效；循环承诺指借款人可在承诺有效期内多次使用银行所承诺的贷款金额，并且可以反复使用偿还的贷款，只要借款人在某一时点所使用的贷款不超过全部承诺即可。

3. 贷款承诺的定价

贷款承诺的定价即确定承诺佣金。银行收取承诺佣金的理由是，为保证将来应付所承诺的贷款需求，银行必须保持一定的贷款能力，这就需要放弃高收益的贷款和投资，保有一定的流动性资产，从而要求借款人提供一定费用作为补偿。

贷款承诺定价的核心是确定佣金费率。佣金费率的确定是非规范且不统一的，通常由银行和借款人协商确定。影响佣金费率的因素主要有借款人信用状况、借款人与银行关系、借款人盈利能力、承诺期限长短等。一般而言，佣金费率不超过贷款金额的1%。在佣金费率确定以后，再从整个承诺金额、未使用的承诺金额和已提用的承诺金额三者中协商确定一项作为计费基础，然后根据承诺期限长短计算具体的承诺佣金总额。

4. 贷款承诺的交易程序

一般而言，贷款承诺的交易程序分为如下步骤：

(1) 借款人向银行提出贷款承诺申请，并提交详细的财务资料，由银行进行信贷审查，确定提供承诺的可行性。

(2) 需要承诺的借款人和有承诺意向的银行就贷款承诺的细节进行协商，协商的内容包括承诺的类型、额度、期限、佣金费率、偿还安排等。待一切协商妥当之后，双方签订贷款承诺合同。

(3) 借款人在合同规定的时间内向银行发出提取贷款通知，银行则在限定的时间内将提用金额划至借款人的存款账户。

(4) 借款人按期缴纳佣金和利息，并按合同规定偿还本金。

(五) 贷款出售

1. 贷款出售的含义

贷款出售是指商业银行视贷款为可出售的财产，在贷款形成之后，进一步采取各种方式将贷款债权出售给其他投资者，并收取手续费的业务。

2. 贷款出售的种类

(1) 更改（Novation）。贷款出售银行将彻底失去贷款的债权，贷款购买者将与借款人重新签订合同，贷款出售银行与贷款的购买者和借款人不再产生任何联系。

(2) 转让（Assignment）。贷款出售银行将贷款合同中的权利转让给贷款购买者，即贷款购买者取得直接要求借款人还本付息的能力。

(3) 参与（Participation）。贷款出售并不涉及贷款合同中的法定权利转移，仅在贷款出售银行与购买者之间创造一个无追索权协议，贷款购买者通过支付一定金额，获取追索贷款本金所产生收益的权利。贷款出售银行则继续提供售后服务，如管理贷款抵押品、代收利息等。

3. 贷款出售的交易程序

一般而言，贷款出售的交易程序分为如下步骤：

(1) 银行根据借款人的资信和经营情况确定信贷额度，并在此额度范围内提供信贷。

(2) 银行根据出售贷款的期限，选取某个基础利率（如商业票据利率）作为参考利率，再调整若干基点形成利差，并在金融市场上进行报价。

(3) 贷款购买者与贷款出售银行接洽，贷款出售银行向贷款购买者提供借款人的资信和相关财务资料，以便购买者进行选择和判断。

(4) 贷款出售银行与购买者协商贷款买卖的具体细节，协商成功后，双方签订参与贷款买卖的基本协议书。贷款出售银行和购买者签订协议书时，无需通知借款人。

(5) 贷款出售银行根据参与合同的规定，定期将借款人的本金和利息偿付转移至贷款购买者的银行账户，直至该贷款到期。

（六）票据发行便利

1. 票据发行便利的含义

票据发行便利又称票据发行融资安排，是一种具有法律约束力的中期周转性票据发行融资的承诺，即借款人根据事先与商业银行签订的一系列协议，可以在一定的期限内（一般为5~7年）以自己的名义周转性地发行短期融资票据，从而以较低成本获取中长期资金。承诺包销银行依照协议负责承购借款人未能按期售出的全部票据，或承担提供备用信贷的责任。银行的包销承诺为票据发行人提供了转期机会，有力地保障企业能够获得连续性资金。

一般认为，票据发行便利起源于辛迪加（Syndicate）贷款，同时又是"金融脱媒"的结果。辛迪加贷款又称银团贷款，即由一家或数家银行牵头，多家银行与非银行金融机构参加而组成的银行集团采用同一贷款协议，按商定期限和条件向同一借款人提供融资的贷款方式。20世纪末，随着世界范围内的信息网络公司发展、计算机技术在国际支付系统和金融业务交易的广泛运用，国际金融市场的各种参与者都能获取比以前更多的信息，促使资金盈余者更多地将资金投向直接金融市场，而非过度依赖于商业银行的中介作用。

面对融资结构逐步改变的挑战，票据发行便利等表外业务便应运而生。作为辛迪加贷款低成本的替代品，一方面，票据发行便利继承了辛迪加贷款中众多银行参与的场景，既能满足对巨额资金的需求，又能享受分担风险的好处；另一方面，票据发行便利发挥了银行在市场安排和信息提供上的优势，帮助借款人实现以短期融资成本获取中长期资金的目标。

2. 票据发行便利的种类

根据有无包销，可分为包销的票据发行便利和无包销的票据发行便利，包销的票据发行便利又可分为循环包销便利、可转让的循环包销便利和多元票据发行便利。

（1）循环包销便利。指银行保证证券承销机构在一定额度内可以循环承销的融资额度，而银行负责承销未能售出的全部证券或提供等额的备用信贷。循环包销便利出现于1982年，是允许融资额度在约定时期内循环使用的票据发行便利，更利于以短接长，将短期资金延期为中期资金。

（2）可转让的循环包销便利。指包销银行在协议有效期内，随时可将其包销承诺的所有权利和义务转让给另一家金融机构的票据发行便利。可转让的循环包销便利增加了商业银行经营的灵活性和流动性，有利于相机抉择，更加符合商业银行的经营原则。

（3）多元票据发行便利。指集短期预支条款、摆动信贷、银行承兑票据等提款方式于一身，使借款人无论在选择提取资金期限上，还是在选择提取货币种类上都获得更大的灵活性。

（4）无包销的票据发行便利。就是没有"包销无法售出票据"承诺的票据发行便利。无包销的票据发行便利出现的根本原因是，采取这种形式的借款人通常为商业银行最高信誉客户，这类客户资信度很高，完全能够凭借自身信誉售出全部票据而无须银行的包销承诺，从而可以为银行大大节约一笔包销费用，有效降低融资成本。

3. 票据发行便利的发行程序

（1）发行人（借款人）委托包销银行和投标小组进行包销。

（2）发行人与包销银行投标小组成员签订一系列协议，主要包括便利协议、票据发行和付款代理协议、投标小组协议等文件。

（3）在上述各项协议就绪后，包销银行、投标小组和代理人正式开始包销票据。

二、代理投融资服务类业务

代理投融资服务类业务包括委托贷款、委托投资、委托理财等。

（一）委托贷款

1. 委托贷款的含义

委托贷款是指由委托人提供合法来源资金，商业银行根据委托人确定的贷款对象、用途、金额、期限、利率等代为发放，并协助收回本息的贷款业务。在委托贷款业务中，商业银行只负责办理贷款的审查发放、监督使用、到期回收和计收利息等事项，不对贷款盈亏负责。

我国的委托贷款业务发源于21世纪初，2002年1月，经中国人民银行批准，民生银行成为首家开展委托贷款业务的内资银行。此后，民生银行相继在宁波、上海、南京等地推出个人委托贷款业务。至今，委托贷款已经成为在多家银行开展的成熟金融产品。例如，中国工商银行的委托代理业务逐步发展形成对公委托贷款、个人委托贷款、住房公积金委托贷款和代理政策性银行贷款等细分业务，具体情况如表6-5所示。

表6-5　截至2023年12月31日中国工商银行委托代理业务的收费标准

服务种类	收费标准
对公委托贷款	按协议价格收取
个人委托贷款	按协议价格收取，年手续费率最高不超过贷款金额的3‰

续表

服务种类	收费标准
住房公积金委托贷款	个人：按不高于贷款利息收入的5%收取 项目：按协议价格收取
代理政策性银行贷款	按协议价格收取

资料来源：中国工商银行官网（https：//www.icbc.com.cn/）。

2. 委托贷款的办理流程

一般而言，委托贷款的办理流程与普通贷款较为相似，主要包括委托人提交书面申请、银行与委托人签订委托合同、银行联系借款人等步骤，具体情况如图6-10所示。

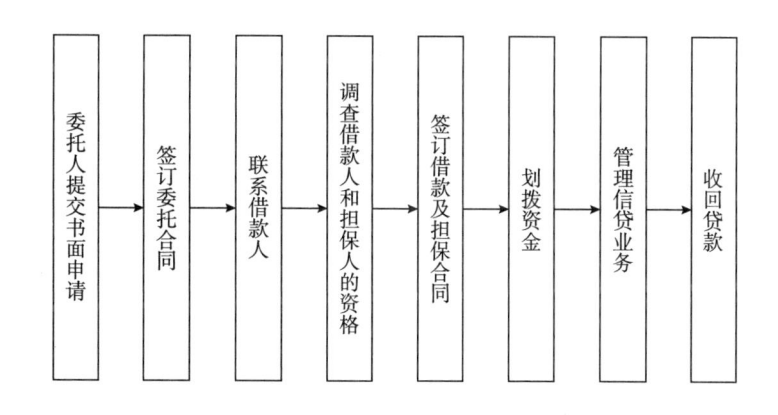

委托人提交书面申请 → 签订委托合同 → 联系借款人 → 调查借款人和担保人的资格 → 签订借款及担保合同 → 划拨资金 → 管理信贷业务 → 收回贷款

图 6-10 委托贷款的办理流程

资料来源：中国工商银行官网（https：//www.icbc.com.cn/）。

（二）委托投资

1. 委托投资的含义

委托投资指委托人将资金事先存入允许从事信托业务的银行作为委托投资基金，委托银行向其指定的联营或投资单位进行投资，并对投资使用情况、投资单位经营情况及利润分红等进行管理和监督的一种金融信托业务。委托投资的委托人主要包括企业主管部门、公司、各级财政部门等。

2. 委托投资与委托贷款的异同

（1）相同之处。一是委托投资和委托贷款的委托人都要在业务正式办理之前，将委托基金存入受托银行；二是委托投资和委托贷款的用途和对象要符合国家有关法律、政策和计划管理的规定；三是受托银行在办理委托投资和委托贷款期间不需要承担风险;四是受托银行在办理委托投资和委托贷款业务时需要收取手续费。

(2)不同之处。一是在委托投资业务中,委托银行不以收取贷款利息为目的,而是从投资单位中分取利润;在委托贷款业务中,委托银行则以收取贷款利息为目的。二是委托投资时间较长,一般为10年以上,或没有一定期限;委托贷款时间较短,一般为1~3年。三是委托投资要求受托银行代替委托人参加投资企业管理及企业财务核算等各方面事务,以保证获取一定的预期利润;委托贷款不要求受托银行代委托人管理借款企业,只需借款人的资金使用合理,到期收回本息即可。

(三)委托理财

委托理财又称代客理财,是商业银行接受客户委托,通过证券市场对客户资产进行有效管理和运作,在严格遵守客户委托意愿的前提下,在尽可能确保客户委托资产安全的基础上,实现资产保值增值的一项业务。一般而言,委托理财是商业银行与委托理财人合作,以各类金融工具为基础资产设计开发一系列理财产品,通过银行专业化组合管理为投资者提供投资收益,挂钩的基础资产主要包括贷款、基金、债券、股票、公司股权等金融资产。

我国委托理财业务最早出现在20世纪90年代末期,一些商业银行开始尝试向客户提供专业化的投资顾问和个人理财服务,但是总体规模偏小,尚未形成竞争性市场。2004年11月,光大银行推出投资于银行间债券市场的"阳光理财B计划",开创了国内人民币理财产品的先河。2010年之后,随着客户理财服务需求的日益旺盛和市场竞争主体的多元化发展,银行委托理财产品的市场规模呈现爆发式增长态势。当前,委托理财业务已经成为商业银行推进综合化经营战略、提高表外业务收入的重要手段,发展前景十分广阔。

三、中介服务类业务

中介服务类业务包括代理收付、财务顾问、资产托管等。

(一)代理收付

代理收付业务是指商业银行利用自身的结算与营业网点便利,接受客户委托,代为办理指定款项的收付事宜。例如,代理公共事业收费,包括代收固定电话费、移动电话费、水电费、煤气费、有线电视费、社保基金、劳保基金等;代理行政事业性收费,包括代收行政罚没款、代收交通罚款、代收学杂费、医疗费;代理财政性收费,包括代收税款、代收财政预算外资金、代收财政预算内资金;代扣个人款项,包括个人住房按揭贷款、个人汽车消费贷款、个人大额耐用消费品贷款;代发工资、退休金;代收物业费等。

2023年,中国工商业银行代理收付及委托业务的手续费及佣金收入为19.5亿元，较上年增长 2.96%，占手续费及佣金收入总额的 1.4%。[①] 当前，中国工商银行所经营的代理收付业务主要包括代收服务、代理收费服务、代理信托计划服务、代理退缴税服务等，具体情况如表 6-6 所示。

表 6-6　截至 2023 年 12 月 31 日中国工商银行代理收付业务分类及收费标准

业务种类	收费标准
代收服务	1 元/笔，或按协议价格收取
代理收（缴）费服务	5 元/笔，或按代收金额的 0.5%收取
代理信托计划服务	按协议价格收取
代理退缴税服务	银税通：按协议价格收取 代理法人客户缴税：按代扣税款总额的 2%收取，或按 10 元/笔收取 代理海关退税：10 元/笔
住房公积金归集服务	按不高于归集额的 5%收取

资料来源：中国工商银行官网（https://www.icbc.com.cn/）。

（二）财务顾问

1. 财务顾问的含义

财务顾问是指商业银行利用客户网络、资金资源、信息资源、人才资源等优势，为客户提供资金、风险、投资理财、企业战略等多方面综合性咨询服务，从中收取一定咨询费的业务。商业银行从事财务顾问业务的动机不仅是为了获取咨询服务费，更重要的是在此过程中可以了解客户财力和经营状况，为后续实施高效的风险控制提供依据，同时也可以加强与银行客户之间的联系。

在我国，财务顾问的服务对象主要有三大类——各级政府部门、国内外工商企业和中小机构投资者。对政府部门而言，主要涉及实施产业政策和区域经济政策，就区域经济和行业经济的整合提出决策方案，提供公共工程的可行性分析、筹资安排计划和资金运用规划，进行国有资产估价、出售和转换等。对工商企业而言，主要为其提供并购重组顾问、风险管理顾问、项目融资顾问等服务。对中小机构投资者而言，主要通过宏观经济分析、行业分析和公司分析，为其提供投资项目策划和投资方案等。

例如，中国工商银行推出的财务顾问业务主要包括投融资顾问、兼并收购顾问、财务重组顾问、股权融资顾问、债务融资顾问等种类，其收费标准如表6-7所示。

---

① 资料来源：中国工商银行官网（https://www.icbc.com.cn/）。

表 6-7　截至 2023 年 12 月 31 日中国工商银行的财务顾问业务收费标准

业务种类	收费标准
投融资顾问	按投融资总额的 0.1%～2.5% 收取，或按协议价格收取
兼并收购顾问	顾问费：按兼并收购金额的 0.5%～5% 收取，或按协议价格收取 工作杂费：含住宿费、交通费、资料费等，根据合同收取
财务重组顾问	顾问费：按重组的债务金额或资产价值的 0.5%～5% 收取，或按协议价格收取 工作杂费：含住宿费、交通费、资料费等，根据合同收取
股权融资顾问	按协议价格收取
债务融资顾问	顾问费：按协议价格收取 工作杂费：含住宿费、交通费、资料费等，根据合同收取

资料来源：中国工商银行官网（https://www.icbc.com.cn/）。

2. 财务顾问的工作流程

财务顾问业务在各大商业银行之间的工作职责和服务内容均有所不同，但其工作流程则大同小异，主要包括与客户会面、签订服务协定书等步骤，具体情况如图 6-11 所示。

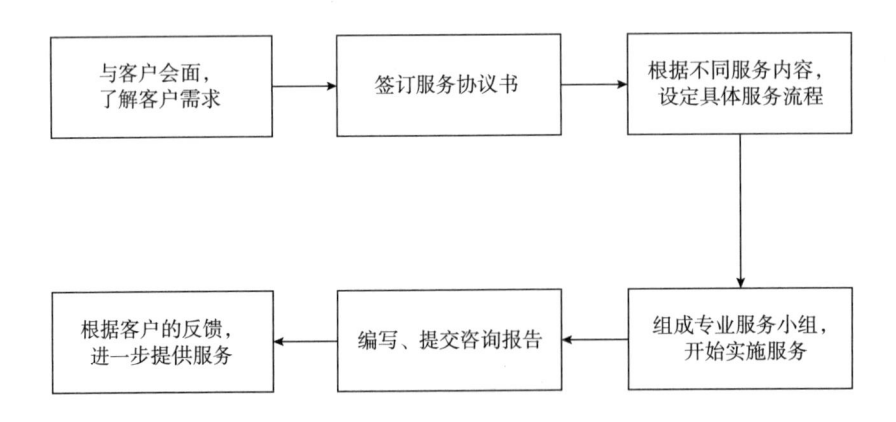

图 6-11　商业银行财务顾问业务的工作流程

资料来源：根据公开资料整理。

3. 发展财务顾问业务对我国商业银行的作用

（1）增强国际竞争能力。财务顾问业务不但是商业银行表外业务中最富有挑战性的领域，而且是充分体现着实力和信誉的品牌与旗帜，还是迎接外来挑战的有力工具。如今，欧美银行业表外业务收入占总收入的比重达 30% 以上，而我国商业银行表外业务收入平均还不到总收入的15%，差距仍然较大。① 表外业务兴盛已经对我国商业银行传统业务产生巨大冲击，加之外资银行正凭借娴熟运作和丰富经验逐步扩大市场份额。面对国内外激烈竞争，国内商业银行在巩固传统业务的基础上，以财务顾问业务为切入点，大力发展表外业务，有利于强化核心竞争力，获得未来更为稳定、长远的发展。

（2）拓展新的盈利空间。目前，我国商业银行的传统存贷款业务已经进入"微利时代"，存贷款市场已由卖方市场转向买方市场，金融机构存贷款增长率已呈下降趋势，客户对银行的依赖程度逐渐降低，银行实际存贷利差不断缩小。而财务顾问业务正属于一种不直接占有资金成本、不产生坏账的低风险高收益的黄金业务，积极拓展财务顾问业务有利于增加商业银行的利润收入。例如，2023年中国建设银行顾问和咨询业务的手续费及佣金收入达108.92亿元，占手续费及佣金收入总额的8.38%，财务顾问类业务收入已经成为中国建设银行的重要收入来源之一。②

（3）利于建立新型银企关系。近年来，资本市场快速发展导致以传统信贷关系为主要纽带的银企关系受到严峻挑战，外资银行大量进入也使得现存银企关系格局产生深刻变化。通过发展财务顾问业务、担任企业财务顾问、参与企业项目发展，银行对企业的经营管理具有更加广泛的参与性和极强的渗透性，有利于实现银行营销战略性前移，达到稳定和控制优质高端客户的目的。因此，发展财务顾问业务是银行建立新型银企关系的重要突破口。

（三）资产托管

1. 资产托管的含义

资产托管业务指具备一定资格的商业银行作为托管人，与委托人签订委托资产托管合同，安全保管委托投资的资产、履行托管人相关职责的业务。商业银行托管业务种类繁多，包括证券投资基金托管、委托资产托管、社保基金托管、企业年金托管、信托资产托管、农村社会保障基金托管、基本养老保险个人账户基金托管、补充医疗保险基金托管、收支账户托管、贵重物品托管等。

2023年，中国工商银行资产托管业务的手续费及佣金收入为79.94亿元，占手续费及佣金收入总额的5.8%。③ 当前，中国工商银行所经营的资产托管业务主要包括资产管理产品托管、安心账户资产托管、养老金托管、保险资产投资托管、跨境资产投资托管、其他资产投资托管、资管产品营业外包业务、资产托管增值服务等，根据具体服务项目与客户商定收费标准。

---

① 资料来源：和讯网（https://www.hexun.com/）。
② 资料来源：中国建设银行官网（http://www.ccb.com/cn/home/indexv3.html）。
③ 资料来源：中国工商银行官网（https://www.icbc.com.cn/）。

2. 资产托管的当事人

不同种类的资产托管业务略有不同,主要包括投资管理人、资产托管人和委托人等当事人,各当事人之间职责明确、相互独立、相互制约。

(1) 投资管理人。作为委托资产管理者和委托资产投资运作决策者,具体职责为投资委托资产;及时与资产托管人核对委托资产的会计核算和估值结果;定期向委托人和有关监管部门提交投资管理报告等。

(2) 资产托管人。为了充分保障投资者权益,防止委托资产被挪作他用,确保委托资产规范运作和安全完整,需要设定一个资产托管人负责保管由管理人运作的受托财产。在我国,资产托管人主要由符合特定条件的商业银行担任,主要职责有安全保管委托资产,根据投资管理人的合规指令及时办理清算、交割事宜;负责委托资产的会计核算和估值,复核、审查投资管理人计算的资产净值;及时与投资管理人核对报表、数据,按照规定监督投资管理人的投资运作等。

(3) 委托人。委托资产的最终所有人,也是委托资产投资收益的受益人和承担投资风险的责任人。

除以上主要当事人外,还有为托管业务提供各种服务的中介或代理机构,包括证券登记结算公司、证券投资咨询公司、律师事务所、会计师事务所、资产评估机构和信用等级评级机构等,这些中介机构为资产托管业务的顺利运行发挥着重要作用。

四、其他类业务

(一) 远期合约

1. 远期合约概述

远期合约是指交易双方约定在未来一个确定时间,按照某一确定的价格,买卖一定数量某种资产的协议或合约。一份远期合约的签署是合约双方协商约定的结果,内容视双方具体情况而定,但至少应包括多空双方、标的资产、交割价格、合约期限等基本要素。

(1) 多空双方。远期合约是交易双方直接签订的合约,不涉及第三方,多空双方是指签署远期合约的双方,是合约主体。远期合约中同意在将来某个确定日期以某个确定价格购买某种标的资产的一方,称为多头(Long Position)或多头方,简称多方;而在合约中同意在相同的日期以相同的价格出售该标的资产的另一方,称为空头(Short Position)或空头方,简称空方。

(2) 标的资产。在远期合约中,用于交易的资产称为标的资产(Underlying Asset)或标的物,是合约客体。标的资产既可以是有形商品,如农产品、金属、石油等，又可以是无形的金融产品，如利率、汇率、股票价格指数等。

（3）交割价格。在远期合约中，双方约定的标的资产在未来某一时间的买卖价格即为交割（Delivery）价格，又叫执行价格或远期价格。远期合约到期时，无论标的资产当时的市场价格是多少，双方都必须按照合约约定价格买卖标的资产。若到期时的市场价格高于执行价，远期合约多方盈利，空方亏损；反之，若到期时的市场价格低于执行价，远期合约多方亏损，空方盈利。

（4）合约期限。指远期合约从签订至到期的时间。签约双方可就各自的具体情况进行协商或约定，并不存在统一的期限标准。一般情况下，远期合约期限多为1个月、2个月、3个月、半年、1年甚至更长的时间。

除上述四个基本要素外，远期合约还包括交易数量、价格地点、标的物品质等其他诸多事项。由于远期合约是双方通过谈判后签署的非标准化合约，无固定集中的交易场所，合约具体内容千差万别。因此，远期合约具有相当的灵活性，可以尽可能地满足交易双方需要，适用于各种标的物的未来交易。

2. 远期合约的种类

根据标的资产的不同，远期合约可以分为商品远期合约和金融远期合约。其中，金融远期合约主要包括远期利率协议、远期外汇合约和远期股票合约。

（1）远期利率协议。指交易双方现在约定从未来某一时刻开始到未来某一时刻结束的时期段内，按协议规定的利率借贷一笔数额确定、以具体货币表示的名义本金的协议。远期利率协议是场外交易，不在固定的交易所进行，交易币种多是美元、英镑、日元等自由兑换货币。

（2）远期外汇合约。指交易双方现在约定在将来某一时间，按约定的汇率买卖一定金额某种外汇的合约。按照远期开始时间划分，分为直接远期外汇合约和远期外汇综合协议。其中，直接远期外汇合约指远期外汇合约期限直接从签约时开始计算，至合约到期日，而远期外汇综合协议指远期外汇合约期限从未来某个时点开始计算，是远期的远期外汇合约。

（3）远期股票合约。指在将来某一特定日期按特定价格交付一定数量单个股票或一揽子股票的协议。签订合同后，签约双方应确定好将来进行交割时的股票名称和数量、结算日期、结算日特定价格、双方违约责任等条款。

3. 远期利率协议的进一步说明

（1）远期利率协议的术语。远期利率协议（FRA）自1983年在瑞士金融市场上诞生之日起发展尤为迅速，1984年底，伦敦金融中心已经形成FRA银行间交易市场；此后，FRA被欧洲和美国的市场参与者广泛接受，交易数量不断增加。为了规范和促进FRA进一步发展，1985年英国银行家协会（British Banker's Association，BBA）同外汇和货币经纪人协会（Foreign Exchange & Currency Deposit Brokers Association，FECDBA）颁布了远期利率协议标准化文本，即《英国银行家协会远期利率协议》（FRABBA）。这一标准文本对远期利率协议的交易内容和规则进行详细说明和解释，有力地推动 FRA 规范化发展，极大地提高交易速度和质量，有效地降低交易成本和信用风险。

在现实中，几乎所有的远期利率协议都遵守 FRABBA，这一文件不仅建立了规范的法律文件，而且界定了许多基本术语。

1）合同金额（Contract Amount）。协议本金，名义上的未来借贷金额。

2）合同货币（Contract Currency）。协议金额的货币币种。

3）交易日（Dealing Date）。协议的成交时间，确定协议利率的日期。

4）即期日（Spot Date）。协议成交后，正式开始计算时间的日期。

5）结算日（Settlement Date）。又称交割日，协议的名义借贷开始的日期。

6）基准日（Fixing Date）。又称确定日，协议中参考利率确定的日期。

7）到期日（Maturity Date）。协议中名义借贷到期的日期。

8）协议期限（Contract Period）。结算日至到期日之间的期限。

9）协议利率（Contract Rate）。协议中商定的固定利率。

10）参考利率（Reference Rate）。在基准日用以确定交割数额的以市场利率为基础的利率，通常为 LIBOR，且是结算日前两个营业日的 LIBOR。

11）交割金额（Settlement Sum）。又称结算金额。在结算日，根据协议利率与参考利率之间的差额，由一方支付给另一方的金额。

为了更加直观地了解远期利率协议中的各种基本术语，可以运用图 6-12 予以表示。

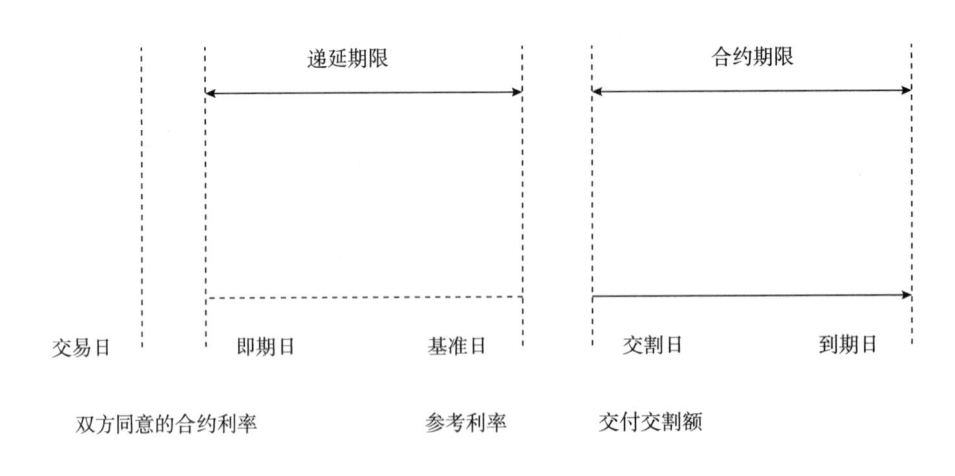

图 6-12 远期利率协议的日期示意

资料来源：根据公开资料整理。

（2）远期利率协议的交割。远期利率协议的交割是在交割日（结算日）进行，交割金额不是 FRA 合同金额而是根据 FRA 合同金额、协议利率与参考利率之差、协议期限共同决定的利息差额。利息通常于贷款到期日支付，而远期利率协议中利息清算是在名义借贷的开始日，因此，结算日交割的利息差实际是在到期日应该支付的参考利率与协议利率之差的贴现值，用公式表示如下：

$$I = \frac{A \times \frac{L-R}{360} \times D_F}{1 + \frac{L}{360} \times D_F}$$

式中：I 为交割额；A 为协议本金；L 为参考利率；R 为协议利率；D_F 为协议期限。

例题 6-1：假设甲公司计划在两个月后需要筹集 3 个月期的资金 100 万美元，为了避免两个月后市场利率上升带来的筹资成本增加，该公司与一家商业银行签订一份"2×5"（2 个月后开始，5 个月后结束）的 FRA，该 FRA 协议利率为 8%，协议期限为 90 天，市场参考利率为 3 个月期的 LIBOR。

试问：①若基准日的 LIBOR 为 7.8%，甲公司的具体收付情况如何？
②若基准日的 LIBOR 为 8.2%，甲公司的收付情况又会怎样？

甲公司预期两个月后的市场利率将要上升，可能高于 8%，于是与银行签订该 FRA，将两个月后的筹资成本固定在 8% 水平上。

①由于协议利率 R=8%，基准日的 LIBOR 为 7.8%，则参考利率 L<协议利率 R，表明甲公司预测错误。由公式可得：

$$I' = \frac{100 \times \frac{7.8\% - 8\%}{360} \times 90}{1 + \frac{7.8\%}{360} \times 90} = -0.049044 \text{（万美元）}$$

即甲公司要向银行支付 0.049044 万美元利息差额。

②若基准日的 LIBOR 为 8.2%，即参考利率 L>协议利率 R，表明甲公司预测正确。由公式可得：

$$I'' = \frac{100 \times \frac{8.2\% - 8\%}{360} \times 90}{1 + \frac{8.2\%}{360} \times 90} = 0.048996 \text{（万美元）}$$

即甲公司可向银行收取 0.048996 万美元利息差额。

（二）期货合约

1. 期货合约的含义

期货合约是由交易所统一制定，规定在将来某一时间和地点，按照规定价格买卖一定数量和质量实物商品或金融商品的标准化合约。而期货交易，则是指交易双方在特定场所，依照特定的规则和程序，买卖某种标准化期货合约的交易。

远期市场出现可以追溯至古希腊时期，而真正有组织的期货市场直到19世纪才初露端倪。1865年，美国的芝加哥期货交易所（Chicago Board of Trade, CBOT）在从事远期交易基础上，推出第一份真正意义上的标准化期货合约——玉米期货合约。20世纪七八十年代，在金融自由化有力推动之下，西方商业银行开始大规模从事期货交易。进入21世纪，随着金融体制改革和创新的深入推进，我国商业银行也开始有秩序地从事期货交易。

2. 期货合约的要素

期货合约属于标准化契约，合约对交易品种、交易单位、交割月份、到期时间等要素均有详细要求。

（1）交易品种。期货合约交易的标的资产，能够进行期货交易的标的资产主要分为两大类：一类是实物商品，另一类是金融商品。期货交易品种由交易所确定，不同交易所推出的交易品种各不相同。

（2）合约单位。也称交易单位，指一份期货合约所包含的商品或金融工具数量多少以及数量单位。例如，我国上海期货交易所推出的铜、铝金融期货交易单位为每手5吨，大连交易所交易的大豆、玉米期货合约的交易单位为每手10吨，中国金融交易期货所的5年期国债期货合约每手为面值100万元人民币中期国债。

（3）合约月份。进行实物交割的期货合约买卖双方履行各自的权利义务、交收货物使合约得以履行的月份。合约月份由交易所规定，并根据各种具体商品的生产和流通情况不同而有所区别，短则几个月，长则可达20年以上。

（4）交易时间。在每个正常的交易日中，期货交易所内期货合约的具体交易时间。例如，我国上海期货交易所、郑州商品交易所、大连商品交易所的日盘交易时间为每周一至周五9：00~11：30、13：30~15：00；夜盘交易时间为21：00至次日凌晨2：30。

（5）最后交易日。期货合约停止买卖的最后日期，每种期货合约都有一定的月份限制，进入合约月份的一定日期就要停止合约买卖，准备通过交割来履行合约，而不准备进行交割平仓的合约持有者必须在最后交易时间到来之前，通过对冲平仓方式了结合约。

不同交易所及不同品种合约的最后交易时间各有不同。例如，上海交易所的铜、铝、锌、天然橡胶等期货合约为交割月份的15日（遇到法定假日顺延），大连商品交易所的玉米、大豆等合约的最后交易日为合约月份的第10个交易日。

（6）合约到期日。期货合约交割过程中的最后一天。在合约到期日以前，买卖双方应对持有合约进行清算以了结所持有头寸。例如，大连商品交易所玉米的最后交割日为最后交易日后的第 3 个交易日、大豆为最后交易日后的第 7 个交易日。

3. 期货合约的种类

（1）商品期货。以普通商品为标的资产的期货合约主要包括农产品期货、金属期货和能源期货等，具体品种如表 6-8 所示。

表 6-8　目前世界上主要的商品期货品种

种类	具体品种
农林产品	谷物：玉米、小麦、大麦、燕麦、粳米等 油籽及其产品：大豆、大豆油、大豆粉、油菜籽、菜籽油、葵花籽等 畜产品：活牛、瘦猪肉、奶粉、牛奶、奶酪等 食品和饮料：糖、咖啡、可可、马铃薯、橙汁等 纤维：棉花、蚕茧、生丝等 林产品：原木、板材、纸浆、胶合板等
塑料	聚乙烯、聚丙烯、聚氯乙烯等
天气	气温、降雪、飓风、降雨、霜冻等
金属	金、银、铜、铝、铅、铂、镍、锌、铀等
能源	原油、煤、汽油、柴油、燃料油、天然气、液化气、丁烷、乙醇等

资料来源：根据公开资料整理。

（2）金融期货。以金融产品为标的资产的期货合约主要包括外汇期货、利率期货、股票价格指数期货三种。在 20 世纪 70 年代以前，世界期货市场交易的主体仍然是各种商品期货，但伴随着 1972 年金融期货合约的引入，期货市场产生巨大变化。虽然金融期货远不如商品期货历史悠久，但其发展却比商品期货更为迅速。目前，金融期货交易已经成为商品银行主要表外业务之一，许多商业银行的金融期货交易量甚至超过商品期货交易量。

（三）互换

1. 互换概述

（1）互换的含义。根据国际清算银行（Bank for International Settlements, BIS）的定义，互换是交易双方依据事先达成的协议在未来一段时间内，互相交换一系列现金流（如本金、利息、价差等）的合约。互换具有以下特点：

1）一种典型的表外业务。互换交易不会引起表内业务的变化，但可以为商业银行带来收入或降低风险等。

2）非标准化合约。互换可根据客户的需要量身定做，属于非标准化合约。

3）期限较长。一般为 2～20 年，有时长达 30 年，更适用于资产负债长期管理。

4）交易双方的权利和义务对等。互换是一种建立在平等基础之上的合约，合约双方具有各自相应的权利与义务，属于一种平等关系。

5）信用风险较大。互换是非标准化合约，一般在场外交易，交易成本较高，违约风险较大。

（2）互换合约的要素。

1）交易双方。指相互交换现金流的双方交易者，若交易双方都是国内交易者，则称为国内互换；若交易双方分属于不同国家，则称为跨国互换。

2）合同金额。这是计算交换现金流的基础。由于交易者参与互换市场的目的是融资、投资或财务管理，因此，单笔业务合同金额较大，一般在 1 亿美元或 10 亿美元以上。

3）有效期限。互换合约期限较长，一般为中长期，通常是指外汇市场、期货市场上无法提供中长期合同时使用。

4）互换价格。利率互换价格是由与固定利率、浮动利率以及交易者信用级别相关的市场条件所决定。货币互换价格通常由交易双方协商确定，并受两国货币利率水平等因素影响。此外，交易者对流动性要求、通货膨胀预期以及交易双方在互换市场中的地位等都不同程度地影响互换价格。

5）权利义务。互换双方根据所签订的合约明确双方的权利义务，在合约规定期限内承担支付现金流的义务，并拥有收取交易对手支付现金流的权利。

（3）互换的种类。

1）货币互换。这是交易双方同意在合约规定的期限内，相互交换不同货币的本金以及不同性质的利率（浮动利率或固定利率）款项的合约。在货币互换交易中，双方不仅交换各自承担的利息成本，而且在期初和期末分别进行本金交换。由于货币互换涉及本金交换，当汇率变化幅度大时，双方将面临一定的信用风险。

2）利率互换。这是交易双方同意在合约规定期间内，在一笔象征性本金的基础上，互相交换不同性质的利率（浮动利率或固定利率）款项的合约。在整个利率互换交易中一般不需要交换本金，交换的只是利息款项，而互换结果改变了交易双方的资产或负债利率。

3）商品互换。一般的商品互换是指交易双方签订协议，甲方以确定数量的某种商品为基础，周期性地向乙方支付固定价格；乙方基于同样的名义商品数量，同时周期性地向甲方支付该商品的浮动价格，交易结构如图 6-13 所示。

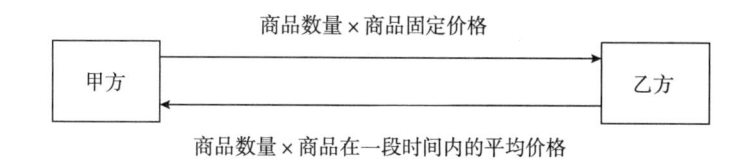

```
                商品数量×商品固定价格
   ┌─────┐ ←──────────────────── ┌─────┐
   │ 甲方 │                       │ 乙方 │
   └─────┘ ────────────────────→ └─────┘
              商品数量×商品在一段时间内的平均价格
```

图 6-13　商品互换结构

资料来源：根据公开资料整理。

4）股票互换。股票互换最早出现于 1989 年，由信孚银行（Bankers Trust）首次使用，指交易一方在一定的期限内以股票指数产生的红利和资本利得与交易另一方的固定利息或浮动利息相交换的合约。通过股票互换可以把债券投资转换成股票投资，也可进行跨国资产之间的转化，为个人投资者、基金管理人以及机构投资者提供一种转化资产的途径。股票互换期限通常为 1~5 年，与利率互换类似，每季度或每半年支付一次利息。

5）信用互换。类似信用风险的一种保险合同，信用风险的防范者（即信用互换的购买者）通过向信用互换合同的出售者定期支付一定数量的保险费，就可以在信用互换合同中明确规定的信用风险相关事件发生时，从信用互换合同的出售者处获得一定数量的补偿。若信用互换合同规定的信用风险事件是有关债券的违约风险，则可将信用互换合约视为一种无信用风险的浮动利率债券与另一种有信用风险的浮动利率债券的交换。

2. 互换的基本原理

（1）比较优势（Comparative Advantage）理论。由英国经济学家大卫·李嘉图（David Ricardo）提出，基本思想是两国都能生产两种产品，且一国在该两种产品的生产上均处于有利地位，而另一国均处于不利地位，若前者专门生产优势较大的产品，后者专门生产劣势较小（即具有比较优势）的产品，则通过专业化分工和国际贸易，双方仍能从中获得收益。

根据比较优势理论可知，双方只要存在比较优势，就可以通过适当的分工和交换使双方共同获利。因此，比较优势理论不但适用于国际贸易领域，而且适用于所有经济活动，而互换正是比较优势理论在金融领域最为生动的运用。根据比较优势理论，只要满足以下两个条件就可以进行互换：①交易双方对对方的资产或负债均有需求；②交易双方在两种资产或负债上存在比较优势。

（2）利率互换的主要形式。利率互换最基本的形式是固定利率对浮动利率互换，其基本特征为：①互换双方使用相同的货币；②在互换期内本金不变，且没有本金交换，只有利息交换，本金是互换中计算利息额的基础；③互换一方支付固定利率，另一方支付浮动利率，固定利率在互换初期就已确定，且在整个互换期内保持不变，浮动利率在互换期参考某个市场利率（如 LIBOR）确定。

固定利率对浮动利率的互换结构，如图 6-14 所示。其中，虚线框住的部分表示互换。通过互换，甲借款者将固定利率债务转换成为浮动利率债务；乙借款者将其浮动利率债务转换成为固定利率债务。

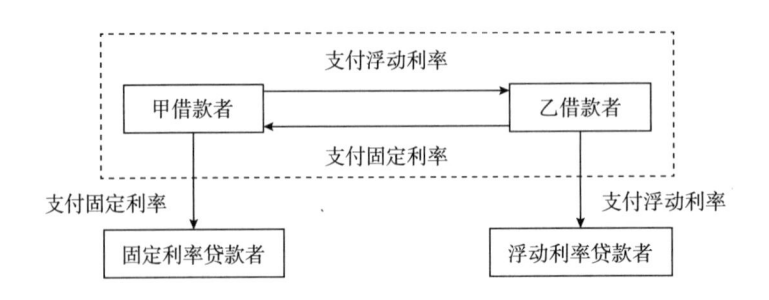

图 6-14 典型的利率互换结构

资料来源：根据公开资料整理。

（3）利率互换原理。首先，利率互换双方利用各自比较优势，在相对条件比较优惠的资本市场或货币市场各自筹集资金；其次，互换双方通过互换中介交换利息流，以满足互换双方的筹资要求；最后，互换双方先举借各自不需要但条件相对优惠的债务，通过互换各取所需，从而分别降低实际筹资成本或防范利率风险，实现各自资产负债管理目标。

例如，现有 A、B 两家公司。A 公司是 AAA 级的大型绩优公司，长期固定利率筹资成本为年息 7%，短期浮动利率筹资成本为 LIBOR+0.4%；B 公司是 BBB 级的中小型公司，固定利率融资成本为 8.5%，浮动利率融资成本为 LIBOR+0.7%，如表 6-9 所示。现假设 A 公司具有浮动利率收益，希望以浮动利率支付其债务利息，而 B 公司则具有固定利率收益，希望以固定利率支付其债务利息。那么，A、B 两公司应如何操作才能既满足其融资需求又能尽可能地降低融资成本？

表 6-9 A、B 两公司的融资比较优势

条件	A 公司	B 公司	利差
信用评级	AAA	BBB	—
固定利率筹资成本	7%	8.5%	1.5%
浮动利率筹资成本	LIBOR+0.4%	LIBOR+0.7%	0.3%
比较优势	固定利率	浮动利率	—

在固定利率市场上，A 公司具有比较优势；在浮动利率市场上，B 公司具有比较优势。然而，A 公司想以浮动利率借款，B 公司想以固定利率借款，故 A、B 两公司应该选择具有各自比较优势方式进行融资，即 A 公司以 7% 的固定利率方式融资，B 公司以 LIBOR+0.7% 的浮动利率方式融资，然后双方进行利率互换：A 公司支付给 B 公司的浮动利率为 LIBOR-0.2%，而 B 公司则支付给 A 公司 7% 的固定利率，如图 6-15 所示。

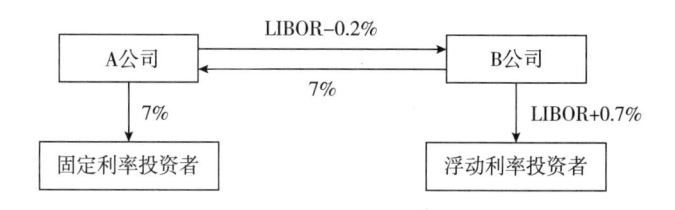

图 6-15 A、B 公司利率互换结构

（四）期权

1. 期权概述

（1）期权合约的含义。期权（Options）又称选择权，是指期权合约购买者或持有者在合约规定期限内，拥有按照合约规定价格（Sticking Price）购买或出售约定数量标的资产选择权的合约。期权交易形式最早可追溯至公元前的古希腊和古罗马，进入 17 世纪，荷兰出现期权交易市场，18 世纪的英国还出现证券期权交易，但直至 20 世纪 70 年代，作为金融产品的期权交易才开始快速发展。1973 年 4 月 6 日，美国建立了世界上第一个集中性期权交易所——芝加哥期权交易所（Chicago Board Options Exchange，CBOE），开始场内股票看涨期权交易。由于场内交易能够克服场外期权交易存在的流动性较差、卖方不守信履约、交易较为分散等缺陷，深受商业银行欢迎。

（2）期权合约的要素。

1）交易双方。即期权合约的买方和卖方。支付权利金购买期权的一方是期权买方，也称为期权的多方（头），该交易方拥有选择是否执行期权的权利；出售期权以获得权利金的一方是期权的卖方，也称为期权的空方（头）。

2）执行价格。又称为敲定价格或协定价格，是指期权合约中事先约定，期权买方执行期权时买入或卖出标的资产的买卖价格。场内交易的期权执行价格由交易所根据标的资产价格变化趋势确定；场外交易的期权执行价格则由期权合约的交易双方商定。

3）权利金。即期权费，购买或出售期权合约的价格，买卖双方的竞价结果，属于期权合约中唯一的变量。期权费是由买方负担，是买方在出现价格最不利变动时所需承担的最高损失金额，因此，期权费可以被视为买方支付的保险费。

4）履约保证金。由于期权交易中卖方的盈利有限、亏损无限，为了避免发生卖方不履约所产生的信用风险，期权卖方必须按照合约价值的一定比例向交易所存入一定数额保证金作为履约财力担保。

5）有效期。买方有权选择是否履约的期限，对场内交易的期权而言，合约有效期以3个月、6个月最为常见，一般不超过9个月。

（3）期权合约的分类（见表6-10）。

表6-10 期权合约的种类

分类标准	期权类型
期权买者的权利	看涨期权/看跌期权
期权买者执行期权的时限	欧式期权/美式期权
期权合约的标的资产	现货期权/期货期权/期权的期权
期权的交易场所	场内期权/场外期权
期权的应用领域	金融期权/实物期权
期权执行价格和市场价格的关系	实值期权/平价期权/虚值期权

资料来源：根据公开资料整理。

1）按照期权买者的权利划分，分为看涨期权和看跌期权。其中，看涨期权是指期权合约购买者或持有者在合约规定期限内，拥有买进约定数量标的资产权利的合约；看跌期权是指期权合约购买者或持有者在合约规定的期限内，拥有卖出约定数量标的资产权利的合约。因此，在期权交易中存在着双重买卖关系：对期权标的资产购买和出售构成了看涨期权和看跌期权，对期权合约购买和出售则形成了期权的买方和卖方，其中的权利与义务关系如表6-11所示。

表6-11 期权交易中的买卖关系

交易人	看涨期权	看跌期权
买方	有权利按履约价格买进标的资产	有权利按履约价格卖出标的资产
卖方	有义务按履约价格卖出标的资产	有义务按履约价格买进标的资产

资料来源：根据公开资料整理。

2）按照期权买者执行期权的时限划分，分为欧式期权（European options）和美式期权（American options）。对于欧式期权，期权买方只有在期权合约规定到期日才可以行使选择权；对于美式期权，期权买方从签订期权合同之日起一直到期权合约到期时间里，随时可以选择是否执行期权。

3）按照期权合约的标的资产划分，分为现货期权、期货期权和期权的期权。现货期权的标的物是各种现货，如股票、外汇、贵金属和农产品等；期货期权的标的物是各种期货，如利率期货、货币期货等；期权的期权的标的物是各类期权，如看涨期权的期权等。

4）按照期权交易场所划分，分为场内期权和场外期权。其中，场内期权是指在交易所交易的期权，属于标准化期权合约，交易数量、执行价格、到期日和履约时间等均由交易所统一制定；场外期权则是非标准化合约，各种交易要素均由交易双方自由议定。

5）按照期权的应用领域划分，分为金融期权和实物期权。其中，金融期权是指在金融市场上进行交易的期权；实物期权是指不在金融市场上交易，但符合期权基本逻辑特性的投资项目。

6）按照期权执行价格与市场价格的关系，分为实值期权、平价期权和虚值期权。对于看涨期权，如果其执行价格低于市场价格，则被称为实值期权；如果其执行价格高于市场价格，则被称为虚值期权；如果其执行价格正好等于市场价格，则被称为平价期权。

2. 期权价格的构成

期权价格主要由内在价值（Intrinsic Value）和时间价值（Time Value）两部分构成。

（1）内在价值。指期权的买方假设立即执行期权合约可以获取的利益，等于期权合约标的资产的资产执行价格与其现货市场价格的差额。用 X 表示合约标的资产的执行价格，用 S 表示标的资产当前的市场价格。对于看涨期权而言，内在价值则为 $\max(S-X, 0)$；对于看跌期权而言，内在价值为 $\max(X-S, 0)$。

（2）时间价值。指在期权有效期内标的资产波动给期权持有者带来收益增加的可能性所隐含的价值。标的资产价格的波动率越高，期权增值的可能性越大，期权的时间价值就越大。同时，随着期权剩余有效期的缩短，期权的时间价值会下降；而期权到期时，其时间价值为0。

期权的时间价值还取决于标的资产市场价格与执行价格差额的绝对值。以看涨期权为例，当标的资产市场价格与执行价格之间的价差为0时，期权的时间价值最大；当差额的绝对值增大时，期权的时间价值随之递减。当期权的内在价值（S-X）正值很大，或当标的资产市场价格与执行价格（S-X）之间的负值差额很大时，期权的时间价值趋近于0，如图6-16所示。

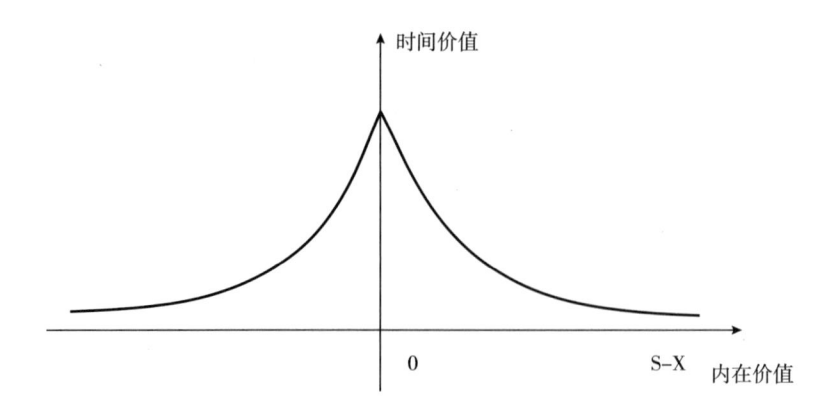

图 6-16　看涨期权时间价值与内在价值的关系

资料来源：根据公开资料整理。

（3）期权价格、内在价值和时间价值之间的关系。期权价格的大小是由内在价值和时间价值决定。虚值期权和平价期权的期权价格完全由时间价值构成，在平价期权中期权的时间价值达到最大，而实值期权的期权价格则由时间价值和内在价值两部分组成。

从动态来看，期权的时间价值伴随着期权到期日的临近而减少，期满时的时间价值为 0，期权价格全部由内在价值构成。看涨期权中期权价格、内在价值和时间价值三者的变动关系，如图 6-17 所示。

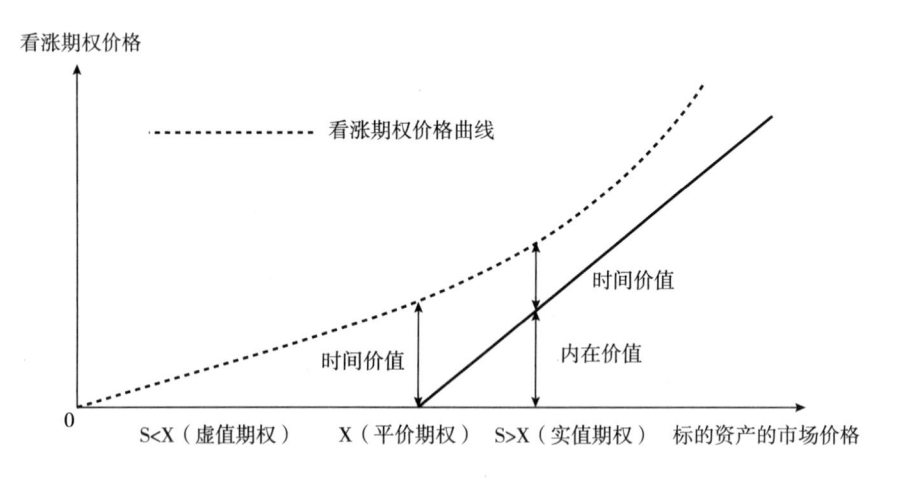

图 6-17　看涨期权中期权价格、内在价值和时间价值三者之间的变动关系

资料来源：根据公开资料整理。

【拓展阅读】

仔细阅读以下主题为"表外业务及其分类"的期刊论文，并思考相关问题。

[1] 权飞过，王晓芳. 表外业务提高了银行服务实体经济能力吗？——基于银行制造业信贷占比的实证检验 [J]. 国际金融研究，2020 (12)：54-62.

[2] 王琰，封思贤. 金融衍生品交易对银行绩效的影响研究——基于中国16家上市银行数据的分析 [J]. 西南金融，2019 (2)：16-24.

[3] 纪敏，李宏瑾. 影子银行、资管业务与货币调控方式转型——基于银行表外理财数据的实证分析 [J]. 金融研究，2018 (12)：1-18.

[4] 纪敏，李宏瑾. 银行表外理财和资管业务对中国货币数量调控有效性的影响 [J]. 金融与经济，2018 (7)：4-9.

[5] 安平，王胜先. 担保类表外融资：被忽视的影子银行 [J]. 金融发展研究，2018 (2)：18-28.

[6] 周鸿卫，彭钦，陈莉. 表外业务、战略驱动与银行净利差——基于中国的经验证据 [J]. 系统工程，2015，33 (11)：24-31.

[7] 王全良，邓旭升. 我国银行业与信托业资金运用效率评价——基于资产管理表外业务的比较 [J]. 经济经纬，2015，32 (6)：138-142.

[8] 周鸿卫，胥荷香. 表外业务是银行应对竞争的交叉销售策略吗？——基于中国51家商业银行的实证研究 [J]. 金融论坛，2015，20 (6)：37-50+80.

思考与讨论

1. 商业银行进行表外业务能够提升银行绩效，并提高银行竞争力吗？
2. 商业银行开展表外业务能够提升银行服务实体经济的能力吗？
3. 从宏观和微观两个层面，详细分析发展表外业务对我国银行业的影响。

第三节　巴林银行倒闭事件
——商业银行表外业务风险和管理

1995年2月27日，英格兰银行宣布，英国老牌商业投资银行——巴林银行因经营失误而倒闭！消息传出，立即在亚洲、欧洲和美洲地区的金融界引起强烈震动。一家百年大行轰然倒塌，究其原因，居然与一位名叫Nick Lesson的外汇交易员直接相关。

巴林银行创建于1763年，以企业融资咨询和证券交易为经营专长，业务多为国际性交易，素以发展稳健、信誉良好而驰名。Nick Lesson于1989年进入巴林银行工作，被誉为国际金融界的"天才交易员"，不久便被任命为新加坡分行期货与期权交易部门总经理，主要操作期货、期权等金融衍生品业务。

1992年夏天，由于银行总部出现失察，Lesson得以设立一个"88888"账户为其掩盖错误，以维护自己的声誉。随着各种业务操作失误被记入"88888"账户，加之Lesson多次刻意隐瞒，该账户中的损失额就像滚雪球一样越滚越大。1992年冬天，为了赚钱弥补损失，Lesson决定开始大量交易以日经225指数为标的的金融衍生品。

1994年冬天，Lesson认定日经指数会持续上涨，大量购买日经指数期货。然而，天有不测风云。1995年1月18日，日本神户发生大地震，日经指数在一周之内下降了7%，致使Lesson在日经指数上的多头暴露亏损巨大。但是Lesson仍不罢手，继续购买更为庞大的多头头寸，试图以一己之力扳回市场；银行总部也执迷不悟，一直为Lesson的疯狂举动提供资金。

1995年2月23日，Lesson企图改变市场走向的努力彻底失败，并留下8.3亿英镑的亏损，巴林银行因此被迫宣布破产。百年大行，毁于一旦，其教训何其惨痛！究其原因，莫过于Lesson和巴林银行缺乏对表外业务风险的认知与畏惧。因此，有必要对表外业务风险和管理进行深入研究。

一、商业银行表外业务风险

由于业务隐蔽性强、灵活度大且不确定性高，表外业务隐含的风险也较多。根据巴塞尔委员会定义，结合中国银保监会发布的《商业银行表外业务风险管理办法》，表外业务主要存在信用风险、市场风险、操作风险、流动性风险、信息风险和国家风险等多种风险。

（一）信用风险

信用风险是指表外业务服务的对象违约使得商业银行遭受损失的风险，主要存在于担保承诺类业务、代理投融资服务类业务和金融衍生工具类业务之中。表外业务不直接涉及债权债务关系，但由于表外业务以或有资产和或有负债为主，当潜在的债务人由于各种原因不能偿付时，银行就有可能转变为债务人。

例如，在信用证和票据发行便利业务中，一旦开证人或票据发行人无法按期偿付，银行就要承担偿付责任。在场外期权交易中，经常会发生期权卖方因破产或故意违约而使买方避险目的无法实现的场景，而在场外期权交易远超过场内交易规模的情况下，银行所面临的信用风险则更为突出。

（二）市场风险

市场风险又称价格风险，是指由于市场价格波动而使商业银行蒙受损失的风险。在银行表外业务活动中,由于利率和汇率多变,经常会产生利率和汇率变化而使银行预测失误、遭到资产损失的现象。特别是在远期、期货、互换等金融衍生品交易中,通常会由于利率和汇率的突然变化,有悖于银行参与金融衍生品交易的初衷,导致银行蒙受巨大的损失。例如,突发事件、地缘政治、短期经济冲击等综合因素影响,WTI原油期货合约价格在一夜之间跌为负值,使得中国银行和购买"原油宝"产品的客户遭受巨大损失。

(三)流动性风险

流动性风险是指银行无力为负债的减少、资产的增加提供融资,以及持有衍生品合约时无法在市场上找到出货或平仓机会而造成损失的可能性。在表外业务活动中,如果银行提供过多的贷款承诺和备用信用证,则意味着银行可能存在无法满足客户随时提用资金要求的风险。事实上,当金融市场发生剧烈变动或出现大范围金融动荡时,人们都会急于平仓和收回资金,导致在最需要流动性的时候,银行所面临的流动性风险最大。

(四)操作风险

操作风险是指由于银行内部控制不力,对操作人员的授权管理失误,或是业务人员工作失误以及内部工作人员利用计算机犯罪作案等给银行带来损失的风险。由于表外业务的透明度较差,运作过程中所存在的问题不容易被及时发现,隐含着较大的操作风险,而操作风险一旦发生,银行面临的损失通常巨大。例如,在巴林银行倒闭事件中,Lesson的判断失误以及银行总部对Lesson的疏于监管,致使拥有200多年经营历史的巴林银行一朝破产。

(五)信息风险

信息风险是指表外业务给银行会计处理带来诸多困难,而无法真实地反映银行财务状况,使银行管理层和投资者无法及时获取准确信息,从而做出不恰当的投资决策所引起的风险。虽然一些表外业务可以降低单个交易的风险,但是由于现行会计制度无法及时、准确地反映表外业务盈亏,容易让银行账目产生虚假变化,导致管理层无法据此做出恰当的投资决策。而且,当运作情况重叠出现得越多,反映在银行账户上的错误信息也就越多,管理层决策失误的可能性则越大,银行所面临的风险也就越高。

(六)国家风险

国家风险是指银行提供给国外债务人的资产遭受损失的可能性。国家风险主要由债务人所在国的政治、经济、军事等各种因素造成。在表外业务活动中,国家风险发生概率仍然较高,尤其是一些小国债务人,通常会由于一些自然灾害或政治事件而无法如期履约。

此外,国家风险还会触发三种派生风险——转移风险、部门风险和主权风险。转移风险是指由于债务人所在国限制外汇出境,使债务人无法按期履约而引起的风险。部门风险是指由于债务人所在国经济政策调整而使债务人所在行业或部门经营受到影响,从而使债务人不能按期履约所引起的风险。主权风险是指由于债务人所在国的信用等级变动(主要是信用等级下降)而给债权人带来的风险。

【拓展案例】

覆巢之下,安有完卵——法国兴业银行"巨亏"事件

法国兴业银行(Société Générale)成立于1864年5月4日,由拿破仑三世亲自批准建立,经历两次世界大战并最终成为法国金融体系中不可或缺的重要支柱,是拥有上百年经营历史的老牌欧洲银行和世界上最大的银行集团之一。但在2008年1月24日,法国兴业银行披露由于旗下的交易员热罗姆·科维尔(Jérôme Kerviel)违规投资金融衍生品,致使银行蒙受49亿欧元(约合71亿美元)的巨额亏损,创下金融史上因员工违规操作而蒙受的单笔最大金额损失。这桩惊天欺诈案犹如一枚重磅炸弹在整个欧洲金融界引起强烈震荡,并迅速波及全球,引发全球股市暴跌。

该事件的主要负责人——热罗姆·科维尔于2001年加入法国兴业银行,在中后台管理部门工作5年后转入Delta One交易部工作,成为一名欧洲股指期货初级交易员。由于法国兴业银行的交易员薪水直接由交易盈利决定,在个人利益的驱使下,科维尔决定利用自己对法国兴业银行内部控制系统的了解,绕过系统的五道安全防线,进行违规的欧洲股指期货交易。之后,科维尔利用银行漏洞,通过侵入数据信息系统、滥用信任、伪造虚假文书等多种欺诈手段,擅自投资欧洲股指期货;并通过建立虚假头寸来隐藏违规头寸和真实损益,即在股指期货市场进行一笔交易的同时,会虚构另一笔对冲交易进行抵消,以逃避内部控制系统的"雷达"。此外,科维尔还盗用他人电脑账号,编造来自银行内部和交易对手的虚假邮件,对交易进行授权、确认或者发出具体指令,以掩盖其越权和违规行为。2005年,科维尔开始押注欧洲股市下跌,不久伦敦地铁发生爆炸,股市应势下跌,科维尔由此盈利50万欧元。2007年,科维尔继续押注股市下跌,逐渐建立起280亿欧元的期货空头以及6亿欧元的股票头寸。2007年底,科维尔向银行上报了4300万欧元的收益,并因此获得30万欧元的年终奖。

2008年1月2日,科维尔建立起股指期货多头持仓,且未添加任何对冲。1月15日,法国兴业银行发现科维尔的交易记录上存在超常的高风险交易,并对此进行额外控制。1月18日,法国兴业银行收到了一封来自另一家大银行的电子

邮件，要求确认此前约定的一笔交易。事实上，法国兴业银行早已限制与此银行的交易往来，于是发现这是一笔虚假交易，而伪造邮件的正是科维尔。1月19日，法国兴业银行开始彻夜查账，并在20日震惊地发现，科维尔违规建立的实际多头头寸已经高达500亿欧元。随后3天，法国兴业银行紧急抛售该投资组合的所有衍生品头寸，进行大规模平仓。到1月21日（周一）市场重新开盘时，全球股市遭遇"黑色星期一"，法国、德国和英国股市全线下跌5%以上。由于股市暴跌以及法国兴业银行的火速甩卖行为，1月24日将相关头寸全部平仓之后，法国兴业银行在该投资组合的亏损已经高达49亿欧元！

违规丑闻披露之后，法国兴业银行和科维尔均受到相应处罚。2008年7月4日，法国银行监管机构——法国银行委员会以内部监控机制"严重缺失"并导致巨额欺诈案发生为由，向法国兴业银行开出400万欧元的罚单。2010年10月5日，巴黎一家法院裁定，法国兴业银行前"魔鬼交易员"科维尔滥用信任、伪造虚假文书等所有罪名全部成立，判处科维尔5年监禁，并向法国兴业银行赔偿49亿欧元的损失。

资料来源：帷幄网（https://www.weivol.cn/）。

二、商业银行表外业务管理

表外业务虽然能给银行带来可观的收益，但是也可能使银行陷入更大困境，尤其是具有投机性的表外业务，其经营风险更是难以估量。因此，自20世纪80年代开始，巴塞尔委员会和各国金融管理当局都制定并颁布一系列关于表外业务的监管措施。2022年12月2日，经过长达6年的调研与广泛征求意见，中国银保监会发布了《商业银行表外业务风险管理办法》，对表外业务风险管理予以详细而具体规定。现今，表外业务管理不仅是商业银行内部管理的重要内容，而且是金融管理当局实行宏观金融监控的一个重要方面。

（一）商业银行的表外业务管理

1. 建立有关表外业务管理的制度

（1）信用评估制度。由专业机构或部门，根据"公正、客观、科学、公开"原则，在对交易对手进行全面了解和考察调研的基础上，做出有关其信用行为的可靠性和安全性程度的估量。在交易谈判中，商业银行需加强交易对手的信用调查和信用评估，坚持按交易对手信用等级确定交易规模、交割日期和交易价格等内容。

（2）业务风险评估制度。针对表外业务风险建立一整套评估机制和测量方法，在定性分析基础上进行定量分析，确定每笔业务的风险系数，并按业务风险系数收取佣金。例如，中国农业银行对风险系数较小的非融资性保函所收取的佣金为保函金额的 0.03%~2%/年，对风险系数较高的融资性保函所收取的佣金为保函金额的 0.1%~3%/年。①

(3) 双重审核制度。前台交易员和后台管理人员严格分开，各司其职、各负其责，以便有效监管交易活动。前台交易员要根据市场变化，及时调整风险敞口额度；后台管理人员则需做好跟踪结算，一旦发现问题及时向上级部门报告或提出建议，以便采取相关补救措施。巴林银行倒闭事件发生之后，各国商业银行纷纷开始采用双重审核制度，以防患于未然。

2. 改进表外业务风险管理的方法

(1) 注重成本收益率管理。一般而言，表外业务收费率不高，只有每项业务成交量达到一定规模时，才能使银行在弥补成本开支后，获得较多的净收益。当然，这是以每笔表外业务风险系数既定为前提，倘若风险系数过大，银行则更应谨慎从事。因此，商业银行需特别重视成本收益率问题，这一比率不仅是反映企业经营管理效果的重要指标，而且是制定价格的重要依据。

(2) 注重杠杆比率管理。一般而言，远期合约、期货合约等金融衍生工具类业务的财务杠杆率较高，能够实现以大博小的效应。对于风险系数较高的表外业务，如果依然按照原有杠杆率进行经营，当市场波动较大时一旦操作失误，很可能使银行因金融工具价格急剧下跌而遭受巨大损失。因此，许多商业银行从事表外业务时，通常未按照传统业务杠杆率行事，而是根据银行自身财务状况及每笔业务风险系数，运用较小的杠杆比率，以更好地控制风险。

(3) 注重流动性比例管理。为了避免因从事表外业务失利而使银行陷入清偿力不足的困境，许多商业银行针对保函、信用证、贷款承诺等业务量较大、风险系数较高的表外业务，适当提出更高的流动性比例要求。例如，一些美国银行在贷款承诺中要求客户提供补偿余额，在备用信用证项下要求客户提供押金，以确保银行拥有一定的清偿能力。

(二) 金融监管当局的商业银行表外业务监管

1. 完善报告制度，加强信息披露

根据巴塞尔委员会要求，商业银行需要建立专门的表外业务报表，定期向金融监管当局报告业务的协议总额、交易头寸，并充分反映交易对手的详细情况，使金融监管机构尽可能及时掌握全面、准确的市场信息，以便采取适当的补救措施。

中国银保监会在《商业银行表外业务风险管理办法》中规定，商业银行应当定期向银保监会及其派出机构报告表外业务发展和风险情况，报告内容需包括

---

① 资料来源：中国农业银行官网（https://www.abchina.com/cn/）。

各类表外业务规模、结构、发展趋势、风险状况、压力测试情况、已采取的风险管理措施、潜在风险点和拟采取措施等内容。此外，对于应当由表外业务合作机构披露的信息，商业银行也应当加强与合作机构沟通，及时掌握拟披露信息内容。

2. 依据业务种类，行差异化监管

中国银保监会在《商业银行表外业务风险管理办法》中规定，银保监会及其派出机构应当持续分析表外业务发展和风险情况，根据业务种类和风险特征采取差异化监管方式和监管措施。对担保承诺类业务应重点监管信用风险，关注统一授信执行、表外业务信用风险转换系数、表外业务垫款等情况。对代理投融资服务类、中介服务类业务，应重点监管操作风险、信息风险，关注业务操作规范、客户投诉、金融消费者保护等情况。

3. 严格资本管制，避免风险集中

2017年12月7日，巴塞尔银行监管委员会通过旨在强化国际银行监管的《巴塞尔协议Ⅲ》最终版，并于2023年1月1日开始实施。《巴塞尔协议Ⅲ》最终版对商业银行从事表外业务提出更加严格的要求，并将所有表外项目都涵盖于资本充足衡量的框架之中。考虑到对某些表外项目的风险估测经验十分有限，且有些表外业务在大多数国家的应用范围较小，巴塞尔委员会决定采取一种适用性较强的综合方法来加以处理，即通过信用转换系数（Credit Conversion Factor，CCF）将各类表外业务金额折算成表内业务金额，再根据表内同等性质项目进行加权，从而获得相应的风险权重资产数额，最后按照标准资本充足比率对这些项目分配相适宜的资本。

2023年2月18日，中国银保监会发布《商业银行资本管理办法（征求意见稿）》，将表外项目分成10项，并分别规定了信用转换系数。与《商业银行资本管理办法（征求意见稿）》相仿，《巴塞尔协议Ⅲ》最终版也对各类表外项目的信用风险转换系数作出相应规定，具体情况如表6-12所示。

表6-12 表外项目信用风险转换系数（CCF）对比　　　　单位：%

资产		《巴塞尔协议Ⅲ》	《商业银行资本管理办法》
等同于贷款的授信业务		100	100
贷款承诺	可随时无条件撤销	10	10
	其他	40	40
票据发行便利和循环认购便利		50	50
银行借出的证券或用作抵押物的证券，包括回购交易中的证券借贷		100	100

续表

资产		《巴塞尔协议Ⅲ》	《商业银行资本管理办法》
与贸易直接相关的或有项目	国内信用证	20	100
	其他	20	20
与交易直接相关的或有项目		50	50
信用风险仍在银行的资产销售与购买协议		100	100
远期资产购买、远期定期存款、部分交款的股票及证券		100	100
其他表外项目		100	100

资料来源：国家金融监督管理总局（http://www.cbirc.gov.cn/cn/view/pages/index/index.html）。

□□■【拓展阅读】

仔细阅读以下主题为"表外业务及其风险"的期刊论文，并认真思考有关问题。

[1] 张肖飞，赵康乐，贺宏．金融衍生品持有与银行风险承担："风险管理"抑或"利益驱动"？[J]．会计与经济研究，2022，36（5）：105-126．

[2] 曾雪云，徐雪宁，马添翼．上市商业银行表外业务收入与风险绩效研究[J]．会计研究，2020（10）：82-96．

[3] 董彪．金融衍生品风险与责任配置的法律分析——以"原油宝"事件为例[J]．南方金融，2020（9）：91-99．

[4] 熊韬．表外业务对商业银行盈利和风险的影响——基于2010~2017年上市银行面板数据实证分析[J]．企业经济，2019（5）：102-109．

[5] 权飞过，王晓芳，刘柳．银行表外业务、货币政策传导与银行风险承担[J]．财经论丛，2018（8）：32-42．

[6] 崔婕，李凯．上市银行表外业务存在流动性风险吗——后危机时期嵌套信用风险的HLM检验[J]．宏观经济研究，2017（12）：57-71．

[7] 黄志凌．我国商业银行表外业务的属性、风险与监管研究[J]．金融监管研究，2016（12）：51-62．

[8] 刘李福，邓菊香．商业银行表外业务信息披露机制重构研究——以资产负债表为例[J]．金融与经济，2016（10）：59-62．

思考与讨论

1. 表外业务经营活动过程中，商业银行会触发哪些风险？
2. 商业银行发展表外业务对银行的盈利和风险会产生什么影响？

3. 针对表外业务的各类风险，商业银行和金融监管当局应该如何管理表外业务？

本章小结

（1）根据中国银保监会发布的《商业银行表外业务风险管理办法》，表外业务是指商业银行从事的，按照现行企业会计准则不计入资产负债表内，不形成现实资产负债，但有可能引起损益变动的业务。并且，表外业务可分为担保承诺类业务、代理投融资服务类业务、中介服务类业务和其他类业务。

（2）银行承兑汇票，是商业汇票的一种，是指由在承兑银行开立存款账户的存款人签发，向开户银行申请并经银行审查同意承兑的，保证在指定日期无条件支付确定金额给收款人或持票人的票据，主要适用于具有真实贸易背景、存在延期付款需求的各类国有企业、民营企业、医疗卫生等单位。

（3）信用证是指商业银行依照申请人的要求和指示，在符合信用证条款的条件下，凭规定单据向第三者（受益人）或其指定方进行付款的书面文件，即信用证是一种银行开立的有条件的承诺付款的书面文件。

（4）票据发行便利，又称票据发行融资安排，是一种具有法律约束力的中期周转性票据发行融资的承诺，即借款人根据事先与商业银行签订的一系列协议，可以在一定期限内（一般为5~7年）以自己的名义周转性地发行短期融资票据，从而以较低成本获取中长期资金。承诺包销的银行依照协议负责承购借款人未能按期售出的全部票据，或承担提供备用信贷责任。银行的包销承诺为票据发行人提供了转期机会，有力地保障了企业获得资金的连续性。

（5）委托贷款是指由委托人提供合法来源资金，商业银行根据委托人确定的贷款对象、用途、金额、期限、利率等代为发放，并协助回收本息的贷款业务。在委托贷款业务中，商业银行只负责办理贷款的审查发放、监督使用、到期回收和计收利息等事项，并不对贷款盈亏负责。

（6）财务顾问是商业银行利用自身的客户网络、资金资源、信息资源、人才资源等方面的优势，为客户提供资金、风险、投资理财、企业战略等多方面综合性的咨询服务，并从中收取一定咨询费的业务。商业银行从事理财顾问业务的动机不仅是为了获取咨询服务费，更重要的是在此过程中可以了解客户财力和经营状况，为实施高效风险控制提供依据，同时也可以加强与银行客户之间的联系。

（7）远期利率协议，即交易双方现在约定从未来某一时刻开始到未来某一时刻结束的时期段内，按协议规定的利率借贷一笔数额确定、以具体货币表示的名义本金的协议。远期利率协议是场外交易，不在固定的交易所进行，交易币种多是美元、英镑、日元等自由兑换货币。

（8）期权（Options）又称选择权，是指期权合约购买者或持有者在合约规定的期限内，拥有按照合约规定价格（Sticking Price）购买或出售约定数量的标的资产的选择权的合约。按照期权买者的权利划分，期权可以分为看涨期权和看跌期权。其中，看涨期权是指期权合约购买者或持有者在合约规定期限内，拥有买进约定数量标的资产权利的合约；看跌期权是指期权合约购买者或持有者在合约规定期限内，拥有卖出约定数量标的资产权利的合约。

（9）根据巴塞尔委员会定义，结合中国银保监会发布的《商业银行表外业务风险管理办法》，表外业务主要存在信用风险、市场风险、操作风险、流动性风险、信息风险、国家风险等。

（10）商业银行的表外业务管理措施主要为建立有关表外业务管理制度和改进表外业务风险管理方法。金融监管部门的商业银行表外业务监管措施主要为加强信息披露、行差异化监管和严格资本管制。

重要概念

表外业务　担保承诺类业务　银行承兑汇票　信用证　远期　期货　互换　期权

复习思考题

1. 商业银行表外业务的含义是什么？有什么特点？
2. 根据中国银保监会发布的《商业银行表外业务风险管理办法》，表外业务分为哪几类业务？
3. 担保承诺类业务的含义是什么？典型业务又有哪些？
4. 中介服务类业务主要包括哪些业务？
5. 商业银行表外业务存在的风险有哪些？应该如何进行管理？
6. 试运用表外业务风险与管理的相关知识点，阐述巴林银行倒闭的原因。

【课后任务】

1. 了解中国银行"原油宝"事件的整个过程，并思考该事件的社会影响。
2. 登录你感兴趣的两家商业银行官网，仔细查阅和对比分析有关表外业务信息，形成研究报告一份。
3. 进入一家商业银行的线下网点，向工作人员询问该行表外业务类型和办理流程。

□□■【拓展阅读】

阅读中国银保监会发布的银监发［2011］31号《商业银行表外业务风险管理办法》。

第七章 国际业务

引导案例 中国银行支持厦工机械出口机械设备的国际贸易融资

厦工机械股份有限公司（以下简称厦工）属于福建省规模化的一流生产工程机械产品及配件制造公司，在机械设备出口业务领域发展态势良好。近年来，公司意识到国际出口机械设备市场拥有巨大的发展空间，并积极向海外拓宽领域，在共建"一带一路"倡议实施后，更是获得亚、非区域相关机械出口市场。2015年厦工参与马来西亚大型机械设备招标项目，该项目任务共涉及1.2亿机械设备生产及出口，这些设备主要用于马来西亚道路工程的重建。业主期望由厦工予以垫资，在投标环节中，融资策略应当同其他投标资料共同递交作为选择合作方时的衡量条件之一。

业主要求厦工从项目最初的招投标到最终的验收结束应出具一系列银行保函来担保，然而厦工并没有较多延付类工程机械出口的实务经历，因此也出现了较多业务纠纷。对此，中国银行抓住时机推荐厦工购买国际贸易融资产品服务，而中国出口信用保险公司也积极参与其中，中国银行对关于控制隐患、融资途径选择等给予对比分析提供了相关建议。中国银行认为应当从特险项入手，并对贸易融资中的出口买方信贷、量单融资等融资方案予以重点推荐。经沟通，厦工逐渐形成了自身独有的融资方法，在关于大型机械设备出口马来西亚，并用于马来西亚铁路项目建设这一出口贸易中，公司主动为国际客户提供建议将买方信贷介绍给相关业主。厦工迅速与中国银行和中国进出口信用保险公司合作，形成承保、融资等的优选策略。中国银行意识到这属于主权项目范畴，款项偿付者为马来西亚有关方，其财政部显然符合中国银行承保条件要求。于是，在项目条件、业主期望、工程类别等综合考量的基础上,买方信贷融资策略初步形成。

通过中国银行支持厦工机械出口机械设备的国际贸易融资案例,我们初步了解了商业银行国际业务,图7-1是商业银行国际业务类别。

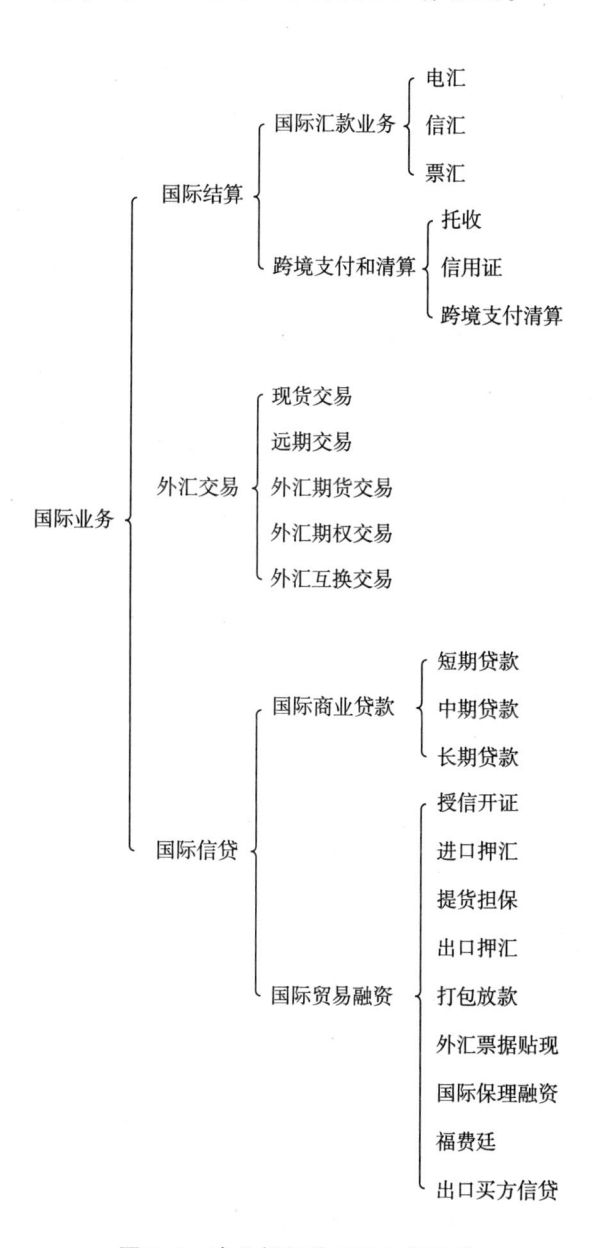

```
                        ┌ 国际汇款业务 ┬ 电汇
                        │              ├ 信汇
              ┌ 国际结算 ┤              └ 票汇
              │         │              ┌ 托收
              │         └ 跨境支付和清算┼ 信用证
              │                        └ 跨境支付清算
              │
              │         ┌ 现货交易
              │         ├ 远期交易
国际业务 ─────┼ 外汇交易┼ 外汇期货交易
              │         ├ 外汇期权交易
              │         └ 外汇互换交易
              │
              │         ┌ 国际商业贷款 ┬ 短期贷款
              │         │              ├ 中期贷款
              │         │              └ 长期贷款
              └ 国际信贷┤              ┌ 授信开证
                        │              ├ 进口押汇
                        │              ├ 提货担保
                        │              ├ 出口押汇
                        └ 国际贸易融资 ┼ 打包放款
                                       ├ 外汇票据贴现
                                       ├ 国际保理融资
                                       ├ 福费廷
                                       └ 出口买方信贷
```

图 7-1　商业银行的国际业务种类

资料来源:贸易金融(https://mp.weixin.qq.com/s/OULTOauijdguxsfm1XSO-w)。

第一节　中国工商银行跨境双向人民币资金池业务
——国际结算与现金管理

2014年10月18日，中国工商银行总行集团客户部李经理送走中粮集团财务公司的刘经理后，面对中粮集团提出低成本融资的申请，陷入了沉思：目前境内企业的主要融资渠道包括银行信贷、境内发债和境外发债，银行能否进行业务创新，从境外引入低成本资金，从而帮助企业解决融资贵问题呢？[①]

随着利率市场化的进一步推进，贷款利率下限被取消，信贷市场竞争激烈，像中粮集团这样的信用等级高的中央企业议价能力增强，银行贷款利率常常需要下浮，银行的盈利空间越来越小，即使中粮集团通过发债来融资，成本也大大高于境外市场。在当前的外债管理规定下，中粮集团在境外发债受到较多限制，融资规模要求无法满足，同时还面临着外汇风险。对于中粮集团的需求而言，信贷、国内外发债等传统的融资渠道都不尽人意。

然而，为了防范债务危机、热钱冲击风险，我国仍然实行比较严格的外债管理制度。包括中粮集团在内的中资企业因财务管理需要举借外债并不容易，原因如下：①需要进行审批。境内企业作为发行主体在境外发债，无论发行币种是人民币或外币，均需要国家发展改革委审批。境外发行外币债券需要会同国家外汇管理局报国务院审批，境外发行人民币债券需要会同中国人民银行审批。由于审批程序严格，监管门槛高，只有少数企业获准发行债券。②外债结汇受到限制。中资企业必须根据实需原则对外债资金实行支付结汇制，借用的外债资金不得结汇使用，否则会致使企业面临较大的汇兑风险。③外债使用受到限制。根据现行外汇管理制度，境内企业的外债资金可用于自身经营范围内与货物和服务贸易相关的各项支出，外债资金不得用于放款、抵押或质押。

历经一番分析思考后，李经理意识到传统企业融资方式难以达到中粮集团融资要求，必须另辟蹊径。突然，办公桌右上角中国人民银行印发的《关于跨国企业集团开展人民币资金集中运营业务的通知》映入眼帘，李经理灵光乍现，建立跨境双向人民币资金池，或可成为中粮集团融资的突破口。想到此，李经理再次拿起中粮集团财务部提交的融资申请文件，一边翻阅，一边梳理思路，一个创新性方案逐渐浮出水面：通过建立跨境人民币资金池，一方面做大银行业务，另一

---

① 资料来源：中国财政金融案例中心（http://case.sf.ruc.edu.cn）。

方面归集资金实现更高效的调配运用，降低实体企业融资成本，取得双赢效果。

人民币资金池业务属于银行国际结算与跨境资金管理业务中的一部分，国际结算方式是指以一定的条件实现国际货币收付的方式，主要是汇款、托收、信用证和银行保函等。

一、商业银行国际业务概述

商业银行国际业务是指在国际间进行贸易和非贸易往来时发生的债权债务用货币收付，在一定的形式和条件下结清后即产生国际结算业务。商业银行在跨越国界的范围内开展金融服务和业务活动，业务涵盖跨境贸易融资、外汇交易、国际支付结算、跨境投资、国际债务融资等方面，通常需要商业银行具备良好的国际金融市场和法规的认识，以及完善的风险管理和监控机制，以应对国际市场的波动和风险。银行通过建立国际业务网络，不断扩大自身的市场份额和业务范围，为客户提供全球化金融服务，促进跨国企业的经济活动和国际贸易的发展。

中国的商业银行从事国际业务具有多方面重要意义。首先，符合我国对外开放政策需要，为中国企业走向国际市场，参与国际竞争提供双币种、双结算服务。其次，通过多渠道、多种信用方式筹措外汇资金，为我国现代化建设提供资金支持。再次，商业银行全面发展国际业务，有助于充分发挥银行的整体功能，提高外汇资金的利用效率，并促进我国市场体系的完善。最后，从事国际业务有助于增加银行收益，提高资产流动性，同时通过参与国际竞争学习国际银行业的经营理论和经验，培养复合型专业人才，具有重要意义。

商业银行参与国际业务，促进国际金融与国内金融相融合，实现人民币资金与外汇资金相配合，有效发挥银行的整体功能。集中经营外汇业务，改善了我国外汇资金使用的分散化和多元化情况，强化外汇收支的统筹安排，有助于更有效地管理和利用外汇资金，提升其经济效益。同时，商业银行积极参与国际金融市场竞争，也要求开放国内货币市场和资本市场，推动本国金融中心和离岸市场发展，对我国金融体系的规范和完善发挥着积极推动作用。

在制定国际业务经营管理战略时，商业银行通常会考虑以下几个方面：①地区战略。根据国际业务全球布局的战略，区别主要阵地、战略侧翼和卫星据点，并选择和配置网点，就所属国家和城市的政治、经济、市场、社会、人口、交通等情况和特点，确定业务开展先后顺序。②顾客战略。客户是银行业务发展的关键因素，根据所属国家和城市人口的规模和性质，分析不同类型行业、不同类型客户结构，建立客户档案，确定主辅层次以及开发重点和程序。③业务战略。根据所在国家及城市的货币、金融、外汇和财政政策及产业机构和企业分布等情况，确定提供金融产品和服务的种类，以及决定开发、推广的重点和顺序。④竞争战略。根据所在国家和城市有关外资银行、合资银行管理及金融法规和税收法律等各项规定，东道国银行和外国银行的基本情况、经营特点、业务关系、经营范围和重点，特别是银行间竞争情况、市场结构及其控制力量等，确定业务竞争战略。⑤发展战略。国际银行业务领域中，日益激烈竞争使许多商业银行更加注重成本问题，无利可图的产品、服务甚至分行可以放弃。商业银行应付复杂国际市场的战略之一是运用网络战略，如美国最大的国际银行——花旗银行、美洲银行、大通曼哈顿银行都采取全球网络战略，这一战略要求银行为跨国公司提供世界范围的服务网络。

二、国际汇款业务

（一）汇款含义

汇款（Remittance）又称汇付，指付款人（债务人）主动通过银行或其他途径将款项汇交收款人（债权人）的一种结算方式。国际货款的收付如采用汇付，一般由买方按买卖合同的约定条件（如收到单据或货物）和时间，将货款通过银行汇交给卖方。

（二）汇款种类

汇款方式可分为电汇、信汇以及票汇三种。

1. 电汇

电汇（Telegraphic Transfer，T/T）是指汇出行应汇款人的申请，拍发加押电报、电传或SWIFT（Society for Worldwide Interbank Financial Telecommunications，由环球银行金融电信协会管理的国际资金清算系统）给在另一国家分行或代理行（即汇入行）指示解付一定金额给收款人的一种汇款方式。电汇具有资金转移速度快、效率高、成本低、安全性好等诸多优点，绝大多数汇款业务均采取电汇方式。

2. 信汇

信汇（Mail Transfer，M/T）是指汇出行应汇款人申请，将信汇委托书邮寄给汇入行，授权解付一定金额给收款人的一种汇款方式。信汇方式的优点是费用较低，但资金在途时间长，收款人收到汇款时间较迟。

信汇与电汇的区别在于：一是汇款凭证不同，信汇委托书是汇出委托汇入行解付汇款的信用凭证。二是在汇出行签发信汇委托书时，须经汇出行有权签字人签字证实，而不必加注密押，在汇入行收到信汇委托书后，经核对签字相符，即可向收款人解付汇款。三是信汇委托书由汇出行通过航空邮寄给汇入行，速度慢于电汇，故汇费也低一些。

信汇和电汇的结算业务流程大致相同，如图7-2所示。

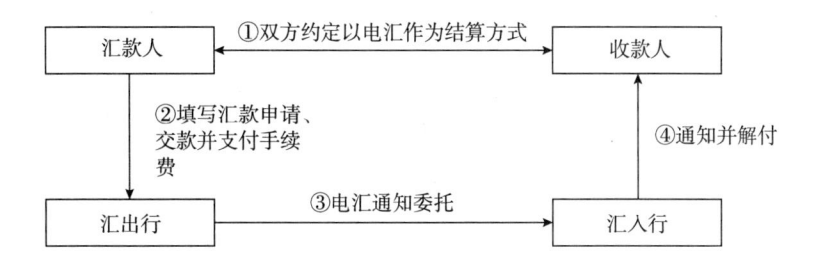

图 7-2 电汇交易的业务流程

3. 票汇

票汇（Remitance by Banker's Demand Draft，D/D）是指汇出行应汇款人申请，代汇款人开立以分行或代理行为解付行的银行即期汇票（Banker's Demand Draft），向收款人支付一定金额的一种汇款方式。

票汇与电汇、信汇的不同在于，票汇的汇入行无须通知收款人取款，而由收款人持票登门取款。这种汇票除有限制转让和流通的规定外，经收款人背书，可以转让流通，而电汇、信汇的收款人则不能转让收款权。因此，票汇具有较大的灵活性，使用也较为方便。汇票交易的具体流程如图 7-3 所示。

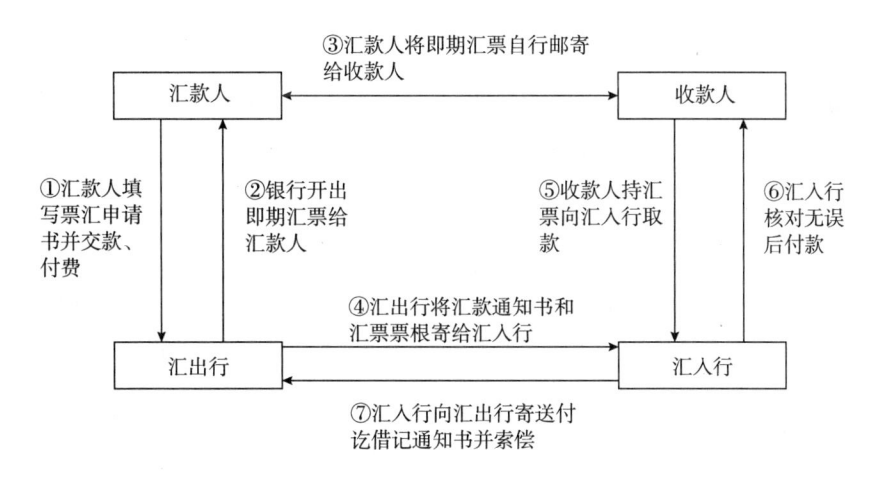

图 7-3 汇票交易的业务流程

（三）汇款特点

1. 实现取决于商业信用

汇付虽以银行为媒介进行国际结算，但银行在此过程中仅承担收付委托款项责任，而对买卖双方履行合同义务并不提供任何担保，汇付顺利实现与否取决于买方信用。

2. 风险大

对于货到付款的卖方或预付货款的买方而言，能否按时收汇或能否按时收货，完全取决于对方信用。如果对方信用不佳，则可能钱货两空，因此买卖双方必定有一方承担着较大风险，这就要求经营者加强信用风险管理。

3. 资金负担不平衡

对于货到付款的卖方或预付货款的买方，资金负担较重，整个交易过程中所需资金，或由卖方承担，或由买方承担，资金负担极为不平衡。

4. 手续简便与费用低廉

汇付结算手续比较简单，银行手续费也较少，在交易双方相互信任情况下，或在跨国公司的各子公司之间，或公司内贸易结算时，均可以采用汇付方式。

三、跨境支付和清算

跨境支付是指运用跨境支付工具将贸易、消费、投资及其他目的所发生涉及两个及以上金融监管区域的价值转移的行为。根据参与主体的不同，主要分为传统跨境支付和第三方跨境支付。跨境支付交易的主体交易方式有B2B、B2C、C2C三种形式，涉及中小企业居多，汇款、托收、信用证均属于传统的跨境支付方式。

（一）托收

1. 托收的含义

托收（Collection）是委托收款的简称，是由债权人（出口商）主动向国外债务人（进口商）开立汇票，并委托本地外汇银行通过国外分行或代理行，向债务人收取款项的一种结算方式。

托收一般通过银行办理，故又叫银行托收。银行托收的基本做法是：出口人根据买卖合同先行发运货物，然后开立汇票（或不开汇票）连同商业单据，向出口地银行提出托收申请，委托出口地银行（托收行）通过在进口地的代理行或往来银行（代收行）向进口人收取货款。托收具体流程如图 7-4 所示。

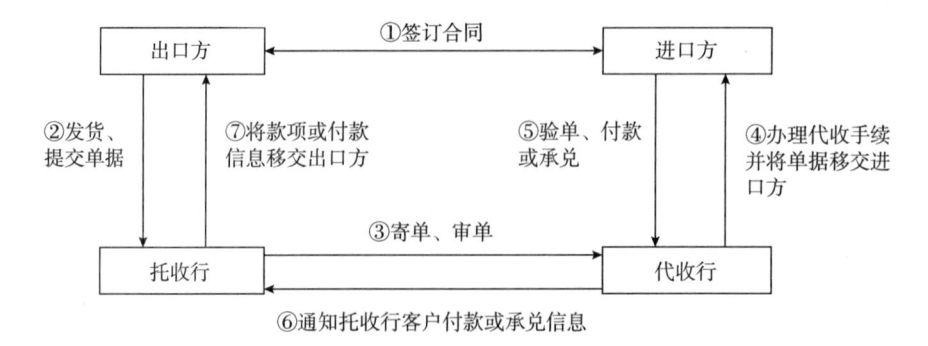

图 7-4 托收的业务流程

2. 托收的种类

根据委托人签发的汇票是否附有单据，托收可以分为光票托收和跟单托收。

（1）光票托收（Clean Collection）。指委托人仅签发金融单据不附有商业单据的托收，即提交金融单据委托银行代为收款。在国际贸易中，光票托收用于收取货款的尾数、佣金、样品费以及其他贸易从属费用等小额款项。

（2）跟单托收（Documentary Collection）。指委托人签发的金融单据中附有商业单据或不附有金融单据的商业单据的托收。在实际业务操作中，跟单托收所附单据主要有提单、保险单、装箱单等。跟单托收如以汇票作为收款凭证，则使用跟单汇票。

在国际贸易中，货款收取大多采用跟单托收。在跟单托收的情况下，按照货物单据和货款支付是否同时进行，即向进口人交单条件的不同，又细分为付款交单和承兑交单两种。

3. 托收的风险防范

我国出口业务中，为加强对外竞争能力和扩大出口，针对不同商品、不同贸易对象和不同国家与地区的习惯，适当、慎重地使用托收方式。但是，在使用此种方式时，应注意下列问题：

（1）认真考察进口人的资信情况和经营作风，根据进口人的具体情况妥善掌握成交金额，不宜超过信用程度。

（2）对于贸易管理和外汇管制较严的进口国家和地区，不宜使用托收方式，规避货到目的地后，由于不准进口或收不到外汇而造成损失。

（3）要了解进口国家的商业惯例，避免由于当地习惯做法，影响安全迅速收汇。例如，有些拉美国家银行，对远期付款交单的托收，按当地法律和习惯，在进口人承兑远期汇票后，立即把商业单据交给进口人，即把远期付款交单（Documents Against Payment After Sight）（以下简称 D/P 远期）改为按承兑交单（Documents Against Acceptance）（以下简称 D/A）处理。引起出口人增加收汇风险，可能导致争议和纠纷出现。

（4）出口合同应争取按 CIF 或 CIP 条件成立，由出口人办理货运保险，必要时也可酌情投保出口信用险。在不采用 CIF 或 CIP 条件出口时，则可酌情投保卖方利益险。

（5）采取托收方式收款时，要建立健全管理制度，定期检查，及时催收清理，如发现问题，应迅速采取应对措施，以避免或减少可能发生的损失。

（二）信用证

在国际货物贸易中，进出口双方互不信任，出口商担心发货后进口商不付款，进口商则担心预付货款后出口商不发货，而进出口双方一手交钱、一手交货的当面货款交割方式,既不可行,又非常罕见。随着银行参与国际贸易结算,逐步形成了信用证支付方式,把由进口商履行付款责任,转为由银行进行付款,保证出口商安全、迅速获得货款,买方按时收到装运单据。信用证在一定程度上解决了进出口商之间互不信任的矛盾,同时,也为进出口双方提供了资金融通便利。因此,信用证支付方式发展十分迅速,并在国际贸易中被广泛应用。当今,信用证付款已成为国际贸易中的一种重要支付方式。

1. 信用证的含义

信用证(Letter of Credit,L/C)是指开证行根据申请人(进口商)的申请和要求,对受益人(出口商)开出的授权出口商签发以开证行或进口商为付款人的汇票,并提交符合条款规定的汇票和单据保证付款的一种银行保证文件。信用证是开证银行对受益人的一种保证,只要受益人履行信用证所规定的条件,即受益人只要提交符合信用证所规定的各种单据,开证行就保证付款。信用证具体流程如图7-5所示。

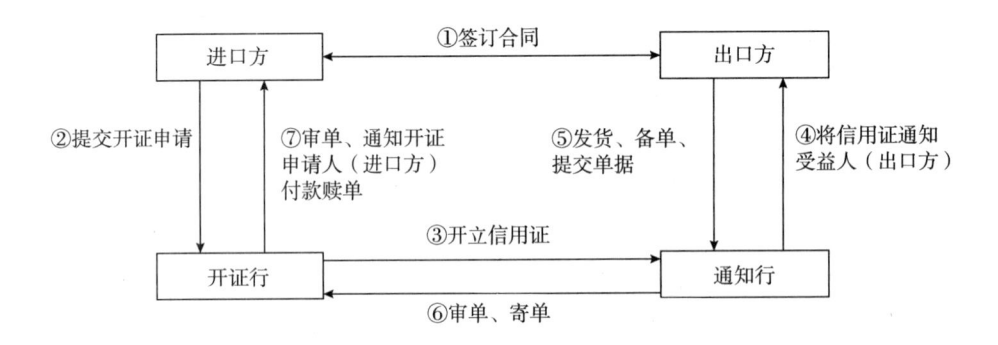

图 7-5 信用证的业务流程

2. 信用证的种类

(1)根据是否附有装运单据,分为跟单信用证(Documentary Credit)和光票信用证(Clean Credit)。其中,跟单信用证是指开证行凭跟单汇票或仅凭装运单据付款的信用证,国际贸易中所使用的信用证,绝大部分是跟单信用证;光票信用证是指开证行仅凭不附装运单据的汇票付款的信用证,在采用信用证方式预付货款时,通常采用光票信用证。

(2)按照是否有第三家银行加以保证兑付,分为保兑信用证(Confirmed Letter of Credit)和不保兑信用证(Confirmed Letter of Credit)。其中,保兑信用证是指开证行开出的信用证,由第三家银行保证对符合信用证条款规定的单据履行兑付义务。对信用证加保兑的银行,称为保兑行(Confirming Bank)。保兑行一经保兑,就与开证行一样承担兑付责任,并在承付或议付后,对受益人或其他前手银行无追索权。不保兑信用证是指开证银行开出的信用证未经第三家银行保兑，当开证银行资信较好和成交金额不大时，一般都采取不保兑的信用证方式。

（3）根据兑付方式不同，分为议付信用证（Negotiation L/C）、承兑信用证（Acceptance Credit）、即期付款信用证（Sight Payment Credit）以及延期付款信用证（Deferred Payment Credit）。在议付信用证中会标注"议付兑付"，在承兑信用证中会标注"承兑兑付"，同理信用证上标注"即期付款兑付"与"延期付款兑付"则分别对应即期付款信用证与延期付款信用证。

（4）按照收益人对信用证权利是否可转让，分为可转让信用证（Transferable Credit）和不可转让信用证（Non-transferable Credit）。其中，可转让信用证是指信用证的受益人（第一受益人）可以要求授权付款、承担延期付款责任、承兑或议付的银行（统称转让银行）或当信用证是自由议付时，可以要求信用证中特别授权的转让银行，将信用证全部或部分转让给一个或数个受益人（第二受益人）使用的信用证。不可转让信用证是指受益人不能将信用证权利转让给他人的信用证。凡信用证中未注明"可转让"的，就是不可转让信用证。UCP500 和 UCP600 均规定，只有明确指明"可转让"（Transferable）的信用证方可转让。

3. 信用证的特点

（1）信用证是一种银行信用。信用证支付方式是一种银行信用，由开证行以自身信用作出承付的保证。在信用证付款的条件下，开证银行处于第一付款人的地位，信用证是开证行的付款承诺，因此，开证行是第一付款人。在信用证业务中，开证行对受益人的承付责任是一种独立的责任，即开证行的承付不以进口人的付款作为前提条件。

（2）信用证是一项单据业务。在信用证方式下，实行凭单付款原则。UCP600 在第 5 条中规定："银行处理的是单据，而不是单据可能涉及的货物、服务或履约行为。"因此，信用证业务属于一种纯粹的单据业务。因此，银行对任何单据的形式、完整性、准确性、真实性以及伪造或法律效力，或单据上规定的或附加的一般和（或）特殊条件概不负责。

（3）信用证是独立于其他合同之外的一种自足的法律文件。虽然信用证是根据买卖双方之间的买卖合同和其他合同（如开证申请书、运输合同、保险合同）开立的，但信用证并不依附于买卖合同和其他合同，而是独立于买卖合同等之外的银行信用凭证。银行只对信用证负责，不受买卖合同或其他合同约束，即使信用证中包含有关于合同的任何援引文句，银行也与该合同完全无关。因此，当一家银行作出承付、议付或履行信用证项下其他义务的承诺，并不受申请人与开证行之间或与受益人之间在已有关系下产生的索偿或抗辩的制约。在任何情况下，受益人不得利用银行之间或申请人与开证行之间的契约关系。

(三) 跨境支付清算

目前，我国对于支付结算及清算尚无统一定义，从中国人民银行有关规定可知，银行与商户、消费者之间为支付结算关系，由跨行交易而产生的银行之间债权债务为实时或定期结清过程称为清算。跨境支付清算是支持人民币国际化的重要金融基础设施，为我国国际贸易、投融资等提供资金清算服务，在人民币国际化性中发挥着显著作用[①]。随着我国国际贸易份额不断扩大，跨境支付清算安全性、效率性、全球性的重要程度更加凸显。

1. 跨境支付清算的主要模式

根据《跨境贸易人民币结算试点管理办法》和《境外机构人民币银行结算账户管理办法》有关规定，跨境贸易人民币结算可以通过跨境人民币结算的清算行模式、代理行模式和人民币 NRA 账户（Non-Resident Account）模式。

(1) 清算行模式。最初的跨境人民币结算清算行模式是面向在香港地区和澳门地区的清算行开立了人民币同业清算账户的境外参加行及境外参加行的客户。在这一模式下，人民币业务的境外清算行，一方面，被授权与自愿接受清算条件和安排的境外商业银行（不仅限于港澳地区），即境外参加行签订人民币业务清算协议，为这些境外参加行开立人民币账户，并按协议办理人民币拆借和清算业务；另一方面，与人民银行现代化支付系统相连接，按照中国人民银行有关规定在境内银行间外汇市场、银行间同业拆借市场兑换和拆借资金，与境内人民币市场建立人民币流通和清算渠道。参与跨境贸易人民币结算的境外企业可以向境外参加行或直接向境外清算行提出人民币结算申请，由清算行最终完成结算业务。

典型的清算行模式主要特点是境外参加行在清算行开立人民币账户，整个清算链条中，人民币资金在境外清算行和境内结算行间转移主要通过 CNAPS 系统（中国现代化支付系统，China National Advanced Payment System）完成。

(2) 代理行模式。这是更为广泛和流行的国际贸易结算模式。境内具备国际结算业务能力的商业银行作为境内代理行，通过与境外参加行签订《人民币代理结算清算协议》，代理境外参加行进行跨境贸易人民币结算支付。具体而言，境内代理行可为境外参加行办理的主要业务包括：①开立人民币同业往来账户；对上述账户的开立设定铺底资金要求并为铺底资金提供兑换服务；②在中国人民银行规定的限额内购售、拆借人民币以满足人民币结算需要；③按照中国人民银行规定的额度和期限要求进行人民币账户融资以满足账户的临时性、流动性需求。境

---

① 袁本祥. 人民币国际化进程中的跨境支付清算新赋能[J]. 清华金融评论，2023 (6)：97-100.

外参加行接受当地企业人民币结算申请后，可以按代理清算协议，委托境内代理行提供人民币资金清算服务。

该清算模式主要特点：境外参加行在代理行开立人民币账户，在整个清算链条中，人民币资金在境外参加行和境内代理行间转移是通过国际结算系统 SWIFT（环球银行间金融电讯协会，Society for Worldwide Interbank Financial Telecommunications）完成。

（3）人民币 NRA 账户模式。所谓 NRA（Non-Resident Account），即境内非居民账户，经中国人民银行当地分支机构核准，境外企业可申请在境内银行开立非居民银行人民币结算账户，直接通过境内银行清算系统或人民银行跨行支付系统进行人民币资金跨境清算和结算。该清算模式的主要特点是境外客户跨境在境内银行开立人民币账户，而整个银行间清算链条完全处于境内，清算环节少，手续简便，如境内客户与境外客户在同一家境内结算银行开户，则在该行系统内转账即可完成清算。

2. 跨境支付清算不足之处

一是清算效率低。代理行模式支付链条长，支付信息涉及环节多，清算行模式由于涉及国内大额二代支付系统，存在时差而延迟支付清算现象。二是交易成本高。代理行模式需要按照每笔交易收取一定手续费和电讯费，手续费高昂。三是安全风险大。以上三种模式都需要作为全球公共物品为金融机构提供金融信息传输服务的 SWIFT 系统，但是美国凭借强大的政治、经济力量控制着 SWIFT 系统，存在商业信息泄露、金融制裁风险，无法满足人民币国际化安全的需求。

四、跨境资金管理

跨境资金管理是指商业银行或企业跨越国际边界管理和配置资金的一种金融活动，涉及将资金从一个国家或地区转移至另一个国家或地区，以满足企业的国际业务需求，同时平衡不同货币的流动性和风险。跨境资金管理主要包括以下几种类型：

一是资金池管理。资金池是将企业在全球范围内的现金进行集中管理的方法。通过资金池管理，企业可以实现跨境资金的集中和优化利用，降低资金成本，结算外汇、利息和资本收益等。二是外汇风险管理。跨境资金管理需要对冲外汇风险，降低汇率波动对资金流动和财务状况的影响，包括使用远期外汇合约、外汇期权和货币互换等衍生工具，以固定或锁定特定汇率方式实现外汇风险管理。三是跨境融资与融资结构。跨境资金管理涉及企业在海外市场上的筹集资金活动，可能包括发行外国货币债券、参与外国债务市场、获得银行贷款，或在国际资本市场发行股票等。四是跨境支付与结算。跨境贸易中企业需要进行跨境支付和结算。跨境资金管理涉及选择合适的支付和结算方式，包括使用信用证、电汇、承兑汇票、跨境电子支付平台等。五是国际现金管理。跨境资金管理还涉及有效管理和优化企业在不同国家或地区的现金流，主要是资金流动的预测、现金集中与分配、企业结构优化以减少税收负担等。这些跨境资金管理策略是为了帮助企业更好地管理和优化其国际财务活动，提高资金利用效率，降低风险，确保企业的全球市场竞争力。然而，选择适当的跨境资金管理策略需要综合考虑企业财务状况、市场条件、法律要求和风险承受能力等各种因素。

第二节 "人为低估"与汇率操纵
——外汇交易业务

商业银行在外汇市场中扮演着重要角色，通过提供外汇服务满足客户的汇兑需求，并参与外汇交易以获取利润。同时，汇率波动也会影响商业银行的盈利情况和客户需求，因为不同汇率水平下的货币价值会直接影响跨境贸易、投资和汇款等活动。因此，商业银行需要密切关注汇率变动，及时调整自身的外汇业务策略，积极适应市场变化。

1988年以来，美国财政部每半年均向国会提交一份《国际经济与汇率政策报告》，评估美国主要贸易伙伴国的汇率政策，确定其是否存在汇率操纵，违反国际贸易准则。一旦确定某国存在汇率操纵（人为低估本币汇率），美国不仅通过国际货币基金组织向该国政府施加调整汇率政策的压力，而且更可能通过对该国出口商品征税等贸易手段进行报复。

2019年8月6日，美国财政部将中国列为"汇率操纵国"[①]，中美贸易紧张局势持续升级，每年均有威压人民币升值的动议。美国对汇率操纵国的评估与认定，彰显了汇率对国际贸易的重大影响。人民币汇率低估抑或高估之争，又关涉汇率的决定与影响因素。由此可见，外汇及其交易业务的重要性。外汇是指所有能在国际上交易的货币或为各国普遍接受的、可用于国际间债权债务结算的各种支付手段，包括外币、银行存款、支票和电子转账等。必须具备可支付性（必须以外国货币表示的资产）、可获得性（必须是在国外能够得到补偿的债权）和可换性

---

① 资料来源：中国人民银行官网（https://www.gov.cn/xinwen/2019-08/06/content_5419222.htm）。

（必须是可以自由兑换为其他支付手段的外币资产）三个特点。

一、外汇市场和交易方式

（一）外汇市场

1. 外汇市场定义及分类

外汇市场是指在国际间从事外汇买卖，调节外汇供求的交易场所，经营外币和以外币计价的票据等有价证券的买卖市场，是金融市场的主要组成部分。外汇市场的职能是经营货币商品——不同国家货币。按外部形态分类，外汇市场可以分为无形外汇市场和有形外汇市场。

无形外汇市场的主要特点包括：①没有确定的开盘与收盘时间；②外汇买卖双方无需进行面对面的交易，外汇供给者和需求者凭借电传、电报和电话等通信设备行与外汇机构的联系；③各主体之间具有较好的信任关系，否则，这种交易难以完成。目前，除个别欧洲大陆国家的一部分银行与顾客之间的外汇交易仍在外汇交易所进行之外，世界各国的外汇交易均通过现代通信网络完成，无形外汇市场已成为外汇市场的主导形式。按外汇所受管制程度分类，外汇市场可以分为自由外汇市场、外汇黑市和官方市场。按外汇买卖范围分类，外汇市场可以分为外汇批发市场和外汇零售市场。

2. 汇率及其标价法

（1）汇率的定义。汇率（Foreign Exchange Rate）是不同货币之间的兑换比率，或以一种货币所表示的另一种货币的价格。国际经济交易通常涉及任何两种货币，一国货币对其他国家（或地区）的货币都有一个汇率。汇率将一国的商品、服务价格与国外的商品、服务价格联系起来。国际交易所产生的债权债务关系均需按期或到期结算，而国际结算则是通过货币兑换即外汇买卖完成。由于外汇买卖以汇率为基础，故汇率又称为汇价或外汇行市。

（2）汇率标价法。汇率的报价方式分为直接报价法和间接报价法。

1）直接报价法以外币为基准货币，本币为报价货币，即以一定单位的外国货币作为基准折算成一定数额的本国货币。在直接标价法下，外国货币数量固定不变，本国货币数量随着外国货币与本国货币的币值变化而变化。若一定单位外币折合的本国货币数量比以前增加，则外汇汇率上升，外国货币升值，本国货币贬值。反之，若一定单位外币折合的本国货币数量比以前减少，则外汇汇率下跌，外国货币贬值，本国货币升值。目前，包括我国在内的绝大多数国家都采用直接标价法，外汇市场汇率也大多采用直接标价法。

2）间接报价法是指以一定单位本国货币为基准，折算成若干数额的外国货币来表示汇率的标价方法。在间接标价法下，本国货币数量固定不变，外国货币数量随着外国货币与本国货币币值变化而变化。若一定单位本币折合的外国货币数量比以前增加，则外汇汇率下跌，外国货币贬值，本国货币升值。反之，若一定单位本币折合的外国货币数量比以前减少，则外汇汇率上升，外国货币升值，本国货币贬值。

3. 汇率种类

（1）按外币挂牌的档数，分为单档汇率和双档汇率。其中，单档汇率指银行对每一种外币只有一个牌价，银行向客户买入或卖出外汇时均按此汇率办理，银行承做外汇买卖时不是赚汇差，而是向客户收取一定的手续费，如苏联曾采用此种汇率。双档汇率指对每一种外币挂出两个牌价，一个是银行买入各种外币的汇率（买入价），另一个是银行卖出各种外币的汇率（卖出价），买入价低于卖出价，银行赚取差额。世界上绝大多数国家都采用双档汇率。

（2）按现汇与现钞，分为现汇汇率和现钞汇率。在双档汇率下，现汇汇率是指银行买卖现汇时使用的汇率，与现钞汇率相对应。从外汇角度而言，外汇包括外币现钞，但是从银行结算角度而言，现汇是指可通过账面划拨进行国际结算的支付手段，不包括外币现钞；现钞汇率是指银行买卖外币现钞时使用的汇率。根据国际惯例，外汇现钞在发行国本国外不能作为国际支付手段，只有运输至发行国或国际金融中心出售后才能转换成作为国际支付手段的现汇。其间会发生一定的运保费等费用，这些费用均应从外汇汇率中扣除，因此各国现钞汇率均低于现汇汇率。

（3）按制定汇率的方法，分为基本汇率和套算汇率。其中，基本汇率是指本国货币与基准货币的汇率，该汇率是套算本币对其他货币汇率的基础。目前，通常以美元作为基准货币，因而把本国货币对美元汇率作为基本汇率。套算汇率是指在基本汇率制定以后，通过各种货币对关键货币汇率套算的本币对其他货币汇率。

（4）按外汇交易交割期限，分为即期汇率和远期汇率。其中，即期汇率是指当前汇率，用于外汇现货买卖；远期汇率是指将来某一时刻，如3个月后的汇率，用于外汇远期买卖。即期汇率与远期汇率通常不一样，以某种外汇汇率为例，在直接标价法下，远期汇率高于即期汇率时，称该种外汇的即期汇率与远期汇率之差为升水；反之，则称该外汇的即期汇率与远期汇率之差为贴水。

（二）外汇交易方式

1. 现货交易

现货交易是指交易双方以即期外汇市场价格成交，并在成交后第2个营业日交割的外汇交易。定义中所指的交割是指买卖合同到期日，交易双方在该日互相交换货币。例如，甲、乙两家银行按 \$M1 = JPY12 汇率达成一笔金额为1000万美元现货交易,第三天,甲行将1000万美元划入乙行账户,而乙行将12000万日元划入甲行账户,则这笔现货交易就此结束。

现货交易被广泛使用,属于外汇交易中最基本的交易。在资金划拨、汇出汇款、汇入汇款、出口收汇、进口付汇等业务发生时,银行通常需要满足客户对不同货币的需求,建立各种货币头寸,满足客户的结算需求。此外,现货交易还可以用于调整持有外汇头寸的不同货币的比例,以有效规避外汇风险。

2. 远期交易

远期交易是指买卖交易双方成交后,按双方签订的远期合同,在未来约定日期进行外汇交割的交易方式。常见的远期外汇买卖期限为1个月、2个月、3个月、4个月、5个月、6个月和1年。为了方便起见,日常交易中通常将在成交2个营业日以后的任何一个营业日都视为远期外汇买卖交割日。银行采用该交易的目的在于满足进出口商和资金借贷者规避商业或金融交易遭受汇率波动的风险需求,或为了平衡期汇头寸,或为了赚取汇率变动差价。与现汇交易相比,远期交易具有更强的灵活性,在交割时间、交易价格等方面均可以由商业银行与交易对方商定。

远期交易交割日的起算日为成交后第2个营业日,交割日期由交易双方遵循"日对日、月对月、节假日顺延、不跨月"规则商定。交割日期通常分为固定交割日和择期交割远期交易,其中,前者指交易双方按交易合同规定日期交割,若其中一方延误交割期,必须向另一方支付利息和罚金;后者指交易双方在约定某一时日交割。基于交易价格测定,银行在考虑进出口贸易中的应收和应付款、对外负债规模等影响未来外汇供求因素之后提出报价。

3. 外汇期货交易

外汇期货交易是指在有形的外汇交易市场上,由清算所(Clearing House)向下属成员清算机构(Clearing Firm)或经纪人,以公开竞价方式进行具有标准合同金额和清算日期的远期外汇买卖。目前,外汇期货交易的主要国际市场有伦敦国际金融期货交易所(LIFFE)、巴黎的MATIF、法兰克福的DTB、新加坡的SIMEX、东京的TIFFE、悉尼期货交易所等。

外汇期货交易与远期交易在交割时间、合同形式等方面极为相似,但是具体运作特点显著:①具有固定的交易场所;②属于一种固定的、标准化的形式,具体体现在合同履约价格、到期日均标准化,而非通过协商确定,或非量身定做;③买方只报买价,卖方只报卖价,并由交易所确定每日限价;④远期合约大多很少交割,交割率甚至低于1%;⑤买卖双方无直接合同责任关系,分别与清算所存在合同责任关系。

4. 外汇期权交易

外汇期权交易是指买卖远期外汇权利的交易。在规定时期内,卖方和买方按双方商定的条件，如一定的汇率、购买或售出指定数量的外汇交易。与外汇期货交易的相似之处：一是履约价格和到期日是标准化的；二是场内交易具有保证金制度，银行可以免受信用风险。当汇市有利于买方时，买方将买入看涨期权，获得在期权合约有效期内按某一具体履约价格购买一定数量某种外汇的权利。当汇市不利时，卖方将卖出看跌期权。当汇市不确定性强时，投资者倾向于购买双向期权，即买方同时买进看涨期权和看跌期权。在外汇期权交易中，期权买方向卖方支付期权费，该费用被视为买方购买期权的价格。

对买方而言，外汇期权交易在期权有效期内无须按预定价格履行合同交割义务，所承担代价仅限于所支付的期权费。此外，外汇期权的买方无须履行合同的义务，这种状态更有利于买方为外汇资产和收益进行保值。外汇期权与外汇期货具有两点差异：一是风险不对称性。在支付期权价格以后，外汇期权买入方可以享受外汇价格上涨带来的所有好处，或获得外汇价格下跌带来的所有利益；二是交易更具灵活性，既可以进行场内交易，又可以场外交易。

外汇期权交易本意是提供一种风险抵补的金融工具，银行在外汇期权交易中既充当买方，也充当卖方。作为期权买方时，银行承担了卖方可能违约的信用风险，因此，倾向于从同业批发市场或交易所场内购买期权以消除信用风险，而非从客户处。作为卖方时，银行则承担期权合约下金融标价变化的市场风险。

5. 外汇互换交易

外汇互换交易是指互换双方在预定时间内交换货币与利率的一种金融交易。双方在期初按固定汇率交换两种不同货币的本金，随后在预定日期内进行利息和本金的互换。由于外汇互换条件反映着合约双方对所交换两种货币汇率走势和利率变动的判断，因此，外汇互换交易主要包括货币互换和利率互换。这些互换内容正是外汇互换交易有别于掉期交易的重要标志，后者属于套期保值性质的外汇买卖交易，双面性的掉期交易并未包括利率互换。

银行外汇互换交易过程中，充当交易一方或中介人。通过互换，银行可以降低筹资成本，消除敞口风险，尽量避免汇率风险和利率风险。实际上，外汇互换属于表外业务，可以有效规避外汇管制、利率管制和税收限制。近年来，国际金融市场上外汇互换交易发展非常迅速。作为中介方参与互换安排时，银行通常采取公开或非公开方式。公开方式下，银行将互换双方安排为面对面直接谈判。在这一过程中，银行充当咨询和中介，不承担风险，仅收取包含介绍费、咨询费等在内的手续费。非公开方式下，互换双方分别与银行签订合约，银行承担着交易双方的双重违约风险。此外，为成功撮合互换交易，银行一般向交易双方或一方出售灵活性和适应性，导致双方在期限或利息支付等方面承受不完全匹配的差额风险。

二、外汇风险和对冲

外汇风险是指企业或个人在一定的经济活动期间,由于外汇市场变动,外汇汇率发生波动,引起以外币计价的资产、负债、成本、现金流等价值上涨或下跌的可能性,既能够确保企业获得利润,也能够避免企业遭受损失。

(一)外汇风险类型

1. 交易风险

交易风险(Transaction Risk)是指在交易活动中采用外币成交时,由于汇率波动,结算时的汇率与交易发生时的汇率不同而引起的收益或亏损的风险,在企业报表中可以直接予以披露。汇率浮动制度体系是外汇交易风险的主要原因,随着时间推移,汇率是上下波动而非一成不变的,外币与本币兑换清算过程中容易产生交易风险。

2. 经济风险

经济风险(Economic Risk)是指随着汇率变化,企业的未来经营活动也将产生变化,现金流趋于更加不稳定,增加了企业的经济损失风险。进而,汇率变动会引起企业产品的成本和收益变动,当成本、收入中外币所占的比重越大,受汇率波动的影响就越大,企业的经营活动现金流量也将发生变化。由于不确定性增强,企业难以灵活调整产品结构以减小汇率风险,所面临的经济风险将加大。

3. 折算风险

折算风险(Translation Risk)指由于汇率波动,企业合并资产负债表中以外币计价项目金额发生变动的可能性。当汇率波动时,资产负债表合并日,外币计量项目的金额必须按本币重新予以核算计量,而重新计量很可能会给企业账面价值带来损失或收益,由此产生折算风险。这种折算风险所带来的损益并非真实的交易损益,只是一种账面损益,但却影响着企业资产负债表的报告结果,进而影响预期使用者的投资判断。

(二)外汇风险的应对

作为一种特殊的企业,商业银行通常面临着外汇风险,即汇率变动可能对资金流动、利润和资产价值产生一定程度的负面影响。为了稳妥管理风险,银行采取一系列的外汇风险对冲策略。

1. 远期外汇交易

商业银行与客户或其他金融机构签订远期外汇合约,以固定汇率在未来特定日期进行货币交换。通过这种方式,银行可以锁定未来汇率,降低汇率波动对资产和负债的影响。

2. 外汇期权交易

商业银行购买或出售外汇期权,以在未来的特定时间内以约定汇率进行货币交换。通过购买期权，银行可以在有利的汇率变动时行使期权，对冲外汇风险。

3. 货币互换

商业银行与客户或其他金融机构进行货币互换交易。在货币互换中，银行同意以固定利率进行货币交换，对冲外汇风险。

4. 跨境资金管理

商业银行通过跨境资金管理对冲外汇风险，主要是合理配置资金流动，通过资金池和内部结算等方法平衡不同货币之间的流动性和利率风险。

5. 外汇衍生品交易

商业银行通过交易外汇衍生品，如期货、期权、互换等对冲外汇风险，提供灵活的对冲策略，管理不同货币之间的汇率风险。

此外，商业银行还可以根据自身业务和风险承受能力，运用其他的高级对冲策略，如使用计量模型和风险测量工具进行风险管理，建立外汇风险管理委员会并制定全面的外汇风险管理政策等。总体而言，商业银行的外汇风险对冲策略取决于经营模式、风险偏好和市场环境，需要综合考虑交易成本、流动性、法规合规要求以及市场风险等各种因素，才能确保对冲策略的有效性和适应性。

【拓展案例】

D企业是一家从事农药生产和销售的国有企业，主要客户群是南美、非洲等地从事农业生产的企业。企业在具体避险操作上面临着决策流程长、出口收汇时间不确定等问题。银行向企业推荐了系统性策略与机动性策略相结合的分层式汇率治理机制，便利国有企业建立分层式的汇率风险管理架构。长期汇率管理目标通常由董事会和公司高层制定，属于企业的系统性策略；中短期汇率风险管理目标，则由财务部结合银行的汇率风险管理建议，制定汇率套保方案，使得企业在具体执行中具备一定的灵活性，较好实现套保效果，属于机动性策略。

首先，商业银行根据企业的实际经营情况、风险偏好，结合市场波动形势，帮助企业高层制定"总体/年度套保计划"，主要包括目标汇率、外汇衍生品应用品种范围、外汇衍生品存量交易限额、可用外汇交易渠道等内容。该计划为企业汇率风险管理提供整体指引，具体汇率避险操作可在框架下开展，无需重复进行长流程审批。其次，与企业的交易执行部门（财务部）建立常态化的汇率咨询、策略建议、交易询报价联动机制，根据企业的日常需求制定"当期/单笔套保方案"。最后，在交易后按照企业管理要求向内部合规审计部门及时提供交易证实书等交易凭证，并定期提供市值评估报告。

案例启示：商业银行不仅要帮助企业树立汇率风险中性理念，更要协助企业搭建汇率风险管理组织架构，建立汇率风险管理工作机制。要与企业高管层、执行层深入沟通，梳理汇率风险管理框架，对企业初步形成的工作机制提供专业建议，帮助企业明确汇率风险管理目标，制定细化的操作流程等。

资料来源：国家外汇管理局官网（https://www.safe.gov.cn/beijing/2022/0909/1948.html）。

三、外汇风险管理和监督

（一）基于汇率预测进行外汇交易决策

汇率波动受制于经济和非经济因素影响，这些因素涉及宏观与微观两个层面。为此，银行应采用基本分析法和技术分析法，全面分析外汇市场，考察汇率中长期趋势，并据此判断是否进行交易，以及采用何种方式进行交易。建立在短期波动预测上的过度短期投机行为对银行外汇业务拓展不利。

（二）选择合适的交易方

外汇交易中选择资信良好、作风正派的交易方是外汇交易安全、顺畅实现的前提。选择交易方应考虑到以下四个方面：一是交易方服务。交易方服务应包括及时向对方提供有关交易信息、市场动态以及对经济指标或未来汇率波动影响程度的预测等。二是交易方资信度。资信度与交易方的实力、信誉与形象紧密相关。交易方资信度高低直接影响着交易风险大小，若交易方资信不佳，外汇交易过程中商业银行承担信用转移风险概率将会变大。三是交易方报价速度。报价速度快慢也成为衡量指标之一。优质的交易方，报价速度越快，就越便利商业银行抓住机会，能够尽快促成外汇交易。四是交易方报价水平。优质的交易方应该在报价上展示较强能力，报价能够基本反映市场汇率动向和走势，且具有一定的竞争性和代表性。

（三）建立和完善外汇交易程序及规则

外汇交易属于银行高风险的一种国际业务，建立和完善外汇交易程序能发挥控制风险功能，因此稳健原则应贯穿整个外汇交易过程。在外汇交易前，商业银行应详细了解和掌握外汇交易的程序和规则，特别是初入一个新市场或初试一种新的金融工具时，应对交易环境及对方具有充分认识后才能开始交易。在外汇交易时，应遵循各项市场交易规则，保证外汇交易正常进行。

（四）选择和培养高素质的交易员

交易员是一把"双刃剑"，既能为商业银行带来丰厚的利润，也能使一家大银行遭受损失甚至破产倒闭。因此，应当选择心理素质好、专业能力强，且恪守职业操守的交易员。

【拓展阅读】

仔细阅读以下主题为"商业银行外汇业务"的期刊论文，并认真思考有关问题。

[1] 孙北雁. 人民币国际化下商业银行国际结算业务发展策略研究 [J]. 中国市场，2024（4）：41-44.

[2] 王雅婷，张若平，付冲. 商业银行外汇风险研究——以中国银行为例 [J]. 内蒙古科技与经济，2023（19）：103-105.

[3] 叶骞. 商业银行外汇管理的困境及突破分析 [J]. 财经界，2022（15）：17-19.

[4] 陈娉婷. 商业银行外汇业务风险防范问题及策略探讨 [J]. 商讯，2022（13）：76-79.

[5] 高赞博. 我国商业银行外汇衍生品交易现状分析 [J]. 科技与金融，2020（11）：66-73.

[6] 牛建军，汤志贤. 商业银行外汇业务发展探讨 [J]. 现代金融导刊，2020（6）：53-57.

思考与讨论

1. 商业银行外汇业务所面临的风险与困境主要有哪些？
2. 你认为商业银行应当采取哪些措施应对外汇风险？
3. 探讨商业银行外汇业务的具体发展策略。

第三节　中国银行再融资助力发电企业"走出去"
——国际信贷业务

中国银行（卢森堡）有限公司鹿特丹分行成立于2007年，是中国银行（卢森堡）有限公司跨国开设的第一家分行，也是在荷兰设立的首家中资金融机构。[①] 目前，中国银行以卢森堡为中心，设立了5家跨国二级机构，业务辐射北欧、中东欧及南欧多国，形成了一个中心、多点布局、全面延伸的区位网络和统筹服务优势。鹿特丹分行在卢森堡分行的直接领导下，秉承"担当社会责任，做最好的银行"的核心价值观和发展理念，坚持守土有责，紧紧围绕荷兰产业特色，挖掘与祖国优势互补项目，不断加强业务撮合，服务祖国生态建设，打造具有地域特色的金融服务，取得了较大成效。

---

① 资料来源：中国银行官网（https://www.boc.cn/aboutboc/ab8/201403/t20140327_3105333.html）。

益于成熟的商业环境、便利的物流体系和优惠的税收政策，荷兰日益成为中国企业积极"走出去"参与国际竞争，进入欧洲的门户之一。几年来，中国银行（卢森堡）有限公司鹿特丹分行已逐渐发展成为中资企业在荷兰乃至欧洲投资发展的业务主办行。借助母行提供的有利平台和丰富资源，中行鹿特丹分行积极拓展产品和价值服务链，不仅为客户提供传统的金融服务，还为客户量身定制全方位的金融服务方案，借助中国银行在国内外雄厚的客户基础和全球广泛的机构网络，为来自中国各地的企业参与荷兰以及欧洲多个国家的跨国经贸合作提供了优质、高效的服务。

商业银行国际信贷是指一国贷款人为满足本国经济建设需要，为资助某一特定建设项目或为了其他目的在国际金融市场上向其他国家商业银行借款的活动，信贷业务主要包括国际商业贷款和国际贸易融资两大类。

一、国际商业贷款

国际商业银行贷款通常指一国商业银行通过向外国实体（企业、政府或其他金融机构）发放贷款，支持跨国业务或者国际贸易活动的融资需求。

（一）国际商业贷款的种类

1. 根据贷款对象不同

分为企业贷款、银行间贷款以及对外国政府和中央银行贷款。

2. 根据贷款期限不同

分为短期、中期和长期贷款。

（1）短期贷款。指借贷期限在1年以下的资金，短期资金市场一般被称为货币市场。借贷期限最短为1天被称为"日贷"，还有7天、1个月、2个月、3个月、6个月、1年等。短期贷款大多为1~7天及1~3个月，少数为6个月或1年。这种信贷可分为银行与银行间信贷和银行对非银行客户（公司企业、政府机构等）信贷。银行之间信贷称为银行同业拆放，该种贷款完全凭银行之间的同业信用商借，不需要签订贷款协议。银行可以通过电话、电传承交，事后以书面确认。同业拆放期限从1天至6个月偏多，超过6个月的较少。每笔交易额10亿美元以下，典型的银行间交易为每笔1000万美元左右，而银行对非银行客户交易则很少。

（2）中期贷款。指1年以上5年以下的贷款，这种贷款由借贷双方银行签订贷款协议。由于该贷款的期限长、金额大，有时贷款银行要求借款人所属国家的政府提供担保。中期贷款利率比短期贷款利率高，一般在市场利率基础上再加一定的附加利率。

（3）长期贷款。指5年以上的贷款，这种贷款通常由数家商业银行组成银团共同向某一客户贷款。银团贷款的当事人主要包括借款人（如银行、政府、公司、企业等）、参加银团的各家商业银行（包括牵头行、经理行、代理行等）。

3. 根据贷款银行的不同

分为单一银行贷款和多银行贷款。

（1）单一银行贷款。指仅由一家银行提供贷款。由于国际贷款风险较大，一旦发生损失难以挽回，因此单一银行贷款一般数额较小，期限较短。

（2）多银行贷款。指一笔贷款由几家银行共同提供，如参与制贷款和银团贷款。

1）参与制贷款，指一家商业银行对某一外国客户提供一笔贷款以后，邀请其他商业银行共同参加，向借款人提供资金。

2）银团贷款，又称国际辛迪加贷款，这是多银行贷款主要形式，一般由一家或几家商业银行首先发起，接受债务人借款要求，其次发起行再邀请其他行参与，共同向借款人提供资金。

（二）国际商业银行贷款的主要特点

1. 来源广泛

国际上众多商业银行和银行集团均可作为资金来源。

2. 手续简便

安排融资时间较短，且无附加条件，资金用途一般不受贷方限制。

3. 方式灵活

可以融通不同的货币资本，期限与数额也可选定后与银行协商，还本付息方法也较为丰富。

4. 成本高

利率与其他国际信贷形式相比偏高，而且其他费用也较高。

5. 风险大

银行普遍采取浮动利率计息，加上汇率频繁变动，增加客户的利率风险和汇率风险。

6. 期限较短

通常以中、短期贷款为主，长期贷款一般也限于 10 年以内。

二、国际贸易融资业务

贸易融资是指在商品交易过程中，运用短期性结构融资工具，基于商品交易中的存货、预付款、应收款等资产进行融资。国际贸易融资是商业银行围绕着国际结算各个环节为进出口商品提供便利资金的总和。

（一）主要方式

1. 授信开证

授信开证指商业银行为客户在授信额度内减免保证金而对外开立信用证。

2. 进口押汇

进口押汇指开证行在收到信用证项下全套相符单据时,向开证申请人提供用以支付该信用证款项的短期资金融通。进口押汇通常是与信托收据配套操作,即开证行凭开证申请人签发给银行的信托收据,将信用证项下单据提交申请人,申请人在未付款情况下先行办理提货、报关、存仓、保险和销售,并以货物销售后回笼资金支付银行垫付的信用证金额和相关利息。基于信托收据,开证行与开证申请人形成信托关系,银行保留单证项下货物销售收入的受益权。开证申请人拥有单证法律上的所有权,能够自行处理单证项下的货物。

3. 提货担保

提货担保指在采取信用证结算的进口贸易中,当货物先于货运单据到达目的地时,开证行应进口商申请,向承运人或代理人出具承担先行放货引起赔偿责任的保证性文件。

4. 出口押汇业务

出口押汇业务指信用证受益人在货物装运后,将全套货运单据质押给所在地银行,该行扣除利息及有关费用后,将货款预先支付受益人,再向开证行索偿收回货款的一种贸易融资业务。

5. 打包放款

打包放款指出口商收到进口商所在地银行开立的未议付的有效信用证后,以信用证正本向商业银行申请,取得信用证项下出口商品生产、采购、装运所需的短期人民币周转资金融通。

6. 外汇票据贴现

外汇票据贴现指商业银行为外汇票据持票人办理的票据融资行为。在外汇票据到期前,商业银行从票面金额中扣除贴现利息后,将余额支付给外汇票据持票人。

7. 国际保理融资业务

国际保理融资业务指在国际贸易中承兑交单（D/A）、赊销方式（O/A）下,商业银行（或出口保理商）通过代理（或进口保理商）以有条件放弃追索权的方式对出口商应收账款进行核准和购买,保证出口商出口后顺利收回货款。

8. 福费廷

福费廷也称票据包买或票据买断,是指商业银行（或包买人）对国际贸易延期付款方式中出口商持有的远期承兑汇票或本票进行无追索权的贴现（即买断）。

9. 出口信贷

出口信贷指政府支持用于鼓励本国商品出口,加强本国商品国际竞争力,由本国商业银行或其他金融机构为支持本国出口商扩大出口而提供较低利率优惠贷款的一种融资方式。

(二) 特点

1. 自偿性

主要指用于融资的贸易产品通过自身价值或现金流偿还债务的自偿性程度，以及依赖于贷款人进行结构化交易设计方面的技能，而不是借款人信用等级。商业银行应更多关注用于融资的货物价值，货物价值足值与否决定着融资企业是否具有稳定的还款来源。

2. 真实性

商业银行对融资企业信用评级不再强调企业所处行业、企业规模、固定资产价值、财务指标和担保方式，转而强调企业单笔贸易的真实背景。

3. 连续性

商业银行评估整个贸易流转过程及供应链信用状况，供应链金融业务实际上建立在充分掌握供应链物流、资金流和信息流等信息的基础上。

4. 封闭性

贸易融资中的资金流严格要求专款专用，用于货物在贸易流转过程中的资金应一直处于相对封闭的资金闭合圈中，基于某种特定货物的贷款不允许用作他途，这一点严格区别于银行的传统授信制度。

5. 期限短

与项目融资等其他模式相比，贸易融资的融资期限相对较短，一般为180天内的短期资金融通。

6. 可选择性

根据贸易背景真实性、贸易连续性，贷款客户信用记录、上下游企业、客户违约成本、金融工具的组合应用、银行贷后管理和操作手续等情况，商业银行综合审查项目可行性，严格筛选产品和客户。

三、国际信贷业务风险及管理策略

(一) 主要风险种类

1. 国家风险

国际信贷业务中的国家风险通常指在国家（政府或政府机构或企业）作为借款人时，由于借款国政权、领土及法律等变化而导致的贷款银行遭受损失。例如，借款国可能突然宣布没收控制范围内与贷款有关的资产，或以立法形式禁止任何外汇转移国外，或拒绝承认所负有债务。国家风险或主权风险极其复杂、难以预见，属于最危险的一种风险。

2. 管制风险

管制风险指一国货币或财政当局要求银行存放更多的备用资金或缴纳更高税

款，可能造成的贷款银行筹资成本增加。由于大多数国家法律都对商业银行提出存款准备金要求，且存款准备金率通常由货币当局根据货币政策目标进行调整，因此，管制风险程度一般不容易预测。

3. 信用风险

无论表内国际贸易融资还是表外业务，进出口企业都要占用银行信用，因此企业的违约风险是致命伤。企业违约原因由多方面引起，有出于欺诈目的，还有编造虚假的贸易背景骗取银行资金的，尤其是借助关联企业运作，从商业银行获取融资；有的是资金链断裂，企业规模越做越大，资金链越拉越长，一旦某一环节发生问题，容易导致整个企业资金链断裂，影响贷款本息顺利偿还。

4. 汇率风险

汇率风险也称货币风险，指贷款银行因无法预计的汇率变化而可能承受的外汇损失。例如，当贷款银行贷出的货币币种与收回的货币币种不一致时，贷款货币相对收回货币的贬值会造成偿还本息额相对减少，导致贷款银行蒙受不同程度的损失。

5. 利率风险

利率风险指因市场利率变动可能给贷款银行带来的损失。随着商业银行资金来源的多元化，货币市场和资本市场利率波动必然会通过存款、贷款、拆放、债券等业务充分反映于国际信贷的资金成本和信贷收益中。当商业银行采用"借短放长"时，这种影响表现得更为显著，如某商业银行的一笔中长期贷款尚未到期时，短期存款利率却不断上升，银行利润随之减少，甚至出现亏损。一旦银行难以改变亏损局面，必然对其资信造成负面影响。此时，银行被迫提高借款利率，否则，该行就无法筹集资金，筹资利率上升必然增加贷款成本，这一系列连锁反应形成的恶性循环将使银行经营面临严峻挑战。

（二）风险管理与控制

1. 风险回避

商业银行管理者采取主动放弃或拒绝承担风险的一种事前风险控制方法。由于一般情况下，风险和收益成正比，回避风险实际上也就放弃了获得风险收益的机会，因而本质上属于一种保守的风险控制方法。

2. 风险分散

通过持有不同种类、不同币种的资产分散每种资产价值损失的可能性，使总资产价值实现保值或减少损失，这就是资产选择理论"不要把全部鸡蛋放在一个篮子里"的积极实践和充分运用，主要适用于控制外汇风险、信用风险。商业银行严格规定向某一国家、某一地区、某一行业、某一具体客户授信控制在一定限度内，就是为了分散信用风险和控制外汇风险。商业银行通过持有资产多样化，积极抵御外汇市场的汇率波动风险。风险分散可分为内部分散和外部分散,前者指通过调整内部贷款结构,将贷款风险分摊至另一些贷款上,如将风险小的短期贷款和风险大的长期贷款进行合理搭配,有效地降低贷款损失率,后者则是通过参与银团贷款的外部合作实现风险分摊。

3. 风险抑制

由于放款和收回贷款之间存在着较长的时间差,贷款银行在承担风险后,应该密切关注风险因素变化,尤其应该注意不利变化信号,以便在风险发生之前即能采取相应的主动措施,减少风险发生可能性和降低风险破坏程度。风险抑制主要适用于信用风险管理。

4. 风险转移

风险转移是指在风险发生之前,通过各种交易活动将可能发生风险转移给他人承担。与风险回避相比,风险转移属于一种比较积极的方式,在一定程度上避免了由于回避风险而导致盈利降低现象。实际上,该方式是对风险和收益的再安排。风险转移更适用于信用风险、利率风险、外汇风险和国家风险。商业银行风险转移的关键在于建立一种有效机制,从国内外商业银行成功经验来看,不仅可以通过抵押贷款机制将贷款风险转移给客户,而且还可以通过担保贷款方式将贷款风险转移至担保人。

5. 风险保险

风险保险是以银行资产为标的物向保险公司投保的一种事前风险控制方式。这种方法实际上将银行承担风险转移至保险公司,在保险单有效期内,若发生保单所承保范围的风险,就能够获得保险公司一定补偿。

6. 风险补偿

风险补偿指商业银行运用自身财力如资本、利润或以抵押品拍卖收入等形式的资金,弥补银行在某种资产风险上遭受的损失,确保商业银行的经营、形象以及信誉无损,这属于一种事前控制、被动控制方式。

7. 风险挽救

商业银行对有问题的贷款采取重新注资、改组企业、提出诉讼等经济、法律等手段,以最大程度地降低或挽回贷款损失。

【拓展阅读】

仔细阅读以下主题为"商业银行国际信贷业务"的期刊论文,并认真思考有关问题。

[1] 程英春,张欣悦. 当前我国国际信贷发展存在的问题与对策 [J]. 当代经济,2017 (21):36-37.

[2] 吴晨，杜玉坤. 商业银行国际信贷中国家风险 LGD 度量研究 [J]. 科技经济市场，2011（11）：46-48.

[3] 潘宇珍. 我国商业银行国际信贷风险的管理分析 [J]. 环球市场，2019（7）：21.

思考与讨论

1. 当前商业银行国际信贷存在哪些主要问题？
2. 如何有效度量商业银行面临的国际信贷风险？
3. 你可以从哪些方面有效管理商业银行国际信贷风险？

第四节　中国银行在巴西设立中资银行分支机构
——商业银行跨国经营

中国银行于 1998 年在巴西设立代表处，2009 年在圣保罗正式成立中国银行（巴西）有限公司，成为南美洲第一家中资金融机构。[①] 中国银行巴西分行拥有在巴西金融市场经营性商业银行牌照，拥有由巴西本地的专业人才和国内外派人员相结合的人才队伍，依托中国银行集团全球网络支持，不但能够对公司企业等法人客户提供包括公司授信、贸易融资、国际结算等金融服务，也开展个人金融服务。中国银行巴西分行不仅是中国金融业在南美洲设立的首家分支机构，且鉴于中巴贸易可以采取本币结算，中国银行在跨境贸易人民币结算中将有更大作为。2009 年 10 月，巴西的中国银行即完成首笔南美地区跨境贸易人民币结算业务，涉及金额 386 万元人民币。2014 年，中国银行在巴西的第二家营业机构里约热内卢分行对外试营业。里约热内卢是巴西最著名的旅游城市，经济总量占巴西 GDP 的 10% 以上。中国银行里约热内卢分行希望能为在巴西投资的中国公司提供更好的金融服务和支持。

随着中巴经贸往来不断扩大，巴西的中国银行加大对"走出去"中资企业的支持力度，先后向华为、中兴、中远、中海等中资企业提供流动资金贷款、保函、境内外汇划、衍生产品、账户管理和理财等服务，同时为赴巴西投资设厂、收购并购、参与工程项目和设备竞标的中资企业提供全面金融咨询服务。

---

① 资料来源：中国银行官网（https://www.boc.cn/br/aboutus/）。

一、跨国银行的组织结构和经营业务

（一）组织结构

1. 国际业务部

国际业务部通常设于商业银行总行，负责经营和管理银行所有国际业务，包括国际借贷、融资租赁和国际市场上的证券买卖等，一家商业银行系统内其他国际业务机构的经营情况一般通过国际业务部上划总行汇报。

2. 国外分行

商业银行国外分行从法律意义上属于总行的组成部分，俗称国外联行，不属于独立法人，但却是从属于总行的能独立经营业务的分行，资产、负债等均为总行的组成部分。国外分行受东道国法规约束，在当地法律允许的范围内从事存款放款业务、国际结算业务、贸易融资业务、证券买卖业务以及各项咨询业务等。国外分行大多设立于国际金融中心，具有广泛市场，有机会更迅速地获知信息并在银行间和货币市场上吸收更多存款。国外分行是银行业务国际化的产物，数量多少是跨国银行规模大小的标志之一。跨国银行将国外分行作为其国际业务组织机构的首选。美国商业银行的国际业务约有60%通过国外分行进行经营。中国银行是目前我国拥有最多国外分行的中资银行，根据中国银行《2023年年度报告》，截至2023年末，中国银行共拥有534家境外分支机构，覆盖全球64个国家和地区，其中包括44个共建"一带一路"国家。同年6月，中国银行巴布亚新几内亚代表处开业，在9月，中国银行利雅得分行开业[①]。

3. 国外代表处

在不允许开设分行的国家，或认为有必要设立分行但尚无条件设立的国家或地区，商业银行可先设立代表处。这是商业银行在国外设立分行，从事国际业务经营的第一步。代表处无法经营如存贷业务等的一般国际业务，主要作用在于扩大总行在该国家或地区的声誉和影响，为总行招揽业务，宣传和解释总行所在国政府的经济政策，调查和分析东道国的政治、经济信息以及客户信用状况和环境，为总行是否在该国家或地区开设分行以及今后所采用的经营战略提供决策依据。由于国外代表处不对外经营，因此，各国对设置代表处的限制很少。国外代表处是跨国银行进入一个新的国家或地区的最佳途径，通常也是国外分行设立前的必经之路。

4. 国外代理行

跨国银行国际业务具有广泛的地区性，而受成本等因素影响，跨国银行不可

---

① 资料来源：中国银行《2023年年度报告》。

能在世界各地设立国外分行，因此商业银行国际业务的广泛性与其国外分行数量的有限性通常形成矛盾。为拓展自身的海外国际业务，商业银行必须寻找海外代理行，逐步建立代理行关系，签订合约，相互委托业务。代理行按是否开设账户分成两类：一是互有账户关系的代理行，建立这种关系的代理行之间可以直接划拨头寸；二是无账户但有印押关系的代理行，这些代理行之间的头寸需通过有账户关系的第三家银行间接划拨。代理行关系具有双向性，互相提供服务，并为身处不同国家或不同货币金融中心的银行提供财务沟通的便利，如便利不同银行之间资金划拨清算、代收、代付。实践中，商业银行国际业务处理很大程度上依赖于国外代理行，作为处置银行国际业务的重要组织机构，机构数量远远多于国外分行。

5. 国外子银行

与国外分行不同，商业银行国外子银行的财务独立于总行，资产、负债和信用政策并非总行（母行）的完整组成部分。国外子银行与国内母行之间的关系是控股与被控股关系。国外子银行经营的国际业务以国际借贷为主，包括融资租赁、提供信息咨询等。随着投资银行与商业银行相互渗透，许多跨国银行在海外组建具有投资银行或商人银行属性的子银行，从事证券买卖业务等。

6. 国际联合银行

国际联合银行是由几家跨国商业银行共同投资组建的银行，其中任何一家银行都不能持有国际联合银行50%以上的股权。该类商业银行组建是跨国银行的国际性银行贷款面广、量大特征对跨国银行组织形式提出的必然要求，主要目的在于便于经营国际辛迪加贷款。目前，该类银行以国际货币市场为依托，主要从事欧洲货币贷款。

7. 银行俱乐部

与前几种组织机构不同，银行俱乐部属于一种松散组织形式，成员银行间仅仅是一种国际合作关系。由于俱乐部成员行大多来自欧洲，银行俱乐部也被称为欧洲银行集团。这类集团已具有一定的数量，如欧洲银行国际公司、阿尔法集团、欧洲联营银行公司、欧洲联合合作金库等都是国际比较知名的银行俱乐部。一般组织形式、成员行来源决定着银行俱乐部建立的目的——为了协调和促进各成员行之间的国际业务，分散各自经营风险，适应欧洲货币联盟发展前景，与美、日等跨国银行相抗衡。

（二）主要业务

由于技术水平高、资金雄厚、机构网多，跨国银行业务活动日趋全面化、多样化，基本上属于办理综合性业务，主要业务如下：

1. 存款业务

由于主要客户绝大部分为跨国公司，这些大银行资信高，国外分支机构多，通过自身网络吸收巨额存款,国际游资是重要的资金来源。

2. 贷款业务

跨国银行办理对工商企业、跨国公司、政府间的巨额贷款,不仅面向中小企业发放贷款,由于资金雄厚,还办理专项工程贷款、辛迪加贷款。

3. 投资业务

作为金融市场的主要参与者,跨国银行从事货币市场交易更为频繁,对商业银行和金融机构办理拆放,在外汇市场上进行交易,进行公开市场投资,发行、买卖、包销证券等交易。

4. 外资融资业务

跨国银行传统业务提供各种出口信贷,由于融资大部分不使用所在国货币,而使用其他国家的硬通货,一般期限较短,收益丰厚。

此外,跨国公司还提供各种服务,办理代理业务及非银行业务,如信托、咨询、租赁、保险等。

二、跨国银行监管和合规要求

跨国银行是指跨越一国范围,在两个或者两个以上国家从事经营货币信用业务的国际性商业银行。跨国银行大力促进了国际贸易发展,同时也加大了跨国银行的自身风险。基于商业银行对一国金融系统的重要作用,跨国银行监管成为各国金融业国际化进程中的重要议题。

(一)跨国银行监管制度模式

根据监管主体不同,可分为并表监管模式和东道国监管模式。在现代市场经济国家,两种监管模式通常同时被采纳为跨国银行机构监管有效模式。

1. 并表监管

根据1983年《巴塞尔协定》定义,并表监管原则是指"母国监管当局应对所负责的银行或银行集团,基于全球业务总体监控风险状况(包括风险集中和资产质量状况)和资本充足性"。综合巴塞尔委员会发布的各项文件,并表监管通常涉及两方面内容:母国当局具有实施全球性并表监管的职权;母国当局能够与有关监管者建立联系并交换信息。并表监管将跨国银行机构的监管责任重心寄托母国一方,强调国际银行组织的内部关联性,注重基于全球业务整体,综合评估和监控跨国银行的资本实力和风险状况,较好地解决了国际银行机构及其业务发展的系统性和全球性、银行监管单一性和地域性之间的矛盾,有利于最大限度地从整体上保证跨国商业银行的安全、稳健经营。

2. 东道国监管

东道国监管是指东道国当局基于国内金融稳定考虑,对跨国银行或跨国银行集团业务实施有效监管的制度。从法律管辖权而言，跨国银行母国以外部分最终受东道国一系列金融监管制度制约。东道国监管尊重了东道国主权，有利于实现国家金融体系稳定发展，避免由于跨国银行金融风险引发国内一系列金融风暴，充分发挥防火墙作用，但是东道国监管属于局部监管，缺乏综合性判断，难免存在风险误判现象，加上信息不对称因素影响，必要时应予以相应补充。

（二）跨国银行监管制度内容

1. 清偿力监管

清偿力监管是跨国银行监管的基本性内容。根据跨国银行机构设置形式，巴塞尔委员会采取不同方式实施清偿能力监管。首先，分行清偿力监管属于母国当局责任，在法律意义上，分行并非独立的法律主体，应为总行的一个组成部分，清偿力与总行作为一个整体密不可分，将分行清偿力监管责任托付总行是合理的。其次，由母国和东道国共同实施清偿力监管，一方面，外国银行子公司是在东道国依法注册成立的独立法律实体，东道国承担监管境内从事经营的所有外国银行子公司清偿力的责任；另一方面，母国当局对母行实施并表监管过程中，必须评价母行清偿力是否受海外子公司活动影响。最后，合资银行清偿力监管一般由东道国当局承担主要责任。

2. 流动性监管

流动性监管是跨国银行机构实施动态监管的重要内容。在跨国银行机构流动性监管问题上，东道国监管发挥着主导性作用。一方面，流动性问题事关东道国当地国内金融状况稳定和当地货币市场功能发挥，加强跨国银行在东道国部分机构监管是东道国不可推卸的责任；另一方面，东道国具有实施流动性监管的极大便利条件，相对于母国，东道国无疑是获得跨国银行机构流动性信息最为便利的主体，能够及时、充分、有效获取信息，对跨国银行境外机构的经营流动性状况进行必要的合理监管。

3. 外汇交易监管

外汇交易监管属于母国和东道国的共同监管责任。《巴塞尔协议》对于跨国银行机构监管制度中的外汇交易监管仅仅予以概括性规定，东道国和母国之间应就外汇交易监管达成一定共识。具体而言，母行应构建整个银行集团的总体外汇交易风险控制制度，母国当局应监管母行外汇风险控制制度实施情况，东道国当局则应监管本国境内的外国银行机构的外汇交易风险，东道国和母国当局应就正在进行的监管性质和范围相互通知。

（三）跨国银行监管基本原则

1. 全面性原则

全面有效评价跨国银行监管的基本点是不应存在任何银行海外机构脱离监管

现象，即这种监管具有全面性。

2. 合并监管原则

跨国银行有效监管不仅需要在母国和东道国之间合理分配监管责任，而且还需要两者之间的密切接触和合作。任何单一国家的监管与当局获取银行经营信息的手段和渠道都是有限且不充分的，母国与东道国之间应建立长期联系，相互充分交换信息，才能实现跨国银行有效监管。

3. 并表监管原则

母国监管当局应当在合并资产负债表的基础上，对商业银行或商业银行集团在世界范围内的业务进行风险管理和资本充足性管理。目前，主要发达国家基本都已经实现并表管理，法律上要求银行集团成员的跨国银行分支机构必须联合制定统一的业务报表，以便监管当局对商业银行实施统一、有效的监管。

【拓展阅读】

仔细阅读以下主题为"跨国商业银行"的期刊论文，并认真思考有关问题。

[1] 张莹. "一带一路"倡议下我国商业银行跨国经营的路径选择与对策研究 [J]. 全国流通经济, 2019（10）：33-34.

[2] 耿鸣燠, 高西. 跨国银行的新发展与中国银行业的跨国经营探索 [J]. 中外企业, 2018（23）：35-36.

[3] 朱琳, 崔新健. 商业银行跨国经营区位选择实证研究——基于中资银行跨国经营面板数据固定效应模型的检验 [J]. 现代管理科学, 2017（1）：18-20.

[4] 郭睿. 我国商业银行跨国经营中的风险管理研究 [J]. 湖北经济学院学报（人文社会科学版）, 2016（8）：51-52.

思考与讨论

1. 商业银行国际化经营对于我国银行业发展产生什么影响？
2. 影响商业银行跨国经营区位选择的因素主要有哪几方面？
3. 你认为有效提升商业银行跨国经营质量的具体路径？

本章小结

（1）国际结算方式是指以一定条件实现国际货币收付的方式，主要是汇款、托收、信用证和银行保函等。

（2）外汇是指所有能在国际上交易的货币或为各国普遍接受的、可用于国际间债权债务结算的各种支付手段。外汇市场是指在国际间从事外汇买卖，调剂外汇供求的交易场所，经营外币和以外币计价票据等有价证券买卖的市场。汇率是不同货币之间的兑换比率，或以一种货币所表示的另一种货币的价格。

（3）跨境资金管理是指商业银行或企业跨越国际边界管理和配置资金的一种金融活动，涉及将资金从一个国家或地区转移至另一个国家或地区，以满足企业国际业务需求，同时平衡不同货币的流动性和风险。

（4）商业银行国际信贷是指为满足本国经济建设需要，一国贷款人为资助某一特定建设项目或为了其他目的，在国际金融市场上向其他国家商业银行借款的活动，信贷业务主要包括国际商业贷款、国际贸易融资两大类。

重要概念

信汇　电汇　票汇　跨境支付　信用证人民币 NRA 账户模式　资金池　外汇　外汇市场　汇率　国际商业贷款

复习思考题

1. 汇款的种类和特点主要有哪些？
2. 托收、信用证业务的具体流程是什么？
3. 外汇市场的交易方式主要有哪些？风险主要有哪几种？应如何应对风险？
4. 对比分析国际信贷中国际商业贷款和国际贸易融资的种类和特点。
5. 结合现实经历或查阅相关文献，阐述你对跨国银行的认识。

【课后任务】

选取你感兴趣的一家商业银行，录制一段该行国际业务发展附有配音的短视频。

【拓展阅读】

我国对国际商业贷款的管理办法

为推动形成以国内大循环为主体、国内国际双循环相互促进的新发展格局，切实发挥跨境业务服务实体经济、促进贸易投资便利化的作用，进一步支持和规范境内银行业金融机构（以下简称银行）开展境外贷款业务，具体注意事项如下：

1. 境外贷款业务是指具备国际结算业务能力的境内银行在经批准的经营范围内直接向境外企业发放本外币贷款，或通过向境外银行融出资金等方式间接向境外企业发放一年期以上（不含一年期，下同）本外币贷款的行为。境外企业是指在中华人民共和国境外（含香港、澳门和台湾地区）合法注册成立的非金融企业。

2. 境内银行应按照审慎经营原则，综合考虑资产负债情况和币种结构等各方面因素，统筹境内、境外业务发展，在境外贷款余额上限内按规定自主开展境外贷款业务，鼓励对有实际需求的境外企业优先采用人民币贷款。

3. 境内银行境外贷款余额（指已提用未偿余额，下同）不得超过上限，即境外贷款余额≤境外贷款余额上限。

境外贷款余额上限＝境内银行一级资本净额（外国银行境内分行按营运资金计）×境外贷款杠杆率×宏观审慎调节参数

境外贷款余额＝本外币境外贷款余额＋外币境外贷款余额×汇率风险折算因子

境外贷款余额及上限的计算均以人民币为单位，外币境外贷款余额以提款日的汇率水平折算。境内银行基于真实跨境贸易结算办理的贸易融资不纳入境外贷款余额管理。一级资本净额或营运资金以最近一期经审计的财务报告为准（采用银行法人口径）。中国人民银行、国家外汇管理局根据宏观经济形势和跨境资金流动情况对境外贷款杠杆率、宏观审慎调节参数、汇率风险折算因子进行动态调整。

境内银行应做好境外贷款业务规划和管理，确保任一时点贷款余额不超过上限。若因银行一级资本净额（营运资金）、境外贷款杠杆率或宏观审慎调节参数调整导致境外贷款余额超过上限，银行应暂停办理新的境外贷款业务，直至境外贷款余额调整至上限之内。

4. 境内银行开展境外贷款业务的，应充分了解国际化经营规则和风险管理，建立完善的业务操作规程和内控制度，报中国人民银行、国家外汇管理局或其分支机构备案后实施。提交的备案材料包括但不限于贷款流程管理、专业人员配备、风险控制制度等；与境外银行合作开展境外贷款业务的，还应建立信贷责任、管理和风险分担机制。

5. 境内银行可按现行制度规定为境外企业开立银行结算账户办理境外贷款业务，也可以通过境外企业在境外银行开立的账户办理。

6. 贷款利率应符合商业原则，在合理范围内确定。

7. 境内银行发放的境外贷款，原则上应用于境外企业经营范围内的相关支出，不得用于证券投资和偿还内保外贷项下境外债务，不得用于虚构贸易背景交易或其他形式的投机套利性交易，不得通过向境内融出资金、股权投资等方式将资金调回境内使用。如境外贷款用于境外投资，应符合国内相关主管部门有关境外投资的规定。境内银行应加强对境外贷款业务债务人主体资格、资金用途、预计的还款资金来源及相关交易背景的真实合规性审核，对是否符合境内外相关法律法规进行尽职调查，严格审查境外企业资信，并监督境外企业按照其申明的用途使用贷款资金。境内银行通过向境外银行融出资金等方式间接向境外企业发放一年期以上本外币贷款的，原则上应要求境外银行等直接债权人参照本条规定办理。

8. 境外贷款业务涉及跨境担保的，应根据有关规定，区分境内、境外债权人（受益人）分别报送跨境担保相关信息，境内银行因担保履约产生的对外债权应纳入其境外贷款余额管理。

9. 境内银行境外贷款还款币种原则上应与贷款币种保持一致。如境外企业确无人民币收入偿还境内银行境外人民币贷款，境内代理行或境外人民币清算行与参加行可为境外企业偿还境内银行境外人民币贷款所产生的跨境人民币结算需求办理人民币购售业务。境内银行可为境外企业偿还本银行境外人民币贷款所产生的跨境人民币结算需求提供外汇风险对冲和外汇结汇服务。

10. 境内银行应按照有关数据报送要求将境外本外币贷款、跨境收支、账户等信息分别报送至中国人民银行、国家外汇管理局，并于每月初5个工作日内将上月末本银行境外贷款余额变动等统计信息报告给中国人民银行、国家外汇管理局。所有境外贷款业务材料留存备查，保留期限为该笔境外贷款业务结束之日起5年。

11. 境内银行在办理境外贷款业务时，应当遵守国家法律法规和相关主管部门的规定，遵循依法合规、审慎经营、风险可控的原则，切实做好境外贷款业务的风险管理工作；应按照《中华人民共和国反洗钱法》和其他有关规定，切实履行反洗钱、反恐怖融资、反逃税义务。

12. 开发性政策性银行境外贷款以及自由贸易试验区银行境外贷款等统一按本通知模式管理，境内银行已发放境外贷款余额纳入本通知规定的境外贷款余额管理。境内银行向境外主权类机构发放贷款业务参照本通知规定执行，纳入境外贷款余额管理。境内银行通过自由贸易账户分账核算单元向境外企业发放的贷款，按自由贸易账户相关规定办理（使用境内银行总行下拨人民币资金发放的境外企业贷款须纳入境外贷款余额管理）。境内银行通过离岸账户发放的境外贷款，按离岸银行业务相关规定办理，不纳入境外贷款余额管理。

13. 中国人民银行、国家外汇管理局对27家银行境外贷款业务实行统一管理，中国人民银行副省级城市中心支行以上分支机构、国家外汇管理局各分支局按照属地管理原则对27家银行以外的银行境外贷款业务进行管理。开展境外贷款业务的银行应于每年6月30日之前向中国人民银行、国家外汇管理局或其分支机构报告最近一期经审计的资本数据、上年度境外贷款业务开展情况和本年度计划。

资料来源：国家外汇管理局（https://www.safe.gov.cn/safe/2022/0129/20557.html）。

【拓展阅读】

阅读国家外汇管理局公告2023年第1号《银行外汇展业管理办法（试行）》、国家外汇管理局发布《通过银行进行国际收支统计申报业务实施细则》汇发〔2020〕16号。

第八章　商业银行风险管理和内部控制

引导案例　光大银行屡次被罚，内控及管理问题或是业绩失速主因

2024年4月17日，国家金融监督管理总局荆州监管分局行政处罚信息公开显示，中国光大银行股份有限公司荆州分行因发放不符合条件的个人贷款，被罚款25万元。时任中国光大银行股份有限公司荆州分行客户经理汪于平对上述事由负有责任，受警告处分。

这一事件再次将光大银行推向风口浪尖。据统计，2024年以来，光大银行已接到金融监管局开出的12张罚单，累计罚款金额高达1066万元，成为股份制银行中被处罚最严厉的一家。在这12次处罚中，有9次涉及信贷业务违规，包括贷前调查不尽职、发放不合规贷款、资金流向违规、以贷还贷等问题，涵盖了信贷业务全流程的各个环节，遍布多个区域，充分暴露了内部管理的漏洞。另有3次则是直指内部管理与控制制度不健全或执行监督不力，内控管理未形成有效风险控制，导致违规授信、经营许可证或金融许可证事项违规、表外业务管理不到位等问题。

内部管理问题的根源在于贪腐频发。自2021年以来，"光大系"已有多位高管被查，包括光大银行原董事长李晓鹏、原副行长张华宇等，光大银行被称为金融反腐"重灾区"。高层被捕后，光大银行内部风波不断，管理层的稳定性和公信力受到严重质疑。

屡受处罚，高管落马，经营业绩下滑，这三者通常相伴相生。2023年，光大银行营业收入同比下降3.9%，净利润同比下降9%，在已公布业绩的A股上市股份行中排名垫底。股票市场对这一业绩表现用脚投票，光大银行股价单日下跌超7%。

为了解决内部管理问题，光大银行进行了管理层大换血。吴利军接任董事长，王志恒担任行长，副董事长、执行董事、首席财务官等职位也进行了相应的人员调整。这一系列人事变动反映了光大银行加强内部控制和管理的决心。

然而，管理层大换血只是开始，光大银行还需要建立健全治理机制、完善控制体系、形成良性的人员约束和激励作用。在利率下行的环境下，银行业务同质化问题严重，如何吸引优质存量客户成为重要课题。光大银行需要采取特色化经营战略、提高服务质量、加强风险管理等措施，提高经营管理水平，形成全行上下高效执行落地的业务开展和强风控能力。

未来，光大银行的发展将取决于其能否实现完善的自我管理、有效的奖惩制度和激励机制、健全的内控体系以及自上而下的求真务实的工作之风。只有这样，才能为业务的发展和增长提供稳固的平台，才能在激烈的市场竞争中立于不败之地。若是管理不到位、内部风险问题频发，光大银行将难以在存量竞争中脱颖而出。

资料来源：https://cj.sina.com.cn/articles/view/7897115174/1d6b46a26001012wx2#.

第一节　防微杜渐
——商业银行风险管理

在金融领域，"风险管理"理念尤为重要。作为金融体系核心，商业银行风险管理成败直接关系着整个金融体系稳定。作为商业银行风险管理的重要应用，存款保险制度是我国商业银行防微杜渐的典范。自2015年5月《存款保险条例》施行以来，我国存款保险制度运行平稳有序，在金融安全网中的支柱地位不断提升，切实增强了广大人民群众对银行体系的信心，有效防控了挤兑风险。

截至2022年末，全国共有3998家投保机构，50万元的存款保险保障水平能为99.3%以上的存款人提供全额保障。得益于较高的保障水平，存款格局总体保持平稳，中小银行存款占比稳步提升。截至2022年末，中小银行存款余额128万亿元，比《存款保险条例》出台时增长94%；中小银行存款市场份额51%，提高了3个百分点。①

商业银行投保后，存款保险机构可以通过早期纠察，督促投保机构及时采取补充资本、控制资产增长、控制重大交易授信、降低杠杆率等措施，降低投保机构风险，提高风险管理能力。此外，存款保险机构还能在银行出现经营危机或面

---

① 资料来源：中国人民银行《中国金融稳定报告（2023）》。

临破产时，提供财务救助或直接向存款人支付部分或全部存款，减少客户挤兑行为，有效防范金融系统性风险发生。

一、商业银行风险概述

（一）商业银行风险的概念

商业银行出现以后，一直面临着充满不确定性的经营环境、各类风险层出不穷。银行风险是指商业银行经营过程中，由于各种不确定性因素导致遭受经济损失，无法实现预期收益的可能性。这种不确定性来源于市场环境变化、政策法规调整、客户行为不可预测性等因素，以通过直接或间接方式对商业银行造成不同程度的影响。银行风险是一个动态概念，风险中包含着损失可能性，但不等同于实际性损失，属于潜在性损失，具有极大不确定性。商业银行是经营货币的特殊企业，风险是商业银行的基本属性，风险配置是商业银行的基本功能。这就要求商业银行经营管理过程中寻求最佳资源配置，最大程度上降低风险的负面效应，提高金融配置效率。商业银行风险概念主要包括以下内涵：①商业银行风险的承担者是指与经济活动有关的经济主体，如居民、企业、同业银行、非银行金融机构以及政府等。②商业银行的风险与收益具有对称性，风险越高，遭受损失的可能性越大，但获取超额收益的可能性也就越大；若期望获得高收益，就必须承担与之相应的高风险。

（二）商业银行风险的特征

作为经营货币信贷业务的企业，与一般工商企业及其他经营单位相比，商业银行最显著的特点就是负债经营，即利用客户及其他借款人的存款或借入款作为营运资金，通过发放贷款及投资获取收益，而自有资本占资产总额比例远低于其他行业。这一经营特点决定了商业银行属于一种具有内在风险的特殊企业。因此，风险管理在商业银行经营管理中具有十分重要的地位。

1. 经营对象特殊

从经营对象来看，商业银行经营对象是货币资金，而不是具有各种使用价值的物质商品。因此，商业银行所面临的各种风险都会直接表现为货币资金损失风险。

2. 商业银行涉及面广、涉及金额巨大

在商品经济越繁荣、货币化程度越高的经济体中，货币成为人们生活中不可或缺的元素。银行业务渗入社会各个角落，与人们日常生活紧密相连。因此，商业银行的风险损失远远超过一般企业的风险损失。

3. 商业银行具有信用创造职能

通过这一职能，信用活动风险被成倍扩大，并形成连锁反应，给整个经济体系带来潜在风险。在以间接融资方式为主体的国家中，全社会各种经济风险都向商业银行聚集，要求商业银行具有更大的风险承受能力，以及消除、控制、转移风险的管理能力和水平。

（三）商业银行风险的成因

一般而言，商业银行风险的成因如图 8-1 所示。

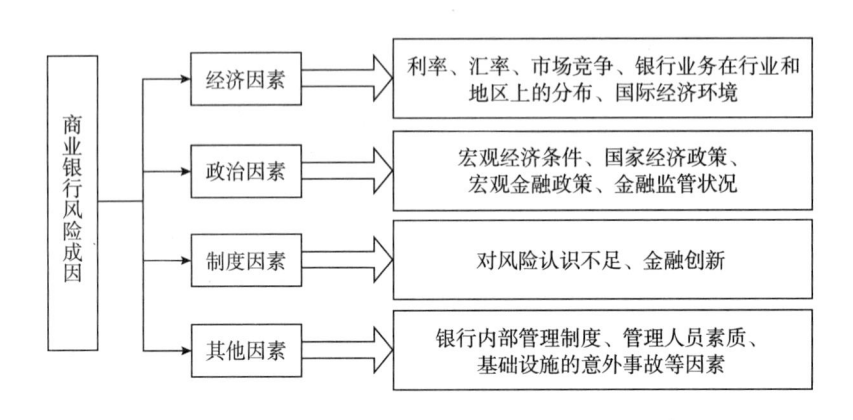

图 8-1　商业银行风险的成因

商业银行风险成因	对应内容
经济因素	利率、汇率、市场竞争、银行业务在行业和地区上的分布、国际经济环境
政治因素	宏观经济条件、国家经济政策、宏观金融政策、金融监管状况
制度因素	对风险认识不足、金融创新
其他因素	银行内部管理制度、管理人员素质、基础设施的意外事故等因素

1. 经济因素

（1）利率。以我国为例，商业银行营业收入主要来源于存贷款利差，利率波动对银行造成损失的可能性比较高。一方面，银行以吸收存款发放贷款，但存贷款期限结构通常不一致，若以短期或中期存款支持长期贷款，当贷款发放之后利率上涨时，银行不得不为以后的存款支付高息，而已经发放的贷款则利息太低，造成银行处境艰难。另一方面，商业银行为减少利率风险而保持利率处于浮动状态，使得证券市场变幻不定，影响着证券流动性，为了满足资产负债流动性需要，银行则不得不将证券亏损卖出，严重影响了银行的盈利性与安全性目标的实现。

（2）汇率。瞬息万变的汇率给日益自由化和国际化的银行风险管理增加了许多新的内容：第一，汇率变动对多种货币组成的银行资产的市场价值和流动性影响极大。第二，银行积极从事外汇业务，资金来源与运用币种不同，盈利性变得更加难以预测。第三，银行财务报表以本币为单位，其他货币业务都按汇率折算为本币再入账。汇率波动使财务报表的真实性、确定性和及时性大幅降低，增加了财务报表的分析难度。

（3）市场竞争。随着金融机构数量的不断增多和金融活动的日益国际化、多样化，金融机构之间的竞争愈演愈烈。对于单一银行而言，竞争既是动力，又是压力，过度竞争必然会加大银行经营成本，进一步增加经营不确定性，甚至引起银行经营的不稳健行为。

（4）银行业务的行业和地区分布。银行业务分散化有利于分散银行风险，若业务过度集中在某一行业或地区，则极易被该行业周期性波动或该地区经济形势波动所影响，面临更大的潜在风险。

（5）国际经济环境。随着经济和金融全球化发展，银行业务逐步呈现国际化、多元化趋势。国际经济环境变化对商业银行国际业务和国内业务产生着深远影响，使得商业银行面临更多的不确定性。

2. 政策因素

（1）宏观经济条件。宏观经济中的通货膨胀、经济周期波动等因素是银行产生风险的重要来源。一旦经济萧条演变成为银行危机，大量银行可能会因此破产或倒闭。

（2）国家经济政策。国家经济政策变化将不可避免地导致该国经济活动的投资总量、投资结构、行业分布和外汇流动等因素产生相应变动，这些变化将直接或间接地影响着银行的盈利和安全。

（3）宏观金融政策。中央银行的货币政策变动将会改变货币供应量、基础利率、实际物价水平，影响整个社会金融秩序。中央银行调整再贴现率、抵押贷款政策利率、回购协议利率等，都在不同程度上影响整个社会的利率走向，可能会给商业银行的成本与收益带来诸多不确定性因素。

（4）金融监管状况。作为银行风险的外部监督者，金融监管当局发挥着金融监控的防火墙作用。监管部门管理风险的方式、力度和效果与商业银行面临风险类型紧密相连，对风险防范水平高低和风险影响程度产生重要影响。

3. 制度因素

（1）风险认识不足。商业银行管理部门和执行部门需要审慎分析银行业务开展情况。如果无法精准地识别和预测风险，遭受风险概率就会大大增加，特别是进行贷款决策时，除需对业务收益和风险进行定性分析和定量分析外，银行信贷管理者决策也是一个非常重要的因素。因此，对于某项银行业务是否能够顺利开展、如何开展以及存在何种风险，都需要予以深入研究和分析。

（2）金融创新。金融创新给金融行业发展注入了新的活力、在带来经济效益和社会效益的同时，会使金融行业面临着一些新型风险，一方面金融行业不确定性和脆弱性增强，另一方面也为金融投机活动提供了新的操作方式。

此外，银行内部管理制度、管理人员素质、基础设施意外事故等因素都会给商业银行带来突如其来的打击，成为商业银行风险的来源。

（四）商业银行风险分类

根据不同的划分标准，商业银行风险可分为不同的类型，如图8-2所示。

商业银行风险分类
- 按照相关性划分
  - 系统性风险
  - 非系统性风险
- 按照风险来源划分
  - 信用风险
  - 流动性风险
  - 利率风险
  - 外汇风险
  - 市场风险
  - 表外业务风险
  - 技术风险
  - 操作风险

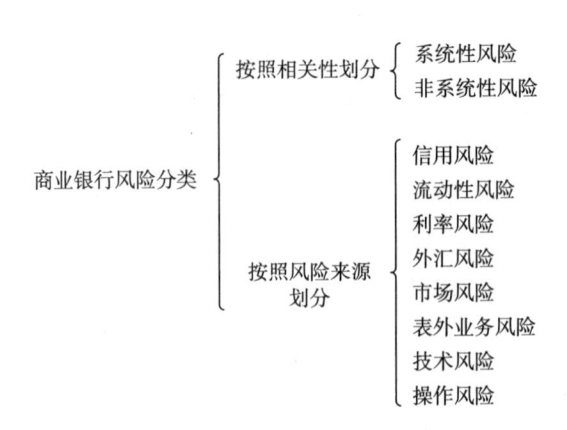

图 8-2　商业银行风险的分类

1. 按照相关性划分

（1）系统性风险。指经济主体无法控制的外部不确定性因素，主要源于经济个体所处的外部环境，如经济周期、国家宏观政策、国际政治形势等。系统性风险对所有经济主体都产生影响，无法通过投资分散化予以消除，只能通过采取相应的管理措施规避。

（2）非系统性风险。指某个经济组织或行业主体所特有的风险，主要源于企业经营状况、信用品质、人事任命、竞争力等因素变化带来的不确定性。非系统性风险具有可分散性，能够通过有效分散投资组合予以降低甚至消除。

2. 按照风险来源划分

（1）信用风险。指债务人无法如期偿还银行贷款本息的可能性，属于银行业务中最常见的一种风险类型。信用风险不仅存在于贷款业务，而且广泛存在于贴现、信用证、信用卡等业务。在实际经营活动中，信用风险产生的主要原因：一是借款人道德不端，主观上故意不偿还贷款，或在有能力的情况下仍拒绝偿还，甚至恶意拖欠；二是借款人虽然主观上愿意偿还贷款，但由于经营不善、资金运作不佳等客观原因，确实无法偿还贷款本息。

【拓展知识】

个人信用报告介绍

根据《征信业管理条例》的规定，征信系统的定位是由国家设立的金融信用信息基础数据库，中国人民银行征信中心是金融信用信息基础数据库（以下简称征信系统）的专业运行机构。征信系统对个人信息的处理目的和处理方式是，通过采集、整理、保存、加工个人的基本信息、信贷信息和反映其信用状况的其他信息，建立个人信用信息共享机制，有效解决金融交易中的信息不对称问题，推动信贷市场发展、提升社会信用意识,从而优化营商环境。

征信系统处理的个人信息种类主要包括个人基本信息、信贷交易信息、公共信息等。征信系统对上述个人信息进行汇总、加工、整合形成征信系统的基础产品,即个人信用报告,客观记录个人信息主体的信用表现,反映个人信息主体借款还款、合同履约和遵纪守法的情况。

目前个人信用报告有三个版本,分别提供给对应的服务对象使用:一是授信机构版,提供给商业银行、保险公司、证券公司等授信机构使用,主要满足其信贷业务风险管理需要。二是本人版,包括个人信用报告(本人版)和个人信用报告两个版本,提供给信息主体满足其对自身信用信息的知情权,以及开展社会经济活动的需要。三是国家机关版,提供给国家机关和司法部门依法履职或司法调查使用。

个人信用报告的主要内容包括个人基本信息、信息概要、信贷交易信息明细、公共信息明细、本人声明、异议标注及查询记录七部分。根据服务对象的不同可对上述内容增减,形成不同版式的信用报告。

资料来源:中国人民银行征信中心,《个人信用报告介绍》,2022年9月2日。

(2)流动性风险。作为信用中介人,为保证随时满足存款人提取存款、贷款人申请贷款的需求,商业银行必须保持一定的现金流或容易变现的资产。在正常情况下,这部分资产占负债总额的比例不高。但问题在于,一旦客户们在一段时期内集中提取存款,银行就很可能面临较大的流动性风险,有时甚至会引发银行倒闭。流动性风险经常成为商业银行倒闭的直接原因,但是,流动性风险却又是其他各类风险(如不良贷款和投资风险等)长时间积聚的结果。

(3)利率风险。指由于市场利率变动给银行带来的潜在损失。在很大程度上,利率风险是由银行资产负债结构不匹配所导致。目前,大部分银行的利息收入仍是利润的主要来源,但市场利率频繁波动和难以预测,导致利息收入极不稳定,对最终的经营收入产生严重影响。由于市场利率是银行无法控制的外部因素,因此,利率风险属于银行无法回避的风险类型,只有采取积极管理措施,才能有效防范和规避利率风险。

(4)外汇风险。随着经济全球化和金融一体化程度不断深化,银行不但开展大量的国际外汇业务,而且能够在更大范围内进行资产组合和负债组合配置,以更低风险赚取更高收益。但是,与利率风险成因类似,汇率频繁变动通常会影响银行所持有的外汇资产或外汇负债的价值,引发外汇风险。

(5)市场风险。主要由于银行所处的市场条件,如利率、汇率和其他资产价格发生变化时,对未来收益带来的不确定性影响。严格意义上来说,前述所讨论的流动性风险、利率风险和外汇风险都属于市场风险。

（6）表外业务风险。表外业务虽然没有直接反映在银行资产负债表上，但是仍会对资产负债产生潜在影响。例如，在担保业务中，若担保对象无法按时履约，银行原先的或有负债便转化为实际负债，银行必须承担相应偿还责任。此外，银行的衍生金融工具业务在市场环境恶化或人员操作不当时，都存在着使其遭受重大损失的可能性。如果表外业务发生重大损失，则银行可能面临倒闭，该情况与表内业务出现相当严重的信用与利率风险，以致银行倒闭并无差异。

（7）技术风险。随着科技不断发展，金融科技在银行业务与经营中的应用日益广泛。技术进步提高了银行经营效率，但同时也带来了各种安全问题，如客户信息泄露、网络银行、信用卡安全隐患。此外，引进新技术需要充分考虑成本效益问题，如果新技术运用无法降低经营成本、增加预期收益，则该技术运用未能达到预期目的。因此，由于技术运用给银行收益带来的不确定性，称为技术风险。

（8）操作风险。主要源于内部控制和公司治理机制失效，导致银行无法及时发现并有效应对，有效避免各种失误和欺诈行为，如信贷员、交易员和其他职员越权或从事违反职业道德的高风险业务，将直接或间接导致银行利益受损。20 世纪 90 年代，英国巴林银行倒闭和日本大和银行巨额损失成为轰动全球的两大银行风险事件，两者的共同原因都是分行主要管理者的越权违规操作，最终造成巨额损失。因此，操作风险已成为商业银行不可忽视的重要话题。

二、商业银行全面风险管理概述

（一）全面风险管理的概念

全面风险管理是指商业银行围绕总体经营目标，通过在各个管理环节和经营过程中执行风险管理的基本流程，培育良好的风险管理文化，并建立健全全面风险管理体系。该体系包括风险管理的治理架构、风险偏好和策略、风险管理的政策和流程、风险管理信息系统和内部控制系统等要素。通过全面风险管理，商业银行能够对所有风险进行统一、有效的管理，实现风险管理总体目标的过程和方法。

1955 年，"风险管理"这一概念首次由美国宾夕法尼亚大学沃顿商学院施耐德教授提出，20 世纪 70 年代以后，随着企业面临的风险复杂多样和风险费用增加，法国从美国引进了内部控制和风险管理，并在法国国内广泛传播。同时，日本也开始进行风险管理研究。此后 20 年，美国、英国、法国、德国、日本等国家先后建立起全国性和地区性的风险管理协会。1983 年，在美国召开的风险和保险管理协会年会上，世界各国专家学者云集纽约，共同讨论并通过了《101 条风险管理准则》，标志着风险管理走向实践化。1992 年，COSO 委员会颁布《内部控制统一框架》，1998 年，巴塞尔银行监管委员会以《内部控制统一框架》为基础，针对银行经营活动的特殊性制定了《银行机构内部控制制度框架》。

2003年，COSO委员会提出了《全面风险管理框架》，认为"全面风险管理是一个过程，这个过程受组织的董事会、管理层和其他人员影响，应用于战略制定、贯穿于整个组织之中。全面风险管理旨在识别影响组织的潜在事件并管理风险，使之保持在企业的风险偏好之内，从而为组织目标的实现提供合理的保证"。COSO委员会认为全面风险管理应包括企业目标、全面风险管理要素和企业的各个层级三个维度。其中，企业目标包括战略目标、经营目标、报告目标与合规目标；全面风险管理要素包括内部环境、目标设定、事件识别、风险评估、风险对策、控制活动、信息和交流、监控；企业的各个层级包括高级管理层、各职能部门、各条业务线以及分支机构[①]。

2004年，《巴塞尔新资本协议》正式颁布，标志着现代商业银行风险管理进入一个新阶段，即从单一信贷风险管理模式转变为信用风险、市场风险、操作风险并举，信贷资产与非信贷资产并举，组织流程再造与技术手段创新并举的全面风险管理模式。[②]

2008年，国际金融危机后，国际组织和各国监管机构都在积极完善金融机构全面风险管理相关制度。2012年，巴塞尔委员会修订了《有效银行监管核心原则》，完善和细化了"风险管理体系"的各项标准。

国际部分全面风险管理的相关法规总结如表8-1所示。

表8-1　国际部分全面风险管理的相关法规

时间	事件
1992年	COSO委员会颁布《内部控制统一框架》
1998年	巴塞尔银行监管委员会制定《银行机构内部控制制度框架》
2003年	COSO委员会提出《全面风险管理框架》
2004年	正式颁布《巴塞尔新资本协议》
2012年	巴塞尔委员会修订了《有效银行监管核心原则》

资料来源：根据公开资料整理。

自21世纪以来，特别是中国加入世界贸易组织（WTO）之后，金融市场逐步开放，外资银行和其他金融机构凭借多年积累的丰富管理经验进入中国市场，给中资机构带来更大的竞争压力。同时，金融市场开放也使得外资的大量流入和流出成为常态，国际金融市场波动成为影响中国金融市场稳定性的因素之一，这无疑对中资机构和监管当局提出更高要求。在此背景下，中国与全面风险管理相关的法律法规日益趋于完善，如表8-2所示。

---

① 郭保民. 论商业银行全面风险管理体系的构建［J］. 中南财经政法大学学报, 2011 (3): 80-85+143.
② 黄宪, 金鹏. 商业银行全面风险管理体系及其在我国的构建［J］. 中国软科学, 2004 (11): 50-56.

表 8-2　中国与全面风险管理相关的法规一览

时间	发文字号	法规名称
2004 年	银监发［2004］10 号	《商业银行市场风险管理指引》
2007 年	银监发［2007］42 号	《商业银行操作风险管理指引》
2009 年	银监发［2009］82 号	《商业银行声誉风险管理指引》
2009 年	银监发［2009］19 号	《商业银行信息科技风险管理指引》
2010 年	银监发［2010］45 号	《银行业金融机构国别风险管理指引》
2012 年	银监［2012］1 号	《商业银行资本管理办法（试行）》
2013 年	银监发［2013］34 号	《商业银行公司治理指引》
2014 年	银监发［2014］40 号	《商业银行内部控制指引》
2014 年	银监发［2014］54 号	《商业银行并表管理与监管指引》
2016 年	银监发［2016］44 号	《银行业金融机构全面风险管理指引》
2018 年	银保监会令 2018 年第 3 号	《商业银行流动性风险管理办法》
2018 年	银保监发［2018］25 号	《商业银行银行账簿利率风险管理指引》（2018 年修订）
2018 年	银反洗发［2018］19 号	《法人金融机构洗钱和恐怖融资风险管理指引（试行）》
2019 年	银保监会令 2019 年第 1 号	《银行业金融机构反洗钱和反恐怖融资管理办法》
2021 年	银保监发［2021］4 号	《银行保险机构声誉风险管理办法（试行）》
2022 年	银保监规［2022］20 号	《商业银行表外业务风险管理办法》
2023 年	金规［2023］12 号	《银行业金融机构国别风险管理办法》
2023 年	国家金融监督管理总局令 2023 年第 5 号	《银行保险机构操作风险管理办法》

资料来源：根据公开资料整理。

【拓展知识】

COSO 是美国反虚假财务报告委员会下属的发起人委员会（The Committee of Sponsoring Organizations of the Treadway Commission）的英文缩写。1985 年，由美国管理会计师协会、美国注册会计师协会、美国会计协会、财务经理人协会、内部审计师协会联合创建了反虚假财务报告委员会，旨在探讨财务报告中的舞弊产生的原因，并寻找解决之道。两年后，基于该委员会的建议，其赞助机构成立 COSO 委员会，专门研究内部控制问题。

巴塞尔银行监管委员会亦称巴塞尔委员会，它是 1974 年成立于国际清算银行下的常设监督机构。由银行监管机构的高级代表以及比利时、德国、加拿大、日本、法国、意大利、卢森堡、荷兰、瑞典、瑞士、英国和美国的中央银行组成，通常在巴塞尔的国际清算银行（秘书处永久所在地）召开会议。每年三次例会，其工作主要致力于改善对国际银行监管技巧的效能；提出任何影响从事国际银行业务的问题，为了改善全世界银行业监管的工作，与世界各监管机构交换信息和意见。委员会并没有担负一个正式的跨国性的监管责任，从而它做出的决议没有法律效力，但由于委员会代表世界强大的经济集团，其影响力的存在是不容忽视的。

资料来源：李伟民．金融大辞典［M］．哈尔滨：黑龙江人民出版社，2002：11．

（二）全面风险管理的原则

1. 匹配性原则

全面风险管理应当与宏观经济风险状况和银行的系统重要性等相适应，并根据环境变化予以调整。

2. 全覆盖原则

全面风险管理应当覆盖商业银行本外币、表内外、境内外业务等各项业务；覆盖所有分支机构、附属机构，部门、岗位和人员；覆盖所有风险种类和不同风险之间的相互影响；贯穿决策、执行和监督全部管理环节。

3. 独立性原则

银行业金融机构应当建立独立的全面风险管理组织架构，赋予风险管理部门足够的授权、人力资源及其他资源配置，建立科学合理的报告渠道，确保风险管理部门与业务部门之间形成相互制衡的运行机制。

4. 有效性原则

银行业金融机构应当将全面风险管理结果应用于业务经营与管理各环节，根据风险状况、市场和宏观经济情况评估资本和流动性的充足性，有效抵御所承担的总体风险和各类风险。

三、全面风险管理体系构建的要素

2016年9月，我国银保监会公布的《银行业金融机构全面风险管理指引》明确了银行业金融机构应建立全面风险管理体系：采取定性和定量相结合的方法，识别、计量、评估、监测、报告、控制或缓释所承担的各类风险，并指出全面风险管理体系的构建要素。

（一）全面风险管理的治理架构

银行业金融机构应当建立组织架构健全、职责边界清晰的风险治理架构，明确董事会、监事会、高级管理层、业务部门、风险管理部门和内审部门在风险管理中的职责分工，建立多层次、相互衔接、有效制衡的运行机制。在职责分工方面，董事会承担全面风险管理的最终责任；监事会承担全面风险管理的监督责任；高级管理层承担全面风险管理的实施责任；业务部门承担风险管理的直接责任；风险管理部门承担制定政策与流程、日常监测和管理风险的责任；内审部门承担业务部门和风险管理部门履责情况的审计责任。

国际范围内先进银行的风险治理架构具有全面性、集中性、垂直性、独立性和有效性等典型特征。其中，全面性指风险管理组织架构全面渗透至银行各项业务过程和各个操作环节，覆盖所有部门、岗位和人员。集中性是指在集团地区层面设有完全独立于业务单元的风险管理部门，在风险政策制度计量分析和风险监控等方面，实行全行整体层次上的集中管理。垂直性是指建立隶属关系并实行垂直管理的风险组织架构和报告线路。在总行设首席风险官，一级分行设风险总监，二级分行设风险主管，向县级支行派出风险经理。风险总监由总行统一派出，不受分行管辖。独立性是指风险管理组织体系以独立风险管理部门为依托，与各个业务部门职能上独立，由董事会、风险管理委员会及首席风险官直接领导。有效性是指风险管理组织和措施能够保证风险管理目标得以实现。

【拓展案例】

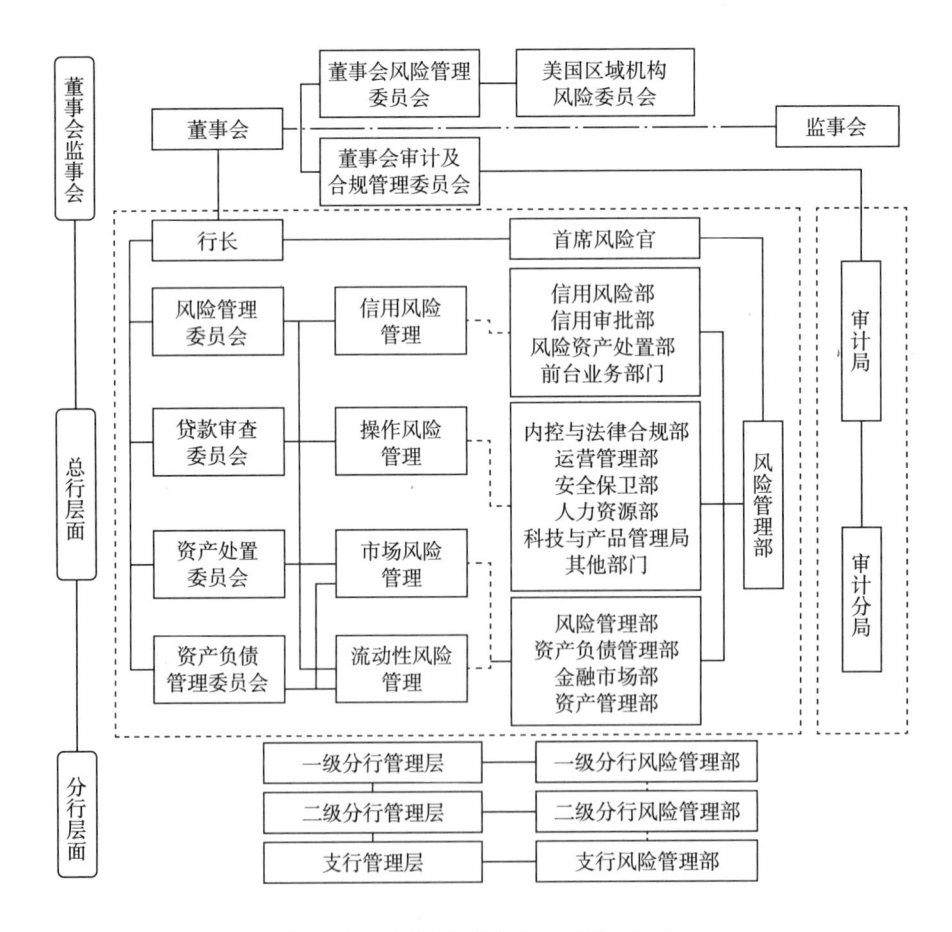

图 8-3 中国农业银行的风险管理架构

资料来源：中国农业银行官网（https://www.abchina.com/cn/）。

1. 董事会及专门委员会

现代公司治理中形成了股东大会、董事会、监事会和高管层为核心的"三会一层"治理机制。董事会受托于公司股东,向股东大会负责,属于商业银行的决策机构。商业银行董事会应当根据银行风险状况、发展规模和速度,建立全面的风险管理战略、政策和程序,判断银行面临的主要风险,确定适当的风险容忍度和风险偏好,督促高级管理层有效地识别、计量、监测、控制并及时处置商业银行面临的各种风险。

一般情况下,董事会还需设立相关专门委员会,发挥专业职能,完成董事会授权的上述风险管理职责。董事会专门委员会向董事会提供专业意见或根据董事会授权就专业事项进行决策。各专门委员会成员应当是具有与专门委员会职责相适应的专业知识和工作经验的董事。各专门委员会负责人原则上不宜兼任。

与风险直接相关的专门委员会包括风险管理委员会、关联交易委员会和审计委员会。按照我国《商业银行公司治理指引》的规定,风险管理委员会主要负责监督高级管理层关于信用风险、流动性风险、市场风险、操作风险、合规风险和声誉风险等风险的控制情况,定期评估商业银行风险政策、管理状况及风险承受能力,提出完善商业银行风险管理和内部控制的意见。关联交易控制委员会主要负责关联交易的管理、审查和批准,控制关联交易风险。审计委员会不仅负责检查商业银行风险及合规状况、会计政策、财务报告程序和财务状况,而且负责商业银行年度审计工作,提出外部审计机构的聘请与更换建议,并就审计后的财务报告信息真实性、准确性、完整性和及时性做出判断性报告,提交董事会审议。

2. 监事会

监事会是商业银行的内部监督机构,对股东大会负责,除依据我国《公司法》等法律法规和商业银行章程履行职责外,还应当重点关注以下事项:①监督董事会确立稳健的经营理念、价值准则和制定符合本行实际的发展战略;②定期评估董事会制定的发展战略的科学性、合理性和有效性形成评估报告;③对本行经营决策、风险管理和内部控制等进行监督检查并督促整改;④监督董事的选聘程序;⑤综合评价董事、监事和高级管理人员履职情况;⑥监督全行薪酬管理制度和政策及高级管理人员薪酬方案的科学性、合理性;⑦定期与银行业监督管理机构沟通商业银行情况等。银行业金融机构监事会负责监督检查董事会和高级管理层在风险管理方面的履职尽责情况,并督促整改。

3. 高级管理层

高级管理层由总行行长、副行长、财务负责人及监管部门认定的其他高级管理人员共同组成。高级管理层向董事会负责,属于商业银行的执行机构。同时,高管层接受监事会监督。高级管理层依法在职权范围内的经营管理活动不受干预。

银行业金融机构高级管理层在风险管理方面必须执行董事会的决议，履行以下职责：①建立适应全面风险管理的经营管理架构，明确全面风险管理职能部门、业务部门以及其他部门在风险管理中的职责分工，建立部门之间有效制衡、相互协调的运行机制；②制定清晰的执行和问责机制，确保风险偏好、风险管理策略和风险限额得以充分传达和有效实施；③细化并执行董事会设定的风险限额进行，包括行业、区域客户和产品等维度；④制定风险管理政策和程序，定期评估，必要时调整；⑤评估全面风险和各类重要风险管理状况并向董事会报告；⑥建立完备的管理信息系统和数据质量控制机制；⑦监督突破风险偏好、风险限额以及违反风险管理政策和程序的情况，根据董事会授权进行处理；⑧风险管理其他职责。

4. 风险管理部门

《我国商业银行公司治理指引》明确规定，商业银行应当建立独立风险管理部门，并确保该部门具备足够职权、资源以及与董事会的直接沟通渠道。在风险总监领导下，风险管理部门负责全面风险管理，牵头履行全面风险日常管理，主要包括以下职责：①实施全面风险管理体系建设，牵头协调各类具体风险管理部门；②识别、计量、评估、监测、控制或缓释全面风险和各类重要风险，及时向高级管理人员报告；③持续监控风险偏好、风险管理策略、风险限额及风险管理政策和程序的执行情况，对突破风险偏好、风险限额以及违反风险管理政策和程序的情况及时预警、报告并提出处理建议；④组织开展风险评估，及时发现风险隐患和管理漏洞，持续提高风险管理的有效性。

在风险管理部门的组织形式上，注重强调风险管理流程中"三道防线"的作用，分别对应商业银行风险管理的前、中和后台。"三道防线"是指在银行内部构造三个对风险管理承担不同职责的部门，相互协调配合，分工协作，提高风险管理的有效性。第一道防线是业务部门。业务具体承担人员是前台业务人员，成为商业银行业务经营和风险管理的最前线。第二道防线是风险管理职能部门。专门的风险管理部门能够有效监控和评估各个业务部门的风险活动。第三道防线是内部审计部门。我国《商业银行内部审计指引》规定，商业银行应设立独立的内部审计部门，审查、评价并督促改善商业银行经营活动、风险管理、内控合规和公司治理效果，编制并落实中长期审计规划和年度审计计划，开展后续审计，评价整改情况，对审计项目质量负责。内部审计部门向总审计师负责并报告工作。

(二) 风险文化、风险偏好和风险限额

1. 风险文化（Risk Culture）

风险文化是指商业银行在经营管理活动中逐步形成的一种独特的企业文化，涵盖风险管理理念、哲学和价值观，通过商业银行的风险管理战略、风险管理制度及员工的风险管理行为得以体现。风险管理文化是商业银行风险管理体系中一种"不成文的规定",包括员工的风险观、风险管理意识和职业道德等,决定了商业银行风险管理上的价值取向、行为规范和道德水准。风险文化的作用在于能够有效地使员工形成正确的风险意识,并自觉约束自我的各种行为,保持与银行风险管理目标相一致。

2. 风险偏好(Risk Preference)

风险偏好是指商业银行在追求实现战略目标的过程中,愿意且能够承担的风险类型和风险总量。风险偏好分为激进型、稳健型和保守型等多种类型,每种类型都具有独特的特点和适用场景。风险偏好由董事会负责设定,作为银行资本管理和各项业务经营的导向,同时也是银行战略设定的指路牌,通常通过发布风险偏好声明,向利益相关者传达这一重要信息。

3. 风险限额(Risk Limits)

风险限额是有效传导银行风险偏好的重要工具。我国《银行业金融机构全面风险管理指引》明确规定,银行业金融机构应当根据风险偏好,按照客户、行业、区域和产品等维度设定风险限额。风险限额应当综合考虑资本、风险集中度、流动性和交易目的等因素。全面风险管理职能部门应当监控风险限额,并向董事会或高级管理层报送风险限额使用情况。当风险限额接近或达到监管指标限额时,银行业金融机构应立即采取相应的纠正措施,启动报告程序,并采取必要的风险分散措施。同时,还应向银行业监督管理机构报告相关情况。

从国际范围来看,风险限额主要包括集中度限额(Concentration Limits)、VaR限额(VaR Limits)和止损限额(Stop-Loss Limits)三种形式(见图8-4)。集中度限额是指设定单个风险敞口的规模上限。VaR限额是指对业务敞口的风险价值(Value at Risk)进行额度限定。止损限额是指对银行持有的资产价值实际损失设定的最高额度。我国商业银行一般按照风险类型采取比率指标或绝对额指标设定风险限额。我国商业银行在实践中常用的风险限额指标体系如表8-3所示。

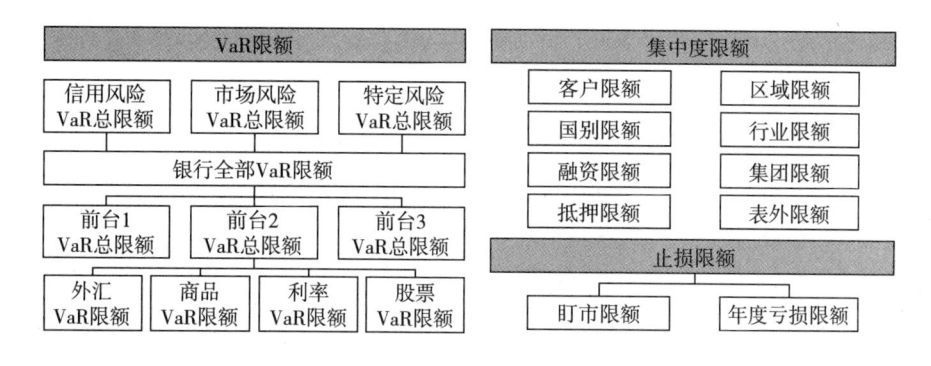

图8-4 商业银行风险限额的类别

表 8-3　商业银行的风险限额指标体系

风险偏好类型	指标	限额值
整体风险偏好	资本充足率	不低于 x%
	经济资本净回报率	不低于 x%
	外部评级	不低于 x%
信用风险偏好	不良贷款率	不低于 x%
	贷款拨备率	不低于 x%
	风险集中度（单一客户和集团客户）	不高于 x%
	信用风险非预期损失限额	不高于 x 亿元
	某行业的信贷限额	不高于 x 亿元
	某品种信贷产品的投放额度	不高于 x 亿元
市场风险偏好	交易账户 VaR 值	不高于 x 亿元
	人民币利率风险压力测试损失限额	不高于 x 亿元
	某产品或组合敞口限额	不高于 x 亿元
	某产品或组合敏感度限额	不高于 x%
操作风险限额	案件风险率	每年不高于 x%
	操作风险非预期损失额	每日操作风险非预期损失低于 x 亿元
	业务系统中断恢复时间	低于 x 小时
流动性风险偏好	流动性覆盖率	不低于 x%
	净稳定资金比率	不低于 x%
	核心负债依存度限额	不低于 x%
	流动性比率限额	不低于 x%
国别风险	国别风险敞口限额	根据不同等级限定
声誉风险偏好	客户满意度	不低于同业水平

资料来源：杨宜. 商业银行业务管理［M］. 北京：北京大学出版社，2022：286.

（三）全面风险管理政策与流程

1. 全面风险管理政策

全面风险管理政策是商业银行为了确保达到全面风险管理目标而精心制定的系列规章制度和办法，使得风险识别、计量、缓释和监控能力与银行规模、业务复杂性及风险状况相匹配。完善的全面风险管理政策应包括：

（1）全面风险管理方法，包括各类风险的识别、计量、评估、监测、报告、控制或缓释，以及风险加总的方法和程序。

（2）风险定性管理和定量管理方法。商业银行对于能够量化的风险，应通过风险计量技术，加强对相关风险的计量、控制和缓释；对于难以量化的风险，应当建立风险识别、评估、控制和报告机制，确保相关风险得到有效管理。

（3）风险管理报告。报告内容至少应包括总体风险和各类风险整体状况；风险管理策略、风险偏好和风险限额的执行情况；风险在行业、地区、客户、产品等维度的分布；资本和流动性抵御风险的能力。

（4）压力测试安排。压力测试体系中应明确压力测试的治理结构、政策文档、方法流程、情景设计、保障支持、验证评估以及压力测试结果运用。应当定期开展压力测试，覆盖各类风险和表内外主要业务领域，并考虑各类风险之间的相互影响。压力测试结果应当运用于银行业金融机构的风险管理和各项经营管理决策中。

（5）新产品、重大业务和机构变更的风险评估。每项业务都应配备相应的风险管理政策和程序。未制定时，不得开展该项业务。

（6）资本和流动性充足情况评估。

（7）应急计划和恢复计划。应急计划应当说明可能出现的风险以及在压力情况下（包括会严重威胁银行生存能力的压力情景），应当采取的措施。

2. 全面风险管理流程

（1）风险识别/分析。风险识别/分析是指对影响商业银行各类经营目标实现的潜在风险事件或因素予以全面识别，进行系统分类并查找风险原因的过程。这是全面风险管理的第一步，目的在于及时发现商业银行所面临的风险，并确定严重程度，为后续的风险计量和评估工作奠定基础。

（2）风险计量/评估。风险计量/评估是在风险识别/分析基础上，充分分析和评估风险发生的可能性、风险的严重程度、风险将导致的后果，确定风险水平的过程。风险计量通常依赖于银行所积累的历史数据以及专家们的经验判断。根据不同风险类型、风险分析目的以及信息数据可获得性，风险计量可以采用定性、定量或定性与定量相结合方式。

（3）风险监测/报告。风险监测的目标是通过制定监测指标密切关注各种风险的变化和发展趋势，在风险恶化之前向有关部门提交预警，以便尽快采取恰当风险控制措施，确保风险始终处于设定的可控范围内。风险监测并非静止不变，而是随着风险状况变化而动态变化。风险报告是根据风险监测信息分析而形成的书面报告。该报告既是将风险信息传递给内外部门和机构，确保它们能够了解银行风险状况的工具；也是银行实施全面风险管理的媒介，贯穿于风险管理整个流程和层面，为银行决策和风险管理提供了有力支持。

（4）风险控制/缓释。风险控制/缓释是商业银行对已经识别和计量的风险采取分散、对冲、转移、规避和补偿等策略，以及对合格的风险缓释工具进行有效管理和控制风险的过程。风险分散是指通过多样化投资分散和降低风险的方法。风险对冲是指通过投资或购买与标的资产收益率波动负相关的某种资产或衍生品，冲销标的资产潜在风险损失的策略。风险转移是指银行将自身的风险暴露转移给第三方，包括出售风险头寸、购买保险或进行避险交易（如互换、期权等）。风险规避是指银行拒绝或退出某种业务或市场，以规避承担该业务或市场带来的风险。风险补偿是指在事前对风险承担的价格补偿。

根据风险控制手段采取的时机不同，风险控制分为事前控制和事后控制两种。

1）事前控制是指银行在开展某项业务活动之前制定一定的标准或方案，避免银行业务开展后承担风险超过自身承受能力。常见的事前控制方法包括限额管理、风险定价和应急预案等。其中，限额管理是指设定风险限额、超额调整、超限额报告和处理的相关制度。风险定价则根据风险计量的结果，对于风险低、回报高的业务确定较低的价格；对于风险高、回报低的业务确定较高的价格，合理补偿风险。应急预案是针对极端市场压力环境下采取的应对突发事件和风险的各种措施。

2）事后控制是指银行在风险持续监控的基础上，根据所承担的风险水平和变化趋势，采取一系列风险转移或缓释工具来降低水平，将风险控制在银行目标之内的各种手段，主要包括风险缓释或转移、风险资本的重新分配和提高风险资本水平等。抵押、质押和担保等都是风险缓释的常用手段。

四、我国全面风险管理体系的发展

2016年之前，中国银监会陆续制定了一系列审慎监管规则，覆盖资本管理、信用风险、市场风险、流动性风险、操作风险、并表管理等多个领域，展现出较为系统的风险管理框架，但是仍缺乏针对全面风险管理的统领性、综合性规则。银行业金融机构全面风险管理实践仍然有待完善：一是全面风险管理有待提升；二是中小银行业金融机构全面风险管理体系建设起步相对较晚，精细化程度有待提高；三是银行业金融机构全面风险管理深度和广度存在进一步拓展空间。因此，为确保银行建立全面且完善的风险管理体系，制定关于全面风险管理的审慎规制至关重要。2016年9月中国银监会发布《银行业金融机构全面风险管理指导》（以下简称《指引》），标志着中国正式开始推行全面风险管理。

《指引》是我国积极适应国际监管改革新要求的结果，有助于提升我国银行业风险管理水平。主要体现在六个方面：①形成系统化的全面风险管理规制；②提出了风险管理的统领性框架，强化全面性和关联性视角；③提高了可操作性，提供了全面风险管理和监管指南；④引入巴塞尔委员会2012年修订的《有效银行监管核心原则》最低标准，反映国际监管改革最新成果；⑤充分考虑了各类机构经营的差异化情况；⑥注重与已有规制的妥善衔接。

《指引》采用风险管理"三道防线"理念，重点强调银行业金融机构董事会承担全面风险管理的最终责任。银行业金融机构监事会承担全面风险管理的监督责任，负责监督检查董事会和高级管理层在风险管理方面的履职尽责情况并督促整改。银行业金融机构应当设立或指定部门负责全面风险管理，牵头履行全面风险日常管理。银行业金融机构各业务经营条线承担风险管理的直接责任。

五、商业银行实行全面风险管理的意义

（一）增强金融体系的安全性

作为金融体系的核心组成部分，商业银行经营管理状况对一国经济发展影响深远。若商业银行经营管理得当，能够为经济发展提供强大的推动力；反之，则可能成为经济发展的主要阻碍。一旦个别银行因经营管理不善而陷入困境，甚至破产或倒闭，不仅会影响其他商业银行，而且会动摇社会公众对整个金融体系的信心。严重情况下，可能引发金融危机，如2008年下半年，美国雷曼兄弟因次贷危机引发的全球金融危机，导致世界大部分国家出现经济衰退现象。正因如此，各国金融监管机构都对商业银行实行严格监管，商业银行自身也积极地实行风险管理，制定相应的风险防范措施，增强业务与经营的安全性、流动性和盈利性。

（二）增强商业银行竞争能力

商业银行竞争能力由多方面因素共同构成，包括资金、人才、技术和管理优势等。在这些因素中，管理优势尤为重要，成为确保银行稳健运营和持续发展的关键。通过有效的风险管理，商业银行能够将由风险引发的损失降至最低点，增加银行盈利，提高银行信誉和实力，确保银行经营安全性，也增强了银行竞争能力。

（三）促进商业银行国际化经营

《巴塞尔协议Ⅲ》要求国际银行资本充足率不低于8%，一级资本充足率不低于6%，核心一级资本充足率不低于5%。资本充足率指标是任何国家银行国际化经营必须遵循的重要准则。为了达到或超过该标准，各国商业银行必须加强资产风险管理。通过准确识别、合理估计、全面评价和有效处置资产风险，商业银行能够降低风险资产总额，进一步提高资本充足率，为自身国际化经营提供有力支撑。

（四）推动企业加强风险管理

从根本上而言，商业银行风险管理是企业风险管理的延伸。企业风险的有效管理，无疑会降低商业银行所面临的各种风险。由于专业机构的特点，商业银行能够有效地阻止企业转嫁风险，保护银行自身的利益，这一过程有助于促使企业加强自我监督和自我约束，特别是加强管理和防范各类风险。

【拓展阅读】

阅读2023年11月24日国家金融监督管理总局印发的《银行业金融机构国别风险管理办法》金规〔2023〕12号。

【拓展案例】

汇丰银行的风险管理体系

汇丰银行的日常业务与经营管理面临着各种风险，所有业务均涉及分析、评估、承担及管理若干程度的风险或风险组合。汇丰银行面对的主要风险类别为信用风险、流动性风险、市场风险、操作风险等。

商业银行经营的根本是管理风险。因此，风险管理能力高低直接关系着商业银行的经营状况与盈利能力。通过实施有效的风险管理并在各种潜在风险或事件发生前就考虑到风险，汇丰银行可以为所有员工和客户营造安全可靠的工作环境，增加业务经营的稳定性并减少法律责任，防止发生对公司和环境有害的事件。近年来，汇丰银行在转型过程中不断塑造国际化、集团化、全能型的特色定位。同时，根据转型步伐，不断完善公司的治理机制、内部控制制度和风险管理体制。一系列基础性工作为汇丰银行在应对全球金融危机和经济下行压力的过程中提供了关键性支持和保障。

一、风险管理机制

作为一家拥有百年历史的跨国金融企业，汇丰银行针对商业银行可能面临的一系列风险，建立了著名的"三级内部控制"机制。"三级内部控制"机制具体包括程序与制度、管理层与合规指导以及内部审计三个层级，各级之间配合有序、管控严密，为汇丰银行实施风险管理奠定了坚实基础。汇丰银行风险管理体系中最具特色的是内部审计管控体系。审计部门在汇丰银行内部体系中地位较高，具备直接进入各业务部门或板块开展审计工作的自由和权力，审计结果能够直接向管理层和董事长报告。业务部门经审计后，若对结果产生异议，经同审计部门沟通未能达成一致的，审计部门有权不采纳业务部门意见，继续按前期审计结果予以报告和执行。对于内部审计所暴露出的每一条问题，均需按时进行整改执行，否则会跟踪追究相关责任人责任。汇丰银行风险管理历来以稳健著称。2007年初，汇丰银行成功地预警次贷危机风险，并及时采取应对措施，规避其可能对银行产生的不良影响。这主要得益于三点：一是拥有一套强大、先进的信息技术系统作为风险管理的硬件支持；二是将业务风险全部直接委托至各责任人，各级信贷审批人员在自身业务授权范围内进行合规审批；三是建立一套集团内部全覆盖的操作风险自我评估与管理系统，根据风险预警提示，及时对相关风险点作出反应和防范。

二、汇丰银行的风险管理现状

（一）信用风险管理

汇丰银行具有良好的信用风险管理框架，包括确定的经管理层批准的风险偏好、信贷相关限额，以及业务流程层面和企业管理层面的信贷政策。

第一，通过设立目标市场来进行风险的初步筛选。银行管理层按照董事会的要求，结合企业发展战略和对风险的可承受程度，确定其目标市场，使汇丰在挖掘潜在信贷客户过程中提高效率，进而提升贷款的审批速度。第二，汇丰银行在信贷风险管理上主要采用授信审批报告模式。集团总部和分公司都设立了管理信贷风险的对应信贷部门，逐级增加审批权限、报告信贷业务情况。在决策机制上，汇丰银行无论个人还是管理层都具有清晰、明确的指示性决策，这种决策机制能够最大限度地提升管理者的风险控制责任感，真正做到权责分明（见表8-4）。

表8-4 汇丰银行信贷风险管理部门的队伍角色和职责

部门	队伍角色	职责
信贷风险管理	政策	审查信贷政策、规程和准测
	批准	大额信贷
		复杂借贷
		特殊借贷
	风险识别	识别潜在问题账户
		加强各部门行业知识
	信贷恢复	重估/重组问题账户
		退出问题关系

续表

部门	队伍角色	职责
信贷风险管理	项目	信贷风险管理模型
	MI（理念识别）	制定常规的 MIS（管理信息系统）用于监测风险（资产质量、集中度、风险额度）
	个人金融服务	管理个人金融服务的信贷组合

汇丰银行在各分支行信贷部都设立分支机构，能够精准监督与控制其职责范围内的各分支行信贷风险。汇丰银行认定不良信贷资产时非常保守，一旦一项信贷资产被认定为不良或潜在不良，必须重新评估该资产风险，而不考虑担保或抵押品价值。

（二）其他风险管理

1. 市场风险管理

在分析市场风险的过程中，汇丰银行主要使用风险价值模型来做相关分析工作。汇丰银行针对市场风险管理在总行层面设置了独立的市场风管部，对全行的总体市场风险状况进行统一管理。市场风险管理部在其日常工作中遵循市场风险管理相关政策，该部门的职责主要有：制定市场风险管理相关的流程和制度，报请高层批准，并定期对相关制度进行核查和修改；定期向涉及市场风险的业务部门提供专业知识培训，确保对于市场风险的认识和管理参照统一标准。该市场风管部负责人向首席风控官汇报工作，与承担风险的业务部门完全独立，董事会承担对市场风险管理的最终责任。

2. 流动性风险管理

汇丰银行制订并遵循相关流动性风险管理政策，以保证业务持续稳定进行，并确保风险的透明度。为了确定流动性风险承受度，该行制定了《应急资金计划》和针对资金流动性的相关流程，作为该行流动性风险管理的政策依据和参考。此外，在流动性风险管理中，汇丰银行采用的管理手段和工具包括压力测试、流动比率和市场触发。

3. 操作风险管理

汇丰银行采用的操作风险管理机制/工具主要包括风险与控制自我评估、操作风险损失事件管理、关键风险指标监测、新产品/服务的风险评估、压力测试等。同时，采用了专门的信息系统（ORION）记录并管理风险控制与评估的结果、操作风险损失事件上报以及通过各种渠道识别或发现的操作风险问题的跟踪和整改落实。

三、SAS 系统的风险管理

2009 年，汇丰银行宣布与美国 SAS 软件研究所（SAS Institute Inc.）达成合作，构建其全球网络业务的风险管理系统。SAS（Statistics Analysis System）被誉为"全球500强背后的管理大师"，通过软件及提供的解决方案服务、咨询服务、培训及技术支持服务三部分服务帮助客户实时侦测欺诈行为，是全球领先的商业分析软件与服务供应商。汇丰银行选择SAS防欺诈管理解决方案，构建全球业务网络的防欺诈管理系统，收集和剖析大数据，处理复杂问题，能够确保快速、准确获取信息。

汇丰银行利用SAS系统，通过收集和分析大数据解决复杂问题，精确洞察，加快信息获取速度。高性能分析环境使得汇丰银行能够充分利用IT投资①，在保障风险管理的同时有效克服原有架构的约束，从大数据资产中获取高价值信息，提高运营效率。此外，汇丰银行运用SAS的警报管理、例行程序及排队优先次序软件，提高快速紧急警报的运作效率，有助于全面监察客户、账户和渠道的业务活动，并进一步加强防范分行交易、银行转账、网上支付欺诈和内部欺诈的能力。在防范信用卡和借记卡欺诈的基础上，汇丰银行还与SAS共同拓展了SAS防欺诈管理解决方案的功能，为多种业务线和渠道提供完善的欺诈防范系统。在这一过程中，汇丰银行能够更为高效地利用检测资源，降低经营管理风险。

截至2023年底，随着数据科学的不断发展，汇丰银行与SAS已经建立了包括智能决策、超自动大规模数字化、风险信用风险建模在内的完整的智能支持体系，人工智能与机器学习在个人财富管理、风险管理、欺诈与金融犯罪监测方面发挥着重要作用。

资料来源：汇丰银行官网（https://www.hsbc.com.cn/）。

第二节　步步为营
——商业银行风险管理流程

2024年1月5日，国家金融监督管理总局发布了《中国银行违法违规行政处罚信息公开表——金罚决字〔2023〕68号》，该公开表显示，中国银行在信息系统运行风险识别和处置方面存在不到位、不及时的问题，导致发生了重要信息系统的重大突发事件。此外，该行在网络安全域管理、网络架构变更等方面也存在安全评估缺失、风险评估不足且未向监管部门报告等问题。具体情况如表8-5所示。

---

① IT投资是指通过采用新技术、新工艺、新设备所进行的投资，旨在促进技术发展。这种投资包括设计新技术软件、试验和试制新技术装备以及进行相关科学研究所需的投资。

表 8-5　国家金融监督管理总局行政处罚信息公开表

行政处罚决定书文号	金罚决字〔2023〕68 号
被处罚当事人	中国银行股份有限公司
主要违法违规事实	一、部分重要信息系统识别不全面，灾备建设和灾难恢复能力不符合监管要求 二、重要信息系统投产及变更未向监管部门报告，且投产及变更长期不规范引发重要信息系统较大及以上突发事件 三、信息系统运行风险识别不到位、处置不及时，引发重要信息系统重大突发事件 四、监管意见整改落实不到位，引发重要信息系统重大突发事件 五、信息科技外包管理不审慎 六、网络安全领域未开展安全评估，网络架构重大变更未开展风险评估且未向监管部门报告 七、信息系统突发事件定级不准确，导致未按监管要求上报 八、迟报重要信息系统重大突发事件 九、错报漏报监管标准化（EAST）数据
行政处罚依据	《中华人民共和国银行业监督管理法》第二十一条、第四十六条和相关审慎经营规则
行政处罚决定	罚款 430 万元
作出处罚决定的机关名称	国家金融监督管理总局
作出处罚决定的日期	2023 年 12 月 28 日

资料来源：国家金融监督管理总局官网（www.cbirc.gov.cn）。

从识别风险到评估风险，再到处置风险，商业银行必须步步为营地遵循一整套风险管理流程。只有通过不断循环的风险识别、评估、评价和处置，商业银行才能确保自身经营的稳健性，降低各种风险对业务产生的影响。

一、风险识别和估计

（一）风险识别

1. 风险识别的概念

风险识别是指在各种风险发生之前，商业银行分析判断经营管理活动中可能发生的风险种类及形成原因。风险识别是商业银行风险管理的基础，风险识别准确与否，直接关系着商业银行能否有效地防范和控制风险损失。商业银行的贷款风险识别流程如图 8-5 所示。

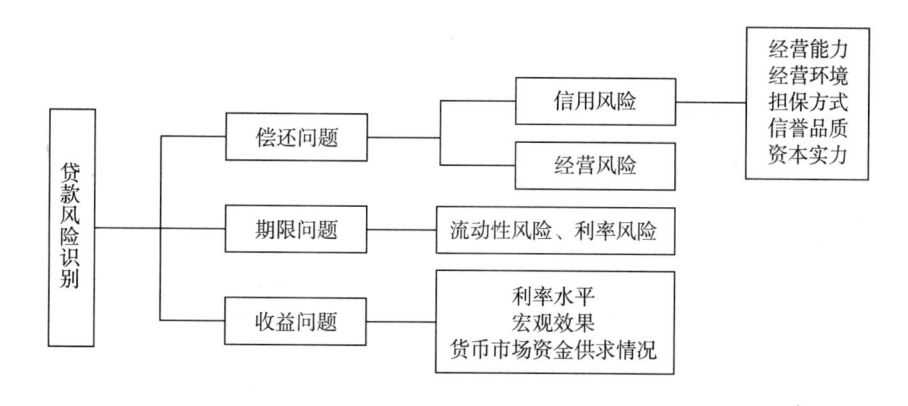

```
贷款          ┌── 偿还问题 ──┬── 信用风险 ── 经营能力
风险                        │              经营环境
识别                        │              担保方式
                            │              信誉品质
                            │              资本实力
                            └── 经营风险
     ├── 期限问题 ── 流动性风险、利率风险
     └── 收益问题 ── 利率水平
                    宏观效果
                    货币市场资金供求情况
```

图 8-5　商业银行的贷款风险识别流程

资料来源：根据公开资料整理。

2. 风险识别的主要方法

（1）财务报表分析法。西方商业银行财务报表主要包括资产负债利润表、留存收益表和财务状况变动表三种。通过财务报表可以获得各种风险指标，如流动性风险比率、利率风险比率、信用风险比率、资本风险比率等。在分析财务报表时，不仅要关注风险指标的状况和变化，而且要综合分析银行的总体财务状况。主要分析包括静态分析、动态分析两种。静态分析如比率分析和比例分析，而动态分析则涉及时期比较分析和趋势分析等。对于特定业务，还需对业务往来银行或客户财务报表进行风险评估。只有采用综合、系统的财务报表分析方法，才能准确地判定银行目前及未来经营的风险因素。

（2）风险树搜寻法。这是以图解形式将商业银行风险逐层分解，系统地追踪和识别具体风险形态的方法。由于风险分散后的图形呈树枝状，因此称为风险树。通过该种识别方法，商业银行可以清晰、准确地判明所承受风险的具体形态及性质，便于迅速认清当前局势，为后续决策提供科学的依据。

（3）专家意见法。这是一种风险识别方法，由商业银行风险管理人员制定调查方案，确定调查内容，并向若干名专家发放调查表。专家们根据调查表所列问题并参考有关资料，独立地提出个人意见。风险管理人员汇集整理这些意见，并将不同的意见及其理由反馈给每位专家。经过多次反复，逐步收敛意见，最终由风险管理人员决定何时停止，并将意见汇总成基本趋于一致的结果。专家意见法的特点是专家们各自独立地提出意见，互不干扰，能够充分地表达各种意见，集思广益，逐步获取对商业银行风险比较客观、正确的看法。

（4）筛选—监测—诊断法。筛选是指对各种风险因素进行分类，确定哪些风险因素明显地引起损失，哪些需要进一步研究，以及哪些相对不重要并可以被暂时排除。监测则是持续观测、记录和分析筛选结果，以掌握这些结果的活动范围和变动趋势。而诊断是指根据监测结果分析、评价和判断，进行风险识别。以上三个步骤相互关联，共同构成商业银行风险识别的重要环节。

（二）风险估计

风险估计是指在分析历史损失资料的基础上运用概率统计等方法，对特定不利事件发生的可能性和风险事件可能导致的损失进行定量评估的过程。

1. 客观概率法

在大量的试验和统计观察中，某一随机事件在一定条件下相对出现的频率是客观存在的，这个频率被称为客观概率。与之相对，人们对某一随机事件可能出现的频率做出主观估计，被称为主观概率。商业银行估计某种经济损失发生概率时，如果拥有充足的历史资料，能够充分反映当时的经济条件和经济损失发生的情况，就可以利用统计方法计算该种经济损失发生的客观概率。在实际运用中，客观概率法有时会遇到一些困难：一是历史资料收集较为困难，准确性和全面性难以确定；二是经济环境处于不断变化中，假定前提通常难以成立。

2. 主观概率法

主观概率法是商业银行选定一批专家，向他们提供未来可能出现的经济条件，由专家们根据有限的历史资料和个人的经验，主观估计每种经济条件的发生概率以及在各种经济条件下商业银行某种业务发生经济损失的概率。之后，商业银行采取加权平均的方式处理这些专家的估计值，再根据平均值计算该种经济损失发生的概率。

3. 统计估值法

利用统计获取的历史资料，可以确定不同经济条件下某种风险发生的概率，或在不同风险损失程度下，某种风险发生的概率。这种相关关系可以通过直方图或折线图直观表达。通过统计方法和样本资料，还可以估计风险平均程度（样本期望）和风险分散程度（样本方差）。估计方法可以选择点估计或区间估计。点估计利用样本数据构造统计量，将样本值代入估计模型求出估计值。由于存在样本随机性问题，这一估计值不一定等于待估参数真实值。为了评估估计值的近似程度、误差范围和可信程度，则需要采用表示在某种程度上某种风险发生的条件的区间估计方法。

4. 假设检验法

对未知参数的数值提出假设，利用样本提供的信息检验所提出假设是否合理。与统计估值法类似，假设检验法适用于统计规律稳定、历史资料齐全的风险概率估计。基于概率性质的反证法原理，通过不断试验和观察验证假设的正确性。初始假设 H_0，构造一个在假设 H_0 成立的条件下发生概率极小的事件 A。一旦该事件在一次试验中发生，就拒绝接受初始假设 H_0。这是基于小概率原理，即一个概率极小的事件在一次试验中几乎是不可能发生的。如果该事件确实发生，就意味着初始假设 H_0 不合理。因此，根据反证法原则，应该拒绝接受该假设；反之，如果试验结果与初始假设 H_0 一致，则不应拒绝该假设。

5. 回归分析法

回归分析法是一种通过探究间接风险因素与直接风险因素的函数关系，估计直接风险因素的方法。例如，利率风险的直接风险因素是利率水平变动，而影响利率水平的有货币市场供求状况、中央银行利率政策等多种间接风险因素。如果设直接风险因素为 Y，间接风险因素为 X_1，X_2，…，X_n，则回归模型如下：

$$Y = b_0 + b_1 X_1 + b_2 X_2 + \cdots + b_n X_n + \mu$$

其中，b_0，$b_1 b_2$，…，b_n 为回归系数，μ 为随机扰动项。回归系数可以根据历史资料用最小二乘原理求出，从而得到回归方程如下：

$$Y = b_0 + b_1 X_1 + b_2 X_2 + \cdots + b_n X_n$$

利用回归方程即可进行点估计和区间估计，以此进行风险估计。回归分析既可以是一元或多元的；也可以是线性或非线性的。在间接风险因素与直接风险因素之间存在非线性相关关系情况下，采用直接代换或间接代换方法将非线性形式转化为线性形式进行处理。

【拓展知识】

商业银行风险监管核心指标

商业银行风险监管核心指标分为风险水平、风险迁徙和风险抵补三类。风险水平类指标包括流动性风险指标、信用风险指标、市场风险指标和操作风险指标，以时点数据为基础，属于静态指标；风险迁徙类指标衡量商业银行风险变化的程度，表示为资产质量从前期到本期变化的比率，属于动态指标，包括正常贷款迁徙率和不良贷款迁徙率；风险抵补类指标衡量商业银行抵补风险损失的能力，包括盈利能力、准备金充足程度和资本充足程度等。具体指标如表 8-6 所示。

表 8-6 我国商业银行的风险监管核心指标

指标层次	指标类别	一级指标	监督值	二级指标	监督值
风险水平	流动性风险	核心负债依存度	≥60%		
		流动性比例	≥25%		
		流动性缺口率	≥-10%		

续表

指标层次	指标类别	一级指标	监督值	二级指标	监督值
风险水平	信用风险	不良资产率	≤4%	不良贷款率	≤5%
		单一集团客户授信集中度	≤15%	单一客户贷款集中度	≤10%
		全部关联度	≤50%		
	市场风险	累计外汇敞口头寸比例	≤20%		
		利率风险敏感度	根据风险监管实际需要另行制定		
	操作风险	操作风险损失率	另行制定		
风险迁徙	迁徙率	正常贷款迁徙率	结合当地窗口指导	正常类贷款迁徙率	结合当地窗口指导
				关注类贷款迁徙率	
		不良贷款迁徙率		次级类贷款迁徙率	
				可疑类贷款迁徙率	
风险抵补	盈利能力	成本收入比	≤45%		
		资产利润率	≥0.6%		
		资本利润率	≥11%		
	准备金充足程度	资产损失准备充足率	≥100%	贷款损失准备充足率	≥100%
	资本充足程度	核心资本充足率	≥4%		
		资本充足率	≥8%		

资料来源：国家金融监督管理总局官网（www.cbirc.gov.cn）。

二、风险评价和风险处置

（一）风险评价的概念和方法

1. 风险评价的概念

风险评价是在取得风险估计结果的基础上，全面分析风险，并研究应对策略的行为。这一过程不仅关注风险的性质和影响，而且着重于寻求有效的风险应对措施。值得注意的是，风险评价方法在很大程度上受管理者主观因素的影响。对于同一风险，不同管理者可能会出现不同评价。同时，管理者所处的地位和情境不同，相同损益所产生的效用也不同。

2. 常见的风险评价方法

（1）成本效益分析法。主要深入研究采取某项措施所需的成本和所能获得的效益，涉及衡量实施这一措施所需的代价以及可能实现的效果。

（2）风险效益分析法。重点在于评估采取某项措施所涉及的风险程度以及可能实现的效果，旨在权衡风险与效益之间的关系，以便做出明智决策。

（3）权衡风险法。量化比较各项风险所产生的后果，权衡风险存在与发生可能造成的影响。

（4）综合分析法。利用统计分析方法，将问题构成因素划分为不同范畴，通过对各范畴内具体项目进行专家调查统计，获得评分值，再根据评分值及相应权重，计算实际评分值与最大可能值之比，作为风险度评价依据。

（5）统计型评价法。对已知发生概率及其损益值的各种风险进行成本与效果的比较分析，并加以评价的方法。

3. 选择风险对策的原则

风险评价目的是寻求风险对策。选择风险对策需要确定选择原则，常用的主要原则：一是优势原则。在可采取方案中，利用比较优势，剔除劣势方案。二是期望值原则。在可采取方案中，选择损益值的期望值较大的方案。三是最小方差原则。方差越大，说明该方案实际发生的损益值偏离期望值的可能性越大，则该方案的风险越大。因此在实际操作中应选择方差较小的方案。四是最大可能原则。当一种状态发生的概率显著地大于其他状态时，就可将其视为肯定状态，根据这种状态下各方案的损益值大小进行决策。五是满意原则。制定一个满意的目标值，比较各备选方案在不同状态下的损益值与此目标值，损益值达到或优于此目标值，且概率最大的方案即为当选方案。

（二）风险处置方法

为了控制风险，必须选择恰当的风险处置方法。风险管理主要分为控制型管理和财务型管理。控制型管理的主要目标是避免、消除或减少意外事故发生，并限制已发生损失进一步扩大，重点在于改变引起意外事故和扩大损失的各种条件；而财务型管理则是实施控制型管理后，针对无法控制的风险所做出的财务安排。具体而言，风险处置方法主要有以下几种：

1. 风险预防

风险预防主要指对风险设置各层防线。商业银行抵御风险的最终防线是保持充足的自有资本。各国金融监管机构对商业银行资本充足率都设置明确指标，作为金融监管的一项重要内容。

2. 风险规避

风险规避指对明显具有风险的经营活动所采取的避免严重风险的处理方式。对于风险较大、难以控制的贷款，商业银行必须采取规避和拒绝原则。风险规避常用方式包括：①资产结构短期化；投资选择避重就轻；②债权互换，扬长避短；③对有关汇率走势做出明智判断，努力保持硬通货债权、软通货债务，以避免汇率变化带来的风险。

3. 风险分散

商业银行风险分散方法分为随机分散和有效分散。其中，随机分散是指单纯依靠资产组合中每种资产数量增加来分散风险。有效分散是指运用资产组合理论和有关模型分析各种资产选择，根据各自风险的收益特性和相互之间的相关性，实现风险与收益的最优组合。

4. 风险转嫁

风险转嫁主要指利用某些合法的交易方式和业务手段，将风险全部或部分地转移给他人的行为。具体方法涵盖风险资产出售、担保、保险等。

5. 风险抑制

风险抑制主要指承担风险之后，商业银行应加强风险监督，发现问题并及时处理，争取损失发生之前阻止情况恶化，或提前采取措施减少风险造成的损失。

6. 风险补偿

风险补偿主要指商业银行用资本、利润、抵押品拍卖收入等资金补偿在某种风险上遭受的损失。

7. 风险自留

风险自留又称自担风险或留置风险，是一种损失发生后由商业银行承担财务后果的风险处置方式。风险自留可以是有意选择的，如有些损失被自留是金额相对较小，损失不严重；也有可能是由于并未意识到潜在损失的存在。风险自留一般通过商业银行设立的各种基金支付损失。

8. 保险

保险指商业银行通过投保方式规避相应风险的经济行为。风险的保险涉及商业银行选择自留还是投保的决策，该决策主要考虑投保的机会成本。

【拓展案例】

盛京银行向当地AMC出售1760亿元资产，缓解资本压力

2023年9月27日晚间，盛京银行（02066.HK）发布一则重磅公告：拟向辽宁资产（AMC）有条件出售1760亿元资产，代价是将以辽宁资产（或其指定人士）向盛京银行定向发行专项票据方式支付。

据盛京银行官方公告，此次出售的资产主要包括潜在问题贷款和投资，涉及金额巨大，本金及利息账面余额合计约为1837亿元人民币（扣除减值准备金前），其中，贷款占比约为71.6%，投资及其他资产占比约为28.4%，均属于风险较高的类别。

为了有效处置这些风险资产，盛京银行与辽宁资产进行了深入协商决定，

辽宁资产向盛京银行定向发行等额的专项票据，用于支付购买款项。这些专项票据的初始期限为 15 年，年利率为 2.25%，双方可根据实际情况协商延期。

盛京银行表示，此次资产出售是该行在复杂金融环境下的一次重要战略调整，通过出售风险资产，盛京银行能够迅速降低不良贷款率，提升资产质量，并增强自身的资本充足率。同时，盛京银行强调，此次交易是在充分评估风险、确保交易公平合理的基础上进行的。此外，公司董事认为，资产出售协议的交易条款公平合理并符合银行和股东的整体利益。

值得注意的是，辽宁资产作为此次交易的接盘方，是一家由辽宁省财政厅全资间接控股的国有企业。该公司专注于金融企业不良资产批量收购出售业务，具备丰富的经验和专业能力。此次交易的成功实施，不仅有助于盛京银行化解风险、优化资产结构，也将为辽宁资产带来新的业务增长点。

随着此次资产出售交易的完成，盛京银行将进一步巩固其在东北地区城商行中的领先地位。该行将继续秉承稳健经营、创新发展的理念，不断提升服务质量和效率，为广大客户提供更加优质的金融服务。

资料来源：根据公开资料整理。

【拓展阅读】

仔细阅读以下主题为"商业银行风险管理"的期刊论文，并认真思考有关问题。

[1] 黄远标，李泽广. 监管处罚能降低银行系统性风险吗——兼论〈中国银行业监督管理委员会行政处罚办法〉修订的影响 [J]. 金融经济学研究，2024 (3)：143-160.

[2] 严丹良，张桂玲，郭飞. 金融衍生工具能降低商业银行风险吗？——基于中国银行业的实证研究 [J]. 国际金融研究，2024 (3)：51-62.

[3] 马亚明，马丽敏，于博. 数字化转型能够降低银行信用风险吗？——基于交叠 DID 模型的实证检验 [J]. 现代财经（天津财经大学学报），2024 (3)：3-18.

[4] 宋首文. 银行数字化转型下的模型风险管理框架 [J]. 金融监管研究，2023 (9)：12-31.

[5] 陈庭强，沈嘉贤，王磊等. 基于信用风险传染的银行风险管理决策动态演化研究 [J]. 系统工程理论与实践，2023 (12)：3461-3490.

[6] 郭立仑，周升起. 商业银行流动性：风险测度、影响因素和对策研究 [J]. 经济学报，2023 (3)：59-83.

［7］王景武. 全面提升银行风险管理能力以高质量风控服务高质量发展［J］. 中国行政管理，2021（8）：152-154.

思考与讨论

1. 商业银行风险管理对于我国银行业高质量发展产生什么影响？
2. 如何有效提升商业银行风险管理成效？

第三节 "打铁还需自身硬"
——商业银行内部控制

商业银行的长足发展离不开稳固的基础，而内部控制正是发展的重要基石。一般而言，内部控制被视为企业管理的一个组成部分，融合了现代控制论、监督学和权力制衡理论，在企业管理活动中得以具体应用。对于商业银行而言，内部控制是最高管理层为了实现经营目标和降低经营风险而设立的一系列制度、措施、程序和方法，旨在促进各部门和员工之间的相互制约与协调，核心目标在于防范和控制由于银行自身行为引发的风险，保障银行的稳健运营和安全经营。

一、内部控制的概念及产生

内部控制是企业为适应管理需要，保证经营目标的实现而建立的一种相互联系、相互制约的控制制度和体系。目前，内部控制已成为商业银行经营管理活动中一种自我约束的管理手段和技术。

从内部控制概念的演进历程来看，基本思想和初级形式是"内部牵制"。15世纪末，意大利出现借贷复式记账法，标志着内部控制制度的雏形初现。19世纪末，在经济发展较快的资本主义国家，内部牵制逐渐演化为企业各项内部管理制度的核心，主要特征是以查错防弊为目的，以通过职务分离和账目核对等手段，控制钱、账、物等会计事项。20世纪40年代，内部控制概念随着西方审计理论与实践的发展而产生，也是人们在企业经营管理过程中经过不断实践、总结和创新而逐步完善的产物。

1992年，美国反虚假财务报告委员会下属的发起人委员会（COSO）发表题为《内部控制整体框架》专题报告，首次构建内部控制制度的统一理论框架。该委员会认为，内部控制是由一个企业的董事会、管理层和其他人员实施的过程，旨在为实现经营的效率和有效性、财务报告的可靠性和遵守相应的法律和法规等各类目标提供合理保证。

目前，COSO提出的内部控制体系已在世界范围内获得广泛认可。在这一框架中，内部控制概念主要包括以下五个既相互关联，又具有管理功能的要素：①控制环境。指各级机构所创造的内部控制氛围，包括诚信程度、职业道德观和对工作的胜任程度，包括管理部门的管理理念和运作风格，权力和职责的明确界定，以及对员工的组织和能力开发。国外商业银行的董事会给予银行的关注和指导也是控制环境的重要组成部分。作为其他内部控制因素的基础，控制环境为整个内部控制体系设定了纪律和基本结构。②风险评估。旨在确定和分析实现目标过程中可能引发的相关风险，针对如何应对风险做出决策，判断情况变化所带来的风险。风险评估的目标在于识别并分析影响商业银行目标实现的各种风险，为后续风险管理奠定坚实基础。③控制活动。涵盖与核准、授权、鉴定、调节、评估、保护资产以及明确责任等相关的规章制度和程序。这些控制活动在银行内部各个级别和部门展开，旨在确保管理层指令得以有效执行，并在必要时采取行动，以应对可能影响企业目标实现的风险。④信息与交流。员工必须了解相关信息，恪尽职守。信息系统提供的报告涉及经营、财务和与法律法规有关的信息，使管理层得以经营和控制各项业务。同时，所有员工都需要了解自身在内部控制系统中的作用，以及如何将自身工作与他人工作相互关联。此外，商业银行还需要与客户、商家和政府等外部主体进行有效的信息交流。⑤监督。商业银行必须监督内部控制制度，评价该制度的实施状况，这种监督通过连续的监督活动、专项评估或二者相结合予以实现。

二、内部控制的目标及实施原则

（一）内部控制的目标

1. 经营管理的有效性

商业银行的业务活动是由各个部门和全体职员分别承担、共同努力完成。商业银行所拥有的各项资源，包括资金、人员、机构、信息、设备物品等的配置和使用情况直接关系着收益水平的高低。商业银行内部控制目标之一就是通过界定各部门、各岗位的职责权限，明确各项业务的操作程序和各项工作绩效的衡量标准，促进各个部门和人员各司其职、各负其责，既协调配合，又相互督促，严格按照管理层制定的政策有序、高效地开展业务活动，确保银行经营管理的有效性。

2. 控制风险，减少损失

商业银行内部控制的另一个重要目标是将风险控制在商业银行所能承受的范

围之内,减少由于内部行为不当而造成的损失。通过建立有效的内部控制机制规范各部门、各岗位的行为,引导各个部门和岗位加强自律、彼此监督和制约,以减少差错和意外损失,防止徇私舞弊;同时还可以确保会计数据的真实性、准确性以及管理信息的完整性、可靠性,避免因信息失真而导致决策失误。

3. 依法合规,稳健运作

只有依法经营,商业银行各项业务活动才能获得法律保护。任何违背法律法规和金融管理当局规章制度的行为,都会损害商业银行声誉并受到相应惩罚。因此,制定有效的政策和程序,确保银行遵守有关法律法规和监管规章,实现银行稳健运作成为商业银行内部控制的一个目标。

(二) 内部控制的实施原则

1. 系统控制原则

在商业银行经营管理过程中,决策、计划、组织、营运、控制等环节应形成一个完整系统。在具体实施过程中,不能孤立地看待任何一个环节,而是应将其全面地贯穿于整个系统之中。系统控制的目标应围绕决策的实施、完善和调整进行,并根据计划组织或调整资源。当反馈信息证明原决策目标需要调整或修正时,新的管理系统应开始运作,控制内容也应随之变化。此外,系统控制的另一层含义则是把整个商业银行作为一个母系统进行控制,同时,为提高控制效率,再设立几个子系统,如决策系统、执行系统、监督系统等进行控制,各个系统分别把关,各司其职,确保控制的有效性。

2. 全员控制原则

商业银行内部控制不仅需要总行管理者实施,而且需要各级管理者参与其中,同时还需要全体员工严格自律,自觉遵守规章制度,按照授权行事。只有各级管理者和全体员工共同努力,才能实现局部目标,进而实现总体目标。任何一家银行内部控制若缺乏员工参与和支持,都将导致管理工作混乱。

3. 动态控制原则

商业银行内部控制应根据内部、外部条件及环境变化进行及时调整和重新安排。由于商业银行经营管理活动属于一个动态过程,操作计划和组织安排可能会与实际情况存在偏差,需要在动态中调整,并在调整中实施控制,以确保实现总体决策目标。此外,动态性要求高度重视反馈信息传递,确保计划执行过程中的信息能够及时、准确地向控制者反馈,以有利于做出正确的判断和决策。

三、内部控制体系及控制制度

强化经营管理,提高内部控制水平,不仅是商业银行防范金融风险的根本措施,也是商业银行的一种自律行为。

(一) 商业银行内部控制体系

1. 公司治理

一个健全的公司治理结构主要包括实行一级法人体制和经营班子、董事会监事会三权分立的公司治理架构。商业银行一级法人体制是指商业银行总行对全系统的业务经营活动实施集中统一管理，分支机构所有业务经营活动都在总行授权范围内，由总行以法人名义统一对外享有民事权利并承担民事义务。商业银行公司治理是指建立以股东大会、董事会、监事会、高级管理层等机构为主体的组织架构和保证各机构之间独立运作、相互制衡的制度安排，以及建立科学、高效的决策、激励和约束机制。商业银行公司治理应当遵循的基本准则：一是完善股东大会、董事会、监事会、高级管理层的议事制度和决策程序；二是明确股东、董事、监事、高级管理人员的权利、义务和责任；三是建立、健全以监事会为核心的监督机制；四是建立完善的信息报告和信息披露制度；五是建立合理的薪酬制度，强化激励约束。

商业银行公司治理对于建立并实施有效的激励和约束机制具有十分重大的意义，是推动银行稳健经营和创新发展的决定性因素，良好的公司治理是防止股东损害存款人利益、防止大股东损害中小股东利益、防止内部人损害股东利益的基础。

2. 人事管理

商业银行人事管理涉及编制、岗位、职能等方案的制定，以及对一般员工的考核、培养、选拔、聘任、交流和福利等方面的管理。作为内部控制体系的核心组成部分，人事管理对于商业银行的有效运营至关重要。科学合理的人事管理有助于商业银行避免机构重叠、职责不清和人浮于事的现象，确保各部门、岗位和职能设置更为合理。通过将每位员工安排在最合适的岗位上，能够充分激发其工作积极性，确保人力资源发挥最大效用。此外，有效的人事管理也是商业银行激励制度的重要基础。

3. 内部稽核

内部稽核是指金融企业各级稽核部门以国家的法律政策、金融监管部门及本行规章制度为依据，按照一定程序和步骤，检查同级其他职能部门和下级分支机构的业务经营情况、计划执行情况、制度落实情况等、考核和评价的过程。内部稽核的目的在于确保上级机构能够准确了解被检查机构的实际情况，为调整经营方针策略或对有关计划、制度进行修改提供依据。为了保证内部稽核更好地发挥作用，商业银行内部稽核部门应具备必要的独立性和权威性，并根据业务发展配备足够的称职人员。

(二) 商业银行内部控制制度

在拥有健全的公司治理结构的基础上，有效的内部控制成为商业银行提升内部控制水平和效率的关键手段。根据巴塞尔委员会发布的《有效银行监管的核心原则》，内部控制主要包括三方面内容：一是组织结构（界定决策层和管理层职责，贷款审批权限分离和决策程序）；二是会计规则（对账、控制单、定期试算等）；三是双人原则（不同职责分离，交叉核对，资产双人控制和双人签字）。商业银行内部控制制度的核心要点概括为以下几个方面：

1. 建立组织结构和各种规章制度

包括制定明确的银行政策目标：明确工作人员授权；建立合理的组织架构，明确部门业务范围及部门间关系；建立畅通的报告渠道；制定业务操作规程；建立会议记录、重要文件、凭证、报告的保存制度；制定重大决策事项的标准操作程序。

2. 建立科学有效的监控措施

管理层应持续监督日常业务发生情况和规章制度执行情况，确保各项业务按照既定方针政策，主要包括对各类头寸报表、财务报表、流动性报告、贷款作业程序报告、存款报告和合法合规经营报告等的检查。

3. 职责分离原则

在分配任务和明确职责时，应避免同一部门或个人承担不相容的职责，如贷款审查与发放分离、会计与出纳分离等。

4. 有效授权原则

授权是指商业银行董事会向管理层以及管理层向下级机构赋予一种能够代表银行从事某一项业务或某些业务的权利。只要满足规定的标准和条件，任何业务都应纳入授权范围之内。

5. 档案管理

商业银行档案主要包括会计档案、业务档案、重要会议记录和报告等，是内部控制的基础。提高档案管理水平是强化管理和防范法律风险的重要措施。

6. 建立安全保卫措施

商业银行的安全保卫措施和作业程序是内部控制的一项重要内容。商业银行必须充分保护资产、器具、重要空白凭证、业务秘密等，如重要档案库、日常操作的重要业务凭证、计算机和网络设备以及重要业务秘密等。

7. 建立严格的会计管理和审慎的财务管理制度

一方面，商业银行要经常进行账户的核对核销工作，保证所有账户与控制账户、联行、代理行寄发的对账单相符；另一方面，商业银行对资产、负债和利润等重要财务指标的计算实行审慎原则，根据实际情况准确反映各项财务指标，避免出现高估或低估情况。

【拓展案例】

表8-7　2023年中国部分银行因内部控制失效导致的违规事实

时间	银行名称	违规事实
2023年8月2日	中国民生银行	股权质押管理问题未整改；审计人员配备不足问题未整改；对相关案件未按照有关规定处置；对部分违规问题未进行责任追究或追究不到位。
2023年8月3日	广发银行	小微企业划型不准确；未经任职资格核准履行高级管理人员职责；未对集团客户统一授信；信贷资产质量反映不真实。
2023年8月15日	中国农业银行	农村个人生产经营贷款贷后管理不到位；商业用房贷款发放不审慎；违规向关系人发放信用贷款；贷款风险分类不准确导致不良率失实；违规发放固定资产贷款；对不具备法人资格的分支公司客户单独办理授信；集团客户统一授信管理不到位。
2023年11月16日	中国农业银行	贷款受托支付问题整改不到位；贷款风险分类不准确；不良资产转让流程问题整改不到位；小微企业划型不准确；审计人员配备不足问题未整改；人员内部问责不到位；向关系人发放信用贷款。
2023年11月16日	中信银行	违反高管准入管理相关规定；关联贷款管理不合规；绩效考核不符合规定；重大关联交易信息披露不充分。
2023年11月22日	中国建设银行	北京分行及相关支行无资格人员销售基金产品；违规收取个人客户唯一账户年费和小额账户管理费负有责任。
2023年12月28日	大连银行	违规为房地产项目提供融资；虚假整改，购买银行虚假理财以复杂交易结构实现不良资产二次虚假出表。

资料来源：国家金融监督管理总局官网（www.cbirc.gov.cn）。

四、内部控制的方法

内部控制方法通常包括职责分工控制、授权控制、审核批准控制、预算控制、财产保护控制、会计系统控制、内部报告控制、经济活动分析控制、绩效考评控制、信息技术控制等。

（一）职责分工控制

根据经营目标和职能任务，按照科学、精简、高效的原则，合理设置职能部门和工作岗位，明确各部门、各岗位的职责权限，形成各司其职、各负其责、便于考核、相互制约的工作机制。在确定职责分工过程中，商业银行应当充分考虑不相容职务相互分离的制衡要求。不相容职务通常包括授权批准、业务经办、会计记录、财产保管、稽核检查等。

（二）授权控制

根据职责分工，明确各部门、各岗位办理经济业务与事项的权限范围、审批程序和相应责任等内容，商业银行内部各级管理人员必须在授权范围内行使职权和承担责任，业务经办人员必须在授权范围内办理业务。

（三）审核批准控制

商业银行各部门、各岗位按照规定的授权和程序，复核与审查相关经济业务和事项的真实性、合规性、合理性以及有关资料的完整性，通过签署意见并签字或者盖章，做出批准、不予批准或其他处理的决定。

（四）预算控制

商业银行应加强预算编制、执行、分析、考核等各环节管理工作，明确预算项目，建立预算标准，规范预算的编制、审定、下达和执行程序，及时分析和控制预算差异，采取改进措施，确保预算执行。

（五）财产保护控制

商业银行限制未经授权的人员直接接触和处置财产，采取财产记录、实物保管、定期盘点、账实核对、财产保险等措施，确保财产的安全、完整。

（六）会计系统控制

根据我国《会计法》《企业会计准则》和国家统一的会计制度，制定适合本行的会计制度，明确会计凭证、会计账簿和财务会计报告以及相关信息披露的处理程序，规范会计政策的选用标准和审批程序，建立、完善会计档案保管和会计工作交接办法，实行会计人员岗位责任制，充分发挥会计的监督职能，确保银行财务会计报告真实、准确、完整。

（七）内部报告控制

商业银行应建立和完善内部报告制度，明确相关信息收集、分析、报告和处理程序，及时提供业务活动中的重要信息，全面反映经济活动情况，增强内部管理的时效性和针对性。内部报告方式通常包括例行报告、实时报告、专题报告、综合报告等。

（八）经济活动分析控制

商业银行应综合运用生产、购销、投资、财务等方面信息，利用因素分析、对比分析、趋势分析等方法，定期分析企业经营管理活动，发现存在问题，查找原因，并提出改进意见和应对措施。

（九）绩效考评控制

商业银行科学设置业绩考核指标体系，对照预算指标、盈利水平、投资回报率、安全生产目标等业绩指标，考核和评价各部门和员工当期业绩，兑现奖惩，强化各部门和员工的激励与约束。

（十）信息技术控制

结合实际情况和计算机信息技术应用程序，建立与本行企业经营管理业务相适应的信息化控制流程，提高业务处理效率，减少和消除人为操纵因素，同时加强计算机信息系统开发与维护、访问与变更、数据输入与输出、文件储存与保管、网络安全等方面的控制，保证信息系统安全、有效运行。

（十一）与财务报告相关的内部控制

该内部控制被定义为一个流程，由商业银行的首席执行官和财务总监或类似人员设计并监督其运行，并由董事会、管理层和其他相关人员实行，对财务报告的可靠性、对外披露的财务报告编制是否符合公认会计准则提供合理保证。该流程主要包括如下政策和程序：①相关记录在合理的程度上正确和公允地反映了银行交易记录和资产处置；②相关交易的记录能够为银行按照公认会计准则准备财务报告提供合理的保证，以及银行收入和支出都经过管理层和董事授权批准；能够防止和及时发现对财务报告产生重大影响的非法行为，包括对银行资产的不合法占有、利用和处置。

五、内部控制的类型

（一）纵向分类——按内部控制层次分类

1. 内部控制

按内部控制层次可分为公司治理层的内部控制和管理控制。

公司治理层内部控制是内部控制的最高层次，指所有者通过制定绩效目标，激励、监督经营者，主要体现在董事会对经理层选择、重大事项决策权、审批权配置、制度设计等。

2. 管理控制

公司治理层管理控制是指银行管理者实施战略，考核绩效，协调银行内部各类业务、各个业务流程，进行任务控制，促使相关部门和人员统一行动，共同追求银行管理目标的过程。管理控制可分为战略控制、流程控制和任务控制。其中，战略控制是控制战略实施；流程控制是控制业务流程，一般是控制银行常规业务，如供应链过程控制；而任务控制主要指对审核、定期盘点与对账、账实核对等具体任务实施控制。

（二）横向分类——按内部控制环节分类

按内部控制环节可分为控制要素、控制方式、控制过程和控制绩效。无论是公司治理层的内部控制还是管理控制都由这四部分组成，且在相应层面上形成一个完整循环（见图 8-6）。

1. 控制要素

控制要素是构成内部控制的基本要件，包括人员控制、资金控制和信息控制三大要素。这些要素在不同层面上具有不同特点。

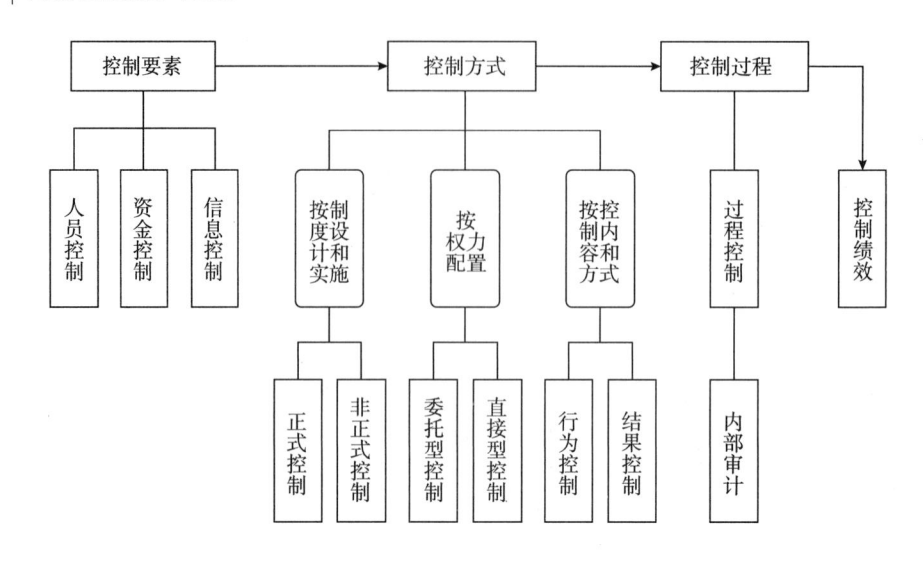

图 8-6　商业银行内部控制的各环节要素

资料来源：根据公开资料整理。

2. 控制方式

控制方式是为实现控制目标，在权责配置、制度设计等方面采取手段。

（1）从制度设计和实施角度，内部控制划分为正式控制和非正式控制。正式控制是通过正式的组织结构和制度实施控制；而非正式控制则是通过正式系统以外的信任、奖励、文化等方式实施控制。尽管非正式控制可以作为正式控制的补充，但无法替代正式控制，因为正式控制仍然是维持商业银行正常运行的制度保证。

（2）从权力配置角度，内部控制分为委托型控制和直接型控制。委托型控制大多出现于银行内部专业组织中，如研发部门、项目攻关组、广告策划组等，人员拥有较大的自由和权限。而直接型控制中，控制主体控制着所有经营活动，其意志贯穿于商业银行的各个层面，人员自由度较小、缺乏授权。

（3）内部控制还划分为行为控制和结果控制。行为控制是限制和约束人员的行为和活动，而结果控制又称定量业绩控制，以绩效目标引导组织成员行为。

3. 控制过程

针对不同内容和业务流程特点，决定采用何种策略实施控制目标，包括过程控制、内部审计等环节。

4. 控制绩效

控制绩效是指内部控制的效率和效果。在完成控制要素配置、选择控制方式、实施控制过程后，评价内部控制绩效，改进和提升内部控制水平。同时，控制绩效既是新一轮内部控制循环的结束，也是下一轮内部控制循环的开始。

【拓展阅读】

仔细阅读以下主题为"商业银行内部控制"的期刊论文，并认真思考有关问题。

［1］池国华，周正义．金融行政处罚监管与银行内部控制——基于行政处罚公告的证据［J］．科学决策，2023（12）：1-18．

［2］鲍星，李巍，李泉．金融科技运用与银行信贷风险——基于信息不对称和内部控制的视角［J］．金融论坛，2022（1）：9-18．

［3］顾海峰，张盈盈．内部控制质量、资本结构与银行风险承担——货币政策与股权集中度的调节作用［J］．经济与管理研究，2021（11）：57-73．

［4］王蕾，张向丽，池国华．内部控制对银行信贷风险的影响——信息不对称与代理成本的中介效应［J］．金融论坛，2019（11）：14-23．

［5］王蕾，郭芮佳，池国华．银行内部控制质量如何影响信贷风险？——基于行业风险识别视角的实证分析［J］．中南财经政法大学学报，2019（4）：3-12．

［6］陈汉文，杨增生．内部控制质量与银行资本充足率——来自我国上市银行的经验证据［J］．厦门大学学报（哲学社会科学版），2018（1）：55-64．

［7］杨增生，杨道广．内部控制质量与银行风险承担——来自我国上市银行的经验证据［J］．审计研究，2017（6）：105-112．

思考与讨论

1. 阐述商业银行内部控制与风险之间的关系。
2. 如何有效提升商业银行内部控制质量？

本章小结

（1）银行风险是指商业银行经营过程中，由于各种不确定因素的出现，导致遭受经济损失，无法实现预期收益的可能性。这种不确定性可能来源于市场环境变化、政策法规调整、客户行为不可预测性等各种因素，通过直接或间接方式影响着商业银行。

（2）全面风险管理是指围绕总体经营目标，商业银行通过在各个管理环节和经营过程中执行风险管理基本流程，培育良好风险管理文化，并建立健全全面风险管理体系。该体系包括风险管理的治理架构、风险偏好和策略、风险管理的政策和流程、风险管理信息系统和内部控制系统等要素。通过全面风险管理，商业银行对所有风险进行统一、有效管理，实现风险管理总体目标的过程和方法。

（3）银行业金融机构应当建立组织架构健全、职责边界清晰的风险治理架构，明确董事会、监事会、高级管理层、业务部门、风险管理部门和内审部门在风险管理中的职责分工,建立多层次、相互衔接、有效制衡的运行机制。

(4) 商业银行全面风险管理的意义是增强金融体系安全性、增强商业银行竞争能力、促进商业银行国际化经营和加强风险管理。

(5) 内部控制是商业银行为适应管理需要,为保证经营目标实现而建立的一种相互联系、相互制约的控制制度和体系,目标在于增强经营管理的有效性、控制风险、依法合规、稳健运作。

重要概念

系统性风险　信用风险　流动性风险　利率风险　市场风险　技术风险　操作风险　全面风险管理　内部控制

复习思考题

1. 阐述引起商业银行风险的具体成因。
2. 简析商业银行风险的主要类型及内涵。
3. 什么是商业银行全面风险管理?阐述商业银行全面风险管理流程。
4. 什么是商业银行内部控制?商业银行主要通过哪些方式加强内部控制?

【课后任务】

以分组方式扮演汇丰银行的信贷部门、合规部门以及审计部门,演示该行风险控制的具体工作流程。

【拓展阅读】

阅读中国银行监督管理委员会发布的《商业银行内部控制指引》银监发〔2014〕40号。

第九章 商业银行资产负债管理

引导案例 釜底抽薪
——"同业之王"兴业银行的转型之路

兴业银行曾因其亮眼的同业业务表现而在业内享有"同业之王"的美誉,从承接证券资金清算与托管业务到构建银银平台、大力发展买入返售业务,经过多年的深耕,兴业银行同业资产和负债规模持续增长,在资产负债表中占据较大比重。2013年兴业银行的总资产为36774.35亿元,其中同业资产达到资产总额的30%以上[①]。凭借着如日中天的同业业务发展,兴业银行一度跻身股份制银行前列,资产规模在2015年超越招商银行位列股份制银行第一。

随着2014年中国人民银行等5部委联合发布《关于规范金融机构同业业务的通知》,以非标资产为主的三方买入返售业务形式受到严格管控,而这正是兴业银行同业业务的核心。为满足日益趋严的监管要求,兴业银行不得不缩减同业业务的规模,并对资产负债结构进行大刀阔斧的改革,这一年也成为兴业银行发展的重要分水岭。2017年之后,兴业银行逐步向"商行+投行"业务模式转型,持续推动资产负债表再重构,提升资产负债结构与经济结构的契合度。

兴业银行发布的2023年年报显示,截至2023年末,兴业银行存款和贷款双双突破5万亿元,存贷款增量均位居股份制商业银行前列。不良贷款率1.07%,较上年末下降0.02个百分点;拨备覆盖率245%,较上年末上升8.77个百分点,风险抵补能力进一步提升。同时,一方面在资产端积极布局科技、能源等新赛道,

---

[①] 第一财经(https://baijiahao.baidu.com/s?id=1644363770311550607&wfr=spider&for=pc)。

另一方面在负债端着力稳定息差，利息净收入正增长，达 1465.03 亿元，同比增长 0.85%。尽管兴业银行通过双管齐下的方式循序渐进优化资产负债结构，沉稳顶住了核心业务转型对银行资产负债管理带来的压力，但是业绩表现明显大不如前。

兴业银行宣布未来将持续深入打造绿色银行、财富银行和投资银行"三张名片"，围绕经济高质量发展需求，实现银行发展与科技金融、绿色金融、普惠金融、养老金融、数字金融"五篇大文章"的有机融合，用心培育差异化经营特色。

一夜之间，从声名鹊起的"同业之王"到断臂求生的低调转型，兴业银行转型案例说明构造良性资产负债结构的重要性，同时也启发银行同业要重视资产负债管理。

资料来源：人民网（http://finance.people.com.cn/n1/2024/0329/c1004-40206329.html）。

第一节 资产负债管理理论及其应用

一、资产负债管理定义与对象

（一）资产负债管理的定义

资产负债管理是现代商业银行管理的核心内容。在现代商业银行管理领域，资产负债管理具有特定的内涵，不简单地等同于商业银行资产和负债的管理。资产负债管理是商业银行一种全方位管理方法，即银行为了达到已确定的经营目标，协调管理各种业务。银行的资产负债管理既不单纯站在资金运用角度，如信贷、证券投资等，也不单纯站在资金来源角度，如资本金、存款、借款等，而是站在银行总的高度，按照既定经营目标，配置和组合银行表内外所有品种、期限和利率特性的整体资金。这一管理过程的实质在于对银行资产负债表中各种账户包括各种资产、负债以及资本的资金水平、变化和相互之间组合进行规划、支配和系统控制。资产负债管理的关键变量在短期意义上是银行的净收入，在长期意义上是银行股权（或所有者权益）的市场价值。

商业银行资产负债管理具有广义和狭义之分。广义的资产负债管理，指商业银行按某种策略进行资金配置，实现银行管理层确定的流动性、安全性和盈利性的组合目标。按经历过程，资产负债管理可划分为资产管理阶段、负债管理阶段和资产负债综合管理阶段。狭义的资产负债管理仅指商业银行通过调整资产负债组合管理利率风险。在利率波动环境中,银行通过策略性改变利率敏感资金的配置状况,实现目标净利息差额,或通过调整银行总体资产和负债的持续期维持银行正的资产净值。

(二)资产负债管理的对象

1. 负债端业务

负债业务构成是多元的,按照业务类别可以分为存款类负债、同业类负债、投资类负债和向央行融资等。具体负债项目管理重点各不相同,一些项目即使属于存款类产品,"三性"特征、管理重点及其对银行资产负债表的影响却大相径庭。举例来看,对客户来说,流动性最高的个人活期存款因具有随机性和分散性的特征,对银行来说,反而稳定性最高。企业存款和同业资金因体量较大、结构不稳定,相关资金的波动对银行资产负债表的影响较大。近年来兴起的大额存单作为定期存款的替代,市场流动性更强,对发行人来说,稳定性高于定期存款,但发行和运营成本高于定期存款,造成银行整体负债成本上升。此外,银行理财和第三方支付也对存款负债形成挤出效应。

2. 资产端业务

资产业务是商业银行的资金运用途径,可以分为现金类、贷款类、同业类、债券投资类、表外类等。从严格意义上来说,表外类业务属于资产负债共同类项目。资产业务的管理重点同样可以从"三性"角度予以考量,具体来看,不同资产类型的产品甚至不同类别中的同一产品因流动性特征不同,需要关注的风险也不同。例如,持有到期类债券和贷款特征相近,都缺乏流动性,因此信用风险是需要关注的主要方面。而交易类债券流动性较高,对价格敏感,更需要关注市场风险,如利率变化对收益率影响。

3. 所有者权益及资本补充工具

所有者权益是指企业资产扣除负债后,由所有者享有的剩余权益。公司的所有者权益又称为股东权益。所有者权益是所有者对企业资产的剩余索取权,它是企业的资产扣除债权人权益后应由所有者享有的部分,既反映所有者投入资本的保值增值情况,又体现了保护债权人权益的理念。因此,所有者权益实际上是投资者(所有者)对企业净资产的所有权。具有以下特征:①除非发生减资、清算或者分派现金股利,企业不需要偿还所有者权益;②在企业清算时,只有在清偿所有负债后,所有者权益才返还所有者;③所有者凭借所有者权益能够参与企业利润分配。

所有者权益的来源包括所有者投入的资本、其他综合收益、留存收益等,通常由实收资本(或股本)、资本公积(股本溢价或资本溢价、其他资本公积)、其他综合收益、盈余公积和未分配利润等构成。

资本作为所有者权益的重要组成部分，是商业银行可持续经营、防止和控制风险的重要资产保证。商业银行资本一方面代表着运营实力，资本越充分，越说明风险抵抗能力强；另一方面代表能够承担的最大风险程度。随着银行业内外部监管环境趋严，表外业务回归表内，不良资产处置力度逐步加大，资本监管要求不断提高，商业银行的资本补充需求明显加大。为积极应对内外部变化，商业银行的资本补充工具的品种和规模随之不断增加。2012年，商业银行开始发行次级债、混合资本债以补充资本。2013年逐步过渡到发行二级资本债。2019年商业银行开启发行永续债以补充资本的模式。例如，2019年1月25日，中国银行获批发行境内首单金额为400亿元的商业银行永续债，随后中国银行、民生银行、华夏银行、浦发银行、中国工商银行、中国农业银行、渤海银行、交通银行、广发银行、中国建设银行、台州银行、威海银行、徽商银行、中信银行、平安银行15家银行陆续发行永续债，共计发行16只永续债，发行金额合计5696亿元。

二、资产负债管理理论的发展历程

（一）资产管理阶段

资产管理是商业银行资产和负债管理的第一阶段。从商业银行出现到20世纪50年代，西方发达国家各大商业银行在相当长一段时期内奉行资产管理战略。这是基于商业银行负债来源较为固定，业务范围狭窄，国际国内金融市场不够发达的背景，银行家们普遍认为，既然商业银行的存款种类和数量，以及银行能够借入资金主要由客户决定，商业银行经营管理的重要决策领域不是负债而是资产，即商业银行只能对谁将获取这些数量稀缺的贷款以及获取贷款需要满足哪些条件进行决策。在这种资产管理战略的指导下，商业银行通过认真管理资产来满足现金的流动性需求，保证银行获取利润。

1. 商业性贷款管理

商业性贷款亦称生产性贷款。在商业银行发展初期，大多数贷款具有短期性，贷款数量和期限随生产的季节性存货融资需求和借款人现金流量方式的变化而及时加以调整。商业银行通常以真实交易为基础，运用真实商业票据作抵押，对生产中的流动资产发放贷款。这类贷款很安全，流动性也好，流动资产以存货、在产货品和生产成品等形态存在并逐步转化，最后作为商品销售出去，生产企业垫付资金收回，银行贷款也得以偿还。商业票据以真实商业信用作为基础，客户归还贷款是有基础的，即使企业未能按时还款，银行通过处理抵押票据，也能使被欠债务得以清偿。商业性贷款具有很强的自偿性，但在生产力不发达、银行资本不雄厚的条件下，属于一种适宜的银行经营方式，在商业银行发展史上占有突出地位。时至今日，满足企业流动资金需求的短期贷款仍是商业银行信贷业务之一。

2. 资产转换管理

20世纪30年代初的经济危机和第二次世界大战以后，随着经济建设的恢复和进一步发展，金融市场有了较大的发展，商业银行开始把一部分资金投向具备二级市场的债券，通过流动性强的金融资产储蓄流动性。例如，商业银行把资金投向政府短期债券，当出现流动性需求时，银行有选择地在金融市场上出售这些债券以获取所需的现金。这种经营方式通过将非现金的银行资产转换为现金以筹集流动资金，故被称为资产转换理论。

资产转换减少了商业银行为保持一定的流动性而对非盈利性现金资产的依赖，而且适当购买可随时变现的有价债券资产能够增加银行利润。资产转换管理还引起银行资产结构产生新的变化，不局限于只是发放以企业流动资产和真实商业票据作为抵押的短期贷款。

资产转换不属于一种不付出转换成本的管理方法。商业银行出售债券获取现金时存在着机会成本，银行失去已售出债券的未来收益，同时还要付出一定的交易成本，这是银行在出售债券时必须支付证券交易商或经纪人的费用。在行情下跌时，银行不得不出售一些债券，就会带来较大的资本损失。另外，流动性强的债券资产通常是利润较低的金融资产，若不是为满足银行流动性需要，应将资金投向盈利较多的资产。因此，资产转换作为商业银行的资产管理手段之一，要与其他管理手段相结合并正确决策才能显出成效。

3. 预期收入管理

第二次世界大战后一段时期，西方国家经济迅速发展，生产率和居民生活水平提高较快。经济发展带来更多资金需求，表现为不仅需要更多的短期资金，而且需要大量的中长期资金。在凯恩斯需求管理理论影响下，人们逐步接受举债消费观念，预期收入理论应运而生。该理论认为，贷款偿还取决于借款人的未来预期收入，只要预计银行发放的贷款到期能够收回并取得收益，短期商业性贷款、非生产性居民消费贷款都可以发放。借款人的预期收入是关键，如果借款人的预期收入不可靠，即使贷款期限再短，银行也不应承担。

新的资金需求和预期收入分析扩大了商业银行的资产业务范围，在商业性贷款管理和资产转换管理的基础上，商业银行分析贷款申请人的预期收入，开拓了中长期贷款业务和消费贷款业务。预期收入理论对商业银行盈利性方面考虑较多，若预期收入分析的结论与实际发生结果不吻合或国民经济状况发生逆向变化，就会增大相关贷款的潜在风险。

上述三种资产管理方式的依次出现，反映了商业银行的资产管理视野逐步扩大，但三者之间并非简单的否定或替代关系，而是相互补充关系，丰富了商业银行的资产管理理念内容。

（二）负债管理阶段

负债管理是商业银行资产负债管理的第二阶段。20世纪六七十年代，商业银行的资金来源出现紧张局面，主要原因有：①西方经济通货膨胀率较高，企业加强资金管理，才能尽量减少闲置现金。②在高通货膨胀率情况下，商业银行资金成本有可能增大。③其他一些金融机构和非金融机构提供的商业银行传统业务，直接或间接地与商业银行展开竞争，互相争夺资金来源，商业银行却受制于存款利率上限，处于竞争劣势地位。同时，西方国家经济持续繁荣，商业银行面临着强烈的贷款需求。例如，由于美国肯尼迪政府实行减税政策，其后的约翰逊政府扩大公共开支和支持越南战争等，大力刺激了经济增长。西方国家的商业银行面临着来自两头的压力，于是把对资产负债表的管理重点放在负债方面，开始实施负债管理。要求商业银行根据其经营目标（如资金筹集成本的最小化，可获得资金的稳定性，满足银行资金的流动性需求等），开发新的资金来源，对存款、非存款和资本金等各种不同来源资金进行适当组合，努力以一定成本筹集更多资金。

1. 资金购买管理

在负债管理理念指导下，资金购买成为商业银行的主要管理方式之一。银行对于负债不再消极被动，而是采取主动负债、主动购买外界资金的经营策略，许多商业银行通过在货币市场借款筹集所需要的流动性资金。购入流动性的负债管理要争取做到借入足够的、立即可动用资金以满足所有预期的流动性需求。这种管理方式通常仅在需要时才借入资金，因此，商业银行资产中应避免出现大量的流动性储备闲置现象。如果实际流动性需求超过预期，银行仅需通过支付较高的借入资金价格就可获得所需的即时可支配资金数量。在提高资金价格时，借入银行利用当时存款管制条例的漏洞，采用支付较高利息、变相利息和隐蔽补贴以及免费服务等实际上高于一般存款的利率，吸引资金供应者。

商业银行借入流动性的主要来源是各种非存款借入，资金供应者包括国内同业金融机构、中央银行、财政机构、国际金融机构以及居民（发行金融债券）等。西方国家一些大规模商业银行，资金购买管理取得成功，借入接近100%流动性需求成为常态。商业银行实行资金购买管理的重要条件是高通货膨胀率状态下，实际利率偏低甚至是负利率时，通过及时购入流动性资产来降低筹资成本，同时扩大信贷规模，以弥补较低的资产利润率。

在资金购买管理过程中，商业银行存在着利率风险和资金可得性风险。①借入流动性是解决银行流动性问题风险最大的一种方法（尽管也有较高的预期收益）。货币市场利率频繁波动，导致商业银行借入成本产生变化，成为影响银行盈利目标的不稳定因素。②某一商业银行陷入财务困境或存款人挤提存款时，是该银行最需要借入流动性的时候，而此时其他金融机构和资金供应者却出于风险考虑，一般不愿向困境中的银行提供流动性资金。另外，商业银行积极从事资金购买可能给一国经济带来一些负效应。当通货膨胀严重时，商业银行不断扩大负债，转而增加信贷规模，导致货币乘数放大，很容易催生泡沫经济和进一步加剧通货膨胀。事实上，20世纪80年代初期的冒险资金活动引发了发达国家银行危机和不发达国家债务危机。

2. 金融产品销售管理

金融产品销售管理是负债管理的组成部分。金融产品销售理论认为，银行是金融产品的制造企业，商业银行负债管理的中心任务是努力推销这些产品，获得银行所需要的资金和相应的效益。从事金融产品销售管理时，银行要做到客户至上，尽可能地满足客户各种需要；要实现金融产品多样化，应根据公司或居民的喜好、收入、行业、职业、年龄、文化、区域经济特征、自然环境等开发和设计新的金融产品；要树立良好的企业形象，做好广告宣传，加强公共关系。通过以上各个方面的销售管理工作，吸收更多的资金。

可转让存单（CDs）正是为实行负债管理而开发的金融产品。在活期存款持有量减少、存款利率和经营地域受到限制等情况下，美国商业银行通过发行 CDs 和促进 CDs 市场发展，从客户手中争取到可观存款，扭转了存款下降的颓势。美国 1961 年 9 月 CDs 发行额是 11 亿美元，1981 年达到 1375 亿美元。美国商业银行不但在国内发行 CDs，还以美元标价在欧洲美元市场发行 CDs。此后，各国商业银行发行 CDs 可谓五花八门，有变动利率 CDs、推迟利息支付 CDs、零息票 CDs、分期付款 CDs、基于银行收益 CDs、指数化 CDs 等，这是商业银行金融产品销售管理过程中为尽力满足客户需要而产生的结果。

（三）资产负债综合管理阶段

资产负债管理是商业银行资产负债管理的第三阶段。20 世纪 70 年代中期以后，不少国家出现严重的经济衰退，同时保持着较高的通货膨胀率，且利率变动频繁，利率变动幅度不断扩大。在商业银行实现业务电脑化、综合化和国际化，以及商业银行利率风险、信用风险、流动性风险日益突出和新出现表外业务风险的背景下，随着负债管理的逐渐成熟，商业银行资产负债管理理念应运而生。商业银行资产负债管理兴起于 20 世纪 70 年代末，在整个 80 年代获得全面发展。90 年代，由于银行业兼并、金融产品扩张、货币市场和资本市场的全球化、金融资产证券化趋势、金融监管方式变化及监管国际统一规则出现等，商业银行资产负债管理进一步发展。1997 年东南亚金融危机、1998 年俄罗斯金融危机和 2008 年美国金融危机都不同程度地波及全球,各国商业银行面临着在信息时代如何稳健经营、在新的竞争中谋求发展的问题,资产负债管理也将面临更多的严峻挑战。2015年,中国已基本实现利率市场化,需要进一步重视资产负债管理。

1. 资产负债综合管理理念

资产负债管理理念是一种重要的资产负债平衡管理方法,改变了过去只偏重于管理资产或负债一方的管理方式,同时关注该表的两边共同管理,并越来越重视表外业务管理,把商业银行发展史上的资产管理、负债管理和展幅管理(即利率差管理)有机地结合协调管理。为了适应不断波动的市场,商业银行应正确估计资金流量,使其资产和负债结构具有充分弹性。在资产负债管理理念指导下,商业银行为了达到长期和短期工作目标,尽可能地协调和控制资产和负债的数量、结构、收益和成本,争取实现银行资产收益与负债成本二者差额最大化。商业银行一般采取以下工作策略实现预期目标:①展幅管理;②非利息收入及相应成本控制;③流动性管理;④资本管理;⑤纳税管理;⑥表外业务管理。与之相联系的还存在金融产品、金融市场和银行自身结构的选择。

商业银行资产负债管理理念将利率风险管理放在十分突出的地位,科学地管理资产和负债才能实现利率风险的短期效应和长期效应最小化,成为资产负债管理的重要目标之一。但利率风险最小并非商业银行经营的最佳结果,一个基本前提就是应与银行的盈利挂钩。在一定利润水平上的最小利率风险,或在一定利率风险水平上的利润最大化才是商业银行资产负债管理所追求的最终目标。这一目标可分为短期和长期目标,短期目标(通常指1年以内)注重的是银行净收入,运用会计模型分析;长期目标(通常指1年以上)注重银行股权市场价值,运用经济模型分析。

在资产负债管理会计模型中,银行每股利润是短期运营中的关键价值测度。由于净利息收入(净利息收入=利息收入-利息成本)是银行盈利的主要源泉,因此净利息收入及其边际值成为资产负债管理会计模型的关键变量。而在资产负债管理经济模型中,商业银行资产与负债市场价值的敏感性是利率风险分析的核心,这种分析应考虑当前利率水平与银行未来盈利之间的关系,以及利率变化对银行股权价值影响,同时应将表内业务和表外业务价值考虑在内。银行股权市场价值成为资产负债管理经济模型中的关键变量。

2. 商业银行资产负债表的新特点

(1)宏观层面——银行的资金来源和用途多元化。随着经济发展和金融改革深化,金融需求呈现出多样化发展趋势。在资产端,投资类资产从无到有、占比不断提升,如表9-1所示,2020年末我国商业银行债券投资、股权及其他投资在资金运用总量中占比分别达17.5%和7.0%;我国金融机构外汇占款规模和比重也在不断提升,到 2020 年末金融机构外汇占款在资金运用方面的比重达 8.2%。在负债端,金融债券的比重也在不断上升,2020 年占比为 4.1%。然而,传统的存贷款业务在资金来源和运用中的比例分别降为 82.6% 和 67.1%。

表 9-1　2020 年我国金融机构人民币信贷收支　　　　　　　　单位:亿元

项目	余额	项目	余额
各项存款	2125271	各项贷款	1727452
境内存款	2112783	境内贷款	1721356
住户存款	925986	住户贷款	631847
非金融企业存款	660180	企(事)业单位贷款	1084388
机关团体存款	298738	非银行业金融机构贷款	5121
财政性存款	44771	境外贷款	6096
非银行业金融机构存款	183108	债券投资	450125
境外存款	12938	股权及其他投资	181428
金融债券	106117	黄金占款	2856
流通中货币	84315	外汇占款	211308
对国际金融机构负债	6	在国际金融机构资产	1532
其他	258543		
资金来源总计	2574701	资金运用总计	2574701

资料来源:《中国金融年鉴》。

(2) 微观层面——银行资产负债表复杂化。

1) 表内资产负债进一步细分,经营类资产负债不断扩充。商业银行以前的资产负债表主要是存贷款,资产负债结构相对单一。特别是从资产端来看,贷款在资产总量中占比接近 100%,除了贷款和属于营运需求性质的库存现金外,没有其他资金运用的渠道和对象。

现在的资产负债表的资产端,不仅有贷款,还有债券、存放同业、拆借同业、金融投资、股权投资、贵金属、衍生品等其他多种经营性的生息资产项目。而就负债端而言,除了吸收存款以外,还有同业存款、拆入资金、衍生负债、债务证券等多种类别。同时,所有者权益(股东权益)的内容也更加复杂。

以 2023 年中国建设银行的资产负债表为例,传统的吸收存款和贷款垫款业务在总负债和总资产中的比重分别为 75% 和 53%(见表 9-2)。从比例差异可以看出,"存款立行"仍为大多数银行负债业务经营所坚持的理念,在存款作为判断国内银行市场竞争力强弱重要维度的情况下,一般存款业务(主要指个人和不包含同业的单位存款)依然是商业银行第一资金来源,而同业存款则是商业银行负债多元化经营、综合化服务和流动性管理的重要补充,此外,真正意义上的经营性负债项目并不多。而资产端则有所不同,由于贷款增长受信贷规模管控、自身资本充足率等约束,也受宏观经济运行环境和客户需求变化的影响,以及受直接融资对传统信贷的替代作用,贷款在银行总资产中的比重呈现逐渐下降态势。存贷资金差扩大为资产业务丰富创造了条件,扩充资产投向渠道也成为提升生息资产总量以提高银行整体回报率的必然选择。从这个意义上讲,商业银行对资产端创新和多元化的能动性比负债端表现更强。

表 9-2　2023 年中国建设银行资产负债表　　　　　　　　单位:百万元

资产	金额	负债及所有者权益	金额
现金及存放中央银行款项	3066058	向中央银行借款	1155634
存放同业款项	148218	同业及其他金融机构存放款项	2792066
贵金属	59429	拆入资金	407722
拆出资金	675270	以公允价值计量且其变动计入当期损益的金融负债	252179
衍生金融资产	43840	衍生金融负债	41868
买入返售金融资产	979498	卖出回购金融资产款	234578
发放贷款和垫款	23083377	吸收存款	27654011
金融投资		应付职工薪酬	52568
以公允价值计量且其变动计入当期损益的金融资产	602303	应交税费	73580
以摊余成本计量的金融资产	6801242	预计负债	43344
以公允价值计量且其变动计入其他综合收益的金融资产	2234731	已发行债务证券	1895735
长期股权投资	20983	递延所得税负债	1724
固定资产	159948	其他负债	547743
在建工程	7423	负债合计	35152752
土地使用权	12911		
无形资产	6540	股本	250011
商誉	2456	其他权益工具	
递延所得税资产	121227	优先股	59977
其他资产	299372	永续债	139991
		资本公积	135619

续表

资产	金额	负债及所有者权益	金额
		其他综合收益	23981
		盈余公积	369906
		一般风险准备	496255
		未分配利润	1674405
		少数股东权益	21929
		股东权益合计	3172074
资产总计	38324826	负债和股东权益合计	38324826

资料来源：中国建设银行2023年财务报表。

2）表外业务不断发展和衍生，表内外业务联动协同深入。传统的表外业务都是或有负债和或有资产，如为企业开出的信用证保函、承兑汇票等。这些或有资产和或有负债在存续期间一旦发生垫款就会转变为银行真实的资产和负债，业内也称为担保及承诺类表外业务。随着金融创新力度的加大，大量增长的表外业务是代客投融资类表外业务，包括代客理财、代客投资、代客交易业务等。理论上，在开展上述表外业务时，银行角色是金融中介，并不需要承担风险和责任，这些业务不会成为银行资产和负债。但在实际操作中，一定条件下上述业务也有可能会成为银行的资产和负债甚至损益。因此，不能由于这些业务属于表外业务，就放在资产负债表管理视线之外。虽然表外业务风险在表外，不影响银行自身的资产负债和损益，但表外业务风险会引起客户和社会对银行的信任危机，最终冲击表内业务的流动性，并产生经营风险。

（3）管理层面——资产负债管理理念持续革新。资产负债表的内容丰富不仅体现在资产负债项目数量的增加和丰富，而且带动了资产负债管理观念、传导机制等多方面的革新。资产负债管理由简单的传统存贷计划管理向经营管理转变，资本、利率管理在资产负债经营管理中发挥的作用越来越大，全面资产负债管理理念和框架逐渐形成，尤其是大型商业银行已经开展实践并积累了相关经验。

1）传统存贷款计划管理向经营管理逐步转变。以前的资产负债管理实际上是存贷资金的计划管理，目的是解决存贷资金平衡的问题，通过计划管理手段来达到管理目的。现在，尽管已经摆脱了"计划经济"束缚，但由于提高市场竞争力的需要，存贷款计划管理仍在商业银行经营中发挥着重要作用，上级行在很大程度上将存贷款计划完成情况作为评判某一分支机构经营状况的重要依据。在这种方式下，虽然银行对存贷款指标的总体把控能力较强，并且存贷款业务作为资产负债表的主体也依然重要，但在利率市场化和金融脱媒加快的背景下，计划更可能反过来制约发展，资产负债管理要将传统的计划管理转变为更加动态、前瞻、综合的经营管理，通过进一步做活管理机制，更加主动地应对外部形势变化，以及精准地对接客户需求。

2）资本、利率管理的作用日益显现。资本管理源于资本监管，在对接监管和提升价值创造能力中发挥着重要作用。随着巴塞尔监管体系的不断完善、国内资本监管要求的日趋严格以及商业银行股东价值最大化目标的内在诉求，商业银行一方面必须通过资本规划、优化和补充等方式确保资本充足率达标；另一方面更加注重资本使用的效率，通过资本管理协调资产向资本消耗水平低、收益水平高的区域、客户、产品配置，以促进价值创造能力的提升。

利率定价管理在利率市场化改革进程中被赋予了更多职能。以前的存贷款都按照中国人民银行公布的统一基准利率执行，银行之间没有比价的情况，市场竞争主要靠客户关系、品牌信誉和金融服务能力。随着利率浮动幅度的逐步放开直至完全放开，尽管在市场利率自律机制下，银行定价空间仍会接受一定的自律指导，但浮动幅度扩大和各行之间的差异化定价已在很大程度上加大了利率定价管理难度，利率定价水平成为市场竞争的重要手段和策略，协调量与价的平衡也成为当前资产负债管理的重要内容。

3）全面资产负债管理理念和框架渐趋成熟。在银行资产负债表不断丰富的背景下，传统存贷款业务比重越来越低，资产负债管理除关注存贷款业务外，还必须从全局角度把握资产负债表中的各个项目。因此，越来越多的商业银行形成了全面资产负债管理理念，进一步延伸资产负债管理的触角，特别是大型商业银行在综合化经营的发展路径下更加重视资产负债管理，而中小银行由于地域限制和业务发展差异性很大，关注程度则不尽相同。

未来资产负债管理是基于客户的资产负债经营管理，即资产负债管理不再仅仅是商业银行的内部管理工作，而是面向服务客户的经营行为。银行核心竞争力越来越体现为对资产的组织与经营能力，以更加灵活的方式满足客户需求，将风险收益推向市场，由市场配置和定价，银行获得相应的差价和报酬，实现银行渠道、资源整合能力和客户关系的变现。

银行资产业务由单一性向多元化转型，更注重提高业务的多样性，致力于向客户提供一站式的综合金融服务，才能有效积淀差异化竞争优势。具体而言，在做好信贷投放的同时，积极拓展直接融资业务，实现直接融资和间接融资协同发力、相互作用。同时，积极开展信贷资产证券化等业务，增强资产流动性。此外，积极提高中间业务收入占比，通过开展财富管理、债券承销等业务，丰富银行收入来源，创造新的增长点。

三、资产负债管理方法与工具

随着经营环境的日趋复杂,商业银行资产负债管理方法也经历着从简到繁的变化。2009 年普华永道曾于全球范围内选取 43 家处于国际领先地位的金融机构,向这些机构就资产负债管理实践发放调查问卷,调查结果表明,银行资产负债管理从侧重流动性和利率风险管理,逐步扩展至整体资产负债结构安排、资本管理、投资组合管理等方面。同时,资产负债管理战略使商业银行的经营管理越来越细、水平越来越高。为了实现银行短期和长期的资产负债管理战略目标,保持银行的竞争能力和抵御风险能力,实现资金的安全性、流动性和效益性兼顾,商业银行开始重视建立资产负债比例指标体系,通过比例指标指导、评价和管理银行资产和负债业务来促进资产负债管理目标的实现。目前,大多数商业银行的资产负债管理主要运用以下五种方法。

(一) 资产负债比例管理

从商业银行经常采用的资产负债比例指标来看,既有不同形式的资产与负债比例,也有反映资产结构、负债结构、资产质量和盈利性的比例。资产负债比例不能狭义地理解为银行资产与负债比例,而是综合反映银行资产负债管理战略目标和工作策略比例指标体系,同时,其中部分资产负债比例指标也是各国政府或银行业监管当局监管银行运营的核心内容。资产负债比例管理已成为商业银行平衡资产负债表中的各个项目、协调资产负债业务的重要的操作方法和过程。在各国商业银行成功实践的影响下,在巴塞尔委员会、各国政府及银行业监管当局的高度重视和积极推动下,资产负债比例管理在全球银行界逐步推广和普及,获得进一步发展。

1. 资产负债比例管理强调商业银行资产与负债的对称性

(1) 资产与负债规模的对称。规模对称即资产与负债总量对称。进行负债经营的商业银行管理者应根据存款和其他负债增长的客观可能性,合理确定资产规模,以资金供给制约资金需求。规模对称不是简单的、静态的资产与负债(包括所有者权益)相等,而是要求商业银行管理者充分、动态地考虑外部借入资金加上自有资金与合理使用资金之间的规模关系。

(2) 资产与负债结构的对称。结构对称即资产各项目与负债各项目之间的对称。一般而言,要求商业银行的长期负债运用于长期资产,短期负债用于短期资产,一些长期形成稳定余额的短期负债也可运用于长期资产。

(3) 偿还期的对称。偿还期对称即资产偿还期与负债偿还期的匹配。要求商业银行建立流动性需求和流动性供给平衡的机制,预期的流动性需求可以匹配将到期的资产。这种对称并非要求所有资产项目与负债项目一一对应,一些预期的流动性需求可以事先安排其他来源的资金或掌握适量的易于出售的证券予以满足。

2. 商业银行常采用的资产负债比例主要指标

(1) 反映资产与负债关系的比例指标。

$$资本充足率 = \frac{资本期末总额}{风险加权资产期末总额}$$

$$资本比率 = \frac{资本期末总额}{资产期末总额}$$

$$杠杆比率 = \frac{资产期末总额}{资本期末总额}$$

$$存贷款比率 = \frac{各项贷款期末余额}{各项存款期末余额}$$

$$流动比率 = \frac{流动性资产期末余额}{流动性负债期末余额}$$

$$中长期贷款与定期存款比率 = \frac{中长期贷款期末余额}{定期存款期末余额}$$

$$呆账准备率 = \frac{呆账准备金净额}{各项贷款期末余额}$$

(2) 反映资产结构的比例指标。

$$各类贷款与总资产比率 = \frac{各类贷款期末余额}{资产期末总额}$$

其中，各类贷款分别指工商贷款、农业贷款、消费贷款、担保贷款、固定资产贷款、对同一客户贷款等。该比例也可设计为各类资产与总资产比率。

$$流动性资产与总资产比率 = \frac{流动性资产期末余额}{资产期末总额}$$

其中，流动性资产指现金加存放同业、短期可出售证券等。

(3) 反映资产质量的比例指标。资产质量比率一般指报告期正常贷款或关注、次级、可疑、损失贷款等与报告期资产总额或各项贷款余额之比。

(4) 反映负债结构的比例指标。

$$拆借资金率 = \frac{净拆入资金余额}{各项存款期末余额}$$

$$资本负债率 = \frac{负债期末总额}{资本期末总额}$$

(5) 反映盈利性的比例指标。

$$资本收益 = \frac{税后净收益期末总额}{资本期末总额}$$

$$资产收益率 = \frac{税后净收益期末总额}{资产期末总额}$$

$$运营净收入率 = \frac{(运营总收入期末总额 - 运营总支出期末总额)}{资产期末总额}$$

$$每股利润 = \frac{税后净收益}{公开发行的普通股股数}$$

$$生息资产率 = \frac{生息资产期末总额}{资产期末总额}$$

3. 比例管理易于满足资产与负债的对称性要求

资产与负债对称性实质上由资金"三性"平衡的基本目标所决定，反之，如果商业银行实现上述资产与负债的三种对称，就能实现资金"三性"平衡。对称性成为必要和充分条件。

商业银行资金来源与运用存在着空间差和时间差，使得通过各种变量之间的线性关系式求解最佳业务量以保证对称性成为不可能。从数学分析角度而言，两两相关变量的值所构成的比例即反映某种对称性。例如，贷款期末余额与存款期末余额的比例反映着资产负债规模对称；中长期贷款期末余额与中长期存款期末余额的比例反映着资产负债结构的对称；流动性资产期末余额（1个月内可以兑现的资产）与流动性负债期末余额（1个月内到期的各项负债）的比例反映着资产负债的偿还期对称。因此，资产负债比例逐渐成为商业银行满足自身资产与负债对称性要求的工具。

（二）资产负债差额管理法

资产负债差额管理法是商业银行通过利率变化调整资产负债结构的一种管理方法，常用管理工具主要有再回购协议、不固定利率贷款等。该方法的核心内容是将利率变动作为资产负债管理的重要参考指标，根据利率变化，直接增加或减少资产、负债数额，尤其要变动对利率变化敏感的资产负债，实现预期的既定收益水平。这种方法最大的优点在于操作方法相对简单、便于应用，但存在主要问题如下：首先，利率对银行资产负债管理带来的风险只是众多风险中的一种，仅关注利率风险可能会忽视其他风险；其次，该方法的先决条件是银行要能准确判断未来利率走势，但是银行判断的准确程度是无法确定的；最后，假设银行对未来利率趋势的估计准确，但是调整资产负债表结构时，制约条件较多，如银行资金规模、操作效率等。当资金规模偏小时，可操作空间小，收效就小，利率变化时间很短，能否短时间内完成调控，还需要较高的技术水平。

（三）资产负债期限管理法

资产具有时间价值，期限是指一项资产距离到期日的时间，是衡量资产风险的重要指标。该方法的核心内容是对资产和负债现金流进行折现，分析折现后的差额，通过折现过程考虑市场利率的变动因素，因此，期限管理法能够充分反映金融资产现值的利率变化程度。商业银行可以通过所采集信息对市场利率变化趋势予以判断，即时调整资产负债期限，改变收益水平。假设当银行资产负债表折现后的资产大于负债时，若银行通过预测判断市场利率会上升，意味着银行资产净值会减少，则应及时调整资产负债比例，加大负债期限，同时反向操作资产期限。期限管理法是商业银行经营管理中表现尤为突出的一种方法，主要优点在于期限管理较为准确、可操作性强。不足之处：一是利率判断是否准确直接影响着操作方向；二是资产和负债折现是根据未来产生的现金流计算，而银行难以将资产和负债所有现金流进行清晰核算，无法保证准确性；三是存在一个前提假设错误问题，即要保证前提是利率变化时，银行收益曲线只能平行移动，而这一点在现实中很难实现。

（四）流动性风险管理法

流动性风险管理的传统方法主要有比例管理法、资金汇集法和线性规划法。其中，比例管理法是指通过运用量化的比例指标衡量流动性需求，如常用的大额负债比率指标就是采用"大额负债总额-临时的短期投资"与"盈利资产总额-临时的短期投资"之比，若比例较高，意味着银行流动性较小。线性规划法是通过计量方式分析影响流动性风险各种因素之间的关系，通过预先设计模型直接输出最优资产负债结构的方法。资金汇集法则是指商业银行将所拥有资金根据安全性分为三个层次：第一层次保证基本流动性需要，第二层次用于信贷，第三层次用于创造利润，但是该方法分类过于简单，无法确保高效率的资金使用。

（五）资产负债管理工具

资产负债管理工具大致可以分为两类：第一类是过程管理工具，如全面预算管理、资本—业务—财务动态平衡预算模型、预算—试算—测算模型、低效资产分析模型等；第二类是结构和效率管理工具，如流动性风险、资本内部充足管理、利率风险三大管理工具以及内部资金转移定价（FTP）。下面着重阐述第二类工具。

1. 流动性风险管理

①日间流动性管理，俗称头寸管理，着力于7天以内，特别是日间头寸管理，目的是通过对隔夜现金流入、流出、缺口的准确计量，做好当天融资安排，确保支付安全。②结构性流动性管理，着力于7天以上，重点是30（含）天以上全行资产负债业务结构和期限结构布局，目的是满足各类流动性风险监管、监测和内部管理要求，以及平滑全行现金缺口。③应急流动性风险管理，通过压力测试、应急预案等方式，评估流动性风险的柔韧度和脆弱性，提前做好风险应对和危机处置。

2. 资本内部充足管理

（1）在时间维度上，资本管理分为三年资本规划、年度资本充足率管理计划、季/月度资本配置与日常管控。三年资本规划向上承接的是五年战略规划，在年度资本管理过程中，资本预算是全面预算管理的一部分，决定了业务整体规模与增速，影响当期营收，并与财务预算形成逻辑闭环。预算执行过程中的资本配置则是经营政策管理的重要内容，决算完成后的营业增加值、资本回报率则是全面绩效管理的对象。因此，资本管理与三大价值管理工具之间是密不可分的。

（2）在内容维度上，资本管理包括以下三方面内容：①符合监管资本定义的资本有多少；②监管要求和内部偏好的资本充足要求是多少；③由资本与资本充足要求共同决定的风险加权资产规模和表内外调整后资产规模是多少。

3. 利率风险管理

利率风险管理既要与营业收入挂钩，又要与财务预算相衔接。通过分解与测算获得净息差管理目标、FTP利差管理目标、贷款定价和存款定价提升目标，并通过经营政策和绩效考核政策在资源配置和费用奖励方面加以引导，形成一套目标控制系统，不断提高利率风险管理能力。利率定价精细化管理需要具体问题具体分析，通过数据实现量化分析与管控。

4. 内部资金转移定价（FTP）

内部资金转移定价（FTP）是传导资产负债经营导向的重要工具。在庞大的总分支机构体系下，科学地核算每一笔资产、负债业务带来的收益，建立内部资金转移定价机制，通过合理设定FTP实现全行资金的统一归集和流动性风险的集中管理。从资产负债经营管理的角度而言，FTP不仅是考核核算和效益分配的工具，更是资产负债业务发展的引导工具。总行通过调整FTP以发挥内部价格的导向作用和杠杆作用，对各项业务发挥鼓励和限制调控效果，推动资产负债业务结构向预期方向发展。

第二节　提前预测，规避不确定性的静态管理
——利率敏感性缺口管理

一、利率敏感性缺口的定义和衡量

利率敏感性缺口是指利率敏感资产与利率敏感负债的差额。利率敏感性缺口主要用于衡量银行净利息收入对市场利率的敏感程度。利率敏感资产与利率敏感负债是指在一定时限内到期的或需要根据最新市场利率重新确定利率的资产与负债。这类资产和负债的差额被定义为利率敏感性缺口，公式表示如下：

利率敏感性缺口（GAP）=利率敏感资产（RSA）-利率敏感负债（RSL）

当利率敏感资产大于利率敏感负债时，缺口为正值；当利率敏感资产小于利率敏感负债时，缺口为负值；当利率敏感资产等于利率敏感负债时，缺口则为0。当市场利率变动时，缺口数值将直接影响着银行利息收入。

利率敏感性缺口是一个与时间长短相关的概念。缺口数值大小和正负都依赖于计划期长短，这是因为资产与负债的利率调整期限决定了利率调整是否与计划期内利率相关。例如，一笔浮动利率贷款，若商定的利率调整期为每6个月一次，则在计算未来3个月的利率敏感性缺口时，这笔贷款被认为属于利率不敏感资产。但是，当计算未来6个月的利率敏感性缺口时，该贷款则为一笔利率敏感资产。同样，固定利率定期存款在到期前属于利率不敏感负债，而到期后如果继续存在银行，由于续存时的利率由市场利率而定，这笔存款则属于利率敏感负债。一般而言，利率敏感性缺口绝对值越大，银行承担的利率风险也就越大。如果能够准确预测利率走势，银行可利用较大的利率敏感性缺口获取较大的利息收益；但如果银行预测失误，较大的利率敏感性缺口也会导致巨额利息损失。利率敏感性缺口表示利率敏感资产和利率敏感负债之间绝对量的差额，而利率敏感比率则反映二者之间的相对量大小。

利率敏感比率为利率敏感资产与利率敏感负债之比，用公式表示如下：

$$利率敏感比率 = \frac{利率敏感资产}{利率敏感负债}$$

当利率敏感资产大于利率敏感负债时，该比率大于1；反之，则小于1。因此，利率敏感比率和利率敏感性缺口都反映着银行的利率风险，二者之间的关系是当利率敏感比率大于1时，缺口为正值；当利率敏感比率小于1时，缺口为负值；当利率敏感比率等于1时，缺口为0。当运用利率敏感比率分析资产负债敏感程度时，利率敏感比率接近于1时，银行管理者仅知道利率敏感资产接近利率敏感负债，但无法掌握差额多少，而利率敏感性缺口则准确反映着银行资金利率敞口大小。因此，当银行实施利率敏感性缺口管理时，通常将利率敏感性缺口和利率敏感比率两项指标相结合，共同考察银行资产、负债的利率敏感程度，以有利于做出科学决策。利率敏感性缺口、利率变动与银行净利息收入的关系如表9-3所示。

表9-3 利率敏感性缺口、利率变动与银行净利息收入变动之间的关系

利率敏感性缺口	利率变动	利息收入变动	变动幅度	利息支出变动	净利息收入变动
正	上升	增加	>	增加	增加
正	下降	减少	>	减少	减少

续表

利率敏感性缺口	利率变动	利息收入变动	变动幅度	利息支出变动	净利息收入变动
负	上升	增加	<	增加	增加
负	下降	减少	<	减少	减少
0	上升	增加	=	增加	增加
0	下降	减少	=	减少	减少

二、利率敏感性缺口管理

利率敏感性缺口管理是银行在预测利率的基础上，调整计划期内利率敏感性缺口的正负和大小，以维持或提高利润水平的一种管理方法。即当预测利率上升时，银行应尽量减少负缺口，力争正缺口；当预测利率将要下降时，则设法将利率敏感性缺口调整为负值。利率敏感性缺口管理的关键在于调整利率敏感性缺口，而调整基础是分析资产负债结构的利率敏感程度，因此资金配置状况的利率敏感性程度分析是银行资金管理的基础。商业银行利率缺口管理的第一阶段，就是分析未来一段时间内利率敏感性缺口和利率敏感度，以分析所提供数据为基础，进行利率敏感性缺口管理决策。第二阶段，结合未来市场利率走势预测，制定相应的利率敏感性缺口调整战略。银行专门技术人员分析和判断影响利率波动的各种因素，如产业周期、国际国内资本流动、中央银行货币政策等，准确判断利率变动走势。

在银行准确预测利率走势的条件下，银行相应的利率敏感性缺口调整策略是：当预测利率将上升时，应建立一个正的利率敏感性缺口，即通过增加利率敏感性资产或减少利率敏感性负债，或两者同时变动来实现正缺口策略。当预测利率开始下降时，银行应建立负的利率敏感性缺口，即通过减少利率敏感性资产或增加利率敏感性负债，或两者同时变动以达到目的。在实际操作中，利率敏感性管理面临许多困难，准确预测利率变动趋势十分困难，银行无法完全自主控制资产负债结构而及时改变利率敏感性缺口。因此多数商业银行都将敏感性比率控制在一定幅度之间，避免因控制预测失误而导致巨额损失的风险。

三、利率敏感性缺口管理的优势和局限性

利率敏感性缺口分析具有比较明显的优点：一是简便、直观、易于理解。通过直接观察缺口分析报告各时间段内利率敏感性缺口正负及大小，能够大致了解银行所呈现的利率敏感性类型及利率风险大小。各时间段累积缺口大小充分说明了利率变动对商业银行产生的累积影响。从敏感性比例以及累积缺口百分比则可

以更准确地获得银行一定时期的利率风险大小。二是成本低。由于应用现代计算机技术，编制缺口分析报告所需的计算整理费用不断降低，大大减少了银行实施利率风险管理的成本。

利率敏感性缺口分析存在相当明显的不足之处：一是以账面价值反映当前和未来现金流的变动。该分析仅考虑利率变动对商业银行利差收入的影响，未考虑对商业银行资本净值的影响。由于缺口分析报告的考察期包括1年以上的未来现金流，这部分现金即使账面价值显示利差收入上升，也无法保证折现利差现值会增加。因此，这种分析可能造成对商业银行价值评价的不利影响。二是时间段划分主观性偏强。不同时间段划分所形成的各时间段利率敏感性缺口和累积缺口不同，所获取的在某一时间段内利率风险状态不同。由于利率风险管理的复杂性，采取多长时间段进行划分为最优标准难以确定，而随意划分则难以达到正确评价利率风险的作用。三是未考虑内含选择权的影响。当利率发生变动时，客户将行使内含选择权，提前偿还贷款或提前提取存款，形成一定时间段内的利率敏感性缺口变动，而缺口分析报告很难准确反映该情况。四是客户抵制。缺口分析报告反映着各时间段的利率敏感性缺口，可能会引起银行利差损失。保守型利率风险管理者会力求使各时间段的利率敏感性缺口为0，以实现对利率风险免疫。以2~3个月时间段为例，当利率敏感性缺口为0时，减少利率敏感性资产数量或增大利率敏感性负债数量，但是这些措施通常会遭受客户抵制。例如，预测利率下降，增大利率敏感性负债时，可以要求客户将长期定期存款转换为短期存款，但是此时若客户同样预测利率会下降，这显然很难成功实现。为了调整缺口，商业银行提高短期利率的经营行为将持续增加经营成本。总之，客户抵制使得银行的缺口调整变得非常困难。

【拓展知识】

中国的利率体系与利率市场化改革

利率是重要的宏观经济变量，利率市场化是经济金融领域最核心的改革之一。改革开放以来我国一直在稳步推进利率市场化，建立健全由市场供求决定的利率形成机制，中央银行通过运用货币政策工具引导市场利率。经过30多年的持续推进，我国的利率市场化改革取得显著成效，已形成比较完整的市场化利率体系，收益率曲线也趋于成熟，为发挥好利率对宏观经济运行的重要调节功能创造了有利条件。

经过近30年来持续推进利率市场化改革，我国已基本形成了市场化的利率形成和传导机制，以及较为完整的市场化利率体系，主要通过货币政策工具调节银行体系流动性，释放政策利率调控信号，在利率走廊的辅助下，引导市场基准利率以政策利率为中枢运行，并通过银行体系传导至贷款利率，形成市场化的利率形成和传导机制，调节资金供求和资源配置，实现货币政策目标（见图9-1）。

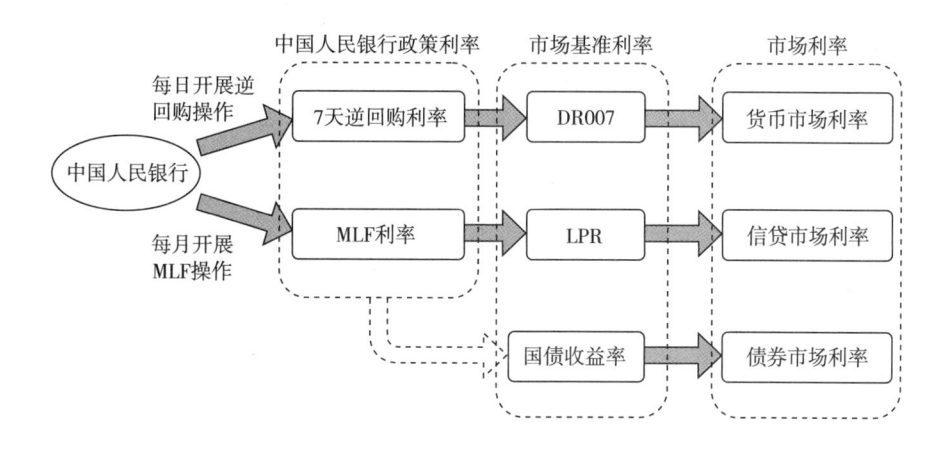

图 9-1 我国的利率体系和调控框架

【拓展阅读】

2021年9月28日中国人民银行发布的《中国的利率体系与利率市场化改革》全文。

第三节 调整期限，考虑时间价值的动态管理
——衡量与管理持续期缺口

市场利率变动不仅影响着利率敏感资产与负债，而且对利率不敏感资产与负债的市场价值也会产生一定程度的影响。在利率波动环境中，对于浮动利率资产和浮动利率负债配置所带来的融资缺口风险，运用利率敏感性缺口模型可以得到有效管理，使银行净利息收入实现最大化。然而，固定利率资产和负债并非没有任何风险，当市场利率发生波动时，市场价值也同样有升有降，导致银行资产变现时产生损失，或银行权益净值发生变化，致使股东财富受损。而计算银行资产负债平均有效期限即持续期，进行持续期缺口管理，是实现银行净值（即股东权益）最大化管理目标的有用工具。

一、持续期缺口的定义和衡量

持续期也称久期,由美国经济学家弗雷德里克·麦考利(Frederick Macaulay)于1938年提出的,指固定收入金融工具的所有预期现金流入量的加权平均时间,反映了现金流量的时间价值。持续期最初用于衡量固定收益债券的实际偿还期、计算市场利率变化时债券价格变化程度。20世纪70年代以后,随着西方各国商业银行面临的利率风险增加,持续期概念被逐渐推广应用于所有固定收入金融工具的市场价格计算和商业银行资产负债管理。

持续期是固定收入金融工具的所有预期现金流入量的加权平均时间,或固定收入金融工具未来现金流量在价格变动基础上计算的平均时间,其计算公式如下:

$$D = \frac{\sum_{t=1}^{n} \frac{t \times C_t}{(1+i)^t} + \frac{n \times F}{(1+i)^n}}{P} \tag{9-1}$$

式中,D 为持续期;t 为各现金流发生的时间;C_t 为金融工具第 t 期的现金流或利息;F 为金融工具面值(到期日的价值);n 为该金融工具的期限;i 为市场利率;P 为金融工具的现值。

其中,

$$P = \sum_{t=1}^{n} \frac{C_t}{(1+i)^t} \tag{9-2}$$

将式(9-2)代入式(9-1),得到:

$$D = \frac{\sum_{t=1}^{n} \frac{t \times C_t}{(1+i)^t} + \frac{n \times F}{(1+i)^n}}{\sum_{t=1}^{n} \frac{C_t}{(1+i)^t}} \tag{9-3}$$

式(9-3)表明持续期实际上是加权的现金流量现值与未加权的现值之比。

持续期缺口是银行资产持续期与负债持续期和负债资产系数乘积的差额,用公式表示如下:

$$D_{GAP} = D_A - UD_L \tag{9-4}$$

式中,D_{GAP} 为持续期缺口;D_A 为资产持续期;D_L 为负债持续期;U 为负债资产系数,即

$$\frac{总资产}{总负债} = \frac{P_L}{P_A} \tag{9-5}$$

可得近似公式如下:

$$D \approx -\frac{\frac{\Delta P}{P}}{\frac{\Delta i}{1+i}} \quad (9\text{-}6)$$

式（9-5）表明，对于固定收入金融工具而言，市场利率与金融工具的现值呈反向变动关系。用 P_A 代表总资产的初始现值，P_L 代表总负债的初始现值，Δi 为对应资产或负债利率变化量。当市场利率变动时，由式（9-5）可知，资产与负债现值变化可表示如下：

$$\Delta P_A = -\frac{D_A P_A}{1+i} \times \Delta i \quad (9\text{-}7)$$

$$\Delta P_L = -\frac{D_L P_L}{1+i} \times \Delta i \quad (9\text{-}8)$$

假设银行净值变动额为 ΔNW，故，

$$\Delta NW = \Delta P_A - \Delta P_L \quad (9\text{-}9)$$

将式（9-7）、式（9-8）代入式（9-9），化简得：

$$\Delta NW = -\frac{\Delta i}{1+i} \times (D_A P_A - D_L P_L) \quad (9\text{-}10)$$

将式（9-10）两边除以 P_A，可得：

$$\frac{\Delta NW}{P_A} = -\frac{\Delta i}{1+i} \times \left(D_A - D_L \frac{P_L}{P_A}\right) \quad (9\text{-}11)$$

即

$$\frac{\Delta NW}{P_A} = -\frac{\Delta i}{1+i} \times D_{GAP} \quad (9\text{-}12)$$

式（9-12）表明银行净值变动额、持续期缺口与利率变动三者之间关系。当持续期缺口为正值时，银行净值随利率上升而下降、利率下降而上升；当持续期缺口为负值时，银行净值随利率上升而上升、利率下降而下降；当持续期缺口为 0 时，银行净值在利率变动时保持不变（见表9-4）。

表9-4 持续期缺口、利率变动与银行净值变动之间的关系

持续期缺口	利率变动	资产现值变动	变动幅度	负债市值变动	净值市场价值变动
正	上升	减少	>	减少	减少
正	下降	增加	>	增加	增加
负	上升	减少	<	减少	减少
负	下降	增加	<	增加	增加

续表

持续期缺口	利率变动	资产现值变动	变动幅度	负债市值变动	净值市场价值变动
0	上升	减少	=	减少	减少
0	下降	增加	=	增加	增加

二、持续期缺口管理

持续期缺口管理是银行通过调整资产与负债的期限和结构，采取对银行净值有利的持续期缺口策略规避银行资产与负债的总体利率风险的一种管理方法。

当市场利率变动时，各项利率敏感资产与负债的收益和支出发生变化，利率不敏感资产与负债的市场价值也会不断变化。运用持续期缺口管理技术管理利率风险过程中，不仅可以运用持续期缺口技术有效地规避利率风险，而且可以在准确预测利率波动方向的情况下，从中获得更大收益。在运用持续期缺口技术预测和控制利率风险过程中，根据对待利率风险的态度不同，分为零缺口和积极缺口两种管理策略。

（一）零缺口管理策略

零缺口管理策略是指当商业银行无法准确预测利率未来走势时，为了规避利率风险而使持续期缺口保持为零状态，使企业处于利率风险"屏蔽"状态，即通常所说的"利率免疫"。在零缺口管理策略下，商业银行不会由于利率朝着有利方向波动获得额外收益，也不会由于利率朝着不利方向波动而遭受严重损失，属于一种比较保守的策略，因此也被称"保守的缺口管理策略"。

（二）积极缺口管理策略

积极缺口管理策略指正确预测利率未来走势的情况下，商业银行有意识地将持续期缺口调整为非零状态，使利率发生变动时能够获得最大限度收益。因此，预期市场利率将上升时，则会将持续期缺口调整为负，使相关指标变化方向与利率变化方向一致；而预期市场利率将下降时，则将持续期缺口调整为正，使相关指标变动方向与利率变动方向相反。如此操作就能保证在利率变化时，商业银行获取更多收益。持续期缺口绝对值越大，所获取收益也就越大。但是，该管理策略运用成功必须建立利率走势准确预测的基础之上，若预测趋势与实际变动方向相反，则可能会给商业银行带来灾难性后果，因此商业银行通常比较谨慎地运用该策略。

三、持续期缺口管理的局限

持续期缺口管理克服了利率敏感管理的缺陷,为利率管理提供了一个综合性指标,使得商业银行可以通过资产负债持续期缺口管理合理配置资产负债,实现银行净值最大化。但是,仍有一定的不足之处。

第一,持续期缺口管理同样面临着准确预测利率的困难。第二,运用数学公式推导时,存在一些必要的假设前提,而这些假设前提不可能与灵活多变的现实经济完全吻合。例如,当运用持续期缺口预测银行净值变动时,要求资产和负债利率与市场利率同方向等幅度变动,显然,这一前提在实践中无法满足。第三,持续期缺口管理要求大量的银行经营实际数据,但即使银行数据丰富,仍有某些项目的现金流量难以确定,因此该方法不得不带有较大主观性,导致分析结果真伪的不确定性。第四,持续期缺口管理的运作成本较高。首先,资产或负债持续期与到期日之间客观上不相等,导致银行难以获取一个能使资产持续期与负债持续期相等的资产负债组合,即使能够获取,也将是一项十分烦琐的工作。其次,一般情况下,持续期随着利率变动而变动,利率一旦发生变动,银行的资产负债构成就应当随之变动,意味着银行经常处于资产负债结构调整之中;即使利率相对稳定,持续期缺口也会随着时间变动而改变,这就要求银行投入大量的人力、物力经常调整资产负债结构,最终引起银行成本增加。

在传统资产负债理论中,利率敏感性缺口模型和持续期缺口模型重点关注和解决利率波动给银行带来的利率风险。20 世纪 90 年代以后,伴随着全面风险管理理念和框架的出现,资产管理理论出现了新发展,典型特征:一是引入更为严谨的数理模型支持金融决策;二是在处理利率风险时,从资金配置角度处理相应的市场风险、信用风险、流动性风险等;三是运用范围获得扩展,21 世纪以后,随着经济环境变化,资产负债管理理论和模型上都出现新的发展,除商业银行外,年金、保险公司、共同基金、机构投资者甚至个人投资者中都广泛地运用资产负债管理理论和方法处理资金配置问题。资产负债管理主要有四种代表性模型,分别是均值—方差模型、离散时间多期模型、连续时间模型和随机规划模型。风险测度中估值误差影响、单期局限等缺陷限制了均值—方差模型的实践运用,而"维数发难"等问题则困扰着离散时间多期模型和连续时间模型,限制了其在实践中运用的广度。随机规划模型的一些假设更接近于现实,被金融行业较多地用于处理现实问题,但却计算复杂,计算成本很高,很难求解。因此,未来资产负债管理研究重点将会更多地考虑如何运用更加有效的计算方法,设计既能融合现存模型的优点,又能更加反映现实条件的模型,为金融机构和投资者提供更为有效的资金配置策略。

第四节　从套期保值中思考

——应用金融衍生工具管理利率风险

一、利率风险

（一）利率风险的定义

市场利率波动不确定而导致的商业银行潜在损失称为利率风险。1997年巴塞尔委员会发布的《利率风险管理原则》中将利率风险定义为：利率变化使商业银行实际收益与预期收益或实际成本与预期成本发生背离，导致实际收益低于预期收益，或实际成本高于预期成本，使商业银行遭受损失的可能性。原投资于固定利率的金融工具，当市场利率上升时，可能出现导致价格下跌的风险。自20世纪70年代利率市场化在全世界范围内推进以来，利率风险逐步成为商业银行所面临的最主要风险之一。国内外理论和实践都表明，利率风险对整个银行系统影响巨大，甚至可以认为在一定时期内，利率风险直接危及金融系统稳定性，影响整个国民经济发展的速度和质量。

（二）利率风险的类型

2004年12月，中国银监会参照国际惯例发布了《商业银行市场风险管理指引》，认为利率风险按照来源不同，可分为重新定价风险、收益率曲线风险、基准风险和期权性风险。

1. 重新定价风险

重新定价风险也称期限错配风险，是最主要和最常见的利率风险形式，源自银行资产、负债和表外业务到期期限（就固定利率而言）或重新定价期限（就浮动利率而言）所存在的差异。这种重新定价的不对称性使银行的收益或内在经济价值会随着利率变动而变化。若银行以短期存款作为长期固定利率贷款的主要融资来源，当利率上升时，贷款利息收入是固定的，但存款的利息支出却随着利率上升而增加，导致银行的未来收益减少和经济价值降低。

2. 收益率曲线风险

重新定价的不对称性将使收益率曲线斜率、形态发生变化，即收益率曲线非平行移动，对银行的收益或内在经济价值产生不利影响，形成收益率曲线风险，也称利率期限结构变化风险。例如，若以5年期政府债券的空头头寸为10年期政府债券的多头头寸进行保值，当收益率曲线变陡时，虽然上述安排已经对收益率曲线平行移动进行保值，但该 10 年期债券多头头寸的经济价值仍然会出现下降。

3. 基准风险

基准风险也称为利率定价基础风险，是另一种重要的利率风险来源。在利息收入和利息支出所依据的基准利率变动产生不一致时，虽然资产、负债和表外业务的重新定价特征相似，但由于现金流和收益利差发生变化，也会对银行的收益或内在经济价值产生不利影响。例如，一家银行可能运用一年期存款作为一年期贷款的融资来源，贷款按照美国国库券利率每月重新定价一次，而存款则按照 LIBOR 每月重新定价一次。虽然运用一年期存款作为来源发放一年期贷款，由于利率敏感性负债与利率敏感性资产的重新定价期限完全相同而不存在重新定价风险，但基准利率变化可能不完全相关或变化不同步，仍然会导致该银行面临着基准利率利差发生变化而带来的基准风险。

4. 期权性风险

期权性风险是一种越来越重要的利率风险，源自银行资产、负债和表外业务中所隐含的期权。一般而言，期权赋予持有者买入、卖出或以某种方式改变某一金融工具或金融合同现金流量的权利，而非义务。期权可以是单独的金融工具，如场内（交易所）交易期权和场外期权合同，也可以隐含于其他标准化金融工具之中，如债券或存款提前兑付、贷款提前偿还等选择性条款。期权和期权性条款都是在对买方有利而对卖方不利时执行，因而此类期权性工具具有不对称支付特征而给卖方带来潜在风险。若利率变动对存款人或借款人有利，存款人就可能选择重新安排存款，借款人可能选择重新安排贷款，从而对银行产生不利影响。目前，由于具有较高的杠杆效应，越来越多的期权品种进一步增大期权头寸，对银行财务状况产生不利影响。

二、金融衍生工具及其应用

利率敏感性缺口管理和持续期缺口管理是商业银行资产负债管理的两种重要管理方法，主要思想是通过调整商业银行资产负债结构，改变利率敏感性缺口或持续期缺口，有效管理商业银行资产负债利率风险。调整商业银行资产负债的利率敏感性缺口和持续期缺口还可以利用金融衍生工具套期保值方法实现。金融衍生工具套期保值方法实质是通过买卖金融衍生工具，如金融期货、利率期权和利率互换等，构建虚拟性资产或负债，而这种资产或负债利率敏感性状况与商业银行当前持有资产或负债却正好相反。

（一）金融期货

1. 金融期货合约

金融期货合约是一种按照确定价格在未来某一时间买卖特定数量金融工具的

标准协议。所谓标准协议，是指金融期货合约属于一种完全标准化合约，期货交易所对每一种期货合约的有关条款进行清晰的、不含糊的规定。合约购买者同意在未来某一时刻，按照交易时确定的价格购买特定数量的金融工具（也称期货合约的标的资产）称为期货合约多头；合约出售者同意在未来某一时刻，按照交易时确定的价格出售特定数量的金融工具（也称期货合约的标的资产）称为期货合约空头。在大多数情况下，金融期货交割之前会平仓（也称对冲，即多头在期货市场上通过卖出相同合约抵消多头头寸；或空头在期货市场上通过买入相同合约抵消空头头寸），很少发生标的资产实际交割。美国银行参与交易的金融期货合约主要有美国长期国债期货合约，该合约交易面额为100万美元、90天期的美国短期国债，交割月为每年3月、6月、9月和12月；3个月期欧洲美元期货合约，合约交易面额为100万美元；30天期的联邦基金期货合约，合约交易面额为500万美元。此外，还有股票指数期货，如标准普尔500指数期货合约、日经225指数期货合约等。

我国商业银行参与交易的金融期货合约只有以国债为标的资产的利率期货，表9-5是中国金融期货交易所对国债期货合约的相关规定。尽管商业银行是国债主要持有主体，但是由于我国金融市场发展不健全，利率市场化进程仍在持续推进，具备国债期货交易资格的商业银行数量有限，期货交易所准许商业银行入场的交易时间也较晚。2020年2月21日，经国务院同意，证监会与财政部、中国人民银行、银保监会联合发布公告，允许中国工商银行、中国农业银行、中国银行、中国建设银行、交通银行5家银行作为第一批试点机构，参与国债期货交易。

表9-5　2年期、5年期、10年期和30年期国债期货合约细则

国债期货品种	2年期	5年期	10年期	30年期
合约标的	面值为200万元人民币、票面利率为3%的名义中短期国债	面值为100万元人民币、票面利率为3%的名义中期国债	面值为100万元人民币、票面利率为3%的名义长期国债	面值为100万元人民币、票面利率为3%的名义超长期国债
可交割国债	发行期限不高于5年，合约到期月份首日剩余期限为1.5~2.25年的记账式附息国债	发行期限不高于7年，合约到期月份首日剩余期限为4~5.25年的记账式附息国债	发行期限不高于10年，合约到期月份首日剩余期限不低于6.5年的记账式附息国债	发行期限不高于30年，合约到期月份首日剩余期限不低于25年的记账式附息国债
报价方式	百元净价报价	百元净价报价	百元净价报价	百元净价报价
最小变动价位	0.002元	0.005元	0.005元	0.01元

续表

国债期货品种	2 年期	5 年期	10 年期	30 年期
合约月份	最近的三个季月（3月、6月、9月、12月中的最近三个月循环）	最近的三个季月（3月、6月、9月、12月中的最近三个月循环）	最近的三个季月（3月、6月、9月、12月中的最近三个月循环）	最近的三个季月（3月、6月、9月、12月中的最近三个月循环）
交易时间	9：30-11：30，13：00-15：15	9：30-11：30，13：00-15：15	9：30-11：30，13：00-15：15	9：30-11：30，13：00-15：15
最后交易日交易时间	9：30-11：30	9：30-11：30	9：30-11：30	9：30-11：30
每日价格最大波动限制	上一交易日结算价的±0.5%	上一交易日结算价的±1.2%	上一交易日结算价的±2%	上一交易日结算价的±3.5%
最低交易保证金	合约价值的0.5%	合约价值的1%	合约价值的2%	合约价值的3.5%
最后交易日	合约到期月份的第二个星期五	合约到期月份的第二个星期五	合约到期月份的第二个星期五	合约到期月份的第二个星期五
最后交割日	最后交易日后的第三个交易日	最后交易日后的第三个交易日	最后交易日后的第三个交易日	最后交易日后的第三个交易日
交割方式	实物交割	实物交割	实物交割	实物交割
交易代码	TS	TF	T	TL
上市交易所	中国金融期货交易所	中国金融期货交易所	中国金融期货交易所	中国金融期货交易所

2. 套期保值原理

套期保值是指构筑一项临时地代替未来另一项头寸的头寸，或构筑一项保护另一项头寸价值的头寸直到终结。由此可见，利用套期保值方法防范利率风险，关键在于建立对冲组合，当利率发生变化时，使对冲组合净价值保持不变。

设 n_1、n_2 分别是对冲组合中风险暴露资产 A_1、期货合约 A_2 的比例，V 为组合的净价值，则有：

$$V = n_1 A_1 + n_2 A_2 \tag{9-13}$$

当利率 x 发生变化时，使组合的价值 V 尽可能保持不变，即

$$\frac{\partial V}{\partial x} = n_1 \frac{\partial A_1}{\partial x} + n_2 \frac{\partial A_2}{\partial x} = 0 \tag{9-14}$$

设 $HR = \dfrac{n_2}{n_1}$，则 HR 为套期比率（也叫套头比），即为对冲利率风险，一单位的风险暴露资产所需要的期货合约数。

金融期货套期保值分为多头套期保值和空头套期保值。当银行在现货市场上

有多头头寸时,为防止利率下跌风险,买进利率期货合约,即进行多头套期保值;当银行在现货市场上有空头头寸时,为防止利率上升风险,卖出利率期货合约,即进行空头套期保值。

(二) 利率期权

1. 利率期权的概念

1973 年,芝加哥期权交易所第一次将期权引入有组织的交易所交易,此后期权市场迅猛发展。从交易方式划分,期权可分为看涨期权和看跌期权,其中,看涨期权赋予期权持有者某一时刻以约定价格购买某一基础金融工具,但也有权不予购买;看跌期权则赋予期权持有者有权在某一时刻以约定价格卖出某一基础金融工具,但也有权不卖出。不过这一权利不是免费的,期权购买者必须向出售者支付一定费用——期权费,也称为期权价格。此外,期权交易还可分为美式期权和欧式期权,其中,美式期权在期权到期以前的任何时刻都可以行使期权赋予的权利;欧式期权则只有在期权到期日才能行使期权赋予的权利。按期权合约的标的资产,金融期权可分为股权期权、利率期权和货币期权三大类。其中,利率期权是指现金流依赖于利率水平的期权,主要分为实际证券期权(如国债期权、政府票据期权等)、债券期货期权(如国库券期权、欧洲美元期货期权等)和利率协定(如利率上限等)。

在期权交易中,期权合约双方所面临的风险具有不对称性。期权卖方所面临的风险高于买方,因为期权买方的最大损失为支付卖方的期权费,而对于卖方而言,如利率向不利于卖方的方向变动,卖方损失具有无限性。因此,各国一般都禁止银行作为期权卖方参与期权交易。如在美国,期权交易规则禁止银行作为卖方签订某些高风险的看涨期权和看跌期权,而且一般要求银行买入期权必须与银行业务所面临的具体风险紧密联系,即银行主要从事期权的套期保值业务。美国银行业运用的期权合约主要为美国国库券期权、欧洲美元期货期权、美国国债期权和伦敦同业拆借期权等。

2. 套期保值原理

由于期权空头的风险较大,商业银行运用利率期权进行资产负债管理时,通常只作为期权多头,即只买入期权。当银行处于正缺口状态时,如担心利率下降造成银行净利润减少,可购入看涨期权,这样,当利率下降时,金融资产价格随之上涨,银行行使期权获利,以抵补现货市场损失;如对利率未来走向判断不准确,利率不变或上升,银行可选择不予行使,则损失为期权费。当银行处于负缺口状态时,如担心利率上升造成银行净利润减少,可购入看跌期权,当利率上升时,金融资产价格随之下跌,银行行使期权获利,以抵补现货市场的损失。如对利率未来走势判断不准确,利率不变或下降,最大损失仅为期权费。

运用金融期货和金融期权进行套期保值存在区别。运用金融期货套期保值，在防范利率不利变动的同时也将利率有利变动转移出去。如当利率下跌时，不运用金融期货进行套期保值，负利率敏感性缺口将使银行利润增加；而运用金融期货进行套期保值，新增加利润将被期货市场亏损冲销。运用金融期权进行套期保值，则能将不利利率变动带来的风险转移出去，而将有利的利率变动留给自己。但是这种权利并非免费，银行必须支付一定成本（期权费）。因此，银行运用金融期权进行套期保值时，应进行"成本—利润—风险"分析。

（三）利率互换

利率互换又称为利率掉期，指两笔债务以利率方式相互调换。利率互换并不交换本金，双方只在互换期内按照约定条件向对方支付利息。利率互换使得两个借款人能够利用比较优势原则，通过交换一些各自贷款的最有利特性互相帮助。利率互换提供了能够改变一家机构利率波动风险敞口和取得较低借款成本的方法。利率互换参与者能够将固定利率转换为浮动利率，或将浮动利率转换为固定利率，使资产和负债期限更为紧密匹配。

信用较低的借款人通常资产持续期大于负债持续期，存在一个正的持续期缺口，容易获得短期浮动利率贷款，而偏好长期固定利率贷款。而信用较高的借款人通常资产持续期小于负债持续期，存在一个负的持续期缺口，容易获得长期固定利率贷款，而偏好短期浮动利率贷款。通过互换交易，交易双方在各自具有最大比较成本优势的市场上借款，然后互换各自借款的利息支付，均能够降低信用成本。前者支付长期固定利率，后者支付短期浮动利率，但是这都是名义上的互换，实际上只发生一方支付净利差的行为。

互换常运用于处理银行资产和负债期限不匹配现象，如一家银行拥有浮动收益短期资产和固定利率长期负债，担心市场利率降低会减少收益；而另一家银行拥有固定收益长期资产，但是面临短期负债，担心利率上升，互换交易由此产生。此外，一家银行也能使用互换交易改变资产和负债持续期，即能够通过将一个固定利率收入流调换成为一个可变利率收入流，缩短资产持续期。如果一家银行负债持续期太短，则能够将一个可变利率支出流调换为一个固定利率支出流。利率互换能够帮助一家银行更加接近于资产和负债持续期平衡，确保投资组合免受利率风险波动影响。

利率互换有浮动利率与固定利率互换、固定利率与浮动利率互换，还有固定利率与浮动利率互换之后再进行固定利率互换、交叉货币浮动利率与浮动利率互换等多种类型，不同经济主体根据各自需要进行不同选择。利率互换的优点在于利率互换不涉及本金交换，而只是互相交换名义本金，按不同利率计算利息流量，因此交换双方面临风险显著降低。互换交易采用表外业务形式，交易手续简单，不必增加或减少交易者资产负债表内的资产或负债数额，提升了调整资产负债结构的便利性，提高了银行经营管理水平。正因如此，自 20 世纪 80 年代产生以来，利率互换市场获得极大发展。

尽管大部分互换交易的互换期限为 3~10 年，但却通过协商能够保护几乎任何期限和有需要的借款工具。金融市场上各大商业银行进行各种类型互换报价，按照该价格进行互换称为标准互换。但是，需要互换各方客户所面临的情况各不相同，标准互换不一定正好符合各方情况，因此需要对标准互换进行调整才能满足客户需求。互换交易相当灵活，互换供给方所报出价格并非不能进行任何修改，互换报价中几乎各项内容都允许调整，关键在于交易双方是否接受。

三、金融衍生工具对商业银行经营的影响

由于金融衍生工具流动性强、交易成本低以及杠杆性优势，已经成为商业银行用于改变资产风险暴露的重要手段。金融衍生工具主要应用于对冲利率风险、制造合成工具、提高投资回报、调整投资组合期限、改变投资组合的资产分配、金融机构资产负债风险的宏观管理等领域。金融衍生工具应用对商业银行经营影响体现在规避风险，降低成本、增加收入，资产配置三个方面。

（一）规避风险

国际经验表明，在实行利率市场化过程中，绝大多数国家面临着阶段性利率风险突变，主要表现为利率骤然上升和利率波动幅度、频率提高。利率市场化所带来的阶段性利率风险上升使商业银行面临更为复杂的经营环境，在适应这一环境的过程中难免遭受较大损失。由于我国商业银行依赖于存、贷款业务，很多情况下又难以对利率走势做出正确判断，必将受到利率市场化的极大冲击。金融衍生工具流动性强、交易成本低以及杠杆性优势成为商业银行改变资产风险暴露的重要工具，通过金融衍生工具交易锁定利率，从而锁定成本和稳定收益。

（二）降低成本、增加收入

银行业发展经历追求负债规模、追求资产规模、追求资产负债平衡三个阶段，但资产规模片面扩大，潜伏着许多危机。摒弃片面追求资产规模扩大的做法，不但成为国际监管要求，而且已转化为银行的自觉行为。在扩充资产规模、增加安全性与竞争性的两难选择中，金融衍生工具给银行提供了极为有利的三种选择。毕竟杠杆效应、代客交易、表外反映、收益丰厚等诸多特点，远比片面增加资产规模的诱惑更大。

随着现代技术发展，交易工具扩大，寻找交易对手、达成交易的成本不断降低。任何一项业务都可以通过计算机系统迅速完成，且费用低廉，同时，金融衍生工具交易可以获得可观的手续费收入。为了满足客户需求，银行还需要创新各

种金融工程技术，运用一系列品质、价格不同的衍生工具进行时间、金额、价格组合，保证客户能够以更低成本达到防范风险的目的。商业银行提供此类服务时帮助客户降低风险，除了正常手续费外，还应获得一定风险补偿。与利率、汇率有关的表外业务属于收益相对较高的业务，对于部分银行而言，与利率、汇率有关的风险管理业务是收入的主要来源之一。

（三）资产配置

金融衍生工具具有资产配置功能。一方面，金融衍生工具引进做空机制，商业银行投资策略从等待金融工具价格上升的单一模式转变为双向投资模式，使银行资金在行情下跌时也能有所作为而非处于被动闲置状态；另一方面，作为一种高效的组合管理工具，金融衍生工具可以利用现货、期货和回购等多种投资工具构造更为丰富的投资组合，极大地改进组合投资和风险管理的能力。

【拓展阅读】

仔细阅读以下主题为"商业银行资产负债综合管理"的期刊论文，并认真思考有关问题。

[1] 吴隽豪．商业银行净息差、资产负债期限错配与利率期限结构 [J]．经济学家，2024（3）：66-76．

[2] 于东智．硅谷银行破产对商业银行资产负债管理的启示 [J]．清华金融评论，2023（7）：39-41．

[3] 尚航飞，黎金定．基于资产负债管理的底层逻辑应对银行经营困境 [J]．新金融，2023（2）：18-25．

[4] 杨文勇，杨旸，朱毅．新形势下商业银行资产负债错配的应对策略 [J]．新金融，2021（6）：36-40．

[5] 生柳荣，林颖．可持续发展中的资产负债管理 [J]．中国金融，2021（6）：63-65．

[6] 曾刚，王伟．强监管下的资产负债管理 [J]．中国金融，2021（6）：68-69．

[7] 于东智，董华香，谭明洋．低利率下银行资产负债管理策略 [J]．中国金融，2020（14）：63-64．

[8] 许嘉扬．"大资管"背景下城市商业银行资产负债多元化的经营绩效——基于动态面板系统GMM方法的实证研究 [J]．南方金融，2018（6）：47-56．

[9] 单增建．利率市场化背景下商业银行息差管理研究——以交通银行为例 [J]．金融理论与实践，2017（12）：97-101．

思考与讨论

1. 商业银行资产负债管理如何适应低利率和强监管的发展形势？
2. 面对持续收窄的净利息差，商业银行应如何通过资产负债管理协调盈利性、流动性和安全性？

第五节 商业银行资产负债监管

一、商业银行资产负债监管历程

我国商业银行资产负债外部监管经历从简易计划平衡管理向资产负债比例管理、风险指标监管演变，并最终与国际资本监管体系标准对接。

（一）从简易计划平衡管理向资产负债比例管理的演变

我国商业银行资产负债管理理论与实践的发展相对较晚，最初还延续计划经济的烙印，随着金融体制改革的深入推进，在监管指导下形成了资产负债管理的雏形——资产负债比例管理。

1. 经济核算阶段（1978 年以前）

1978 年以前，中国人民银行既是国家金融管理机关，又是办理金融业务的国家银行，银行资产负债管理主要是考核经济核算指标。中国人民银行专门下发过关于加强银行经济核算的通知，对分支行的存款、贷款、费用成本、利润逐级考核，各级银行设立资金来源和运用平衡表。但彼时银行管理实际上并不是真正的银行资产负债管理，而是一种与当时计划经济条件下，把资金统一集中起来，再统一分配的资金管理体制相适应的银行业务简易管理。

2. 资产负债比例管理萌芽及试运行阶段（1978~1993 年）

20 世纪 70 年代末至 80 年代中期，随着金融改革的发展，中国农业银行等专业银行从中国人民银行分设出来，特别是在中共中央提出专业银行要坚持企业化的改革方向以后，专业银行已经在资产负债管理方面实施有益的探索。我国专业银行信贷资金管理开始出现资金来源制约资金运用的观念。一些银行从自身经营管理实践出发，提出"总量比例控制""总量平衡、结构对称""经营目标管理"等资产负债管理的最初构想。虽然这一阶段打破了信贷资金供应的"大锅饭"问题，但是仍然受到计划经济的束缚。

在资产负债管理发展过程中，西方商业银行资产负债管理理论传入和《巴塞尔协议》发布起到推动作用。尤其是20世纪80年代中期以后，我国陆续重建或新建了一些股份制和公司全资附属商业银行，率先采用了资产负债比例管理方法。1987年2月23日，中国人民银行在《关于贯彻执行国务院〈关于重新组建交通银行的通知〉的通知》中规定交通银行在业务经营上必须建立自我控制制度，严格规定和切实遵守贷款与资本金、吸入存款之间的合理比例，严格规定和切实遵守中长期贷款与贷款总额之间的合理比例，自此交通银行率先开始实行资产负债比例管理。但是实施初期的比例管理比较原始，在自控性比例指标中缺乏资本率和资本充足率等重要的资产负债比例指标。中国工商银行于1989年开始在系统内一些分支机构广泛试行资产负债比例管理。中国建设银行于1990年开始在大连市分行试行资产负债比例管理，随后逐渐扩大试点面。这一时期，资产负债比例管理试点大多局限于基层行，方法也大多是存贷比例挂钩、资金自求平衡、指标监控考核等。

3. 贷款限额控制下的比例管理阶段（1994~1997年）

1993年12月，国务院发布了《关于金融体制改革的决定》，要求建立在国务院领导下，独立执行货币政策的中央银行宏观调控体系；建立政策性金融与商业性金融分离，以国有商业银行为主体、多种金融机构并存的金融组织体系；建立统一开放、有序竞争、严格管理的金融市场体系。这一重大举措加快了我国商业银行的资产负债管理探索，为进一步形成市场经济下的商业银行资产负债管理机制提供了制度保障，并促成了资产负债管理的雏形。

1994年2月，中国人民银行发布了《关于对商业银行实行资产负债比例管理的通知》（以下简称为"94通知"），标志着资产负债比例管理在我国银行业全面实施，表明我国商业银行都已初步形成了资产负债比例管理框架，开始向真正意义上的资产负债管理过渡。根据国际惯例和我国当时的实际情况，"94通知"共规定了9项指标，除没有列入《巴塞尔协议Ⅰ》中规定可作为商业银行附属资本的混合资本工具和长期次级债务外，在资本充足率规定上基本援引了《巴塞尔协议Ⅰ》的内容：总资本充足率要求不低于8%，核心一级资本充足率不低于4%。对其他指标如存贷款比例、中长期贷款比例、资产流动性、备付金比例和单个贷款比例等也予以相应规定。国内商业银行正式将资产负债比例管理列入日常经营管理中。

1996年12月，中国人民银行发布了"96通知"，对"94通知"规定的资产负债比例指标进行修订，新的指标分为监控性指标和监测性指标，并把外汇业务、表外项目纳入考核体系，以便完整、真实地反映商业银行面临的经营风险。

（二）在资产负债比例管理中强化风险指标监管要求

1. 取消贷款限额的比例管理阶段（1998~2005年）

从1998年1月1日起，中国人民银行取消了对商业银行信贷规模的限额控制，同时发布的《贷款风险分类指导原则》依照国际惯例,将贷款分为正常、关注、次级、可疑和损失五类。此后,各商业银行加强了自律性资产负债比例管理,使资产负债结构逐步趋向合理,经济效益有所提高,促使我国商业银行向资产负债比例管理方法大步迈进。

2. 风险监管核心指标阶段(2006~2009年)

我国加入世界贸易组织后,金融市场进一步开放,特别是2006年我国银行业全面开放后,国际竞争使我国金融机构的经营环境风险加大。然而,我国商业银行资产负债比例管理的监管指标还是1996年制定的,受当时环境限制,这些指标多数属于合规性指标,其中不少指标和指标值已经过时。为了克服1996年《商业银行资产负债比例管理监控、监测指标和考核办法》中的不足,中国银监会于2005年12月31日制定了《商业银行风险监管核心指标(试行)》,自2006年1月1日起试行,开始实施包括资本充足率指标在内的商业银行风险监管核心指标,以指标控制方式监管信用风险、市场风险、操作风险和流动性风险等四大类风险。

(三)国际银行监管规则对商业银行的影响

2008年国际金融危机爆发后,为从根本上防范系统性风险和道德风险,国际金融监管逐步加强和完善审慎监管框架。除了进一步巩固微观审慎监管框架之外,开始新增宏观审慎方面的监管要求;除了进一步完善资本要求,也开始加强流动性、杠杆率等方面的监管。《巴塞尔协议Ⅲ》在我国的落地实施,对我国商业银行经营管理带来了极其深刻的影响。

我国银行业监管不断同国际接轨,资本监管和宏观审慎要求逐步升级。中国银监会于2011年4月发布了《关于中国银行业实施新监管标准的指导意见》,意味着《巴塞尔协议Ⅲ》的新监管框架正式在中国推出。2012年,中国银监会发布了《商业银行资本管理办法(试行)》,明确提出了统筹推进《巴塞尔协议Ⅱ》与《巴塞尔协议Ⅲ》的要求。2017年中国人民银行宏观审慎评估体系(MPA)考核进一步完善,全面强化了广义信贷总量、资本充足水平、定价行为、流动性风险管理。

1. 资本充足率监管要求高于国际标准

在《巴塞尔协议Ⅲ》实施过程中,资本充足率是资本监管的重要指标,考虑2.5%的留存超额资本影响,商业银行核心一级资本、一级资本和总资产占风险加权资产的比例将至少被要求达到7.5%、8.5%和10.5%。

核心一级资本的补充渠道主要有上市融资(IPO)、增资扩股(定增)、发行可转债,2017年初,证监会收紧定增,而可转债融资只有在特定条件下转为股票后才可以充实银行股本,且现有补充工具的发行人集中于资质相对较优的上市国有大型商业银行、股份制商业银行。

2. 明确引入杠杆率指标监管要求

中国银监会于2011年6月发布了《商业银行杠杆率管理办法》，并于2012年1月1日起正式实施，要求商业银行并表和未并表的杠杆率均不得低于4%。作为国内银行业计算杠杆率的重要依据，中国银监会提供的杠杆率具体计算方法可归纳如下：

$$杠杆率 = \frac{(一级资本 - 对应扣减项)}{(调整后的表内资产余额 + 调整后的表外项目余额)}$$

杠杆率指标是风险加权的资本充足率监管的有效补充，不仅从资产负债表范围内防止商业银行的信用风险扩张，而且还削弱了商业银行向表外转移资产进行监管套利的冲动。

3. 加强流动性风险指标监管和监测

早在国际金融危机爆发以前，中国银行业就实施了严格的存贷比要求，流动性较为充足。2013年10月，中国银监会公布了《商业银行流动性风险管理办法（试行）》，宣布引入流动性覆盖率和净稳定资金比例两个指标。但中国银监会在2014年1月发布《商业银行流动性风险管理办法（试行）》时，巴塞尔委员会正在修订净稳定资金比例相关指标，因此仅仅引入了流动性覆盖率。然而，《商业银行流动性风险管理办法（试行）》规定对于农村合作银行、村镇银行、农村信用社、外资银行以及资产规模小于2000亿元的城市商业银行和农村商业银行，不适用流动性覆盖率监管指标。此外，考虑到流动性覆盖率的计量较为复杂，银行需要一定时间调整完善流动性风险管理政策、程序、管理信息系统和会计科目，《商业银行流动性风险管理办法（试行）》规定，商业银行流动性覆盖率应当于2018年底前达到100%。对于流动性覆盖率已经达到100%的银行，鼓励其继续保持在100%之上。

2018年5月，为了进一步提高我国商业银行流动性风险管理水平，更好地顺应国内外经济金融环境变化，银保监会在历经5年的试行、修订征求意见之后，发布了《商业银行流动性风险管理办法》。该办法新引入了净稳定资金比例、优质流动性资产充足率、流动性匹配率三个新指标。其中，净稳定资金比例适用于资产规模在2000亿元（含）以上的商业银行，优质流动性资产充足率适用于资产规模小于2000亿元的商业银行，流动性匹配率适用于全部商业银行。同时，该办法要求商业银行建立健全流动性风险管理体系，建立有效的流动性风险管理治理结构，明确流动性风险管理策略、政策和程序，对法人和集团层面、各附属机构、各分支机构各业务条线的流动性风险进行有效识别、计量、监测和控制，以确保流动性需求能够及时以合理成本得到满足。2018年版《商业银行流动性风险管理办法》更好地实现了接轨《巴塞尔协议》。

二、宏观审慎评估体系（MPA）的建立和发展

（一）宏观审慎评估体系的建立

"宏观审慎性"最早于1979年由库克委员会（巴塞尔委员会的前身）和英格兰银行提出，此后一直处于理论探讨阶段。2008年国际金融危机的爆发促使人们重新思考系统性金融风险，单一金融机构的稳定不能保证整个金融系统的健康。"宏观审慎性"开始受到国际组织、各国政府、研究部门的广泛重视。在二十国集团（G20）匹兹堡峰会上，最终形成的会议文件及其附件中正式引用了"宏观审慎管理"和"宏观审慎政策"的提法。在G20首尔峰会上，进一步形成了宏观审慎管理的基础性框架，包括最主要的监管以及宏观政策方面的内容，并已获得G20峰会的批准，要求G20各成员落实执行。此后，金融稳定理事会、巴塞尔委员会等国际组织和全球金融体系委员会（CGFS）、三十国集团（C30）都提出了加强宏观审慎管理的各项具体措施。

2009年开始，中国人民银行研究宏观审慎管理的政策措施，2011年实施差别准备金动态调整和合意贷款管理机制，并于2016年将这一机制升级为宏观审慎评估体系（Macro Prudential Assessment，MPA）。2017年第五次全国金融工作会议提出，要以防范系统性金融风险为底线，加强宏观审慎管理制度建设。党的十九大报告提出，要健全货币政策和宏观审慎政策双支柱调控框架。2019年初，党中央、国务院拟定的机构改革方案进一步明确了中国人民银行负责宏观审慎管理的职能，牵头建立宏观审慎管理框架，统筹监管系统重要性金融机构、金融控股公司和重要金融基础设施，并批准设立了宏观审慎管理局。在2020年10月发布的《中华人民共和国商业银行法（修改建议稿）》中明确商业银行应遵守宏观审慎管理和风险管理的要求，将MPA纳入法律框架，确立了重要的法律地位。

（二）MPA对商业银行资产负债管理的影响

从资产端来看，MPA将合意贷款管理升级为广义信贷管理后，对商业银行各项贷款、同业投资、债券投资、买入返售资产、股权及其他投资等进行统一管理。过去很长一段时间，商业银行主要通过表内表外资金腾挪，规避监管实现监管套利的模式受到制约。特别是对资本充足率相对较低的中小型商业银行而言，在短期内无法调整资本数量的情况下，只能通过增加国债、政策性银行债券等低风险资产的配置数量，实现降低风险加权资产总额，满足资本充足率和杠杆率要求。随着对MPA的逐渐适应，商业银行更加注重资产本身的风险和收益，推动了商业银行资产配置结构的转变。

从负债端来看，MPA"流动性指标"考核规定对商业银行尤其是中小商业银行长期依赖短期负债和长期资产错配业务模式形成制约，用短期负债和长期资产

进行错配的期限套利业务被压缩。"定价行为"指标直接引用市场利率定价自律机制在利率定价方面的相关评估结果进行评分，约束了银行的高成本揽储行为，进一步增加中小型商业银行通过高息等方式吸收存款的难度。"同业负债占比"指标则改变部分银行过度依赖同业负债支撑资产增长的模式，促使其寻求其他替代同业负债的资金来源，甚至同时减少同业负债和资产端规模，达到优化负债结构的目标。在 MPA 实施并强化考核后，商业银行需要根据自身情况，在资产端和负债端同步降杠杆，适当控制资产增速，不断调整优化资产端和负债端结构。

【拓展知识】

《商业银行资本管理办法（征求意见稿）》

为进一步完善商业银行资本监管规则，推动银行提升风险管理水平和服务实体经济的质效，中国银保监会会同中国人民银行修订并形成《商业银行资本管理办法（征求意见稿）》（以下简称《征求意见稿》），《征求意见稿》自 2024 年 1 月 1 日起施行。此次修订的重点内容共有三个方面：①构建差异化资本监管体系，使资本监管与银行资产规模和业务复杂程度相匹配，降低中小银行合规成本；②全面修订风险加权资产计量规则，提升资本计量的风险敏感性；③要求银行制定有效的政策、流程、制度和措施，及时、充分地掌握客户风险变化，确保风险权重的适用性和审慎性等。同时，《征求意见稿》将按照银行间的业务规模和风险差异，根据并表口径调整后表内外资产余额大小和境外债权债务余额将商业银行分为三档，匹配不同的资本监管方案，形成差异化资本监管体系。面对国际国内环境的深刻复杂变化和日益严峻的风险挑战，新版《商业银行资本管理办法》将积极引导银行进行资产负债结构调整。

【拓展阅读】

阅读规范金融机构资产管理业务的政策法规《关于规范金融机构资产管理业务的指导意见》银发〔2018〕106 号。

本章小结

（1）商业银行资产负债管理的关键是实现安全性、流动性和盈利性的平衡，既要适应宏观政策变动，又要适应市场环境变化，在一定的风险约束下实现资本回报和价值创造的最大化。

（2）我国商业银行资产负债管理的精细化和专业化水平还需要进一步提升，经济新常态、利率市场化和金融监管新要求，对商业银行资产负债的流动性、定价方式、管理模式等提出了新的挑战。银行资产负债管理的转型升级之路还要在不断地探索和实践中曲折前行。

（3）资产负债管理是商业银行经营管理的一项综合性管理工作，通过对资产负债表内和表外资产与负债进行统一计划、执行和管理，合理配置资产负债，最终有效地实现银行经营管理目标。面对新时代的发展变化，商业银行资产负债管理面临着转型和提升的新要求，商业银行需要持续地优化资产负债管理模式。

（4）金融期货、利率期权和利率掉期等金融衍生工具套期保值方法在商业银行资产负债管理中的运用，实质是通过买卖金融衍生工具，构筑虚拟的资产或负债，而这种资产或负债利率敏感性状况与商业银行现时持有资产或负债正好相反。

（5）金融期货合约是一种完全标准化协议。金融期货在利率敏感性缺口管理中的运用原理为：当银行面临正的利率敏感性缺口时，为防止利率下跌而造成损失，银行可运用多头套期保值轧平缺口；当银行面临负的利率敏感性缺口时，为防止利率上升而造成损失，银行可运用空头套期保值轧平缺口。

（6）利率期权是指现金流依赖于利率水平的期权。由于期权空头的风险较大，商业银行运用利率期权进行资产负债管理时，只作为期权多头，即只买入期权。当银行处于正缺口状态时，如担心利率下降造成银行净利润减少，应购入看涨期权；当银行处于负缺口状态时，如担心利率上升造成银行净利润减少，应购入看跌期权。

（7）利率互换是指交易双方同意在未来一定期限内根据同种货币，以同样名义本金交换现金流，其中一方的现金流量根据浮动利率计算，另一方的现金流量根据固定利率计算。

重要概念

资产负债管理　重新定价风险　收益率曲线风险　基准风险　期权性风险　利率敏感性缺口　持续期缺口　金融期货合约　利率期权　利率互换

复习思考题

1. 简述商业银行资产负债管理的内涵。
2. 商业银行如何运用利率敏感性缺口管理资产和负债？
3. 简述商业银行资产和负债管理理论演变的三个阶段，以及各阶段的管理重心和所处环境差异。
4. 试述我国商业银行实施资产负债管理存在的主要问题和具体对策。

【课后任务】

选择一家大型商业银行，系统分析该行近年来的资产负债管理策略。

【拓展阅读】

阅读中国银行业监督管理委员会 2004 年第 1 号令《金融机构衍生产品交易业务管理暂行办法》。

第十章 电子银行与互联网金融业务

引导案例 中国工商银行：从电子化浪潮到信息化飞跃，驶向数字化未来

《积极推动金融业的数字化转型》一文中提出"金融业作为国民经济的血脉，理所当然要跟上整体经济的数字化发展进程"。文中将我国金融业发展与科技的结合划分为三次浪潮：一是从手工到电子的突破；二是金融业信息化发展；三是数字化转型。

作为服务型行业，以科技驱动的创新发展是银行业保持生产力和竞争力的根本所在。中国工商银行成立40年来，始终坚持贯彻"科技引领"战略，搭建与银行业态发展相适应的技术体系和信息系统，走过了从银行电子化到银行信息化、再到数字化转型的发展历程，展现了国有大行顺应时代、创新发展的蓝图与雄心。

中国工商银行成立之初，业务基本上依靠算盘和手工操作，全行共计几十台小型计算机。尽管起点低，但当时的中国工商银行提出了发展电子银行的长远规划，为后来的信息化发展奠定了战略基础。中国工商银行一边加强计算机网点建设，一边加快网络建设的步伐，将微型计算机布局到网点分支机构，凭借营业网点业务电子化操作使全行信息化取得重要进展。20世纪80年代中后期，为支持传统柜面业务，中国工商银行推出了以账户为中心的第一代应用系统，该系统以账户为中心，极大提高了业务办理效率，为信息化积累了宝贵经验。

进入21世纪后，中国工商银行电话客户中心正式转变为电话银行，2000年手机银行问世开启了中国工商银行移动终端金融服务，进一步推动了金融服务时间

空间的拓展。中国工商银行以网上银行、电话银行、手机银行为代表的电子银行服务体系正式初步建成。随后陆续建立云平台、智能化网点等一系列便民服务。

2015年3月，中国工商银行向全国正式发布互联网金融品牌，成为国内第一家发布互联网金融品牌的商业银行，同时也标志着中国最大的商业银行已经全面加快互联网金融战略的实施。自2017年银行业进入4.0时代（即数字化时代）后，中国工商银行开始全面推动智慧银行建设，布局云计算、大数据、区块链、人工智能等主要新技术领域，建设体系完备、自主可控、业界领先的IT架构，全面支撑新兴技术与业务融合应用。2019年11月，中国工商银行智慧银行生态系统ECOS正式发布，为其带来了许多标志性、阶段性成果，不仅为自身打造了更好的发展前景，还为我国经济高质量发展做出了更大贡献，包括不断创新面向中小企业的线上贷款产品以及率先推出数字乡村综合服务平台等。2020年ECOS获评中国人民银行金融科技发展奖中唯一的特等奖。

中国工商银行在互联网金融发展和数字化转型的大背景下不断改革和重塑，通过把传统业务与互联网技术进行融合创新，不仅开启了自身互联网金融发展的新篇章，也为"互联网+"和双创时代带来了新的金融推动力量。如今中国工商银行正积极推进集团数字化品牌数字工行（D-ICBC）建设，未来数字工行围绕数字生态、数字资产、数字技术、数字基建、数字基因五位一体布局，在政务、产业、民生、普惠等重点领域打造一批数字化精品。

由此可见，未来银行业发展依然在很大程度上依赖金融科技，技术发展使得电子银行逐渐成为银行扩展市场、满足客户服务、提高人民福祉的重要渠道。我国商业银行必须抓住数字时代的发展机遇，掌握一定的互联网、云计算、大数据等技术，进行银行业务与数字科技的结合创新，满足客户的个性化需求，提高客户的体验感，才能在市场上占据优势地位。本章从电子银行的发展说起，紧跟时代，学习数字科技背景下越来越创新的电子银行业务。

第一节　足不出户的享受
——电子银行业务概述

20年前，人们去银行柜台办理业务时，常常受到各种限制：当天气不好时，人们去银行的路途上可能会遇到诸多不便；当急需办理业务时，银行柜台可能已经超过营业时间；当身处外地时，可能难以找到对应银行的营业网点……即使进入银行，可能还会出现排长队的情况，由于银行业务繁杂，从存取款、贷款、代收水电费等不一而足，人们排队等待的时间具有很大的不确定性，给客户办理业务带来了很大的困扰。

随着移动互联网的兴起，近年来有更多的电子银行走进人们的视野，人们的业务办理方式逐渐从线下办理发展到以线上办理为主，给人们带来了足不出户的享受。人们通过各大商业银行的手机 APP，就能管理账户上的金额，享受在线转账、在线缴费等银行服务，不需要再到营业网点，也不需要在银行排队，只要拥有智能手机和网络，就能够随时随地办理业务，不仅大大便利了人们的生活，也缓解了银行柜台的压力，电子银行业务已经成为了人们身边不可或缺的工作助手和生活伙伴。

一、电子银行业务的产生和发展背景

（一）商业银行电子化

商业银行电子化是电子银行业务产生和发展的业务基础。商业银行电子化是指商业银行在业务处理和内部管理中大量使用电子计算机、现代通信等高新技术手段，通过彻底改造银行业的传统作业方式，实现商业银行业务处理自动化、服务电子化、管理信息化和决策科学化，建立集业务处理、信息管理和经营决策为一体的现代商业银行信息系统，为客户提供更及时、更准确信息和服务的过程。商业银行电子化可以大致分为四个阶段：

第一阶段：手工操作转为由计算机处理阶段。银行开始运用计算机处理柜台业务，主要标志是建立了柜员联机电子系统，该系统利用计算机技术和通信网络，减少柜员手工操作，提高其劳动生产率，从而降低银行经营成本。

第二阶段：提供自助银行服务阶段。银行开始向客户提供自助银行服务，主要包括自动取款机（ATM）、销售终端（POS）、自动存款机（CDM）等，这类服务由客户自行启动交易，然后数据通过电子传输和计算机处理，根据客户需求实现相应操作，能够提高前台人工流程的工作效率。

第三阶段：提供金融信息服务阶段。银行不仅能提供支付服务，而且还能提供金融信息服务，如投资咨询、代客理财、证券保险融合等，这是现代化银行的实质性变革。此外，在国内不同银行之间的网络化金融服务基础上，不同国家的不同银行之间通过提供金融信息服务，能够形成全球金融通信网络，为银行业开拓市场提供了强大动力。

第四阶段：提供网上银行服务阶段。银行开始利用信息技术改造业务流程，传统业务基本上都可以通过网络方式完成，彻底打破了银行业务的时空限制。

20 世纪 50 年代，发达国家银行业就开始进行商业银行电子化建设，发展至今已经形成了跨行、跨国界的商业银行信息系统网络和全方位、全开放、全天候的现代化银行体系。70年代，我国商业银行也融入银行电子化浪潮之中，虽然起步较晚，但是发展速度较快。

（二）电子货币

电子货币（Electronic Money）的出现是电子银行业务产生和发展的应用基础。电子货币是一种具有普遍可接受性、用于购买商品和清偿债务的支付工具，是以计算机通信、金融与商业专用电脑和机具等现代化科技为基础，通过电子信息转换形式实现的一种货币流通方式。简而言之，它是一种可以用电子处理方式实现商品交易的电子化货币，即电子流货币。电子货币通常具有以下特点：一是以电子计算机技术为依托，进行储存、支付和流通；二是广泛应用于生产、交换、分配和消费领域；三是集金融储蓄、信贷和非现金结算等多种功能为一体；四是现阶段主要以银行卡（磁卡、智能卡）为媒介；五是使用简便、安全、迅速、可靠。

国际上常用的电子货币种类主要为以下四种：一是储值卡型电子货币，一般以IC卡形式出现，发行主体除商业银行外，还有电信部门、IC企业、政府机关和学校等；二是信用卡应用型电子货币，一般是贷记卡或准贷记卡，可在发行主体规定的信用额度内贷款消费，之后于规定时间内还款；三是存款利用型电子货币，主要包括借记卡和电子支票，一般用于以电子化方式对银行存款支取现金、转账结算、划拨资金；四是现金模拟型电子货币，主要包括网络环境下使用的、代表货币价值的数据保管在微机终端硬盘内的电子现金，以及将货币价值保存在IC卡并可脱离银行支付系统流通的电子钱包。该类货币具有现金的匿名性，可用于个人之间支付，并可多次转手，是以代替实体现金为目的而发放。

（三）电子商务

电子商务（Electronic Commerce）的兴起是电子银行业务产生和发展的外部条件。电子商务是指运用各种电子信息技术，如电子设备、数字通信技术和计算机网络等，以商业银行的电子支付和结算为手段，以交易客户的电子数据为依托进行的生产、营销、销售和流通等全新的商务模式，不仅包括互联网上的交易，而且还包括所有通过电子信息技术来解决问题、降低成本、增加价值、创造商机的活动。电子商务具有市场全球化、交易快捷化、交易虚拟化、成本低廉化、交易透明化、交易标准化和交易连续化的特点，涵盖范围很广，一般可以分为代理商、商家和消费者（ABC）、企业对企业（B2B）、企业对消费者（B2C）、个人对个人（C2C）、企业对政府（B2G）、线上对线下（O2O）等多种模式。

1990~1993年被称为电子数据交换时代，也是我国电子商务起步期。1993年电子商务开始引入我国，1998年北京、上海等城市启动电子商务工程，同年完成了我国第一笔互联网网上交易。1999年5月"8848"等B2C网站正式开通，网上购物进入实际应用阶段。2000年后，电子商务逐渐以传统产业B2B为主体，随后

3G 的蓬勃发展促使全网全程的电子商务 V5 时代成型，电子商务已经受到国家高层的重视，并提升到国家战略层面。

2024 年 2 月，国家统计局发布了《中华人民共和国 2023 年国民经济和社会发展统计公报》，报告显示，2023 年我国电子商务交易额达到 46.83 万亿元，较上年增长 9.4%[①]，由此可见，电子商务已经成为促进我国消费升级的新动力。

（四）基于金融全球化和互联网发展下的业务转型

金融全球化和互联网发展下的金融业务转型是电子银行业务产生和发展的内部动因。首先，金融全球化使得越来越多的客户产生更为多样的服务需求，许多国际客户要求银行提供不受时空限制的全功能综合性金融服务。因此，为了提升自身竞争力，商业银行开始由单纯的融资中介向综合性服务机构转变，并推出多层次、多渠道的电子银行业务，能够打破地域界限，在全球范围内扩张服务领域，为全球客户提供丰富的金融服务。其次，根据中国互联网络信息中心（CNNIC）发布的第 53 次《中国互联网络发展状况统计报告》，截至 2023 年 12 月，我国网民规模已经达到 10.92 亿人，互联网普及率达 77.5%[②]，亿万网民通过互联网获取信息、交流信息。随着我国互联网普及率越来越高，互联网经济市场规模呈现迅速增长的态势，2023 年我国网上零售额达到 15.43 万亿元，较上年增长 11.0%[③]，我国已经连续 11 年成为全球第一大网络零售大国。互联网经济蓬勃发展，产业经济规模增速远远高于传统产业，不仅彰显着互联网经济的强大活力，而且说明互联网经济是我国社会经济的重要组成部分。基于此，互联网业务转型已经成为银行业的大势所趋，甚至成为决定银行兴衰成败的重要因素。

宏观经济形势的显著变化使得商业银行亟须寻找新的成长机遇，因此，商业银行业务渠道开始走向电子化和线上化，并由此催生出崭新的电子银行业务，而未来商业银行仍将紧跟技术发展步伐，根据市场变化趋势不断地推动业务类型多样化。

二、电子银行业务的定义和特点

根据 2006 年中国银监会在《电子银行业务管理办法》中的有关定义，电子银行业务是指商业银行等银行业金融机构利用面向社会公众开放的通信通道或开放型公众网络，以及银行为特定自助服务设施或客户建立的专用网络，向客户提供银行服务。常用的电子银行业务包括网上银行业务、电话银行业务、手机银行业务、自助银行业务以及其他离柜业务。电子银行业务与传统银行业务相比，具有

---

① 资料来源：国家统计局官网（https：//www.stats.gov.cn/）。
② 资料来源：中国互联网络信息中心官网（CNNIC）（https：//www.cnnic.net.cn/）。
③ 资料来源：国家统计局官网（https：//www.stats.gov.cn/）。

以下特点和优势。

(一) 以计算机技术为基础，安全便捷

电子银行业务与传统银行业务最根本的区别之一。是电子银行发展主要依赖于当今世界信息技术进步，业务经营以计算机技术以及开放的通信网络为基础开展，如网上银行要利用互联网、手机银行要利用移动通信网络等。计算机技术发展程度和网络普及程度都会直接影响电子银行业务正常操作以及运营成本高低。

此外，运用计算机技术，电子银行可以给客户带来更安全、便捷的体验。电子银行能够采用计算机识别技术对业务开展提供安全保障，如在身份验证上采用数字证书来验证客户身份的合法性，在手机银行支付交易前采用人脸识别技术验证客户身份等。同时，电子银行在信息传输过程中采用加密技术，保证客户信息的安全性。此外，电子银行可以采用计算机技术将银行业务系统与用户程序相连接，实现线上交易和信息互享，并且能够向客户提供交易记录和电子账单，便于客户管理和控制自身财务状况。

(二) 客户自助服务，交互性强

商业银行传统柜面服务主要是通过凭证、账户、密码、机构网点专用设备和专业人员为客户提供的面对面服务，而电子银行业务不需要银行人员现场参与，大部分操作由客户通过电子银行渠道自助完成，并且客户随时进入电子银行系统，主动发起交易，因此电子银行不仅能够极大地缓解银行柜台人员的工作压力，而且能改变传统柜台需要通过专门设备和网点被动开展服务的模式。

客户和电子银行系统还可以实现实时交互，及时获得交易结果，一般电子银行系统都设置完整的帮助信息，客户在遇到操作疑惑时，能够在系统上获得专业、悉心的指导。此外，为方便客户操作，电子银行还能通过交易记录，总结客户的使用习惯，定制客户满意的服务菜单，或及时发布和更新各种客户需要的产品和服务，实现客户软件更新换代，提升客户的使用舒适感，为客户提供更为周到、更为全面的服务。

(三) 超越地域和时间限制，灵活度高

电子银行能够在任何时间（Anytime）、任何地点（Anywhere）、以任何方式（Anyhow）为客户提供全天候金融服务，客户不再受到传统银行在服务时间、服务空间上的限制，可以 7×24 小时随时随地获得服务。例如，中国工商银行 95588 全国统一服务电话，集自动、人工服务为一体，为客户提供账户信息查询、转账汇款、生活缴费、投资理财等一揽子金融业务。运用电子银行，客户可以根据自身需要，灵活地办理业务，不仅有利于银行吸引和保留优质客户，同时在更广的范围内开发新的客户群，而且在经济全球化的大背景下，能够无限地延展银行业务活动，开辟新的利润来源，增强银行竞争力。

（四）服务领域广泛，业务多样

电子银行业务覆盖个人、企业金融服务的多个方面，不仅可以提供存款、贷款、信用卡等传统的金融服务，而且可以根据客户和市场需要，利用一体化的电子网络平台，简化银行业务流程，整合各类渠道，重新组合各种业务，然后创新更为多样化的银行产品，并提供对各种公用事业以及其他行业的缴费服务，扩大电子银行业务的服务范围。此外，电子银行利用互联网和银行支付系统，能够建立全新的代理销售平台，为用户提供物理网点无法提供的全新服务，例如，代理销售平台通过网上银行、手机银行等多种渠道向客户销售商品或提供服务，该类服务包括代理发布合作伙伴的商品信息、直接代理销售合作伙伴的商品等，最终通过银行强大的结算支付平台完成买卖双方之间的商品交易和资金结算。

（五）服务渠道线上化，成本较低

电子银行为客户交易提供了一个无形的公共网络空间，客户可以通过自助银行、网上银行、手机银行等电子渠道，自主完成转账、缴费、查询等日常银行业务，相应地，银行营业网点业务量就会减少，不仅能够有效缓解柜面排队的压力和减少银行对物理分支机构和营业网点的投资，而且能够大幅减少银行人员介入，有利于降低银行运营成本和人力成本，提高银行盈利能力。

此外，电子银行消除了柜员与客户之间的物理距离，实现了数据资源的集中共享，业务处理效率相较传统银行更高，从长期来看，有助于降低银行的整体成本。银行也能够将节省的成本通过提供费用折扣、部分服务免费等方式争夺客户和市场，或利用开发新产品方式扩大业务领域和提升服务质量。

三、电子银行业务发展面临的挑战

（一）网络安全存在隐患

安全问题是电子银行建设中最为关键的核心技术问题。虽然电子银行以快速、便捷等优势吸引广大客户群体，但由于电子银行的运行高度依赖于互联网和计算机，交易安全度会受到互联网数据信息安全度的直接影响，如客户身份的真实性、合法性、交易信息的完整性和可靠性，以及网络运营的安全性和整体性都会给电子银行业务带来风险。此外，存在一些不法分子钻网络安全系统的漏洞，利用黑客、木马等恶意攻击，盗取电子银行资金或取得其他非法利益，导致电子银行交易存在一定的安全隐患。

（二）复合型人才短缺

电子银行是金融与互联网深度融合的新型业务，服务多样且以计算机技术为基础，要求电子银行客户服务人员必须既熟悉传统柜台业务，又精通电子银行业务，同时对金融业和计算机操作具有一定的知识储备，银行需要复合型人才推动电子银行业务创新和提升银行竞争力，因此电子银行业务对复合型人才需求非常急迫。但是，现阶段我国精通金融业的 IT 高素质人才仍然比较缺乏，导致电子银行核心技术的提升依赖于其他发达国家，难以实现完全的自主发展目标。

（三）业务类型差异化低

目前，我国商业银行电子银行业务发展已经进入深水期，虽然业务电子替代率不断上升，但"业务种类同质化"趋势日益显现。尤其大多数中小电子银行所推出的网络产品仍为传统银行业务的直接过渡，以网上银行个人金融产品为例，基本上属于账户服务、投资服务、信用卡服务和咨询服务等，没有自身的特色和创新，更没有为不同层次客户群推出针对性服务，无法完全满足客户的个性化需求。随着金融服务需求的日益增长，金融产品种类日益增多，如果电子银行缺乏精准市场定位，产品差异化程度低，持续创新能力不足，都会成为制约电子银行快速发展的重要因素。

（四）法律法规不完善

我国电子银行已经发展 20 多年，现阶段交易所涉及的法律法规无法为电子银行业务发展提供充分保障，如公民网上交易权益保护系统、传统银行业务中具有法律效益的合同并不适用电子银行业务等。由于电子银行相关法律法规不健全，难免会有不法分子试图钻法律漏洞。此外，在银行监管机构方面，现行法律规定大多数以理论指导为主，缺少具有可操作性的配套规定，导致电子银行运行过程中难以发挥监管机构作用，法律强制性无法予以充分体现。

四、电子银行业务对商业银行的影响

随着计算机技术的普及和应用，商业银行纷纷把电子银行业务作为决定未来发展的重要战略业务。在商业银行经营管理过程中，电子银行业务在助推经营战略转型、提高客户满意度、改变银行竞争格局、拓宽银行风险管理范畴等方面产生了深刻影响。

（一）助推银行经营战略转型

商业银行业务电子化转型的本质是利用信息技术和电子科技，提升业务的便捷性和效率，加快信息沟通和数据管理速度，为客户提供更优质的服务。传统银行在业务转型过程中，一方面，电子银行可以在现有银行业务基础上植入新的技术手段，提升商业银行的服务和管理质量，如整合业务流程，将网点大量的标准化、操作型、核算类的非现金业务逐渐实现迁移，从而分流网点业务、缓解网点排队压力，创造了商业银行发展的新路径。另一方面，电子银行改变了以产品为经营导向的传统，转而以客户为导向，并利用先进网络和系统，创新发展更多产品和服务,最大限度地满足客户多样化需求,助推传统银行实现经营战略转型。

(二)提高银行客户满意度

首先,电子银行业务具有实时性,客户能够在日常生活中随时随地享受金融服务,如人们所关注的投资理财业务,电子银行能够利用强大的实时理财功能,满足客户投资需求,提高客户满意度。其次,电子银行的专业化、自助化服务能够提高客户对银行的信任感,并且电子银行实现了人工服务与自助服务创造性地结合,增强银行服务的亲和力,拉近银行与客户之间的距离,如客户在某一业务办理过程中遇到疑难时,可以通过电话客服热线或网银在线客服寻找解决方法。最后,电子银行业务和网络支付业务积聚庞大的信息流和资金流,为商业银行积累了丰富的客户资源,可以利用大数据、云计算等技术手段,分析客户的个性化需求,有利于银行实现精准营销,提高客户满意度。

(三)改变银行竞争格局

传统商业银行在支付中介领域中占据着绝对垄断地位,但随着电子银行业务地不断发展,商业银行作为中介的优势逐渐弱化,过去只有商业银行能够具备的中介和支付职能,现在逐渐转变为以第三方支付为主的竞争格局,如微信、支付宝等。第三方支付发展以电商和社交平台为依托,开发出线上理财、生活缴费等多种业务,给电子银行转账和支付业务带来一定冲击,同时也促使电子银行开发新的业务类型,增强自身竞争力。

随着经济全球化进程不断加深,我国金融对外开放不断迈向更高水平,越来越多的外资银行进入我国金融市场,获得人民币业务操作的资质,加剧了我国商业银行面临的竞争压力。入驻外资银行一般具有很高的科学技术水平和资金实力,具备争夺高端客户市场实力。我国深入发展电子银行业务,不断丰富业务内容体系,提升服务质量,不仅能在竞争中获得更多的主动权,与外资银行竞争国内客户,而且能将我国电子银行业务推广至海外市场,扩大国外客户群,逐步形成全球化竞争格局。因此,电子银行发展提升了我国商业银行应对外资银行的竞争力。

(四)拓宽银行风险管理范畴

与传统银行相比,除具有传统银行固有的风险之外,电子银行具有更复杂、更多样、更巨大的系统风险,而电子银行风险管理还需要涉及线上产品研发、客户安全教育、网络安全风险、危机公关、运行系统设计、数据传输风险以及计算机病毒攻击等多个方面,防范不严就可能造成银行资料泄密、用户资金安全受到威胁的严重后果。实际上,电子银行所具有的传统银行固有风险,如信用风险、操作风险等,内涵与以往并不完全相同。例如,与传统信用风险相比,客户利用电子银行不需要进行网点操作、客户操作分散、业务区域跨度大,难以准确判断客户信誉情况，信用风险管理内容应该根据现实需要不断予以跟进和完善。

▣▣■【拓展阅读】

仔细阅读以下主题为"电子银行业务发展及其影响"的期刊论文，并认真思考有关问题。

［1］蒋伟，刘明霞．电子商务冲击下银行服务创新研究［J］．中国软科学，2021（2）：163-171.

［2］李超．互联网时代银行零售业务渠道的发展策略［J］．新金融，2018（5）：40-44.

［3］刘佳，甄峰．电子银行对实体银行发展与布局影响的研究：进展及启示［J］．企业经济，2016（6）：176-182.

思考与讨论

1. 阐述互联网时代背景下商业银行发展电子银行业务的必要性。
2. 分析电子银行业务的产生和发展对我国银行业的影响。

第二节　将传统业务连接智能终端
——主要的电子银行业务

这是一个数字化的时代：人们登录电脑打开购物平台，通过网上银行轻松方便地完成在线购物、支付；人们随时随地拨打银行服务电话就能进行账户的查询和转账；大学生开学前通过智能手机里的手机银行进行学费缴纳、电信话费缴费，还有平时学校生活中的水电煤气缴费；人们进入银行不用再排队找柜台人员办理业务，而是直接利用银行提供的智能设备按照流程自行操作……生活中这些场景已不足为奇，而这一切便利的背后都离不开电子银行业务的发展。

为了提高业务办理效率，不断满足客户服务需求，从20世纪开始，商业银行就尝试将传统业务与智能终端结合，保证客户能够在电脑、电话、手机等智能终端上办理传统业务，产生了网上银行、电话银行和手机银行等电子银行业务。近几年，随着各种智能终端的普及和快速发展，电子银行业务日益渗入人们日常生活的方方面面。

一、网上银行

网上银行（Internet Banking）又称为网络银行，是指各银行在互联网中设立的虚拟柜台，银行利用网络技术通过互联网向客户提供各种金融服务，使客户足不出户就能够安全、便捷地完成业务需求。作为电子银行最重要的一类业务产品，网上银行具有非常显著的特征：在使用方式上，客户只要具备上网条件，便可以随时随地地享受网上银行服务；在服务内容上，网上银行不仅涵盖了账户管理、转账汇款等传统业务，而且还是商业银行业务创新平台，包括金融理财、网上投资、网上购物等创新型金融业务。

1995 年，美国诞生了世界上第一家网上银行——安全第一网络银行（SFNB），虽然存在时间并不长，但却开创了一种全新业务模式、开拓了银行业发展的新纪元。我国网上银行建设可划分为三个阶段：

网上银行服务探索期（1996~2000 年）：1996 年，中国银行开启了国内网上银行之先河，率先投入网上银行开发；1997 年，招商银行开通了交易型银行网站，推出网上银行业务；1998 年，招商银行"一网通"品牌正式发布，同年，中国银行网络银行服务系统成功办理了国内第一笔国际互联网间的电子交易；1999 年，中国建设银行也设立了网上银行部，推出网上银行服务，为客户提供网上查询、转账等；2000 年，中国工商银行在北京、上海、天津、广州 4 个城市正式开通网上银行。在这一阶段，各大商业银行尝试开通银行网站，主要职能是作为信息发布的渠道，塑造企业新的形象和品牌，探索和尝试新的服务方式。

网上银行服务快速发展期（2001~2005 年）：国内部分大型商业银行在市场驱动下，纷纷进入网上银行领域，利用网上银行服务的成本低廉优势，快速发展银行客户。2002 年底，我国国有银行和股份制银行几乎都建立了网上银行；2005 年，中国工商银行网上银行个人客户和企业客户分别新增 513.5 万户和 20.75 万户，累计分别达到 1485.73 万户和 32.45 万户[①]。此外，该阶段网上银行主要是将传统柜台业务迁移至网上，一般提供网上信息查询、账户查询、银证转账、网上支付等服务。

以客户为中心阶段（2006 年至今）：各大银行纷纷推出满足各种客户不同需求的新型网银产品，如网上炒汇、银企直连、基金超市等，注重打造自身独特的网银品牌。例如，中国工商银行推出"金融 e 通道"和"金融 e 家"、中国农业银行推出"金 e 顺"、中国银行推出"期货 e 支付"、中国建设银行推出"e 路通"等。在各个商业银行的大力推动下，我国网上银行业务发展迅速，网银用户规模越来越庞大，截至 2023 年末，中国工商银行企业网上银行客户已高达 1512 万户[②]，是 2005 年的近 46 倍。着眼于网上银行未来发展，网上银行将成为银行开展业务的主要方式，传统银行将全面融入网上银行，甚至不再单独区分网上银行，

[①②] 资料来源：中国工商银行官网（https://www.icbc.com.cn/）。

但目前我国还未出现完全依赖网络开展业务的纯虚拟银行。

按照有无实体网点，网上银行分为完全依赖互联网的电子银行和传统银行服务在互联网上的延伸。按照服务对象，网上银行分为个人网上银行和企业网上银行两类。

（一）个人网上银行

个人网上银行主要用于个人和家庭的日常消费支付与转账，能够提供除现金存取外的全部个人金融业务，主要服务和功能如下：

1. 账户管理业务

个人客户可以进行各类银行账户（如存折、银行卡、公积金账户等）的基本信息查询、余额查询、交易明细查询等账户信息查询服务，还可以通过该功能进行密码管理、挂失业务等。

2. 转账汇款业务

转账是指客户通过网上银行从本人账户向同城本行的其他账户进行资金划转。汇款是指客户通过网上银行从本人账户向同城其他行或异地的其他账户进行资金划转。目前，国内各商业银行都能够提供同行、跨行、本异地的资金划转业务。

3. 支付结算业务

客户可以通过网上银行在线支付电费、水费、手机费等，在B2C网上交易时，网上银行还能为客户提供网上资金结算服务。

4. 投资理财业务

提供一系列投资、理财产品满足不同客户进行各种投资的需要，实现个人资产保值增值；或是为客户提供理财的解决方案和咨询建议。

5. 通知提醒

通过短信或电子邮件的方式为客户发送账户余额变动提醒、证券信息、外汇信息和人民币利率变动等。

6. 客户服务

为客户提供修改个人资料、积分查询和兑换、个性化页面设置等功能。

7. 个人财务分析

为客户提供各种个人财务分析图表以及个性化的财务分析，如支付分配图、支出明细报表、收入分配图、收入明细报表、收支对比图等。

随着人们需求的日益丰富，个人网银新增功能处于动态变化中，各种创新产品和个性化服务层出不穷，如电子工资单明细查询、预约转账、通知存款一户通、理财产品风险评估等。

（二）企业网上银行

企业网上银行服务品种比个人网上银行服务品种更多、更复杂，相关技术要求更高，能够为企业提供网上银行服务是商业银行实力的象征之一。除一般的账户管理业务、转账汇款业务、支付结算业务、投资理财业务外，企业网上银行主要服务还有代收业务、代理行业务、网上信用证、票据托管、企业年金、集团理财和银企互联业务等。

1. 账户管理业务

企业可以进行各类银行账户（如结算账户、定期账户、保证金账户等）的基本信息查询、余额查询、交易明细查询、资产负债查询等服务，便于企业分析自身财务状态以及时调整。此外，企业还可查阅或打印往来户的电子回单。

2. 转账汇款业务

企业客户可以将其款项支付给收款人，具体包括集团账户间转账汇款、任意账户间转账汇款、跨行汇款等。2022年中国工商银行网银平台同业首创境外企业向境内账户人民币发薪服务，境外企业可以在网上银行直接转账汇款，按实时汇率兑换成人民币，为企业跨国员工发放薪资。

3. 支付结算业务

为企业客户提供涵括国内、国际、离岸等各类本外币交易结算业务服务，如缴纳企业电费、缴纳关税等。此外，在B2B网上交易中，卖方企业和买方企业可以进行安全便捷的在线支付结算服务。

4. 投资理财业务

提供基金、证券、外汇等系列投资理财产品，以满足不同企业客户的多样化投资需要，这是实现企业资金保值增值的金融服务。

5. 代收业务

在收费企业、缴费企业或个人、商业银行事先签订三方协议的情况下，为收费企业提供的向其他企业或是个人客户收取各类应缴费用。

6. 代理行业务

为同业客户提供网上代理签发银行汇票和网上代理汇兑业务。网上代理签发银行汇票是指其他商业银行（被代理行）使用代理行的银行汇票凭证、汇票专用章、专用机具等，代理行网上银行可以为开户单位或个人签发银行汇票，并由代理行所有通汇网点兑付的行为。而网上代理汇兑是指银行通过网上银行接受其他商业银行（被代理行）委托，为其办理款项汇入汇出的服务。

7. 网上信用证

为企业客户提供快速办理信用证业务的渠道，企业能够在线向商业银行提交进口信用证开证申请和修改申请，以及网上自助打印有关信用证申请材料等。

8. 票据托管

集团公司可以查询总部和分支机构所持票据的信息录入，可以实现票据的贴现、质押、背书转让、保证、托收等相关功能。

9. 企业年金

企业客户可以查询个人基本信息、个人账户信息和企业账户信息等,为企业年金客户全面掌握本单位、下属单位以及员工的年金相关信息提供一条便利渠道。

10. 集团理财

为集团客户提供在集团内部进行资金上收、下拨与平调等业务的在线平台;此外,集团理财为大型企业集团高负债、高费用、高成本的粗放型经营管理模式向低负债、低费用、低成本的集约型管理模式转变提供技术支持。

11. 银企互联

企业网上银行和企业客户的财务软件系统或 ERP 系统的有机互联,能够实现对企业网上银行产品功能的深度挖掘,满足企业客户对资金的集中管理需求。银企互联是企业网上银行的高端产品,一方面,企业客户可根据自身管理需要自行定义界面、菜单,开发更具个性化的功能;另一方面,银企账务信息可实现同步更新、银行账务和企业账务能够自动对账,企业实现财务管理效率大幅度提升。

二、电话银行

电话银行(Telephone Banking)是指使用计算机电话集成技术(Computer Telephony Integration,CTI),利用自主语音和人工服务方式为客户提供各种业务咨询、代客交易、账户查询、转账汇款等金融服务的一种电子银行业务产品。电话银行通过电话这种现代化通信工具将用户和银行相联系,不仅可以提高商业银行服务质量、提升商业银行经济效益,而且还能推动商业银行实现现代化经营与管理,具有手续简便、功能广泛、方式灵活、服务号码统一等特点。

电话银行由早期的客户服务中心(Customer Care Center),又称为呼叫中心(Call Center)发展形成,客户服务中心最初是用于集中处理客户来电的场所,随着信息技术地不断发展,客户服务中心逐渐变成一个与客户互动的场所,不仅能处理客户提交的业务需求,而且能主动向客户营销银行其他产品,因此,国外称其为"客户接触中心"(Contact Center)。1999 年,中国工商银行在同行业率先建立全国统一号码的电话银行,推出"95588"这个全行统一专用号码的电话银行服务,开启我国电话银行的高速发展阶段。目前,几乎所有商业银行都建立了电话银行系统,在功能上强调全面涵盖个人、企业等方面的金融业务(见表 10-1)。

表 10-1　国内各大商业银行电话银行全国统一服务号码

商业银行名称	电话银行全国统一服务号码	商业银行名称	电话银行全国统一服务号码
中国工商银行	95588	招商银行	95555
中国建设银行	95533	华夏银行	95577
中国农业银行	95599	民生银行	95568
中国银行	95566	中信银行	95558
交通银行	95559	浦发银行	95528

资料来源：各商业银行官网。

各商业银行的电话银行发展情况有所不同，但总体都能具备以下服务功能：

（一）自动语音服务

电话银行中心通过交互式语音应答系统（IVR）为客户提供自动语音服务。银行会预先设计应答语音，客户可以按照语音提示，通过电话按键方式，与自动语音应答设备进行交流，并选择所需要服务。IVR 系统采用客户导向的语音目录，一方面，根据客户选择完成相应的命令执行，另一方面，将客户引导至指定座席业务，使客户得到准确、及时的服务。一般而言，客户通过自动语音服务可以实现账户查询、转账汇款、缴费支付、投资理财等。

（二）人工座席服务

电话银行的座席业务代表（Agent）通过电话为客户提供各种服务，相较于简单的自动语音服务，人工座席服务具有更好的客户交互性，能够与客户进行更充分交流，提供更周到、更有针对性的服务，满足不同层次的客户需求。业务代表可以利用丰富的资料信息库和智能的客户信息系统（CIF）及时为客户解决问题，高效处理业务请求，同时灵活实现人工和人工、人工和自动语音的互相转接控制。人工座席服务的基本功能包括：①信息查询和咨询服务。座席业务代表结合丰富的资讯信息库，为客户提供全面咨询服务，如业务品种咨询、网点资料查询、外汇走势咨询、新业务品种介绍等内容。②受理客户表扬、建议、投诉。③代理中间业务。座席业务代表可以代客操作，主要包括代发工资、代理各项公共事业的收付费、代理债券、保险、股票、基金、外币、黄金等投资业务。④营销服务。座席业务代表可以呼出营销，通过电话银行资料库中客户使用商业银行产品的种类、使用情况、消费习惯和消费偏好等信息，因人制宜地实施产品交叉营销。

（三）外拨服务

外拨服务是电话银行为了给客户提供个性化的服务，增加与客户之间的交互性，主动深入了解客户需求而推出的一项服务。电话银行可以通过电话呼出或短信提醒，为客户进行通知类服务，如款项到账通知、贷款到期催收、信用卡账单通知等。根据渠道划分，外拨服务可以分为自主语音呼出、人工呼出；根据呼出模式划分，外拨服务可以分为精确式呼出、预览式呼出、预测式呼出。

三、手机银行

手机银行（Mobile Banking）又称为移动银行，是指银行利用移动网络和移动通信技术，通过手机或其他移动设备实现客户与银行的对接，为客户提供各种金融服务的一类电子银行业务产品。作为一种结合货币电子化与移动通信的崭新服务，与其他电子银行业务相比，手机银行具有四大突出特点：①交易灵活方便，客户通过随身携带的手机随时随地根据需要即时办理银行业务，不需要特别强调上网条件。②私密性强，手机银行使用者一般为手机机主，客户只要保管好自己的手机，就可以安全地进行各项交易，信息相对更保密。③进行二次交易，手机银行可以实现一些电话银行无法实现的功能，如单据发送。利用手机银行，客户通过银行短信方式发送简单的单据，选择在任何时间进行消费确认，实现二次交易。④安全保证度高，由于手机本身具有身份认证功能，客户通过设置密码、人脸识别等方式，提高办理业务的安全性从而降低交易风险。

随着手机和移动通信技术的革新不断发展，我国手机银行从 2000 年至今大致经历 STK 手机银行、WAP 手机银行、App 客户端手机银行三个发展阶段（见表 10-2）。2000 年，中国银行和中国工商银行开通了基于 STK 方式的手机银行系统，用户需要将 SIM 卡换成专门的 STK 卡，自此拉开了我国 STK 手机银行时代的序幕；2005 年，交通银行推出国内首款基于 WAP 技术的手机银行；2009 年，工商银行推出国内首个 3G 版手机银行；2010 年，中国人民银行颁布《非金融机构支付服务管理办法》，极大促进了我国手机银行的健康发展，从此国内手机银行进入高速发展阶段，同年，各大商业银行纷纷推出支持苹果和安卓手机银行用户端模式。目前，我国商业银行仍将手机银行服务的升级和完善作为自身经营发展的一个重要内容，手机银行功能还在不断升级和丰富，如 2024 年中国工商银行推出个人手机银行 9.0、2023 年交通银行推出个人手机银行 8.0。截至 2023 年，我国手机银行客户规模越来越庞大，中国工商银行个人手机银行客户达 5.52 亿户[①]，手机银行逐渐成为我国电子银行第一终端，成为未来我国各商业银行进行战略转型的重要发展对象。

---

① 资料来源：中国工商银行 2023 年年报。

表 10-2 商业银行手机银行各发展阶段的实现方式和优缺点

类型	实现方式	优点	缺点
STK 手机银行	银行在 STK 卡中注入银行应用前端程序和客户基本信息，替换客户的 SIM 卡	内置银行密钥，可实现端到端的安全控制	服务升级和业务拓展较难，STK 卡兼容性差
WAP 手机银行	客户用手机内嵌的 WAP 浏览器访问银行网站	兼容性好，面向链接的浏览方式，安全性高	界面简单，交互性差
APP 客户端手机银行	运行安装在智能终端的手机银行应用，访问手机银行	图形化界面，输入输出方便，交互性好，安全性高	开发难度和维护成本高，终端配置要求高

资料来源：根据公开资料整理。

随着智能手机的更新迭代以及 5G 技术兴起，手机在人们生活中扮演着越来越重要的角色，手机银行也从简单的账务查询、自助缴费、银行转账等传统业务，逐步发展为 App 客户端时代的附近网点查询、预约取现、手机号转账、二维码支付等创新业务。具体手机银行功能可以分为以下几类：

（一）网上自助银行功能

现阶段，手机银行相当于安装在手机上的网上银行 App，客户通过手机随时随地办理网上银行各种基本业务，涵盖账户查询、转账、支付缴费等，有益补充银行业务渠道。与其他业务渠道相比，手机银行操作相对更简单，交易支付以小额支付为主，由于整个手机银行交易全过程涉及诸多对象，如手机终端厂商、移动运营商、银行和客户等，若任一环节出现数据不兼容现象，都会影响客户正常使用。此外，手机银行还可以发送短信通知用户进行信用卡和贷款还款，以及客户所定制的汇率、利率、证券指数、账务变动情况等信息。

（二）线下移动支付功能

移动支付是由银行、移动通信运营商和移动应用服务提供商共同推出的一种在手机银行系统上的增值服务。线下移动支付功能相当于一个"电子钱包"，为每个用户建立一个与手机号码相关联的支付账户，用户消费时通过手机号码自动连接建立绑定关系的支付账户，并从该账户中完成扣费。近年来，第三方支付蓬勃发展不仅带来银行账户间高频、小额清算业务增加，而且也带动了商业银行创新线下支付业务，许多银行在手机 App 中接入扫码支付功能。此外，除银行开始建设线下移动支付功能，中国银行卡联合组织（中国银联）也开始合作发展电子银行线下移动支付，为银行业增强竞争力提供原动力，其中典型成果是 2017 年中国银联携手各大商业银行推出"云闪付"，实现了消费者衣食住行线上和线下主要支付场景的全覆盖。

（三）线上自助理财功能

手机银行具有多种线上理财业务，除传统商业银行的理财产品和贵金属投资外，手机股市和基金业务等功能仍在不断创新，手机银行衍生出更多理财方式，客户通过手机银行查询股票信息，以及所关注基金的详细信息，如基金公司、基金类型、基金走势等，而手机股市能够通过"第三方存管"功能进行银行转证券公司、证券公司转银行等交易，进行基金申购、定投、赎回、撤单等基金业务操作。

【拓展案例】

中国工商银行发布手机银行9.0版本

2024年3月19日，中国工商银行发布了升级的手机银行9.0版本。新版手机银行围绕数字金融大文章精准发力，创新运用前沿数字技术，从大财富、全融资、促消费、强智能、优体验五个方面完善服务供给，为客户提供更加智慧便捷的移动金融服务。

功能升级上，中国工商银行新版手机银行在业界首创"图谱式"家庭财富功能，实现家庭资产管理、家庭财富规划、家庭权益共享，推动财富社区服务更加大众化、普惠化；养老金融专区集合社保、年金、个人养老金"三大支柱"，覆盖客户全生命周期养老金融需求；普惠专版打通个人、企业双通道，支持多场景普惠融资一站式办理。界面设计上，首创"环抱式"首页，优化功能布局，支持常用服务一键直达；账户明细查询延长至16年，为客户量身打造"数智账本"；推出远程办、同屏办、扫码办、绿色办等服务，实现多项业务"一次都不用跑"；业界首推"工小智"等数字员工家族，带来更具现代科技感、沉浸式的数字金融新体验。

资料来源：中国电子银行网（https://www.cebnet.com.cn/）。

四、自助银行

自助银行（Self-Service Banking）又称为"无人银行"，是利用现代通信和计算机技术，为客户提供24小时自助服务的营业场所，客户通过银行提供的各种智能化设备，在没有银行人员协助的情况下，自行办理存款、取款、转账、缴费等一系列业务。自助银行具有个性化服务的特点，在商业银行正常营业时间之外提供服务，不仅提高了银行工作效率、缩短客户等待时间，而且扩展了银行服务空间，增强银行竞争力。

20世纪六七十年代，当时的银行柜台客流量越来越大，不少人排长队仅仅是为了办理小额存款或查询账户等简单业务，一方面，银行工作人员疲于应对，降低了对接优质客户的服务效率；另一方面，客户办理简单业务通常只需要少量时间，但排队却要花费大量时间和精力，因此自助银行设备应运而生并广泛应用，20世纪80年代初，自助银行开始进入我国市场，1988年中国银行首先推出国内第一台ATM联机服务，随后各大银行纷纷开通了自助银行服务。加入WTO后，我国银行卡业务开始对外资开放，自助银行获得迅速发展。我国自助银行产品主要包括自动柜员机、自动存款机、销售终端等，不同产品功能也不尽相同。

（一）自动柜员机

自动柜员机简称ATM（Automated Teller Machine），最主要功能是提供取款服务，又称自动取款机，是指通过银行卡进行操作、无人管理的自动与自助专业银行设备，是最普遍的自助银行设备。ATM功能覆盖面很广，客户可以24小时进行自主操作，缓解商业银行柜台压力，减少营运成本。ATM机采用密码和银行卡等多种身份认证方式，安全性能较高。主要功能包括：①账户查询。持卡人可以随时查询账户信息，如当前余额、本日可用余额以及历史交易明细。②存款。持卡人可以在ATM上随时进行自助式存款。③取款。持卡人可以凭借银行卡和个人密码随时在ATM上取款，并打印客户凭条作为账单。④转账。持卡人可以在ATM上进行银行卡账户与其相关账户之间的款项划转，即由持卡人账户转移至指定账户。⑤修改个人密码。持卡人可以随时在ATM机上修改个人密码。⑥业务宣传。ATM空闲状态时，在屏幕上播放关于其业务的宣传视频或是安全操作的宣传视频。

截至2023年末，国内ATM数量为84.55万台，仅5年内就减少了超25万台①（见图10-1）。随着支付宝和微信打开移动支付大门，电子支付逐渐成为主流，现金交易使用越来越少，因此近年ATM数量呈现下降趋势，主要原因是移动支付逐渐成为日常支付手段，数字货币也在一定程度上替代现金使用。在数字货币推广的大背景下，ATM也要时刻提升自身功能，只有持续创新升级才能在新兴市场上取得先机，如开发刷脸功能、生产适老化机等。

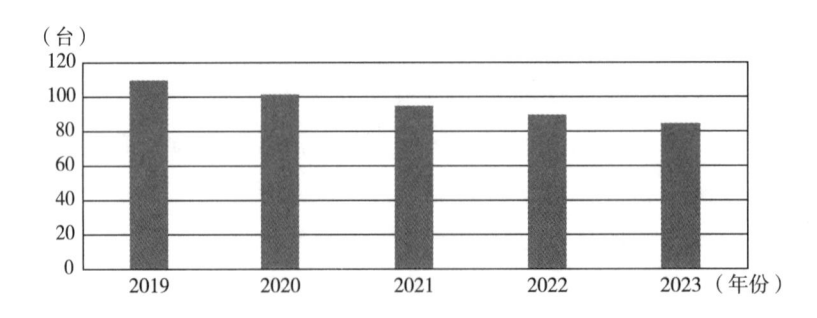

图10-1 2019~2023年我国ATM数量

资料来源：中国人民银行官网（http://www.pbc.gov.cn/）。

---

① 资料来源：中国人民银行官网（http://www.pbc.gov.cn/）。

【拓展知识】

ATM"高光"渐褪 自助设备加速智能化改造

集提款、存款、转账等多种功能为一体的 ATM（自动取款机），如今它的"高光"正在逐渐褪去。根据中国人民银行数据，我国 ATM 数量自 2019 年开始逐年下降，2021 年上半年保有量已跌破百万台。分析人士指出，随着移动支付和数字人民币的发展，ATM 减少是必然趋势，但在适老化等需求下，也不会完全退出历史舞台。未来，银行自助现金设备将加速智能化改造，例如探索数字人民币和 ATM 机具融合等，以适应数字经济发展的潮流。

一、ATM 机数量连年下降

数据显示，我国 ATM 数量持续减少。中国人民银行发布的 2021 年第二季度支付体系运行总体情况显示，截至 2021 年第二季度末，银行卡商户、联网机具、ATM 的规模全部呈现下降趋势，银行卡跨行支付系统联网商户 2403.32 万户，较上年末下降 16.97%；联网机具 3273.33 万台，较上年末下降 14.6%；ATM 机具 98.67 万台，较上年末下降 2.68%。

实际上，我国 ATM 数量下降的趋势在 2019 年就开始出现。根据中国人民银行发布的支付体系运行情况，截至 2018 年末，全国 ATM 机具为 111.08 万台；2019 年末，ATM 机具为 109.77 万台，较上年末减少 1.31 万台；2020 年末，ATM 机具数量为 101.38 万台，较上年末减少 8.39 万台。

ATM 使用率也在显著下降。记者在北京市西城区某国有银行自助网点观察发现，在约半小时时间内，仅有 1 位用户使用 ATM 自助设备。某银行网点大堂经理告诉记者，这种现象并不鲜见。

在 ATM 减少的同时，相关企业经营受到直接冲击。国内 ATM 市场占有率第一的生产商广电运通半年报显示，2020 年公司实现营业总收入 64.1 亿元，同比下降 1.3%；实现归母净利润 7 亿元，同比下降 7.6%。金融自助设备供应商御银股份半年报，上半年该公司实现营业收入 41616765.91 元，同比下滑 62.36%，主要系 ATM 销售收入、技术服务收入减少所致。

二、数字化趋势下现金流通逐渐减少

接受采访的专家表示，ATM 机具保有量下降的背后，反映了数字支付的发展趋势。

与 ATM 机具保有量形成鲜明对比的是，移动支付业务量保持增长态势。中国人民银行数据显示，2021 年第二季度，银行共处理电子支付业务 673.92 亿笔，其中，移动支付业务 370.11 亿笔，金额 117.13 万亿元，同比分别增长 22.79%

和 10.32%。

中国银联于 2021 年 2 月发布的《2020 移动支付安全大调查报告》显示，98% 的受访者将移动支付视为其最常用的支付方式，较 2019 年提升了 5 个百分点。其中，二维码支付用户占比达 85%，相较 2019 年增加了 6 个百分点。

中南财经政法大学数字经济研究院执行院长、教授盘和林说："当前更多的人利用移动支付和在线支付的方式来作为日常支付手段，未来数字人民币也将在一定程度上替代现金的使用。这使得实物现金流通逐渐减少。"

易观高级分析师苏筱芮表示，ATM 数量下降的背后有两类原因，一是银行网点数量的减少，大部分 ATM 与银行网点相伴相生，会因银行网点数量而受到影响；二是银行加强线上化服务的发力，银行 App 服务、微信服务、网站服务等渠道逐步成为 ATM 的替代品。

三、机具加速智能化改造

分析人士指出，虽然 ATM 机具保有量持续减少，但不会彻底消失，未来设备智能化改造将是趋势，将现金机具的功能整合成新的金融智能终端。

盘和林表示，ATM 不会退出历史舞台，其一，实物现金不会退出历史舞台，一方面，适老化需求要求银行保有现金机具，以提供传统工具；另一方面，现金依然是法定货币，在一些场景中，现金的作用依然无可替代。其二，ATM 将向综合化的智能金融终端过渡，银行可以实现无人化和少人化，减少网点占地面积，同时延伸银行的业务触点，通过嵌入式功能模式，未来 ATM 现金机具也可以和很多智能化城市设施相结合，成为全新的金融功能终端。比如，数字人民币未来可以和 ATM 机具融合，通过 ATM 将现金和数字人民币进行转换。

实际上，银行 ATM 等硬件设备已经开始相关升级改造。广电运通在 2021 年上半年财报中称，已与多家银行开展数字人民币 ATM 兑换测试；参与长沙银行数字人民币核心业务系统建设，助力长沙银行完成与城银清算和发币机构的对接等。

资料来源：新华网，2021 年 9 月 22 日。

(二) 自动存款机

自动存款机简称 CDM（Cash Deposit Machine），与 ATM 同属商业银行主机系统的外围设备，用户通过将特定面额纸币放入存款机，由存款机系统自动识别金额数量，存款完成后，系统将实时更新用户的账户余额。主流的自动存款机大多具备自动取款机功能，除存取款外，自动存款机还可以实现账户余额查询、转账、媒体广告等功能。此外，使用自动存款机时应注意，自动存款机设有单次存取款限制，存款完成后要及时取走存款凭证。若操作过程中出现异常情况，应当及时向工作人员反映。

(三) 销售终端

销售终端简称 POS（Point of Sale），一种多功能终端，安装在信用卡的特约商户和受理网点中，与计算机联成网络，自动识别银行卡的真实性、合法性、有效性之后，能实现电子资金自动转账，具有快捷、安全、可靠和普及率高等特点。根据 POS 对于网络环境要求的不同，将其功能分为脱机功能和联机功能。

脱机功能是指 POS 系统在失去网络或不与商业银行主机连接时仍然能够继续运行的功能，主要包括两大功能：一是查询功能，查询本台 POS 的交易流水和小计；二是柜员功能，根据 POS 界面的功能菜单，柜员可以选择增加、删除 POS 操作员、修改操作员和主管的操作密码以及重新打印等功能。部分 POS 功能还包括补打交易凭证、显示对账记录、批量清空文件等。

联机功能指 POS 系统必须连接网络或银行主机才能实现各种功能。按照交易类型不同，分为非金融类交易和金融类交易两种。非金融类交易指不涉及金融资金转移的交易，主要包括：①查询余额。用户通过 POS 查询账户余额，了解自身财务情况。②签到。POS 先将终端号和商户号上传商业银行主机，主机再以交易响应方式将信息回传给 POS，POS 完成签到后才能够开始交易。③签退。交易日结束时，POS 将本日交易上传商业银行主机进行对账，同时打印出对账记录，清除当日 POS 内存储的交易流水，并把主机内 POS 状态设置为"已签退"。④轧账。在营业过程中，操作员可以使用轧账交易对所做交易进行结算，轧账后，POS 将所有交易清除，以防 POS 的存储器溢出而出现错误。

金融类交易涉及金融资金交易，主要包括：①消费。POS 最基本功能，持卡人可以在进行购物、餐饮等消费活动时用卡支付。②预授权。适用于持卡人预约消费的场景，如预订酒店时，酒店会预先估计持卡人所要消费金额，并通过 POS 取得预授权号码，暂时冻结持卡人账户中预授权数目的金额作为押金，但此时金额仍在持卡人账户中，在预授权确认后才按实际消费金额划归商户。③当日退货。POS 和商业银行主机均未进行轧账操作时，可以取消持卡人账户的存款操作或者授权。

自助银行还包括存取款一体机（Cash Recycling System，CRS）、多媒体自助终端、自助金库等。存取款一体机集现金存取款于一身，并且可以办理缴纳支付业务；多媒体自助终端的主要功能包括查询、转账、缴费、修改密码、对账单打印等，部分商业银行还在多媒体自主终端上为客户提供外汇买卖、基金买卖和国债买卖等服务；客户可以利用自助金库 24 小时自由存放现金或其他贵重物品等。

第三节　银行电信诈骗层出不穷
——电子银行业务的风险管理

随着网上支付、微信抢红包、手机团购等时尚、便捷的线上消费日益普遍，银行卡在线支付安全问题越来越值得关注。虽然电子银行支付能够给人们带来极大便利，但同时也可能成为不法分子的谋利手段。在银行电信诈骗案例中，套取客户网银信息、建立假银行网站、假装陌生人转账、谎称征信修复等诈骗手法层出不穷。2023 年，我国共破获电信网络诈骗案件 43.7 万起[①]，银行电信诈骗作为其中的一部分，商业银行必须直面电子银行业务所带来的新型风险，重视电子银行业务的风险问题，完善电子银行业务的风险管理措施，警惕藏身网络背后的骗子和危机。

一、电子银行业务的风险种类

（一）风险来源

1. 传统商业银行的业务风险

商业银行的信贷业务、理财业务、代理业务等面临服务对象信用状况和还款能力变化、市场上利率和汇率等价格波动，以及员工操作失误而产生的流动性风险、信用风险和市场风险。电子银行业务本质上是传统银行业务线上化，为传统银行业务提供一个新的交易平台和交易渠道，传统银行风险不会由于服务渠道改变而消失，因此电子银行业务同样具有流动性风险、信用风险和市场风险。此外，电子银行业务还受传统银行计算机系统的影响，计算机系统的稳定性、安全性在很大程度上决定着电子银行业务的风险程度。

2. 电子银行业务的独特风险

与传统商业银行业务相比，电子银行业务具有独特风险。首先，电子银行业务主要依赖于社会化网络，如网上银行依赖互联网、电话银行依赖公众电话网、手机银行依赖移动网络等；其次，进行电子银行业务操作的计算机和手机大都为客户自身产品，而不属于银行终端；最后，自助银行由客户自行操作，而非专业员工操作，很容易受网络运营商、客户自身和黑客的影响，因此，电子银行业务具有很大的不确定性和风险。

[①] 资料来源：公安部官网（https://www.mps.gov.cn/）。

(二) 风险种类

1. 电子银行的传统风险

(1) 流动性风险。指商业银行无法保证拥有足够资金满足客户兑现电子货币或在线支付等合理需求时面临的损失风险。在电子银行服务方式下，客户存取款需求对利率等变化反应更快，存取款波动性增大，对商业银行管理带来更大的困难和挑战。同时，相较于传统银行，电子银行交易速度通常更快，交易量瞬间激增也增加了支付系统压力，电子银行支付清算风险增大。

(2) 信用风险。这属于商业银行最主要的风险类型，是指当借款人不履行对电子货币借贷应尽的义务，导致商业银行面临的潜在损失。一方面，在电子银行服务方式下，电子银行为客户提供随时随地服务，然而通过各种电子渠道与客户进行交易时，由于缺乏线下直接接触，银行很难直接验证客户信誉以及抵押品真实性。另一方面，除银行和客户两个当事人外，电子银行信贷业务还涉及网络运营商和网络设备提供商等主体，使得信用风险进一步加大。

(3) 市场风险。指由于市场价格波动，商业银行可能面临损失风险。电子银行服务方式下，银行客户群体越来越庞大，资产交易更加频繁，业务流动性扩大和存贷款营销或证券化拓展给银行带来更大的价格风险。此外，电子银行外汇业务也会面临着外汇汇率变动所引起的风险。

2. 电子银行的特殊风险

(1) 战略风险。指商业银行董事会或执行管理层对电子银行业务发展的经营策略、发展规划出现错误，或在应对市场环境变化等重大事件时决策失当造成的风险。战略风险是商业银行开展电子银行业务面临的最重大风险之一，如果银行战略规划和执行出现失误，飞速的技术变革和激烈的同业竞争都会暴露并放大银行的问题。战略风险主要表现在三方面：一是管理人员或决策人员未能根据电子银行建设所需要的人才和经验制定符合自身发展情况的战略；二是银行未能制定处理电子银行业务突发重大事件的相应流程和机制；三是电子银行业务内控机制不健全，无法有效管理和监督业务运行，及时实施恰当方案。

(2) 信息技术风险。指由于自然或人为原因、技术不成熟或监管力度不充分所导致的信息技术系统出现安全问题所造成的损失风险，如网上银行和手机银行交易过程中的银行交易系统风险、客户与银行交易信息传递风险等。信息技术风险是电子银行业务部门面临的最关键问题，网络攻击、计算机病毒以及许多不法分子利用电子银行对信息系统和网络技术的高强度依赖实施诈骗，危及电子银行业务的安全性.

(3) 法律风险。指由于电子银行业务的法律法规体系不健全或某些方面规定不明确，交易双方的权利义务不明晰给银行造成损失的不确定性。法律风险主要表现在以下四个方面：一是电子银行业务发展速度先于该领域法律建制速度，法律空白对于相关纠纷处理存在不确定性；二是现存有关电子银行业务一系列法律法规可能存在部分漏洞或缺陷；三是电子银行跨境服务或客户跨境使用涉及不同司法区域，可能会造成法律冲突；四是部分利用行业规律牟取暴利的不法分子可能会利用电子银行渠道进行犯罪行为，如利用电子银行洗钱、入侵网上银行系统操纵股票价格等所引起的法律问题。

（4）操作风险。指不完善或有问题的内部程序、人员或外部事件所造成的风险损失，这是电子银行营运过程中面对的主要风险。商业银行在实际操作过程中的风险主要集中体现于：一是内部操作风险，主要包括内部员工的工作差错或舞弊行为，以及交易时内部员工未对客户进行风险提示、违规代理客户办理电子银行注册、泄露客户私密信息等；二是外部风险，主要包括不法分子通过假网站、假短信或网络病毒窃取客户资料、盗取客户资金，以及由于市场因素所导致的业务交易量爆发性增长造成系统阻塞等。

（5）监管风险。指随着电子银行业务创新和发展，过去的监管体系已经无法满足当前需要，从而造成风险损失。电子银行业务发展对监管部门提出新的挑战：一是电子银行交易通常无凭证可查，监管人员收集审查所需相关凭证难度大；二是电子银行交易记录可以不留痕迹地被人修改，监管部门确认交易过程，核查银行业务时获取数据无法反映银行的真实交易情况；三是电子银行准入管理需要制定一套新标准，监管部门运用传统银行监管标准难以实施；四是监管内容需要及时更新，不仅参照传统银行业务进行一般监管，而且根据电子银行特点，实施技术安全和管理安全方面的监管。

（6）声誉风险。指关于电子银行业务的负面公众舆论和媒体言论对商业银行声誉造成损害的潜在风险。一方面，如果电子银行提供的虚拟金融服务和产品无法满足公众所预期水平，或电子银行出现计算机系统技术故障、较长时间服务中断、安全漏洞和重大安全事件时，都可能引发媒体的广泛关注和较大范围的负面公众舆论。另一方面，声誉风险具有传播性，若某具有影响力的商业银行由于电子银行业务经营失误而出现声誉风险时，其他电子银行客户会将此与其他银行电子银行业务安全相联系并误认为所有银行电子银行业务都存在安全隐患。商业银行属于典型的信用型企业，一旦因为负面舆论而失去公众信任，容易造成客户流失甚至可能出现挤兑等极端行为，进一步引发商业银行流动性风险。

【拓展案例】

侵入多地银行计算机系统窃取储户资料百万余条，两人获刑

近日，重庆市綦江区人民法院审结一起非法获取计算机信息系统数据案件，

被告人封某、陆某利用多地农村信用社联合社网银的漏洞，非法窃取储户资料，企图盗刷银行卡内资金未遂。两名被告人均被判处有期徒刑3年6个月，并处罚金人民币20000元，同时删除非法获取并存储的公民个人信息并在全国性媒体上公开道歉。法院审理查明，2022年7月以来，封某、陆某发现黑龙江、山西、广西等省区农村信用社联合社网银存在漏洞，伙同他人利用相关漏洞，越权访问并窃取储户资料，企图盗刷银行卡内资金，后被綦江警方抓获，现场查获该团伙用于作案的电脑3台。经公安机关对封某、陆某等人使用的共享协作平台进行在线提取、统计，其中包含银行卡号类公民个人信息140万余条，身份证号码类公民个人信息24万余条，居民身份证号和银行卡号能形成一对一关联数据22万余组。

资料来源：每日经济新闻，2023年8月23日。

二、电子银行业务的风险管理措施

（一）强化内部风险控制，提高队伍整体素质

电子银行业务本身具有一定的特殊性，需要针对性地建立一套完整且有效的内部风险控制体系，防范一些潜在风险威胁，确保电子银行业务能够顺利进行。作为一种与计算机技术和通信技术密切联系的新业务形态，电子银行对银行内部组织架构提出了更高的要求：一是商业银行的董事会、监事会必须确定电子银行业务发展战略和风险偏好；二是商业银行高级管理层应制定电子银行发展的规划和指导方针，制定风险管理程序；三是商业银行管理部门应制定部门规章制度和业务操作规范；四是商业银行技术部门必须强化电子银行业务的功能和系统安全；五是商业银行监管部门要针对电子银行业务经营的各方面和各阶段进行专业控制、监督检查和评价，并督促整改；六是商业银行操作人员应严格按照各项规章制度和操作流程要求进行操作，严禁违规、违章、越权。因此，电子银行内部风险控制系统目标应该包括：技术规划与战略目标的一致性；技术系统的可用性、完整性和安全性；监督管理系统的可靠性。

针对上述目标，强化内部风险控制建设应该从以下几方面着手：第一，加强各岗位工作人员的业务知识教育和管理培训，不断提高管理人员和业务人员的理论和实践水平、能力以及风险意识，通过提高队伍整体素质，减少风险，防止失误。第二，明确规定每个部门的职责和权限，相互制约和监督，提高整体业务效率，降低衔接处的风险。第三，建立商业银行与客户之间的清晰法律关系以及明确权利义务，同时增强内部员工法律意识和知识，自觉依法合规经营。第四，内部系统实施客户严格、有效的身份识别，保证信息和账户资金安全。

（二）建立完善安全体系，保证系统稳定运行

电子银行业务是一个开放的，建立在互联网、移动网等基础上的金融服务系

统，由于这些信息系统或多或少地存在一定的安全缺陷，因此银行的安全性问题始终是电子银行系统的一个重要问题，要确保电子银行安全运作，必须有效解决因技术产生的相关问题，建立完善的银行安全体系。在安全技术投入方面，加大电子银行相关安全技术投入，如人员特征识别技术、加密技术以及网络使用记录检查评定技术等，技术安全能够保证正确的信息及时准确地在客户和银行之间传递；同时，数据采集时要防止外部欺骗行为，如运用密码认证和证书认证确保客户的真实身份、由权威机构为电子交易提供数字时间戳，明确交易日期等。在业务流程安全设置方面，电子银行系统必须抵制和制止非授权用户对相关采集数据信息的访问与干扰，禁止一些可能被黑客利用的端口，以及控制网络中某些重要文件的管理权限，如在接口处设置"防火墙"系统、使用安全工具包等。在网络安全管理方面，一方面要实时更新电子银行安全技术、升级防病毒软件，增强网络安全；另一方面要定时评估更新网络环境和相关服务软件，保证网络环境、电子银行交易平台以及相关配套技术的支持，确保数据保存的安全性。

【拓展案例】

杭州银行"天御"系统智能反诈

2023年6月，张女士遭遇了一起注销网贷诈骗，不法分子冒充京东客服，假意指导张女士通过国家反诈App认证身份博取其信任，后诱导其下载ZOOM在线会议App开启"屏幕共享"功能，并窥视了张女士在杭州银行的网银登录密码及短信验证码。随后，不法分子登录张女士的网银账户提前支取了40余万元的定期存款，并企图通过网上银行转出资金。

然而，不法分子在网银账户的操作过程中，杭州银行"天御"事件中风控系统早已捕捉到异常风险特征，从网上银行登录触发的"短信验证"核实身份到试图发起对陌生账户转账的果断"锁定账户"，整个过程无人工介入，迅速而精准。

张女士在事发后几个小时才意识到自己可能遭遇了电信诈骗，便致电询问。杭州银行工作人员告知其账户早已被银行保护性锁定后，张女士才解除了担忧，及时修改账户密码，并向银行电子银行部表示了感谢。

资料来源：中国电子银行网（https://www.cebnet.com.cn/）。

（三）加强风险预测识别，有效化解业务风险

风险预测与识别体现了现代商业银行风险管理中主动防范和积极应对的思想和策略，由于电子银行业务处于不断发展中，新的风险会不断涌现，表现形式也会不断变化，因此在商业银行日常业务中，要通过监控和分析电子银行业务的运

行情况和运作环境，预测、识别和评估各类电子银行业务风险，风险预测与识别是有效防范、应对和化解风险的基础。电子银行业务的风险预测与识别应包括风险识别、风险评估、风险监控、风险评价与改进四个方面（见图10-2）。

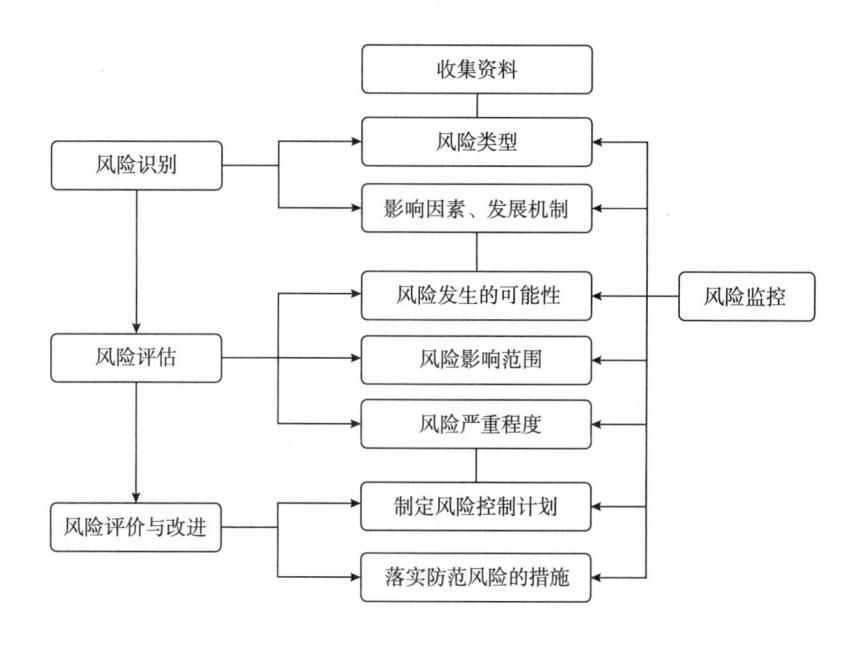

图 10-2　商业银行电子银行业务的风险预测与识别

资料来源：根据公开资料整理。

1. 风险识别

风险识别是指电子银行系统地识别外部经营管理活动、相关法律法规和监管要求、内部系统可能带来的潜在风险，对其影响因素和风险发展机制深入探究，目的在于根据确定的风险种类建立程序化的流程以及确定清晰的职责。

2. 风险评估

风险评估是指对已识别风险后果和发生可能性进行分析及评价的过程。电子银行要充分考虑风险产生可能性、影响范围和程度等因素，建立贯穿电子银行运行全过程的风险评估机制、风险分类和评级管理制度，层层剖析系统性风险和非系统性风险。

3. 风险监控

风险监控是指对已识别和评估的电子银行业务风险进行监控的工作流程和机制。根据商业银行风险管理政策，进行全面性监控交易，建立动态的反欺诈监控体系，并根据有效识别风险级别提出应对预案，实施相应的动态安全策略，如实时给予提示、预警或中止。

4. 风险评价与改进

风险评价与改进是根据技术进步、法律法规和监管要求的变化、商业银行风险管理目标和政策调整等因素评价和改进风险的预测与识别机制。

(四) 加强项目外包管理，控制业务外包风险

电子银行业务外包是指电子银行将部分业务外包给劳务派遣公司，外包业务一般是电子银行系统的开发和建设、电子银行业务的部分服务与技术支持，以及电子银行业务系统的维护等专业化程度较高的业务。由于电子银行业务依赖于计算机技术和内部多种业务处理系统，对运行系统可靠性和IT技术人员专业性提出了更高要求，因此商业银行对外部专业服务供应商的需求与日俱增。但这同时给电子银行带来新的操作风险，即业务外包风险。如果业务外包管理控制不当，容易引发外包风险，电子银行业务外包除产生战略风险、信誉风险、技术风险、法律风险外，还将产生一些新的风险隐患，如信息系统失控风险、服务无法满意风险、战略信息伤害风险等。

为避免引起外包风险，商业银行必须有效地管理电子银行业务外包。首先，科学确定外包原则和范围，制定完善、有效的外包合同条款，持续强化外包公司的法律约束。其次，审慎审查外包公司的商誉、人力、财力和技术运作资格，选择一家综合能力最强的外包公司，并按要求上报相应的业务监管部门。再次，建立有效检查机制和沟通反馈机制，一方面，应成立牵头管理部门，形成相关职能部门参与的检查小组，定期和不定期地全方面检查外包业务；另一方面，对于检查发现的问题，及时与外包公司协调，整改已经出现的问题，并定期监督和检查整改后的业务，巩固外包业务质量。最后，确保相关信息保密。与外包公司签订保密协议，明确保密条款，开展保密知识培训，强化保密意识。

【拓展阅读】

仔细阅读以下主题为"电子银行业务及其风险"的期刊论文，并认真思考有关问题。

[1] 余保才. 金融科技发展对商业银行个人信息保护的挑战及应对策略 [J]. 南方金融，2020 (9)：78-90.

[2] 中国人民银行成都分行课题组、龚智强，蒋敬强. 金融科技视角下互联网银行风险特征与发展制约 [J]. 西南金融，2020 (8)：3-12.

思考与讨论

1. 电子银行业务在经营过程中面临哪些风险？
2. 金融科技的发展会对电子银行业务风险产生什么影响？

第四节　银联推出"云闪付"
——互联网金融创新下的电子银行业务

2017年12月，中国银联携手商业银行、支付机构等各方共同发布银行业统一App——"云闪付"。这是一个由中国人民银行指导，各方机构共同开发建设、共同维护运营的移动支付App，具有收付款、享优惠、卡管理三大核心功能，应用场景广泛，涵盖公交地铁、餐饮、校园、医疗等。

截至2024年1月18日，全国已有76家银行86款App接入"云闪付"网络支付平台[①]。银联"云闪付"网络支付平台是中国银联贯彻落实中国人民银行关于构建电子支付"四方模式"的重要举措，是优化银行账户服务的重要输出载体，也是互联网金融背景下中国银联助力商业银行数字化转型和移动支付业务发展的积极探索。未来的中国银联将充分发挥银联云闪付网络支付平台的基础性作用，携手更多商业银行，打造覆盖商户更全、涵盖优惠更多、使用更为便捷的支付体验，引领电子银行支付业务更上一层楼。

资料来源：根据公开资料整理。

一、互联网金融的定义和业务

互联网金融（Internet Finance）是互联网技术与金融功能的有机结合，通过将互联网的技术渗透到传统金融机构和金融业务中，依托云计算、大数据、社交网络以及搜索引擎等互联网技术和工具，实现资金融通、支付、投资和信息中介等功能的一种新型金融业态和服务体系，包括基于网络平台的金融市场体系、金融服务体系、金融组织体系以及互联网金融监管体系等。互联网金融具有成本低、效率高、覆盖广、发展快的优势，同时由于互联网金融尚未完全接入中国人民银行征信系统，信用信息共享机制不完善，并且相关法律尚待配套，容易发生各类风险问题，因此又具有管理弱和风险大的特点。当前，互联网金融蓬勃发展，不断衍生新的业态和发展模式，主要包括众筹、P2P网贷、第三方支付、数字货币、大数据金融五大类：

（一）众筹

众筹（Crowd Funding）意为大众筹资，是指用"团购+预购"形式，向公众

---

① 资料来源：上观新闻，2024年1月20日。

募集项目资金的模式。众筹的参与者为筹资者（发起人）、平台运营方和投资者。其中，筹资者一般为创业企业或个人，通过互联网平台展示创意及项目，设定筹资期限、筹资模式、筹资金额和预期回报率等；平台运营方就是众筹网站，负责审核、展示筹资者的项目，提供服务支持；投资者则通过浏览平台上的各种项目，选择合适项目进行投资。众筹平台既是项目筹资人的辅助者和监督者，也是投资人的利益保护者。知名众筹网站以京东众筹、Kickstarter、Indiegogo 为典型代表。该方式的简易交易流程如图 10-3 所示。

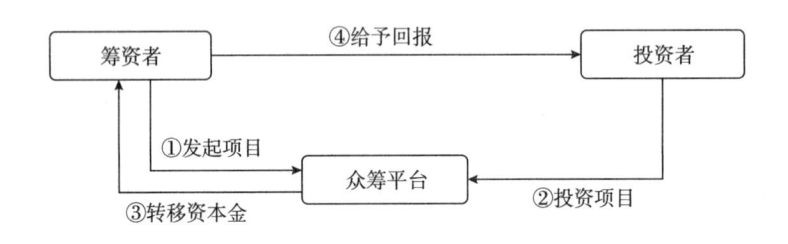

图 10-3　众筹简易交易流程

资料来源：根据公开资料整理。

（二）P2P 网贷

P2P（Peer-to-Peer lending），即点对点网贷，是指借款人和投资人通过独立的第三方互联网平台进行资金借贷活动。P2P 借贷的核心是为资金的借款人和投资人搭建一个公平、透明、稳定、高效的网络融资平台，提供从信息发布、资料审核、转账借款、利息计算到转账还款的"一站式"服务，需要贷款的人可以通过网络平台寻找具有出借能力并愿意出借的人群，帮助贷款人分担风险，而借款人能够充分比较贷款人信息并从中选择具有吸引力的利率条件。P2P 网络贷款平台以 Lending Club、拍拍贷等为典型代表。该方式的交易流程如图 10-4 所示。

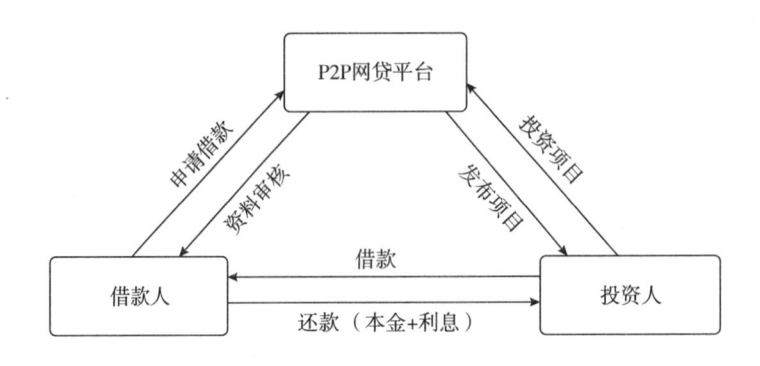

图 10-4　P2P 网贷交易流程

资料来源：根据公开资料整理。

（三）第三方支付

第三方支付（Third-Party Payment）是指经合法授权的非银行机构，借助计算机通信和信息安全技术，通过与各大银行签约设立相关结算系统关联的接口和通道的方式，在用户与银行支付结算系统之间建立连接的电子支付模式。所谓的"第三方"，实际上是买卖双方交易过程中的"中间件"，是在银行监管下保障买卖双方利益的独立机构。第三方支付的主要参与主体——付款方、收款方、商业银行、第三方支付机构，先由买卖双方达成交易意向，再选择第三方支付平台作为交易中介，向关联银行发出付款请求，待客户确认收货后，第三方将账户上的货款划入商家账户中，交易完成。我国第三方支付以支付宝、微信等为典型代表。该方式的基本交易流程如图10-5所示。

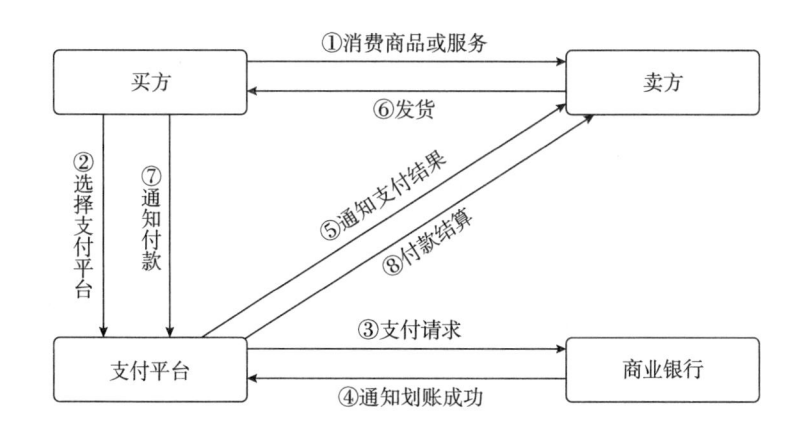

图 10-5 第三方支付基本交易流程

资料来源：根据公开资料整理。

（四）数字货币

数字货币（Digital Currency）是以互联网为基础，以计算机技术和通信技术为手段，以数字化形式存储在网络或有关电子设备中，并通过网络系统以数据传输方式实现流通和支付功能的货币。数字货币是互联网时代社会经济发展到一定阶段出现的一种新型货币形态，满足了用户所需要的安全性和便利性，也代表了未来货币存在形态的发展趋势。数字货币主要有以比特币、以太币为典型代表的区块链技术新型加密数字货币。

（五）大数据金融

大数据金融（Big Data Finance）指将大量非结构化数据通过互联网和云计算等方式进行挖掘和处理后，与传统金融服务相结合的一种新型金融模式。广义的大数据金融包括整个互联网金融在内的所有需要挖掘和处理海量信息的线上金融服务、众筹、P2P 网贷等的核心是大数据金融。大数据金融的代表模式是平台金融、供应链金融、大数据金融征信等，核心技术是信用评估，主要运用于大数据征信和信用贷款。大数据征信和贷款平台以芝麻信用、阿里小贷等为典型代表。供应链金融与传统融资方式的对比如表 10-3 所示。

表 10-3 供应链金融与传统融资方式的对比

项目	供应链金融	传统金融融资方式
授信主体	单个或多个企业群体	单个企业
评级范围	企业及整个供应链	企业本身
银行参与	动态跟踪企业经营过程	静态关注企业本身
银行承担风险	较小	较大
服务品种	品种多样	品种较少
服务效率	及时解决企业短期资金周转	手续烦琐、效率低下
服务内容	为单个企业或供应链提供持续信贷支持	解决单个企业临时融资需求

资料来源：根据公开资料整理。

二、互联网金融对电子银行的影响

（一）互联网金融对电子银行的冲击

互联网金融领域的第三方支付、互联网金融理财、众筹融资等替代了电子银行领域的线上支付、线上理财、线上贷款筹资等功能，分流了传统电子银行业务，削弱了传统商业银行的金融地位和角色功能，金融市场上商业银行的媒介作用受到严重挑战。近年来，互联网金融行业迅猛发展，产品和服务持续创新、覆盖面不断拓展，形成对商业银行电子银行业务的更大冲击。

1. 从传统业务发展态势来看，商业银行开展的电子银行业务率先开启了网上支付的新篇章

随着互联网金融平台的出现和发展，电子银行的网银支付正逐步被第三方支付所替代，与网上银行相比，第三方支付可以为网络虚拟交易提供担保，具有更强的安全性和便捷性。第三方支付平台凭借创新技术，不断提升客户满意度，扩大市场占有率，根据中国人民银行年度《支付体系运行总体情况》统计，我国第三方支付机构网络支付业务规模从 2016 年的 99.27 万亿元增长至 2023 年的 340.25 万亿元[①]，发展十分迅速。受益于移动互联网和电子商务热潮，支付宝和微信支付强势崛起，第三方支付转战线下移动支付市场，应用场景不断扩展。截

---

① 资料来源：中国人民银行官网（http://www.pbc.gov.cn/）。

至2023年末，微信和WeChat（微信海外版）合并每月活跃用户量为13.43亿[1]，而支付宝注册用户也早已超10亿人次，这两大支付机构巨头用户规模庞大，给电子银行支付带来巨大威胁。此外，以余额宝为首的互联网金融理财产品也抓住机遇，节节攀升，截至2023年末，余额宝规模为7022.53亿元，是国内规模最大的基金，持有人数达7.51亿户[2]。余额宝是一种互联网金融理财产品，通过对接支付宝平台，用户可以直接在很多场所进行消费，这种优势使得余额宝更受用户青睐，导致电子银行理财业务客户被迅速分流，电子银行传统业务被替代。

2. 互联网金融运营模式更加注重客户体验和认可

传统电子银行运营模式以分流实体柜台业务为主，电子渠道业务只是柜台业务迁移，该过程只是业务办理渠道和形式产生变化，即由线下转移至线上自助办理，但业务和产品并未产生实质性创新改变。虽然我国许多大型商业银行已经跳出传统业务，积极开发新产品和新服务，但仍有大部分中小商业银行电子银行以基础业务为主要运营对象，以解放网点生产力为主要运营目标。进入互联网金融时代后，很多第三方支付平台开始与金融机构展开合作，成立货币市场基金，如微信理财通、百度理财以及支付宝与余额宝等。与电子银行相比，互联网金融平台提供了更为多样化的理财方式，还能使客户获得更高的利息收入和更为灵活的存款体验。

3. 相较于电子银行，互联网金融业务能够缓解信息不对称，且具有更低的成本优势

作为商业银行最主要的业务，贷款业务成为互联网金融平台、电子银行竞争的重要板块。一方面，相较于电子银行较为繁琐的贷款流程和复杂的贷款额度，互联网金融平台凭借便捷的申请流程、先进的大数据信用评价体系和"云计算"等科技力量，使得交易双方可以通过平台直接交流并获取信息，同时还可以对借款人、投资人进行风险评估和信用评级，降低市场信息不对称程度，覆盖长尾客户，且从长远来看，还能逐渐影响人们的消费习惯和借款需求。互联网金融平台的网络征信贷款产品主要有以阿里小贷为代表的商户贷款、以蚂蚁借呗为代表的消费贷款等。这种方式削弱了电子银行的金融中介作用，增强了互联网金融平台的竞争力。另一方面，在互联网金融模式下，搜索引擎和社交网络降低了信息处理成本，资金供需双方直接交易，达到与资本市场直接融资和银行间接融资的同等效率，推动业务增长的同时，大幅度地减少交易成本，具有更大的成本优势。

---

[1] 资料来源：腾讯官网（https://www.tencent.com/zh-cn/index.html）。
[2] 资料来源：天天基金网（https://fund.eastmoney.com/）。

由此可见，互联网金融对电子银行业务领域造成了一定程度的冲击和分流，抢占了电子银行业务领域的市场份额，银行必须进行持续改革创新，以谋求新的发展。

（二）互联网金融对电子银行的机遇

1. 促进电子银行业务改革创新

互联网金融分流了商业银行的传统电子银行业务，为抵御互联网金融带来的冲击，电子银行会倒逼自身业务进行改革创新，能够有效地促进电子银行创新能力提升。从电子银行业务的办理渠道和产品来看，国内各大商业银行纷纷推出新的电子银行支付渠道，积极加入移动支付竞争行列，如 2016 年中国建设银行推出"龙支付"，整合现有网络支付、移动支付等全系列产品，具有建行钱包、建行二维码、全卡付、龙卡云闪付、随心取、好友付款、AA 收款、龙商户八大功能，能够满足客户不同场景需求。此外，电子银行推出的产品和服务类型也具有根本性创新，相比传统电子银行业务，各大银行不断创新推出线上个人信用融资、小额起点灵活多变的线上理财产品、金融超市、客户信息管理以及服务预约等一揽子业务，采用线上产业链金融服务类型。互联网金融为电子银行创新发展带来新的发展方向和新的生命力，使得电子银行业务领域实现了跨越式发展。

2. 拓宽电子银行业务服务领域

互联网金融不仅促进了电子银行业务改革创新，而且拓宽了业务服务领域，扩展了新的客户资源。传统电子银行业务主要是银行柜台业务复制和办理渠道迁移，电子银行客户仍然是柜台客户群体。然而，借鉴互联网金融成功发展经验，电子银行业务领域不仅完善并覆盖基本柜台业务，而且创新推出许多新的业务领域，如普惠金融领域、绿色金融领域、养老金融领域等。

此外，某些商业银行还创新推出新的直销银行服务模式。直销银行是互联网金融科技环境下的一种新型金融产物，不设立实体业务网点，也不发放实体银行卡，银行通过互联网技术直接面向客户，人工智能、大数据和区块链等新技术广泛应用于直销银行业务。全球范围内已有超过 200 家银行推出直销银行服务，随着人们对在线金融服务的需求迅速增长，直销银行逐渐成为首选，用户规模日益庞大。而大数据分析也使得直销银行更好地了解客户需求，提供个性化的产品推荐和金融规划建议。新推出的直销银行模式，不仅延伸原有业务领域，有利于吸引新的客户群体，而且更有利于拓展商业银行长期、优质的客户资源。

互联网金融已经遍布社会生活各个方面，社会大众真正适应并进入移动互联金融时代，为电子银行发展培育了更大的用户基础。电子银行若能够充分利用互联网金融技术，积极与互联网金融服务平台合作，就能创造更多的市场需求和更有活力的市场竞争氛围，获得更进一步发展。

三、电子银行业务的未来发展趋势

（一）业务多元化和服务个性化

在互联网时代背景下，消费者需求和习惯日趋复杂和多元化，电子银行为探索新的利润增长点，提高业务效益，实现可持续发展，必须根据市场需求不断创新自身业务，向业务多元化和服务个性化发展。未来的电子银行通过与各大商户合作，业务功能将不断丰富与完善，能够开发更多具有生活化特色的新应用，拓宽银行业务范围，并根据客户需求和偏好定制个性化服务方案。此外，未来的自助银行设备将会升级为集现金和票据自助设备、网银交易终端和远程视频服务等为一体的全功能型自助银行，促进自助银行业务功能更为多元化，也能在客户交易过程中实现精准营销目标客户。

（二）多渠道联动打造综合服务平台

随着网络技术发展、大数据和云平台等技术广泛运用，商业银行能够将营业网点、网上银行、手机银行 App、ATM、POS 等多种服务渠道通过统一标准和应用体系进行整合，统一管理各种服务渠道的客户、产品和数据等，消除各电子渠道之间的信息差异，实现各渠道之间的互联互通。电子银行根据各渠道整合的客户信息和业务数据，深入探讨客户行为，设计开发相关产品，打造满足客户需求的综合服务平台，带来良好的客户体验。此外，顺应互联网金融发展的潮流，各大商业银行网上银行逐渐实现互联互通，未来的电子银行将形成"大银行、大网络"格局，客户选择一家银行的网上银行时，将同时享受其他多家银行共同提供的金融产品和服务。

（三）网上银行和手机银行发展潜力巨大

近年来，互联网技术迅速发展，普及程度不断加深，未来的互联网将成为我国电子银行业务的最重要媒介，公众认同度和接受程度最广。截至 2023 年末，商业银行共处理电子支付业务 2961.63 亿笔，金额 3395.27 亿元，其中网上支付业务 948.88 亿笔，金额 2765.14 万亿元，手机支付业务 1851.47 亿笔，金额 555.33 亿元[①]。因此，网上银行、手机银行仍将继续保持最重要的电子银行渠道地位，占有最多的银行业务量。网上银行和手机银行可以充分利用互联网技术优势，积极进行产品创新，更高效地为客户办理银行业务。特别是随着通信技术地不断发展，移动互联网将成为未来网络的主要应用渠道，由于智能手机具有随时、随地、随身的突出特点，将成为客户办理银行业务的最重要方向，手机支付也将成为未来支付的主要渠道。

---

① 资料来源：中国人民银行官网（http://www.pbc.gov.cn）。

（四）管理智能化和流程高效化

未来的银行信息化建设将从数字银行向智慧银行迈进，为客户提供更灵活、更智能的金融服务。电子银行管理系统不断进行技术创新，逐渐实现智能化管理，如对各种数据系统进行参数设定的智能操作；将隐形数据、高价值信息等用数据仓库进行挖掘并自动收集；应用各种电子分析技术进行数据分析；设置智能提醒、智能预约处理交易；建立智能预警体系，实现风险自动识别和预警等。利用智能化管理充分发挥金融科技在电子银行业务中的作用，不仅能够进一步提升银行服务水平，而且可以促进流程高效化，大部分管理过程将不再通过人工审查和决策，能够大幅度地提高业务处理效率。

（五）内部控制实行硬约束

由于电子银行能够依赖计算机技术进行系统性改革，为了加强银行内部管理，未来商业银行完全能够通过运用计算机程序设置业务门槛，自动控制各种管理指令和作业要求，实现各项电子业务规定和管理措施的硬约束，保证各种违约操作无法运行。传统的商业银行内部管理依靠制度和道德约束，不具有强制性，因此对内部员工职业素养提出了高标准要求。而内部控制实行硬约束能够在一定程度上避免大部分操作风险，将成为电子银行内部管理的革命性变化。

（六）跨境金融服务与各类市场融合增强

经济全球化促进了电子银行业务发展，而电子银行也应抓住这一机遇，反向推动金融服务全球化，在金融市场上占据主动权。未来的电子银行将强调开放、关系和各地域之间的业务交流，满足不同地域业务往来需要，即电子银行服务平台将会成为一个开放式服务平台，跨境商业银行业务将获得更为快速发展。此外，随着跨境电子银行业务进一步发展，世界各地不同类型金融市场能够在同一个电子银行数据平台上进行交易，在同一个电子银行业务运行系统中处理业务，有利于消除不同金融市场之间的隔阂，增强各类市场之间的融合度，吸引更多的客户资源，促进不同金融市场的相互交流与发展。

【拓展案例】

中国银行全"新"赋能广交会新质生产力

2024年4月16日，由中国银行、中国对外贸易中心主办，中国银行广东省分行承办的"以新致心，共赴未来——第135届中国进出口商品交易会（以下简称广交会）新品发布启动会暨中国银行融资撮合对接会"在广州盛大召开，共同见证新质生产力发展的最新成果。

作为第135届广交会"全球战略合作伙伴"和本次新品发布活动的独家冠名

单位，中国银行持续打造多样化、专业化的产品服务体系，为广交会量身定制并持续升级"线上+线下"综合金融服务方案，并创新发布企业手机银行5.0版，以新技术赋能新质生产力，助力企业实现高质量发展。此次发布的企业手机银行5.0版充分运用人工智能、大数据、生物识别、OCR、数据安全交换、用户身份认证等新技术，不断丰富、完善企业手机银行服务功能。此外，结合不同客户群体特点，企业手机银行5.0版还推出跨境金融主题、普惠金融主题客户端，为外贸进出口企业、中小微企业提供更为契合的专属金融服务体验。

据统计，广交会创办以来，累计参加广交会的境外客商超过930万人。境外人士在粤便捷消费同样备受关注。对此，中国银行联合中国对外贸易中心独家推出广交会主题数字人民币硬钱包，为境外人士提供数字人民币钱包移动支付服务，进一步提升支付处理效率，为全球客商"买买买"带来实在便利。

同时，中国银行积极响应国务院关于优化支付服务、提升支付便利性的政策号召，发挥渠道布局全球化、跨境服务一体化、专家队伍专业化的优势，推出外籍来粤人员综合服务方案，提供聚合金融与非金融、境内与境外的一站式、综合性服务，让外籍来粤人员享受包含刷卡支付、现金服务、简易开户、入粤支付、移动支付、投资融资"六大无忧"更便捷、更安全、更专业的全方位金融服务。

资料来源：央广网（https：//www.cnr.cn/）。

【拓展阅读】

仔细阅读以下主题为"互联网金融与商业银行经营活动"的期刊论文，并认真思考有关问题。

［1］张小茜，任莉莉，朱佳雪．互联网金融及其监管对传统银行的溢出效应［J］．财贸经济，2023（8）：74-90．

［2］王可，周亚拿，罗璇．银行互联网化、区域经营跨度与商业银行的发展——基于城商行设立直销银行的证据［J］．广东财经大学学报，2022（3）：49-65．

［3］傅顺，裴平．互联网金融发展与商业银行净息差——来自中国36家上市银行的经验证据［J］．国际金融研究，2022（2）：55-64．

［4］王宇，阚博．互联网金融对商业银行盈利的影响［J］．财经科学，2021（11）：14-24．

［5］杜朝运，孙帼斌．地方商业银行与第三方支付平台的竞合关系思考——以福建A银行为例［J］．金融理论与实践，2020（2）：18-25．

［6］吴朝平．零售银行数字化转型：现状、趋势与对策建议［J］．南方金融，2019（11）：94-101．

思考与讨论

1. 分析互联网金融发展对商业银行经营活动的影响。
2. 商业银行应该如何面对第三方支付平台带来的冲击和挑战？
3. 在金融科技持续发展的背景下，商业银行应该如何利用数字技术来完善电子银行业务管理？

本章小结

（1）电子银行业务产生与商业银行电子化发展、电子货币产生、电子商务兴起以及金融全球化和互联网发展下的业务转型息息相关。

（2）根据 2006 年中国银监会发布的《电子银行业务管理办法》有关定义，电子银行业务是指商业银行等银行业金融机构利用面向社会公众开放的通信通道或开放型公众网络，以及银行为特定自助服务设施或客户建立的专用网络，向客户提供银行服务。具有以计算机技术为基础、客户自助服务、超越地域和时间限制、服务领域广泛，业务多样、服务渠道线上化，成本较低的特点和优势。

（3）常用的电子银行业务包括网上银行业务、电话银行业务、手机银行业务、自助银行业务以及其他离柜业务。我国自助银行产品主要包括自动柜员机、自动存款机、销售终端等。

（4）电子银行业务不仅承受着来自传统商业银行业务本身的风险，而且还面临着服务渠道开放性所带来的独特风险。特有风险类型主要包括战略风险、信息技术风险、法律风险、操作风险、监管风险和声誉风险。

（5）互联网金融是互联网技术与金融功能的有机结合，通过将互联网的技术渗透至传统金融机构和金融业务中，依托云计算、大数据、社交网络以及搜索引擎等互联网技术和工具，实现资金融通、支付、投资和信息中介等功能的一种新型金融业态和服务体系，包括基于网络平台的金融市场体系、金融服务体系、金融组织体系以及互联网金融监管体系等。目前，主要的互联网金融产品包括众筹、P2P 网贷、第三方支付、数字货币和大数据金融等。

（6）电子银行业务的未来发展具有业务多元化、服务个性化、多渠道联动打造综合服务平台、网上银行和手机银行发展潜力巨大、管理智能化和流程高效化、内部控制实行硬约束以及跨境金融服务与各类市场融合度增强等趋势。

重要概念

电子银行业务　电子货币　网上银行　自助银行　互联网金融　众筹　P2P 网贷　第三方支付　数字货币　大数据金融

复习思考题

1. 什么是电子银行业务？具有什么业务特点？
2. 阐述分析电子银行业务对传统商业银行的影响。
3. 阐述各种电子银行业务的主要内容和特点。
4. 电子银行业务面临哪些主要风险？如何管理电子银行业务风险？
5. 在互联网金融发展的背景下，电子银行业主要面临哪些挑战？阐述你对电子银行业务未来发展趋势的认识。

□□■【课后任务】

1. 用你喜欢的一种表达方式，比较商业银行的互联网金融业务和互联网公司的金融业务有何区别？
2. 与他人合作制作一种电子银行业务某一类风险的短视频。
3. 完成一篇一家商业银行电子银行业务发展的研究报告。

□□■【拓展阅读】

阅读中国银行业监督管理委员会发布的《电子银行安全评估指引》和《电子银行业务管理办法》。

参考文献

[1] 部慧, 陆凤彬, 魏云捷. "原油宝"穿仓谁之过？我国商业银行产品创新的教训与反思 [J]. 管理评论, 2020, 32 (9): 308-322.

[2] 陈菁. 我国商业银行流动性风险管理研究 [D]. 南京大学, 2016.

[3] 戴国强. 商业银行经营学（第五版）[M]. 北京: 高等教育出版社, 2016.

[4] 郭保民. 论商业银行全面风险管理体系的构建 [J]. 中南财经政法大学学报, 2011 (3): 80-85+143.

[5] 格拉斯-斯蒂格尔法案 [J]. 中国投资, 2015 (8): 26.

[6] 高顺芝, 丁宁. 商业银行经营管理学 [M]. 沈阳: 东北财经大学出版社, 2019.

[7] 贺力平. 政策决定还是市场选择？——基于历史角度的比较金融体制考察 [J]. 社会科学战线, 2022 (4): 54-70.

[8] 黄宪, 金鹏. 商业银行全面风险管理体系及其在我国的构建 [J]. 中国软科学, 2004 (11): 50-56.

[9] 洪葭管. 中国金融史（第二版）[M]. 成都: 西南财经大学出版社, 2001.

[10] 潘思飐. 商业银行经营管理 [M]. 北京: 北京理工大学出版社, 2023.

[11] 贾圆. 商业银行的流行性风险管理优化研究 [D]. 江西财经大学, 2022.

[12] 李伟民. 金融大辞典 [M]. 哈尔滨: 黑龙江人民出版社, 2002.

[13] 王向荣. 商业银行经营管理 [M]. 上海: 格致出版社, 2015.

[14] 温红梅, 马骏, 李艳梅. 商业银行经营管理（第四版）[M]. 大连: 东北财经大学出版社, 2019.

[15] 杨晓洁. A 银行流动性风险管理研究 [D]. 云南财经大学, 2022.

[16] 岳鹰. 商业银行管理 [M]. 北京: 中国金融出版社, 2021.

［17］张高丽．商业银行财务管理［M］．上海：立信会计出版社，2016．

［18］张素勤，李鹏．商业银行业务与经营［M］．上海：立信会计出版社，2020．

［19］张晓艳．商业银行管理［M］．北京：中国金融出版社，2013．

［20］张桥云．商业银行经营管理［M］．北京：机械工业出版社，2021．

［21］周雪梅．商业银行经营管理［M］．贵阳：贵州大学出版社，2022．

［22］中国人民银行．中国金融稳定报告［R］．2023．